董翠香
田　来
杨清风　主编

核心素养导向的
体育与健康教学设计

HEXIN SUYANG DAOXIANG DE

TIYU YU JIANKANG

JIAOXUE SHEJI

上海教育出版社
SHANGHAI EDUCATIONAL PUBLISHING HOUSE

图书在版编目（CIP）数据

核心素养导向的体育与健康教学设计 / 董翠香，田来，杨清风主编.
— 上海：上海教育出版社，2020.9（2024.3重印）
（核心素养与教师专业发展丛书）
ISBN 978-7-5720-0074-4

Ⅰ.①核… Ⅱ.①董… ②田… ③杨… Ⅲ.①体育教育－教学设计 ②健康教育－教学设计 Ⅳ.①G807.01 ②R193

中国版本图书馆CIP数据核字(2020)第184599号

责任编辑　陈　群
特约编辑　王嫣斐
封面设计　金一哲

核心素养与教师专业发展丛书
核心素养导向的体育与健康教学设计
董翠香　田　来　杨清风　主编

出版发行	上海教育出版社有限公司
官　　网	www.seph.com.cn
地　　址	上海市闵行区号景路159弄C座
邮　　编	201101
印　　刷	启东市人民印刷有限公司
开　　本	700×1000　1/16　印张 23.5
字　　数	460千字
版　　次	2020年10月第1版
印　　次	2024年3月第6次印刷
书　　号	ISBN 978-7-5720-0074-4/G·0057
定　　价	58.00 元

如发现质量问题，读者可向本社调换　　电话：021-64373213

序

随着国家教育部颁布《普通高中体育与健康课程标准（2017年版）》，"体育与健康学科核心素养"便成了学校体育界热议的词语。无论是专家学者、教研员，还是一线体育教师，纷纷就如何在教学中培育体育与健康学科核心素养展开研究和实践探索。

作为中国体育与健康课程标准研制组组长，我欣喜地看到由董翠香教授领衔的研究团队，率先完成了体育与健康课程标准如何向体育教学实践转化的最新成果《核心素养导向的体育与健康教学设计》。董翠香教授长期以来从事体育教学设计的教学与研究工作，2013—2018年完成了教师教育国家级精品资源共享课《小学体育教学设计》的网络课程建设和教材编写工作，得到一线体育教师和专家的一致好评。正是其长期的积累与潜心研究，才使得这部新作能够脱颖而出，推动体育与健康教学设计的改革与发展。该书从体育教学设计的视角分析了学科核心素养的形成路径，提炼了核心素养导向的体育教学策略，总结了体育教学各关键要素的设计原则和方法，提供了各类运动项目的教学设计案例。

纵观全书，可以用四个字来总结其特点。

第一个字是"新"。一是理念先进，秉承中国健康体育课程模式，树立新的知识观，从注重单个知识点和技术教学向注重学科核心素养培育转变，强调用结构化的知识和技能解决复杂情境中的问题，并在此基础上建构了结构化、情境化、问题化、信息化的教学策略。二是观点新颖，提出学习活动是体育与健康学科核心素养的形成路径，明晰了体育学习活动的分类和关键要素，提供了体育学习活动设计的方法，打开了教学研究的新视角。

第二个字是"精"。一是对应精准，深入研究了体育与健康学科核心素养结构体系，实现了核心素养在三个维度、九个方面和若干表现上的精准对应，确定了教学目标（包括体育认知、运动技能、体能、体育情感四个方面），建构了教学目标与学科核心素养对应图，使目标能够精准指向核心素养培育。二是内容精练，本书着力研究了体育教学设计的关键要素，且对关键要素的研究，也只呈现了核心概念、设计原则和设计方法，让读者一目了然。

第三个字是"全"。本书既包含深入的理论分析,又包含扎实可行的教学案例,且案例内容丰富。一是内容全面,包含田径、体操、球类、游泳、滑冰、武术、民族传统和新兴体育、体能和健康教育等内容,几乎涵盖了新课标中提出的所有课程内容。二是学段全面,虽然本次课标修订是自高中开始的,但义务教育阶段的课程改革也当一脉相承,本书的案例涉及小、初、高三个学段,体现了超前性,能服务于全体中小学体育教师。

第四个字是"实"。一是操作性强,本书不仅是关于体育教学设计的理论著作,更像一部工具书,体育教师可以参照书中提供的策略和方法,设计和实施核心素养导向的体育教学,进而达成在体育课堂中培养学生体育与健康学科核心素养的目的。二是实用性强,本书提供的案例包含各运动项目的单元教学计划和课时教学计划,且教学计划中标注了各环节的设计意图,体育教师均可直接用来开展教学。

本书具有重要的理论意义和实践价值,阅读此书既能够深入理解何为体育与健康学科核心素养,又能够学会如何通过体育教学设计扎实培育学科核心素养,无论是理论研究者,还是实践工作者都可以从本书中获益匪浅,故特别为之序,并加以推荐。

教育部中小学体育与健康课程标准研制组和修订组组长
2020 年 6 月

目　　录

前言 ·· 1

第一章　解析体育与健康学科核心素养 ·· 1
　　第一节　国内外核心素养内涵及分类 ·· 3
　　第二节　认识体育与健康学科核心素养 ·· 8
　　第三节　体育与健康学科核心素养的形成路径——学习活动 ···································· 11

第二章　核心素养导向的体育与健康教学策略 ··· 15
　　第一节　结构化的体育与健康教学策略 ·· 17
　　第二节　情境化的体育与健康教学策略 ·· 20
　　第三节　问题化的体育与健康教学策略 ·· 24
　　第四节　信息化的体育与健康教学策略 ·· 27

第三章　核心素养导向的体育与健康教学设计 ··· 31
　　第一节　体育与健康教学设计要素 ··· 33
　　第二节　体育与健康教学相关分析 ··· 36
　　第三节　体育与健康教学目标设计 ··· 40
　　第四节　体育与健康教学内容设计 ··· 46
　　第五节　体育与健康学习活动设计 ··· 52
　　第六节　体育与健康教学评价设计 ··· 57
　　第七节　体育与健康教学资源设计 ··· 64

第四章　核心素养导向的田径类运动教学设计 ··· 69
　　第一节　跑：30 米快速跑教学设计 ·· 71
　　第二节　跑：耐力跑教学设计 ··· 80
　　第三节　跑：弯道跑教学设计 ··· 90

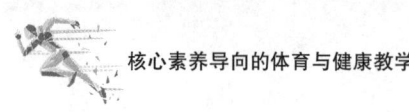

　　第四节　跳跃：立定跳远教学设计 …………………………………………… 100
　　第五节　跳跃：蹲踞式跳远教学设计 ………………………………………… 111
　　第六节　投掷：侧向推实心球教学设计 ……………………………………… 121

第五章　核心素养导向的体操类运动教学设计 …………………………………… 131
　　第一节　攀登与爬越：攀登绳架教学设计 …………………………………… 133
　　第二节　滚动与滚翻：前滚翻教学设计 ……………………………………… 143
　　第三节　垫上运动：远撑前滚翻教学设计 …………………………………… 154
　　第四节　垫上运动：直腿后滚翻教学设计 …………………………………… 166
　　第五节　支撑跳跃：斜向助跑直角腾跃教学设计 …………………………… 177
　　第六节　杠上运动：双杠组合动作教学设计 ………………………………… 190

第六章　核心素养导向的球类运动教学设计 ……………………………………… 201
　　第一节　篮球：行进间单手低手投篮教学设计 ……………………………… 203
　　第二节　篮球：侧掩护配合教学设计 ………………………………………… 213
　　第三节　足球：运球突破教学设计 …………………………………………… 224
　　第四节　足球：斜传直插二过一教学设计 …………………………………… 235
　　第五节　排球：正面双手垫球教学设计 ……………………………………… 245
　　第六节　羽毛球：正手击高远球教学设计 …………………………………… 255
　　第七节　乒乓球：正手攻球教学设计 ………………………………………… 266
　　第八节　网球：正手移动击球教学设计 ……………………………………… 276

第七章　核心素养导向的其他类项目运动教学设计 ……………………………… 287
　　第一节　武术：新编长拳教学设计 …………………………………………… 289
　　第二节　游泳：反蛙泳救护教学设计 ………………………………………… 303
　　第三节　滑冰：基础直线滑行教学设计 ……………………………………… 313
　　第四节　新兴运动：定向越野教学设计 ……………………………………… 325
　　第五节　民间传统项目：毽球教学设计 ……………………………………… 334

第八章　核心素养导向的健康教育和体能教学设计 ……………………………… 345
　　第一节　健康教育教学设计 …………………………………………………… 347
　　第二节　体能：健康体适能教学设计 ………………………………………… 356

后记 …………………………………………………………………………………… 367

前　言

　　2018年教育部颁布的《普通高中体育与健康课程标准(2017年版)》确立了体育与健康学科核心素养体系，这对体育与健康课程教学提出了新的挑战，如何围绕学科核心素养进行教学设计，成为基层体育教师广泛关注的重点话题，在此背景下，编写《核心素养导向的体育与健康教学设计》具有积极的现实意义。

　　本书立足体育与健康学科核心素养的培育，基于系统理论、教学理论、学习理论、传播理论、运动技能形成理论，对体育与健康教学设计进行深入研究，确立了教学设计的构成要素，构建了单元教学设计和课时教学设计的结构，并依据中国健康体育课程模式的基本理念及提出的三个关键要点，对获得全国或上海市体育优质课奖的部分案例进行完善，为一线体育教师在体育与健康教学设计中落实学科核心素养提供指导和参考。

　　本书由董翠香、田来、杨清风任主编，吕慧敏、韩改玲、苏银伟任副主编。参加编写的人员有：华东师范大学体育与健康学院董翠香、上海市建平中学田来、上海市奉贤区青少年活动中心杨清风、上海市晋元高级中学苏银伟、上海交通大学附属中学樊三明、上海市蔡路中学杨哲明、华东师范大学体育与健康博士研究生吕慧敏和韩改玲。此外，董翠香教授带领的研究团队部分硕士生参加了案例的编写和修改，他们是周硕、钟键、闫竞业、杜欣梅、杨彤、杨海梦、王紫云、查春艳、张德亮、邱颖杰。全书由董翠香、田来统稿。

　　本书作为上海市人文社会科学重点研究基地"体育教育教学研究基地"的研究成果，参阅了上海市教育委员会教学研究室编著的《中小学体育与健身单元教学设计指南》，收集和借鉴了国内外大量的文献和案例资料，得到了基地主任季浏教授、上海市教育委员会教学研究室体育学科教研员徐燕平和王立新、上海教育出版社的大力支持，在此一并表示衷心的感谢！对于遗漏的引文，在此深表歉意也恳请作者谅解，希望得到反馈以便后续补充修订。

　　由于编写团队成员较为年轻，学识有限，加之编写时间仓促，本书可能存在诸多不足之处，敬请广大读者不吝赐教。

编者

2020年5月

第一章
解析体育与健康学科核心素养

　　进入 21 世纪,为应对经济全球化和社会信息化对人才培养模式的要求,世界各国和地区都在思考学校教育的最终目的及有效的实现方式,纷纷启动以核心素养为导向的新一轮基础教育课程改革,核心素养成为课程改革的重要聚焦点。2018 年 1 月国家教育部颁布的《普通高中体育与健康课程标准(2017 年版)》(以下正文中均简称《课程标准(2017 年版)》),提出了体育与健康学科的核心素养,一时间基于学科核心素养的研究成为热点。本章即在研究国内外学生核心素养结构的基础上,深入解析体育与健康学科核心素养,并提出学习活动是体育与健康学科核心素养形成的主要路径,以期为开展核心素养导向的体育与健康教学(以下正文中均简称"体育教学")设计提供理论基础。

第一节　国内外核心素养内涵及分类

随着社会的快速发展,知识更新的速度也越来越快,如何培养能够在复杂多变的社会中获得个人成功、促进社会进步的时代新人,成为教育面临的主要问题。1997年,自经济合作与发展组织(OECD)提出核心素养之后,核心素养便成为当今世界各国课程改革的风向标、主基调。欧盟、联合国教科文组织、世界经济论坛等国际组织以及美国、英国、法国、日本、澳大利亚、新加坡、韩国、芬兰、新西兰等国家都提出了自己的"核心素养"结构体系,并以此引领课程改革。

一、国际学生核心素养内涵及分类

(一) 经济合作与发展组织对核心素养的界定

核心素养概念源于西方,英文为"Key Competencies"。早在1997年,经济合作与发展组织启动了"素养的界定与遴选:理论和概念基础"项目,并于2003年发布了《为了成功人生和健全社会的核心素养》的最终报告。报告中,OECD将"素养"一词界定为:素养不只是知识与技能,它是在特定情境中,通过利用和调动心理社会资源(包括技能和态度)以满足复杂需求的能力,是覆盖多个生活领域,有助于促成个人成功和社会健康运转的重要素养。基于此,OECD确立了核心素养结构体系(表1-1-1)。

表1-1-1　OECD的核心素养结构体系

互动地使用工具	在异质社会团体中互动	主动地行动
1. 互动使用语言、符号及文本的能力 2. 互动使用知识和信息的能力 3. 互动使用科技的能力	1. 与他人建立良好关系的能力 2. 合作的能力 3. 控制与解决冲突的能力	1. 在复杂大环境中行动的能力 2. 设计人生规划与个人计划的能力 3. 维护权利、权益、限制与需求的能力

该体系中,核心素养的三个方面是有机联系、互动的整合体,是为适应不同情境需要而不断变化的动态结构,其内在逻辑是人与工具、人与社会、人与自我之关系。

(二) 欧盟对核心素养的界定

欧盟于2005年发布的《终身学习核心素养:欧洲参考框架》指出:"核心素养代表一系列知识、技能和态度的集合,它们是可迁移的、多功能的,是所有个体达成自我实现和发展、成为主动的公民、融入社会和成功就业所需要的素养。"首先,这些素养是个人发展自我、融入社会及胜任工作所必需的;其次,这些素养应在完成义务教育阶段时具备,并为终身学习奠定基础;最后,这些素养必须具有价值并且可产生经济效益和社会效益,即实现个人的成功和社会的良好运行。基于此,欧盟组织提出了自己的核心素养结构体系(表1-1-2)。

表1-1-2 欧盟的学生核心素养结构体系

互动地使用工具	在异质社会团体中互动	主动地行动
1. 母语交际 2. 外语交际 3. 数学素养和基础科技素养 4. 数字素养	1. 社会与公民素养 2. 文化意识和表达	1. 主动与创新意识 2. 学会学习

欧盟组织核心素养结构体系的特点是将核心素养与终身学习战略相结合,强调通过终身学习来完善和更新自身的核心素养,其核心理念是使全体欧盟公民具备终身学习能力,从而在全球化浪潮和知识经济的挑战中能够实现个人成功与社会经济发展的理想。

(三) 美国对学生核心素养的界定

2002年,美国教育部连同苹果、思科、戴尔、微软、全美教育协会等有影响力的私有企业和民间研究机构,成立了"21世纪技能伙伴协会",简称"P21",开始系统研制适应信息时代和知识经济所需要的"21世纪素养体系"。他们认为:21世纪素养(Literacy)远超出基本的读、写、算技能,意指如何将知识和技能应用于现代生活情境。它包括两层含义:第一,它是一种高级技能或"素养"(Literacy),其对应范畴是"基本技能"(Basic Skills),即"互动地使用工具";第二,它是情境关联的,是知识和技能应用于21世纪生活和工作情境的产物。即"主动地行动"和"在异质社会团体中互动"(表1-1-3)。

第一章 解析体育与健康学科核心素养

表 1-1-3 美国的核心素养结构体系

互动地使用工具	在异质社会团体中互动	主动地行动
1. 沟通技能 2. 阅读理解 3. 通过写作传达观点 4. 说清楚使他人理解 5. 积极地倾听 6. 批判地观察	1. 人际技能 2. 与他人合作 3. 引导他人 4. 提倡与影响 5. 解决冲突和协商	1. 决策技能 2. 解决问题和做决定 3. 计划 4. 终身学习技能 5. 使用数字来解决问题并与他人沟通 6. 担负学习的责任 7. 通过研究来学习 8. 反省与评价 9. 使用信息和沟通技术

由此观之,美国学生核心素养内涵清晰、操作性强,既有助于学校、学区进行校本化课程与教学改革,也有利于教师、学生及家长理解核心素养的本质,并在教学、学习和日常行为中落实。

(四) 澳大利亚对核心素养的界定

早在 20 世纪 90 年代初,澳大利亚芬恩委员会和梅耶委员会就开始以提高员工的职业发展能力为目的,进行核心素养的研究,只不过这两大商业机构关注的目标群体是产业工人,而不是学生。梅耶委员会在 1992 年指出,素养不仅指技能,更是知识的理解和运用能力。它既包含在特定情境下的执行能力,也包括面对新情况、新任务时知识的转化能力。澳大利亚作为经合组织的重要成员国,最早接触核心素养理念,较早进行了核心素养本土化设计。2008 年 12 月,澳大利亚各州和行政区的教育部长共同制定了《墨尔本宣言》(*The Melbourne Declaration on Educational Goals for Young Australians*),为 21 世纪的澳大利亚提出了两大教育发展目标:一是促进教育公平和卓越;二是使所有澳大利亚的年轻人成为成功的学习者、自信并有创造力的个体、积极并知情的公民。结合《墨尔本宣言》,澳大利亚提出了本国学生核心素养,包括三个方面八大要素(表 1-1-4)。

表 1-1-4 澳大利亚的学生核心素养结构体系

互动地使用工具	在异质社会团体中互动	主动地行动
培养创造科技的能力,尤其是信息和通信的技术	1. 培养自信、乐观的生活态度,渗透于家庭、工作、生活中 2. 赋予道德判断和社会正义伦理的观念,规范个人行为 3. 成为欣赏与理解澳大利亚政府与市政的公民 4. 理解工作环境与技能 5. 理解并关心自然环境工作和生态维护的管理与发展	1. 具备解决问题、交流资讯、组织活动的能力 2. 建立并保持健康的生活模式,善于利用休闲时间

澳大利亚的学生核心素养强调利用信息和通信技术,培养科技创新能力,促进个人积极乐观生活态度的养成,以及对政府或环境的理解和责任担当,力求使所有澳大利亚青少年成为成功的学习者、自信且富有创造力的个体以及积极明智的公民。

综上所述,世界不同国家、地区、国际组织和专业机构根据自身政治、经济和文化制度的特征,分别确定了各自特有的学生核心素养体系。尽管各个国家(地区)以及国际组织在界定核心素养的价值取向上存在一定差异,但他们所提出的核心素养指标在内容维度上则表现出一定的共性,其共性被称为"4C's",即批判性思维、创造性思维、协作能力、交往能力。其中,批判性思维与创造性思维为认知素养,交往能力和协作能力为非认知素养,这也呼应了列维和莫奈提出的"专家思维"与"复杂交往"两大核心素养。

二、中国学生发展核心素养内涵及分类

2014年3月30日,教育部颁布《关于全面深化课程改革 落实立德树人根本任务的意见》的文件,并指出:教育部将组织研究各学段学生发展核心素养体系,明确学生应具备的适应终身发展和社会发展需要的必备品格及关键能力,突出强调个人修养、社会关爱、家国情怀,更加注重自主发展、合作参与、创新实践。文件中把核心素养的内涵界定为"学生应具备的适应终身发展和社会发展需要的必备品格和关键能力"。就实际表现而言,核心素养指的是个体在面对复杂的、不确定的现实生活情境时,能够综合运用特定学习方式所孕育出来的跨学科观念、思维模式和探究技能,结构化的跨学科知识和技能,以及世界观、人生观和价值观在内的动力系统,进行分析情境、提出问题、解决问题、交流结果的综合性品质①。

学生发展核心素养主要指学生应具备的适应终身发展和社会发展需要的必备品格和关键能力。研制《中国学生发展核心素养》的根本出发点是将党的教育方针具体化,落实"立德树人"根本任务,培养全面发展的人,提升21世纪国家人才核心竞争力。2016年9月发布的《中国学生发展核心素养》研究成果确定了核心素养的框架和内涵。

(一) 中国学生发展核心素养框架

中国学生发展核心素养,以培养"全面发展的人"为核心,分为文化基础、自主发展、社会参与三个方面,综合表现为人文底蕴、科学精神、学会学习、健康生活、责任担当、实践创新六大内涵(表1-1-5)。

---

① 余文森.核心素养导向的课堂教学[M].上海:上海教育出版社,2017.

表1-1-5 中国的学生发展核心素养结构体系

方面	内涵	基本要点
文化基础	人文底蕴	人文积淀、人文情怀、审美情趣
	科学精神	理性思维、批判质疑、勇于探究
自主发展	学会学习	乐学善学、勤于反思、信息意识
	健康生活	珍爱生命、健全人格、自我管理
社会参与	责任担当	社会责任、国家认同、国际理解
	实践创新	劳动意识、问题解决、技术应用

(二) 中国学生发展核心素养内涵解析

文化是人存在的根基和灵魂。文化基础重在强调习得人文、科学等各领域的知识和技能，掌握和运用人类优秀智慧成果，涵养内在精神，追求真善美的统一，成为有深厚文化基础、有崇高精神追求的人。人文底蕴主要是学生在学习、理解、运用人文领域知识和技能等方面所形成的基本能力、情感态度和价值取向，具体包括人文积淀、人文情怀和审美情趣等基本要点。科学精神主要是学生在学习、理解、运用科学知识和技能等方面所形成的价值标准、思维方式及行为表现，具体包括理性思维、批判质疑、勇于探究等基本要点。

自主性是人作为主体的根本属性。自主发展重在强调能有效管理自己的学习和生活，认识和发现自我价值，发掘自身潜力，有效应对复杂多变的环境，成就精彩人生，成为有明确人生方向、有生活品质的人。学会学习主要指学生在学习意识形成、学习方式方法选择、学习进程评估调控等方面的综合表现，具体包括乐学善学、勤于反思、信息意识等基本要点。健康生活主要是学生在认识自我、发展身心、规划人生等方面的综合表现，具体包括珍爱生命、健全人格、自我管理等基本要点。

社会性是人的本质属性。社会参与重在强调处理好自我与社会的关系，养成现代公民所必须遵守及履行的道德准则和行为规范，增强社会责任感，提升创新精神和实践能力，促进个人价值实现，推动社会发展进步，成为有理想信念、敢于担当的人。责任担当主要是学生在处理与社会、国家、国际等关系方面所形成的情感态度、价值取向和行为方式，具体包括社会责任、国家认同、国际理解等基本要点。实践创新主要是学生在日常活动、问题解决、适应挑战等方面所形成的实践能力、创新意识和行为表现，具体包括劳动意识、问题解决、技术应用等基本要点。

第二节 认识体育与健康学科核心素养

学科核心素养是学科育人价值的集中体现,是学生通过学科学习逐步形成的正确价值观念、必备品格和关键能力。体育与健康学科核心素养是核心素养在体育与健康学科中的具体表现,它的内涵在"双基"和"三维目标"的基础上进行了延伸和扩展,是国家全面深化体育与健康课程改革、落实"立德树人"根本任务的基点。

一、学科核心素养

学科核心素养是核心素养在特定学科的具体化,是学生学习一门学科之后所形成的、具有学科特点的成就,是学科育人价值的集中体现。我国中小学是按学科进行教育教学的,学科是学校教育教学的根本依托,教育改革理念和目标都必须落实到学科层面。相应地,核心素养也要分解和体现到学科核心素养之中,如果说核心素养是培养目标的具体化,那么学科核心素养就是核心素养的具体化。学科核心素养是学科教育的灵魂,只有抓住学科核心素养,才能正确引领学科教育的深化改革,全面发挥学科的育人功能。

实际上,学科核心素养是与该学科相关的所有学科和活动的教育产物,学科教育只是主渠道。也就是说,学科核心素养体现了超越学科的特性,这就要求学科教师跳出学科看学科,让学科教育不再局限于学科,从而实现学科与学科的贯通、学科与生活的贯通、学科与活动的贯通、学科与大教育的贯通。从教学角度来讲,就是要实现课内外和校内外的贯通。

二、体育与健康学科核心素养

体育与健康学科的本质是健身育人,即通过运动与健康教育促进个体身体控制能力、健康维护水平、健全人格和道德品质的全面发展[①]。基于体育与健康学科的本质，《课程标准(2017版)》提出体育与健康学科核心素养包括运动能力、健康行为、体育品德三个维度，并明确指出各维度所包括的主要内容。在此基础上，本书尝试将三个维度及九个方面的内容细化为若干素养表现，旨在为中小学体育教师在体育教学中落实学科核心素养提供参考(表1-2-1)。

表1-2-1 体育与健康学科核心素养结构体系

素养维度	素养内容	素养表现
运动能力	提高认知	能够运用所学的知识分析和解决运动中遇到的问题 了解运动项目的裁判知识与规则，学会欣赏体育比赛
	运用技能	能够展示所学的运动技能 能在比赛中运用所学的运动技能
	发展体能	能够制订和实施体能锻炼计划，并作出合理评价 体重适宜、体格强健、体态优美、体力充沛
健康行为	锻炼习惯	能够积极主动地参与体育学习和课外体育活动 掌握科学锻炼方法，能够对自我和他人进行健康管理
	情绪调控	能在运动、学习、生活中保持稳定的情绪 面对困难和挫折时能有效调控自己的情绪
	适应能力	能够适应自然环境的变化 人际关系融洽，善于交往与合作
体育品德	体育精神	自尊自信、勇敢顽强、积极进取、追求卓越
	体育道德	遵守规则、友好团结、诚信自律、公平正义
	体育品格	文明礼貌、相互尊重、团队合作、社会责任感

（一）运动能力

运动能力是体能、技战术能力和认知能力等在身体活动中的综合表现，是人体活动的基础，具体包括提高认知、运用技能、发展体能三方面。在体能方面中，学生要能够制订和实施体能锻炼计划与目标，学会选择适宜的体能练习方法与手段，掌握体能测试流程及评价方法等相关内容，还要将体能与专项运动能力相结合，最大限度促进专项运动能力的提高。学生还要通过实施体能锻炼计划来保持适宜的体重，强健的体格以及充沛的体力；运动技能方面，学生应避免单项技术学习，要以整体化和主题化活动来实现技能的横向和纵向联系，达到结构化技术学习目的；体育活动中，学生不仅能够展示所学的整套运动技能，还能够在比赛中综合运用；认知领域方面，学生要学会从

---

① 季浏.我国《普通高中体育与健康课程标准(2017年版)》解读[J].中国学校体育，2018(2).

不同渠道获取和选择重大体育赛事和事件的信息,对大赛的组织和赛况展开交流和评论,同时要了解各个运动项目的裁判知识与规则,学会欣赏体育比赛。此外,学生能够运用所学的知识、形成的逻辑思维和批判思维来分析和解决体育运动以及生活中遇到的各种问题。

(二) 健康行为

健康行为是个人生存和发展的前提和基础,具体素养内容包括锻炼习惯、情绪调控和适应能力三方面。锻炼习惯方面,学生主动地参与体育学习和课外体育活动,重视对个人及他人的思想观念和日常行为、习惯、生活方式的培养与引导,能够对自我和他人进行健康管理;情绪调控方面,学生能在体育运动、日常学习、生活中保持情绪的稳定性,同时在面对困难和挫折时能有效调控自己的情绪;适应能力方面,学生能适应各种不同的自然环境,并根据环境变化适时调整自己,协调人与自然的关系。此外,要善于与他人交往与合作,在与他人的交往和合作中培养自己的团队意识和集体主义精神。

(三) 体育品德

体育品德是指在体育运动中应当遵循的行为规范以及形成的价值追求和精神风貌,对维护社会规范、树立良好的社会风尚具有积极作用。体育品德包括体育精神、体育道德和体育品格三方面。通过参与体育活动和比赛,学生学会遵守规则、诚信自律和公平正义;通过在比赛中克服内外困难,形成积极进取、勇敢顽强、追求卓越的运动品质;比赛结束后,学生能正确面对结果,胜不骄,败不馁,学会尊重他人和对手,养成良好的成败观。

运动能力、健康行为和体育品德三个方面学科核心素养的提出,不仅是体育与健康课程目标的跨跃式发展,还体现了体育与健康课程改革更加重视对"完整人"的培养。学科核心素养的三个维度不是独立的关系,而是相关联系、相互影响、相互促进、共同发展的关系。运动能力是形成健康行为和体育品德的基础,健康行为是发展运动能力和体育品德的核心,体育品德是提高运动能力和改进健康行为的保证[①]。在体育与健康教育教学过程中,应将三者当作一个整体,全面发展。

---

① 尹志华.论运动能力、健康行为和体育品德三个方面学科核心素养的关系[J].体育教学,2019,39(01).

第三节 体育与健康学科核心素养的形成路径——学习活动

学科知识与学科活动是学科核心素养形成的两翼,知识是形成素养的载体,但不能直接转化为素养,活动才是形成学科素养的主要路径。学科活动意味着学生要在学习活动中参与实践、合作探究、评价反思、创新创造,并将学科知识不断内化为个人能力。因此,体育教师在开展教学时必须以体育与健康学科核心素养为导向,创设各种学习活动,使学生能够综合运用知识、技能,通过解决复杂情境中的各种问题而获得相应的能力发展。

一、体育与健康学科学习活动的内涵

学科活动是学科核心素养形成的主要途径,任何学科如果不经过亲身体验,仅仅靠看书本、听讲解、观察他人的演示是学不会的①。完整的学科活动应包括认识活动(动脑,理性)和实践活动(动手,感性)两个方面。

体育与健康学科学习活动是指在学习目标引领下,以学习者为主体,通过直接的身体参与和强烈的情感体验感知、理解、体验、建构知识与技能,在合作与探究的过程中发展运动能力、健康行为和体育品德的过程。也就是说,学科素养的形成,必须通过创设和参与各种贴近生活的多元情境活动,才能实现从学科知识内容到学科知识素养、从学科知识形式到学科能力素养、从学科知识旨趣到学科情感素养的转化②。

---

① 余文森.核心素养导向的课堂教学[M].上海:上海教育出版社,2017.
② 潘洪建.身体在场:在活动中学习[J].教育发展研究,2015,35(22).

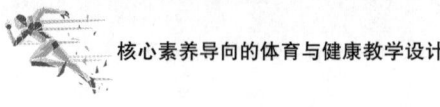

二、体育与健康学科学习活动的特征

（一）直接的身体参与

身体练习作为体育与健康学科特有的学习表现形式，贯穿体育学习活动过程的始终。身体练习的过程是一个由不断的身体刺激与反应所组成的"身体体验"过程，即直接的身体参与。体育与健康学习活动通过身体这个认知工具，让作为主体的学生进入学练中，发挥身体知觉的认识能力，感知身体动作的身体姿势、练习轨迹、练习负荷的性质，思考与其他事物间存在的各种上下、左右、前后、大小、胜负、平等、互助的关系等[1]。

（二）复杂的思维活动

思维主要指抽象概括与逻辑分析的一种认知过程、方法或能力，它是学生接受知识、掌握知识和建构知识的基本前提。体育学习是通过身体练习来完成学习任务的，从运动技能、知识技能的形成，知识和方法的掌握，人格品质和社会适应能力的培养，都需要对当前所学内容进行丰富的想象，并进行正确的思维，形成适宜的体育学习思维方式[2]。体育学习中的思维活动既不是对静态的体育知识与技能的学习，也不是某项运动技术的简单掌握，而是探寻思考、解决和评价体育学科问题的复杂、有效的思维方式或模式。它植根于体育学科内容，是体育学习的灵魂。

（三）适宜的运动负荷

适宜的运动负荷是促进学生运动技能形成、增进学生身心健康的基本保证。运动能力中的体能素质及运动技能是学生在不断的练习及身体承受一定量的负荷之后才能有效地掌握和发展的。中国健康体育课程模式指出：每节课应有10分钟左右的体能练习，每节课的运动密度应该在75%以上，每节课学生的平均心率在140～160次/分钟[3]。要达到上述运动负荷，就需要更新体育教学理念，从"传授具体的知识点教学"向"结构化教学"转变，同时改变教学方法，精讲多练、边讲边练，给学生留足够的练习时间，合理安排活动内容，设计补偿性体能练习，保证学生获得良好的健身效果。

（四）强烈的情感体验

人的情感是在实践活动中产生、发展和变化的。体育学习活动既是身体活动，也

---

[1] 余文森.核心素养导向的课堂教学[M].上海:上海教育出版社,2017.
[2] 邓若锋.身体练习体验是体育学习的一种价值诉求[J].体育学刊,2013,20(06).
[3] 季浏.中国健康体育课程模式的思考与构建[J].北京体育大学学报,2015,38(09).

是一种情感体验,在身体活动过程中伴随强烈和深刻的情感体验。体育运动中,尤其是在竞赛过程中,运动的客观条件是复杂多变的,运动员在竞赛中的情感也随之不断变化。一般来说,运动员在克服困难,成功完成任务时,常伴有积极的情感体验,反之则伴有消极的情感体验。但这种情感体验往往与运动员的意志和性格紧密联系。如有的运动员认识到比赛胜负的意义,即使在机体疲惫、比分落后的情况下,仍能奋起直追。因此,在教学过程中要把运动技能的教学与学生的情意发展(如情绪、态度、理想、价值)有机结合,从情感的倾向性、稳定性等方面培养良好的情感品质,以提高实践能力。

第二章
核心素养导向的体育与健康教学策略

策略是从观念走向行动、从理论走向实践的路径和方法,只有把观念转化为可操作的策略,核心素养才能真正落地。体育教师应确立从知识本位到素养本位的新型教学观,运用核心素养导向的体育教学策略开展教学,才能使体育课堂真正成为培育学科核心素养的沃土。

《课程标准(2017年版)》在基本理念中指出:"力求避免过于注重单一知识点以及把结构化的知识和技能割裂开来的灌输式教学模式,倡导多样化的教学方式,重视与信息技术的深度融合,注重学生的自主学习、合作学习和探究学习,将知识点的教学置于复杂情境之中,引导学生用结构化的知识和技能去解决体育与健康实践中的问题,促进学生学科核心素养的发展,培养学生的创新精神、综合能力和优良品格。"从这段话中可以提炼出以下几个关键词:结构化、情境化、问题化、信息化,在此基础上加入核心素养培养的精神内核,推演出核心素养导向的体育与健康教学策略。

第二章　核心素养导向的体育与健康教学策略

第一节　结构化的体育与健康教学策略

《课程标准(2017年版)》明确指出:"树立新的知识观,从注重单个知识点和技术教学向注重学科核心素养转变。"中国健康体育课程模式也提出:"运动技能学习以活动和比赛为主,强调用结构化的知识和技能解决复杂和真实运动情境中的问题。"为了在教学中培养学科核心素养,需要加强知识和技能的有机联系,使体育教学呈现结构化特点。

一、结构化的体育教学

结构化的体育教学就是每堂课都让学生进行多种动作技术的学练,参加形式多样的展示或比赛,增强知识点之间或动作技术之间的有机联系的教学过程。它与传统教学最大的区别是避免在课堂上孤立、静态地进行单个知识点或单个技术的教学。教学中始终强调用关联性的、结构化的知识和技能解决问题。这样的教学不但能够促进学生掌握和运用技能,提高体能水平,培养学生分析问题和解决问题的能力以及创新能力,而且能够培养学生顽强拼搏、挑战自我、团结奋进、追求卓越、遵守规则等体育品德。

结构化的体育教学要体现四个方面:第一,学科内知识间的相互融会与贯通;第二,学科间知识的相互渗透与支撑;第三,学科知识与学生活动经验的和谐结合;第四,学科知识学习与学科核心素养形成的有机统一。[1]

二、开展结构化的体育教学

开展结构化的体育教学要引导学生学练多种单个技术、组合技术和战术,并要创设对抗和比赛情境,让学生在这样的复杂情境中综合运用多种知识和技能去解决问题,突出学生综合能力的培养。在实际操作方面,可以通过开展整体化教学或主题化

---

[1] 余文森.核心素养导向的课堂教学[M].上海:上海教育出版社,2017.

教学来实现体育教学的结构化。

（一）整体化教学，实现知识的横向联系

学习的最基本规律就是由整体到部分，再由部分回归到整体。对一个事物先有一个整体结构上的认识，再认识事物各个具体的部分，然后找到各部分之间的关系，形成对事物的完整认识。

因此，开展整体化体育教学就是要每堂课都进行完整运动的学练，加深学生对这项运动的理解，提高整体运动能力。这就需要根据运动项目特点，组合技战术的结构，强化技战术的运用。如把篮球的运球和投篮技术结合起来、把排球的传球和扣球技术结合起来教学，明确技战术的运用时机，然后创设知识技能的应用情境，让学生在游戏或比赛等活动中发展核心素养。

（二）主题化教学，实现知识的纵向联系

学习者掌握了知识之间的横向联系还不够，还要找到知识之间的纵向联系，这就需要一个整体的大知识观，由这个大的知识观产生的大的教学观，就是主题化教学。

因此，开展主题化的体育教学就是要围绕某一主题，有针对性地将运动技能、体能、健康知识、跨学科知识有机结合起来，让学生在经历主题学习过程的同时，掌握多种知识技能，提高融会贯通的能力。如教学中可以围绕"野外生存"这一主题，将跳跃、滚翻、攀爬等运动技能和地理、生物知识融合到一起，提高学生的综合实践能力。教学中还可以围绕某一技能主题展开合作与探究，引导学生运用物理学知识分析动作原理，设计改进动作质量的辅助手段，培养学生分析问题、解决问题的能力。

附：结构化的体育教学案例

会技术　能比赛　强体能　育品德
——高一：排球"网前一般二传"教学案例

教学内容（部分）	学练方法 ●：有球人　○：无球人 →：球路线　⇢：人路线	教学策略及意图说明
多媒体讲解网前一般二传	○○○○○ ○○○○○ ○○○○○ ○○○○○ △	运用多媒体讲解网前一般二传的站位、传球技术要点和出球方向

(续表)

教学内容（部分）	学练方法 ●:有球人　○:无球人 →:球路线　⋯⋯▶:人路线	教学策略及意图说明
六人轮流传球练习	1 抛球—2 传球—3 捡球	六人轮流练习，传球者站在三号位将同伴抛过来的球传到四号位，练习时在网上放置标志杆，增加传球的目标性
二人抛/传球练习	2 抛球—1 传球—2 接球	两人配合练习，练习者从三米线后移动到三号位传球，抛球者待球传出后移动到四号位跳起将球抱住；将移动和传球结合起来，抛球者也能发展扣球的助跑、起跳能力
垫/传球串联练习	1 抛球—2 垫球—3 传球—1 接球	三人配合练习，1 抛球给 2 后撤位，跳起接 3 的传球，2 垫球给 3，3 传球给 1；该练习将垫球、传球技术组合起来，传球者需要将垫起的球传到四号位，增加了预判和移动取位的难度
一攻串联练习	1 抛球—2 垫球—3 传球—1 扣球—4 捡球	六人组合练习，1 抛球给 2 后扣球，扣后排至垫球队尾，2 垫球给 3，垫后至网前准备传球，3 传球给 1，传后到对面场地捡球，4 捡到球后排到扣球队尾；该练习将垫球、传球、扣球技术组合起来，使练习的情境趋近于比赛实战
简易排球比赛		创设比赛情境，以赛代练，为了降低难度，允许抛球到对方场内，且必须经过三次击球才能过网；重点强调运用网前一般二传组织进攻

第二节　情境化的体育与健康教学策略

情境是"汤",知识是"盐"。盐只有溶于汤才好入口,知识只有融于情境,才好理解和消化。① 可以说,情境是知识转化为素养的桥梁。为了在体育教学中培养学科核心素养,需要将知识技能融于复杂情境,使体育教学呈现情境化特点。

一、情境化的体育教学

情境化的体育教学就是将知识点和技战术融于复杂的情境之中,引导学生主动运用知识与技能来分析问题和解决问题,将原本枯燥无味的学练过程转化成主动探究和自觉接受的过程,也是提高学生的学习积极性和学习效率的教学过程。

情境化的体育教学强调"以用为本",将知识技能的运用作为学习的目标,即"因用而学""学以致用"。教学中将运用知识技能作为学习的方法和手段,把知识与技能的运用过程看作知识与技能的学习过程,使学生能够在复杂情境中进行学练和比赛,逐渐形成运用结构化知识和技能解决问题的能力。

复杂情境是相对于简单情境而言的,如一堂课只让学生学练"原地双手胸前传球",就是一个简单的、没有变化的学习情境,这样的情境只会使学生感到单调乏味,毫无乐趣。如果进行2—3人行进间双手胸前传球练习、双手胸前传球与运球及投篮的组合练习、2打2或3打3等比赛活动,这样的情境就能激发学生的学练热情,培养学生在面临变化、复杂、真实的情境中提高技战术的运用能力以及解决问题的能力,也促使学生学会甚至精通一项运动②。

---

① 余文森.核心素养导向的课堂教学[M].上海:上海教育出版社,2017.
② 季浏.我国《普通高中体育与健康课程标准(2017年版)》解读[J].中国学校体育,2018(2).

二、开展情境化的体育教学

开展情境化的体育教学需要回答两个问题,一是有利于发展学生学科核心素养的情境(有效情境)具备什么特质?二是如何创设有效情境?

(一) 有效情境的特质

有效情境需要有一定的真实性并和学生从事的活动有某种联系[①],使学生产生情感的共鸣,引发学习的兴趣和动力。因此,体育教学中的有效情境应当具备以下四个方面的特质。

1. 基于生活

情境的创设要基于生活,充分考虑学生的认知水平和生活经验,其关键点是教学内容与实际生活相吻合,要做到这一点,教师需要精心设计,把学生带到熟悉的情境中,让学生入境动情,明理知味,激发其参与运动的动机,如球类比赛中的技战术应用情境、体能练习中克服困难的情境、同学之间互相保护帮助的社会情境等。体育与健康学科核心素养培育背景下,体育教学的目的就是让学生将所学及所悟应用到实际生活当中,利于未来发展。

2. 结合项目

情境的创设要结合运动项目的特征,紧扣学习内容,凸显学习重点,促使学生学习、掌握和运用运动技能。例如,田径项目教学中围绕"个人目标挑战、与人竞争比赛、锻炼运动处方"等方面创设情境,体操教学中围绕"非正常体位运动、形体美需求、运动中的畏难情绪"等方面创设情境,足球教学中围绕"多人齐心配合、角色职责体验、抗干扰射门得分"等方面创设情境[②]。

3. 形象生动

能够诱导学生全身心投入的情境一定要形象生动。首先应该是感性的、看得见的、摸得着的,能丰富学生的感性认识,并促进感性认识向理性认识转化和升华;其次应该是形象的、具体的,能有效地刺激和激发学生的想象和联想,使学生能够超越时空限制,获得更多学习体验。在教学中可利用比喻来设置生动的情境,如在进行短跑的蹲距式起跑动作教学时,可用"弯弓搭箭待令发,启动猛似箭离弦"的比喻为学生创设生动形象的情境,使其对起跑时的姿势和快速起动有深刻的理解,从而激发其练习的积极性。

---

① 毛振明,赖天德.体育情境教学的困惑[J].中国学校体育,2006(1).
② 张庆新.基于项目特性创设真实情境的高中体育课堂教学[J].中国学校体育,2017(11).

4. 内含问题

有价值的情境要内含问题,这样能有效地引发学生思考,引导学生自主探究和解决问题。内含问题的情境能培养学生的好奇心,充分激发学生的学习兴趣,练习过程中教师引导学生进行多向思维、发散思维,能够拓展他们解决问题的思路,对技术动作的理解会更加透彻,促进学生参与运动的积极性,牢固掌握技术。如进行弯道跑教学时,为了让学生掌握弯道跑技术,体会弯道跑时身体姿势的变化,教师安排学生分别在大圆弧线、小圆弧线及直线上进行练习,并提出"体会三者的身体姿势和感受有什么不同"等问题,让学生通过自己的练习体会总结三者的不同,从而加深对弯道跑技术的理解和掌握。

(二) 创设情境的方法

情境既可以是虚拟的,也可以是现实的。教师可以通过语言、音频、视频等手段创设观念的、想象的、情意的、问题的虚拟情境,还可以通过布置场地、开发和运用器材等手段创设现实情境。

1. 通过语言描绘情境

教师的语言描绘对学生的学习起着一定的导向作用,使听者头脑中呈现出运动场景。如足球教学中可以把射门练习描绘成世界杯决赛的点球大战情境,培养学生的心理调节能力;跳远教学中可以描绘出跨跃河流的场景,使练习变得刺激又有趣。教师还可以通过提问,创设问题情境,引导学生开展探究活动。

2. 通过实物模拟情境

体育场地和器材都可以用作模拟情境的道具。如排成一路的跨栏架可以模拟钻山洞的情境,堆在一起的体操垫可以模拟孤岛求生的情境,摆在地上的两根跳绳可以模拟跨跃水沟的情境。这些情境可以激活学生的形象思维,帮助学生集中注意力,调动学生参与积极性。

3. 通过图像展现情境

图像能够形象生动地展示运动场景。随着多媒体技术的不断发展,图像呈现动画特点,给学生带来了新的视觉感受。通过视频动画创设出的情境不仅更易于理解和接受,而且能够产生强烈的吸引力,使学生更易于投入学习。

4. 通过音乐渲染情境

音乐可以调节人的情绪,音乐旋律和节奏的变化会营造出不同的学练情境。教师可以根据教材内容特点、教学目标、项目风格以及学练需求,选择合适的音乐素材,为提高教学效果而实施相应的配乐。

5. 通过角色扮演情境

教学中可以让学生通过扮演角色来产生角色效应,促使学生带着角色真切感受并投入自己的情感去理解体育运动的乐趣,加深学生对运动项目的理解。如在篮球单手肩上投篮教学中,可以让学生扮演自己喜欢的球星,模拟 NBA 比赛罚关键球的情境,使其感受场上运动员的压力,然后通过主动调整心态,运用正确的技术动作把球罚进。

附:情境化的体育教学案例

先入咸阳者为王

——七年级:"障碍跑"教学案例

教学内容(部分)	情境创设	意图说明
情境:项庄舞剑 热身"兔子舞" =项庄舞剑	1. 讲解本课障碍跑与传国玉玺碎片的关系,播放背景音乐"the mass"将学生带入楚汉情境 2. 将学生分成四个小队并指定小队长 3. 切换背景音乐"兔子舞" 4. 组织小队比赛展示评比、奖励部分"玉玺碎片"	通过播放音乐,让学生有代入感;设置"兔子舞"游戏,寓意项庄舞剑,通过情境游戏达到热身热心的目的
1. 情境:先入咸阳 障碍跑小分队练习 2. 情境:乌江岸边 障碍跑小分队接力计时比赛 3. 情境:霸王别姬 运用收集的"玉玺碎片"进行拼图比赛	1. 创设"入咸阳"情境 (1) 简单介绍"刘项咸阳之约",示范相关技术动作、行进路线及要求 (2) 切换到练习障碍跑背景音乐 (3) 根据小队表现随机派发"玉玺碎片" 2. 创设"救虞姬"情境 (1) 组织小分队进行障碍跑比赛 (2) 切换比赛背景音乐"快乐向前冲",并监督安全 (3) 根据打分表打分,派发"玉玺碎片" 3. 创设"拼玉玺"情境 (1) 组织拼图比赛 (2) 切换音乐"垓下歌"	"先入咸阳"对应障碍跑练习:通过讲解、示范和小队体验式的个人探究、集体练习,培养学生合作、自主探究的能力以及初步学习、运用障碍跑相关的各项技能和相关的运动素质。 "乌江岸边"对应障碍跑游戏比赛:通过比赛与展示,学生对障碍跑产生浓厚的兴趣,为后续各项障碍跑相关技能的学习奠定基础 "霸王别姬"对应拼图比赛;各小队根据赢得的"玉玺碎片"进行拼图比赛,最先拼出"玉玺全图"的小队获胜并完成本课任务

注:案例来源于上海市人文社科基地体育教育教学研究基地 2016 年度优秀案例研讨会,原作者为山东大学附属中学教师李明。

第三节　问题化的体育与健康教学策略

问题是触发学生思维的引擎。没有问题的教学难以激发学生的求知欲,导致学习动力不足。没有问题的教学也不能引导学生深入思考,将学习停留在表层和形式上[①]。为了在体育教学中培养学科核心素养,需要坚持问题导向,以问题引领学习活动,使体育教学呈现问题化特点。

一、问题化的体育教学

问题化的体育教学是指将一系列精心设计的问题贯穿教学过程,引导学生参与复杂情境下的学习活动或比赛,培养学生分析问题和解决问题的能力,促进学生核心素养的发展,培养学生的创新精神、综合能力和优良品格的教学过程。

问题化的体育教学强调"探索实践",注重学生的自主学习、合作学习和探究学习。其具体做法是将学生在掌握、提高和运用某类运动技能过程中可能存在的问题梳理成"问题链",引导学生展开实践活动和探究活动,分析遇到这些困难的原因,并尝试运用结构化的知识和技能解决问题。

二、开展问题化的体育教学

开展问题化的体育教学需要回答两个问题,一是有利于发展学生学科核心素养的问题(有效问题)具备什么特质?二是如何设计和运用问题?

(一)有效问题的特质

教学中有效的问题须能够引起学生的参与热情,能够引发思考,且问题分布具有

---

① 丁国浩.问题意识导向下的高校思想政治理论课教学研究[D].上海大学博士学位论文,2013.

层次性和系统性。因此,体育教学中的有效问题应当具备以下两个方面的特质。

1. 能引发思考

有效的问题要能够引起或启发学生深入思考,这需要具备三个条件。首先,问题必须是学生不完全知晓或未知的,必须通过实践和思考才能找到答案;其次,问题必须是学生想要弄清楚或尝试解释的,学生要对其产生探索欲望,愿意深入探究问题,并努力解决问题;最后,问题必须与学生的认知水平相当,学生可以运用现有的知识和能力探索出结果。如果问题太难,学生无论如何都不能解决时,这个问题也就失去了吸引力[①]。

2. 呈现关联性

教学的问题不应是孤立的单个问题,而是呈现出一定的关联性和递进性,贯穿于整个教学过程。每个问题之间应该要有紧密的联系,问题的深度应该要层层递进,形成结构清晰的问题链,进而帮助学生构建一个结构化的知识、技能体系,促进学生体育核心素养的全面发展。

(二)设计和运用问题的方法

要想设计有效的问题,教师要对教材和学生进行全面而深入的分析,在明确教学重难点的基础上进行问题设计。问题的思考和设计要以教学重难点为依据,问题与问题之间应呈现出内在关联,符合运动技能形成规律和认知规律,最终以"问题链"的形式呈现。

问题的运用是通过设计解决问题的学习活动来实现的。学习活动应呈现出自主学习、合作学习和探究学习的特点。在教与学的活动中教师发挥主导作用,通过问题开启学生的探索之旅,提出学习活动的要求,把握学练方向。学生充分发挥主体作用,通过小组合作解决问题,完成教师布置的任务。

---

① 周小山,严先元.新课程的教学设计思路与教学模式[M].成都:四川大学出版社,2002.

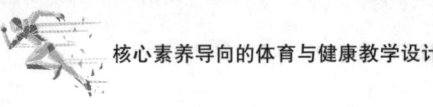

附：问题化的体育教学案例

学练并重　动思结合
——高一年级："垫上运动直腿后滚翻"单元教学案例

基本问题	关键问题	关键设问	学习活动	意图说明
如何快速、连贯地完成直腿后滚翻，并且做到屈体紧、并腿直	如何获得最大的起始速度	直腿后滚翻的起始速度来自哪里	探究直腿后滚翻的动力源，借助挂图理解动作要领，建立完整的动作概念，小组讨论，尝试用物理学知识解释动作原理	首次学习该教材，学生对于后倒的恐惧心理是教学中最大的困难，要引导学生探索直腿后滚翻的动力源和减少冲击力的办法，帮助学生消除心理障碍
		屈上体、髋后移、手后伸的作用是什么	探索减少冲击力的办法，在保护与帮助下探索屈上体、髋后移、手后伸的动作方法，练习时相互保护与鼓励，克服恐惧心理	
		为什么要快速倒肩、举腿、翻臀	探索快速倒肩、举腿、翻臀的作用，带着思考进行练习和体会，逐步改进动作，使后坐与后倒举腿翻臀的衔接连贯	
	怎样才能快速、直腿滚翻	滚动速度与半径的关系；怎样提高速度	利用平板电脑探究屈体紧的动作原理；记录动作，讨论减小半径、提高速度的方法，总结屈体紧、落地脚尖靠近头部的技巧	设计一连串的探究任务，使学生能够通过实践和探索获得最佳的练习方法，提高滚翻的速度和连贯性；让学生在直腿后坐的基础上，掌握滚翻时屈体、直腿的动作要领
		采用什么手段可以提高滚翻速度	开发提高滚翻速度的辅助练习手段；用现有的器材设计辅助手段，体验完成动作的快乐	
		如何在滚翻中保持直腿	根据自身问题选择控制直腿手段；利用相互拍摄的视频剖析动作，根据自身问题选择练习手段，改进动作	
	怎样才能推撑成站立	如何控制推手的方向	体验后滚翻推手的发力方向，感受两种体位推手发力的不同，明确推手的发力方向	引导学生探索推手的方向和时机，使学生掌握推手成站立的动作要领，体会直腿后滚翻的完整动作
		如何把握推手的时机	探索直腿后滚翻推手的时机，小组合作探索直腿后滚翻的推手时机——滚翻至臀过支撑点时推手	
	怎样才能使动作优美、连贯	如何改进动作质量	根据自身情况，选择辅助器械，自主复习直腿后滚翻，同伴间相互指导、相互帮助、共同进步	通过设置学练任务和展示环节，引导学生自主改进动作质量，并能够自信地展示自己的学习成果
		如何展示学习成果	进行展示和评价活动，利用直腿后滚翻技能评价工具，以小组为单位给展示者现场打分	

第四节　信息化的体育与健康教学策略

《课程标准(2017年版)》明确指出线上线下学习深度融合,提高学生的信息素养。为了在体育教学中培养学科核心素养,需要融合信息技术,实现教学的高效性和多样化,使体育教学呈现信息化特点。

一、信息化的体育教学

为了应对信息技术对教育发展所产生的革命性影响,促进体育与健康课程内容、教学手段和方法的现代化,教师应秉持以学习者为中心和技术支持学习的理念,在体育与健康课程中重视利用现代信息技术手段,将多媒体、电子白板、智能手机、运动手表、心率监测仪、计步器、加速度计等信息技术手段深度融合到体育与健康课程教学中。同时,尝试在体育与健康课程中开展微课、慕课、翻转课堂等教学,促进学生体育与健康课程的线上与线下学习相结合,为学生提供更多现代化的学习体验,提高学生的信息素养[①]。

信息化的体育教学是在教学过程中充分利用现代信息技术和数字化手段,实现个性化和多样化的学习,提升学习活动的互动性和生成性的教学过程。体育教师可根据教学目标和对象的特点,合理选择和运用现代教学媒体,为学生提供多样化的学习内容、跨越时间空间的学习资源以及多种形式的学习评价。

二、开展信息化的体育教学

开展信息化的体育教学需要回答两个问题。一是有利于发展学生学科核心素养的信息化教学(有效信息化教学)具备什么特质?二是如何在教学中整合信息技术?

---

① 中华人民共和国教育部.普通高中体育与健康课程标准(2017年版)[M].北京:人民教育出版社,2018.

（一）有效信息化教学的特质

信息化的体育教学能呈现线上线下相融合的学习经历，以及为个性化教学提供精准指导和学习推送。因此，有效的信息化教学当具备以下三个方面的特质。

1. 直观高效

利用信息技术进行体育教学，不仅能图文并茂、声像并举，而且直观形象，把语言无法准确描述的动作演示得一清二楚。教师要根据教材内容和教学目标，制作多媒体课件，通过信息技术，以生动鲜明的画面和视频呈现出来，帮助学生更快、更好地把握动作细节，提高学习效率。

2. 互动生成

信息化时代下，体育教学中生成的资源也可以被充分利用。在互联网的支持下，移动便携式电子设备（智能手机、平板电脑、相机、运动手表、心率监测仪、计步器、加速度计等）可以将学生的学练行为和身体技能状况准确、及时地记录下来，作为教学评价和反馈的重要资源，帮助学生提高分析问题和解决问题的能力。

3. 资源共享

通过信息技术可以实现教学资源快速共享。学生和教师可以通过浏览网站、观看视频、微课学习和在线讨论等形式进行网络学习。教师还可以将动作技术的重难点学习制作成微课，分享专业体育网站的视频链接，帮助学生获取更多学习资源。

（二）教学中整合信息技术的方法

1. 通过信息技术进行演示

在体育与健康教学中，运用信息技术的文、声、图、像等表现功能，不仅可以丰富教学内容，还可以将教学内容化繁为简，把教学难点分解成图像，变抽象为直观，让学生对运动技术形成的过程一目了然。这有利于让整个课堂充满活力，创设良好的学习氛围，成功激发学生的学习兴趣和求知欲，让学生体会学习和运动的乐趣。

2. 运用多媒体设备实现动作分层显示

在体育与健康教学中，有很多动作技术结构复杂，需要在一瞬间完成一连串的动作，如田径跳跃项目中的腾空动作、技巧类的滚翻动作、投掷类的最后用力顺序等。这些动作很难用言语描述清楚，讲解难度大，示范效果受教师身体状况、学生观察角度和时机等影响，大多不尽如人意，这必然会影响学生的学习效果。通过计算机制作多媒体课件来展示各个技术环节，或利用课件中的动画及影像进行慢动作、停镜、特写、重放等相结合的讲解，则可以帮助学生清楚地了解动作技术的每一个瞬间。教师还可以通过动画对比展示错误动作及纠正方法，帮助学生抓住动作技术的关键，突出重难点，更快、更全地建立正确的动作概念，提高学习效率，缩短教学过程。

附:信息化的体育教学案例

注重保护帮助与合作学习　建立自信与和谐的人际关系
——高二年级:"双杠挂臂摆动屈身上成分腿坐"教学案例

教学片段(部分)	意图说明
利用大屏幕,将教师课前录制的完整动作展示给学生,提出"摆腿方向是哪里(前上方)、分腿时机是什么时候(过垂直面)、手臂动作是什么动作(直臂压杠)"的问题,引导学生思考、观察,帮助学生理解技术动作的要点	利用多媒体观看视频,让学生建立完整的概念,明确动作要点与方法
组织学生四人一组进行练习,一人做、两人保护与帮助、一人语言提示并观察;利用电子设备把同伴的动作录制下来,小组讨论交流;充分利用平板电脑的回放功能,帮助同伴不断提高动作质量	通过电子设备的回放功能来反馈学练效果,促进交流与互动,提高动作质量
组织学生观看练习中各小组传到大屏上的学生动作,组织自评与互评活动,引导学生结合物理知识分析技术动作(杠杆原理)	运用互联网共享练习视频,通过视频慢放和停顿,引导学生参与评价,分析动作原理

注:案例来源于2017年上海市体育与健身学科中青年教学评选展示与研讨活动,原作者为上海中学教师俞洁。

第三章

核心素养导向的体育与健康教学设计

培育体育与健康学科核心素养的关键在于教学设计,好的设计可以提高课堂教学效率,从而达到最佳的教学效果。体育教学设计是一个系统化的过程,这个系统过程包括:相关分析、教学目标设计、教学内容设计、学习活动设计、教学评价设计和教学资源设计,该过程中的各环节共同作用并相互交织,服务于促进学生学科核心素养的落实。

第一节　体育与健康教学设计要素

传统的体育教学设计重视碎片化知识的传递和单个技术的学练,忽视了知识的应用以及能力的培养。核心素养导向下的体育教学设计强调以结构化的知识与技能学习为依托,创设具有关联性的"问题链",设计贴近生活的多元情境,并借助多样化的资源,引导学生在合作与探究的过程中发展运动能力、健康行为和体育品德。

一、体育教学设计内涵

教学设计是运用系统的方法,将学习理论与教学理论转化为对教学目标、教学内容、学习活动和教学评价等环节的具体计划与实施。体育教学设计是教学设计的下位概念,是有效开展体育课堂教学活动的前提,也是落实学科核心素养和贯彻课程标准理念的主要载体。

核心素养导向的体育教学设计是指在开展教学活动之前依据体育与健康学科核心素养和课程标准,遵循教学理论、学习理论,以"单元"为基本单位来设计学习目标,确定合适的教学起点和终点,运用系统分析法,预先对体育教学活动诸要素进行的创新性探究与策划,这是一个系统规划体育教学系统的过程。

依据时间跨度,体育教学设计通常可以分为学段教学计划设计、学年教学计划设计、学期教学计划设计、模块教学计划设计、单元教学计划设计和课时教学计划设计。体育教师在设计以上教学计划时,应将学科核心素养细化到不同类别教学计划的教学目标之中,再借助目标引领内容的方式层层推进,通过具体的课堂教学活动来落实学生核心素养的培育。此过程不仅要从"教什么和如何教"的角度进行思考,更要从"学什么和怎样学"的视角进行系统设计。

二、体育教学设计要素

核心素养导向下的体育教学设计是围绕发展学生核心素养和身心健康而展开的。

体育教学设计的基本要素大致可归纳为在对教材、学情分析及问题链建构等进行相关分析的基础上,对教学目标、教学内容、学习活动、教学评价和教学资源等的设计。

(一) 相关分析

相关分析包括教材分析、学情分析、教法分析以及"问题链"建构。教材分析的重点在于了解教材的内涵和育人价值,知道教材在整个教材体系中的地位和作用,建构知识技能结构,综合分析教学重点及学科核心素养关注点。学情分析的重点在于了解学生的认知水平、身心特点以及现有的能力水平,并在此基础上确定学生的学习起点,分析学生在学习新知识时可能会遇到的难点问题。

在教材分析和学情分析的基础上,要依据教学的重难点,确定适切的教学方法,确定单元基本问题,围绕单元基本问题进行整体性设计,将单元基本问题分解为若干课时关键问题,每个课时关键问题再分解为1—2个小问题,螺旋上升,层层递进,建构起单元"问题链"。

(二) 教学目标设计

教学目标设计是对教学应达到的结果或标准的预设,是教学设计中最为重要的一个环节,在设计过程中应该重点关注教学目标的整体性、层次性与可达程度,设计出的目标既能引领教学内容的实施,又能与学科核心素养有机融合。

在操作层面上,教学目标设计要紧密围绕体育与健康学科核心素养设计目标维度,其中单元教学目标包含运动能力、健康行为和体育品德三个维度,课时教学目标包含体育认知、运动技能、体能和体育情感四个维度。此外,在设计教学目标时还要根据目标类型,选用合适的表述方法。

(三) 教学内容设计

教学内容是为了达到体育教学目标而选用的体育知识与技能体系,教学内容既有一定的结构体系,也有不同的层次。在进行教学内容分析时,注重分析教学内容的广度和深度。广度指学生必须达到的知识和技能的范围,深度指学生必须达到的知识深浅和技能水平[1],并在此基础上科学选择和开发教学内容,同时要注重内容各部分之间的内在联系,做到有序安排。

学科核心素养导向下的教学内容设计要注意以下四点:一要坚持目标引领内容的思路,根据教学目标确定教学内容;二要指向学科核心素养,凸显教学内容的育人价值;三要符合学生身心发展规律,符合学生的认知水平;四要注重教学内容的趣味性,

---

[1] 佟晓东,刘铁.体育教学设计与实践[M].沈阳:东北大学出版社,2009.

能够激发学生的学习兴趣。

(四) 学习活动设计

核心素养导向下的学习活动设计是从核心素养导向的教学目标出发,基于对教材教法和学生学习需求的分析,围绕运动能力、健康行为和体育品德三个方面,构建教学"主要问题"的框架,在此基础上设计"解决问题"的具体步骤与路径,为学生参与体育学习提供实践体验情境。

学习活动的设计主要包含目标、情境、过程和评价四个基本要素。具体操作需要围绕设计要素展开：一是确定活动目标,目标确定要注重学科核心素养的培育；二是设计活动情境,情境要符合学生认知水平,并贴近现实生活；三是设计活动过程,过程中应选择合适的策略、方法和手段落实教学内容,凸显学科育人价值；四是设计活动评价,评价要注重多元化和即时性。

(五) 教学评价设计

体育教学评价是按照一定的评价标准,运用科学的方法和手段,对体育教学的要素、过程和效益进行价值评判的活动①。核心素养导向的体育教学评价设计应从评价目的、评价内容、评价主体、评价方式和评价工具等五个基本要素入手。单元教学评价设计应重点关注学科核心素养的评价,评价维度为运动能力、健康行为、体育品德三个方面。课时教学评价设计应重点关注教学目标的评价,评价维度为体育认知、运动技能、体能和体育情感四个方面。

从操作层面来看,首先,根据学习目标建立评价体系,构建系统性评价指标；其次,表达方式以鼓励和期望为主,激发学生学习积极性,最后注重定性与定量,绝对与相对,诊断性、形成性和终结性评价相结合,体现评价的全面性、即时性和有效性。

(六) 教学资源设计

教学资源是指以达成教学目标为导向,为教学的有效开展所设计、开发和使用的相关资源。核心素养导向的教学资源设计应该指向学生学科核心素养的发展,充分挖掘各类教学资源的育人价值,辅助教学活动的生成,推动教学任务的落实,进而促进学生学科核心素养的发展。

从操作层面上看,可以对人力资源、教学内容资源、场地器材资源、信息化资源和自然环境资源进行设计。教学资源设计的过程：首先,分析教学需要,选择合适的教学资源；其次,积极改造现有资源,提升学生学习积极性；再次,合理运用资源,解决教学重难点问题；最后,充分积累资源,主动建构资源库。

---

① 董翠香.学校体育学[M].浙江:浙江大学出版社,2004.

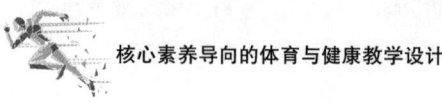

第二节 体育与健康教学相关分析

相关分析包括教材分析、学情分析、教法分析和"问题链"建构。进行相关分析有利于教师对教材的内涵要义、育人价值及动作结构有整体性的把握,便于梳理教学的重点内容;还有利于教师对学生的认知水平、身心特点及能力水平有充分的了解,便于发现学生学习的难点所在,进而确定合适的教学方法;在综合把握教学重难点的基础之上,确定单元基本问题,建构单元核心"问题链",明晰单元核心问题脉络,在解决问题的过程中实现学科核心素养的培育。

一、教材分析

教材分析是教师进行教学背景分析时要思考的问题,同样也是进行教学设计时的基础性工作。在进行教材分析时,要真正理解教材内容,把握教材编写的意图,深刻理解教材背后所隐藏的丰富内涵。此外,还要钻研教材,分析教材在单元及整个教材中的地位和作用,探究知识与技能的结构,准确把握本教材与其他单元内容之间的联系,深入挖掘教材的育人价值。在进行教材分析时要重视以下三个方面:

(一) 挖掘教材价值内涵,聚焦学科核心素养

分析教材一方面要研读课标,把握教材编写意图,另一方面要挖掘教材内涵价值,提炼教材的育人价值与核心素养培育点。只有深挖教材内涵和育人价值,才有可能实现由"教教材"到"用教材教"的目的。

分析教材内容时要做到字斟句酌、深入浅出。换言之,只有对教材分析的"深入",才会有课堂教学的"浅出",教材的内涵要义、育人价值和学科核心素养才能外显于过程,内渗至课堂。

(二) 梳理教材内容体系,建构知识技能结构

分析教材内容在教学单元乃至整个教材中的地位和作用不容忽视,因为教材是最

重要的教学资源,只有在把握课标要求的基础上吃透教材,清晰了解教材内容的系统结构,准确把握教材内容之间的纵向和横向联系,才能将教材内容进行有机关联,同时便于结构化知识与技能的建构。

不对教材进行细致的研究,泛泛阅读,一知半解,就不可能整体性把握教材内容体系,也不能领会教材之间的相互关联。在进行教材分析时,要对教材中的技术动作有明确的认知,知晓技术动作过程,把握技术动作要点,提炼技术动作的关键环节,只有这样才能建构出结构化的知识与技能,才有助于把握教材本质。

(三)综合分析教材要义,萃取教学重点

在挖掘教材价值内涵,梳理教材内容体系的基础上,需要对教材进行综合分析,把握教材要义,了解教材的理论依据,知道教材的课堂实施需要哪些体能作为支撑,理解教材的动作结构,明确动作过程、要点与关键环节,在此过程中萃取教学重点。

教学重点的提取是一个综合分析和反复琢磨的过程,只有在此基础上才能将静态的、抽象的教材唤醒,才能使课堂教学更具靶向性,也更有利于学生学习目标的达成。

二、学情分析

学情分析是指教师在了解学生已有认知水平、身心状况、学习基础以及能力水平的基础上,对学生的学习起点、适用的教学策略,以及学习新知识可能遇到的困难做出综合分析。学情分析既是教材分析的重要前提之一,也是确定教学难点的依据。通过学情分析既可以了解学生的认知水平与身心特点,也能够知道学生的能力水平。在进行学情分析时,既要对年龄阶段共性问题进行特定分析,又要针对班级学生的具体情况进行细致分析。进行学情分析时要关注以下三点内容:

(一)了解学生认知水平,遵循身心发展特点

对学生的认知水平、心理和生理特点进行分析有利于整体把握学生的基本情况,分析的关注点要聚焦于认知水平、生理与心理特点以及学习动机等方面。

教学设计过程中,教师要清楚地知道各学段学生特有的生理规律,清楚相应年龄阶段学生的心理特征和认知水平,只有遵循学生认知水平和身心发展特点和规律,才能提高教学设计的合理性、适切性与针对性。

(二)摸清学生学习基础,明确学生学习起点

学生的学习基础差异较大,只有充分了解学生的差异,从学生现有的认知水平、知

识经验和能力水平出发,提出符合实际的教学任务和教学目标,选择恰当的教学内容、教学策略和教学方法,才是教师确定从哪里开始教、教什么的依据,也是确定学生学习起点的依据。

对学生学习起点的准确把握,一方面意味着"因材施教"教学理念在课堂教学中的积极落实,另一方面也代表教师已经把握了学生的学习基础,并在此基础上进行有效的教学活动设计。

(三)把握学生能力水平,确定体育教学难点

教学难点的确定在于准确把握学生的认知水平、身心特点和学习起点,在此基础上认清学生现有的能力水平,进而找到学生学习的困难之处。在教学设计中需要对学生进行全面的分析,如观察学生能否理解学习内容,学习状态是否积极,是否能够快速掌握动作技能,学练过程中的情意表现如何等。

教学设计中,只有了解和掌握学生认知水平、身心特点、学习起点与能力水平,教师才能够找到学生的学习难处,进而根据教学难点制订适宜的学习目标和任务,做到有的放矢、得心应手。

三、教法分析

教法分析是指在学情分析和教材分析的基础上,选择适切的教学方法,体现因材施教。教师应根据课程标准、教材特征、教学目标等方面的要求,结合学生的技能体能基础、身体心理等方面的特点,合理选择和运用教学方法,创新教学方式,促进学生在运动能力、健康行为、体育品德等方面的整体发展。进行教法分析时应注意以下两点:

(一)基于教材学情分析,选择适切的教学方法

教学方法的选择要基于对教材和学情的深入分析,充分考虑教学条件,选择适切的教法。一方面,教法的选择要体现主体性,依据学生身心发展的特点和认知规律,搭建学生"主动学习"的平台,使其在体育学习过程中表现出浓厚的运动兴趣,逐步养成自主锻炼的良好习惯。另一方面,教法的选择要体现科学性,遵循人体生理机能适应变化和动作技能形成的规律,科学、准确地选择教法,有效地帮助学生开展学练,促使每一位学生得到发展。

(二)关注核心素养培育,大胆创新教学方法

俗话说"教无定法,贵在得法",这提示我们教学方法不是固定不变的,要因人、因

时、因材而异。学科核心素养导向下教学方法的选择，要以结构化的知识与技能学习为依据，深入分析不同学生群体和不同教材内容之间的差异，有意识地设计差异化学练情境，以问题化的方式引导学生进行自主性或合作性探究学习。这就要求体育教师要按照课程标准所倡导的结构化、情境化、问题化、信息化等要求，大胆创新教学方式与方法，努力做到教法因人而异，因教材而异。

四、"问题链"建构

"问题链"建构是指在教材分析和学情分析的基础上，依据教学的重点、难点，针对单元基本问题进行的一种有机拆分与细化，具体表现为关联性的"问题链"。在进行问题建构时，既要把握教学的重难点，又要明确单元的基本问题，只有基于以上两点才能把握单元的内在联系，才能建构起关联性强的"问题链"。

（一）依据教学重点、难点，确定单元基本问题

在教材分析和学情分析的基础上，提炼出教学的重点、难点。教学重点、难点的确定既有利于课堂教学的聚焦，也有利于单元基本问题的确定。教学重难点的确定建立在综合分析的基础上，具体表现为对教材育人价值的充分挖掘、对教学内容的有机梳理、对学生认知水平和身心特点的深入了解，以及对学生能力水平的充分把握等。单元基本问题是对教学重难点的抽象，以问题的形式将本单元必须要学生掌握的内容展现出来。通过思考和提出"基本问题"，有助于教师把握教学的内容重点，提高教学的针对性。

（二）依据单元基本问题，建构关联性"问题链"

在明确单元基本问题以后，就要对单元基本问题进行有机的拆分与细化。在进行问题建构的过程中，要坚持循序渐进和螺旋式上升的原则，指向学科核心素养，以能力发展为主线建构有机关联的"问题链"。

教学设计过程中，"问题链"的建构要围绕单元核心问题而展开，一般拆分为4—6个课时关键问题为宜。课时关键问题之间呈螺旋式上升的关系，目的是逐步提升学生的运动能力、健康行为和体育品德。此外，建议针对课时关键问题进行分解，并设置提问环节，以1—2个问题为宜，指向课时关键问题的解决。

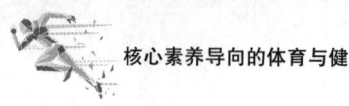

第三节　体育与健康教学目标设计

教学目标设计是教学设计的关键一环,教学目标的设计是否合理,直接影响体育教学质量,最终影响学生学科核心素养的培育。本节主要对核心素养导向的体育教学目标的定义、分类,以及设计的原则、维度和方法进行阐述。

一、体育教学目标概述

(一) 体育教学目标的定义

体育教学目标是由体育教师根据课程目标制订的,是教学过程中师生预期要达到的学习结果和标准。核心素养为导向的体育教学目标紧扣运动能力、健康行为和体育品德三大学科核心素养,它不仅是教学活动的灵魂,支配教学的全过程,也是选择和开发教学内容及资源、设计学习活动、进行科学评价的依据。

(二) 体育教学目标的分类

关于教学目标及体育教学目标的分类,国内外较为权威的观点主要有以下几种,这些分类为本书构建单元教学目标、课时教学目标提供了理论基础。

1. 教学目标的分类

(1) 中国《教育大辞典》关于教学目标的分类

① 认知类,包括基本概念、基本原理和规律,培养思维能力;

② 技能类,包括行为、习惯、运动及交际能力;

③ 情感类,包括思想观点和信念,如价值观、审美观等;

④ 综合类,应用前三类来解决社会和个人生活问题的能力。[1]

(2) 布鲁姆的目标分类

国内外比较公认的教学目标分类是美国教育家布鲁姆的目标分类,他将教学目标分为认知、运动技能和情感三个领域,并划分为不同的层次。其中,认知领域目标以学

---

[1] 顾明远.教育大辞典(增订合订本)[M].上海:上海教育出版社,1998.

习知识和开发智力为主要任务;运动技能领域主要涉及骨骼和肌肉的使用、发展和协调;情感领域目标是对外界刺激做出的否定或肯定的心理反应的目标。

2. 体育教学目标的分类

(1)《义务教育体育与健康课程标准(2011年版)》的目标分类

《课程标准(2011年版)》依据知识与技能、过程与方法、情感态度与价值观的三维课程目标,结合体育学科特点,构建了运动参与、运动技能、身体健康、心理健康与社会适应四个方面的学习目标,并指出从体能、知识与技能、态度与参与、情意与合作四个方面对学生的学习进行评价。

(2)《普通高中体育与健康课程标准(2017年版)》的目标分类

《课程标准(2017年版)》是基于体育与健康学科核心素养制定的,重视学生的运动能力、健康行为和体育品德的综合全面发展,强调个人的可持续发展。《课程标准(2017年版)》将高中体育与健康课程分目标划分为运动能力、健康行为和体育品德三大方面,并进行了5级水平划分,以便更好地评价学生在学习过程中的学科核心素养达成程度和水平。

(3)美国海德洛特的分类

美国海德洛特把体育教学目标分为:认知、情感、运动技能和增强体质四个方面,每个方面又设四个具体有可能达到的结果,四个具体内容按重要程度排列[①](表3-3-1)。

表3-3-1 海德洛特的体育教学目标分类表

目标	希望达到的结果	主次排序
认知目标	1. 了解身体活动和健康之间的关系 2. 了解活动规律 3. 了解运动的基本战术 4. 了解运动的基本方法和生理机制	最重要 次之 再次之 最不重要
情感目标	1. 加强自我意识和自我理解 2. 培养和别人较好相处的能力 3. 渴望有规律地参加活动和竞赛 4. 成为一名较好的观众	最重要 次之 再次之 最不重要
运动技能目标	1. 培养参加娱乐活动的运动能力 2. 在活动中提高运动技术水平 3. 为了娱乐目的,培养运动能力 4. 达到较高的运动技术水平	最重要 次之 再次之 最不重要
增强体质目标	1. 渴望获得和保持健康所必要的身体素质水平 2. 使身体素质水平得到完善 3. 达到健康所必要的身体素质水平 4. 身体素质达到高水平	最重要 次之 再次之 最不重要

---

① 董翠香.美国堪萨斯州中学体育教师对体育教学目标的认识[J].学校体育,1990(03).

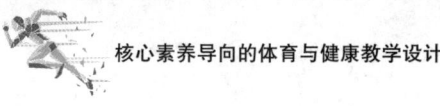

二、核心素养导向的体育教学目标设计

（一）体育教学目标设计的概念

教学目标设计是对教学应达到的结果或标准的预设，它是建立在对教学对象、教学内容及教学条件有一定了解的基础上进行的。核心素养导向的体育教学目标设计是指体育教师根据课程教学目标，结合学生身心发育特征及教材特点，确定学生经历学习活动后，在运动能力、健康行为和体育品德方面将达到的状态，并将这种状态用具体、明确、可观察、可测量的行为或结果表述出来的过程。

（二）体育教学目标设计的原则

1. 整体性原则

教学目标的设计是在教育目的、培养目标的宏观指导下，结合特定的教学对象、教学内容、教学条件进行的。核心素养导向的体育教学目标设计要整体把握体育教育对学生学科核心素养发展的作用，从体育认知、运动技能、体能、体育情意方面对体育教学目标进行整体设计，只有这样才能有助于达成体育课程目标。

2. 层次性原则

在目标设计时，各模块、单元及课时目标要层层衔接，以更好地将上层教学目标进行合理分解，达到各层次目标的整体协调。模块与单元的教学目标设计一定要注意依据学段和水平的教学目标，并对其进行分解，要注意详略结合。同时要注意对微观层级教学目标的指导作用，做到前后联系与衔接。

3. 可量化原则

每堂课的教学目标必须明确、简洁、可操作，一般以 3—4 个为宜。简洁可操作的目标有助于教师和学生明确每堂课的具体教学任务，并选择合适的教学方法进行教学，还有助于教学评价的实施，利于清晰明确的反馈。

（三）体育教学目标设计的维度

体育教学目标应依据体育与健康学科核心素养和现有的课程三维目标体系，针对体育与健康学科特点进行设计。单元教学目标的设计主要从运动能力、健康行为和体育品德三个维度进行。其中，运动能力方面的目标内容包括运动认知、运动技能和体能状况；健康行为方面的目标内容包括锻炼习惯、情绪调控和适应能力；体育品德方面的目标内容包括体育精神、体育道德和体育品格。单元教学目标设计的内容在此处不作赘述，具体可详见单元教学目标案例，本部分将主要介绍课时教学目标的设计。

综合国内外关于教学目标和体育教学目标分类的观点，结合中国健康体育课程模式提出的"运动负荷、体能练习、运动技能"三个关键要点,本书认为课时教学目标要从体育认知、运动技能、体能和体育情感四个维度来进行设计。体育认知领域的教学目标主要体现在对运动和健康相关知识的掌握和运用,包括运动认知和健康认知两大部分。运动技能领域的教学目标主要体现在学生对各种基本活动动作、不同运动项目活动方法的掌握和运用,进而促进学生基本运动能力的发展,它包括技战术运用和体育展示与比赛两大部分。体能领域的教学目标主要是为了提高学生的身体素质,包括健康体适能、技能体适能、体能原理与方法三方面的内容。体育情感领域的教学目标主要包括德育情感目标和价值情感目标。各部分具体内容详见图3-3-1。

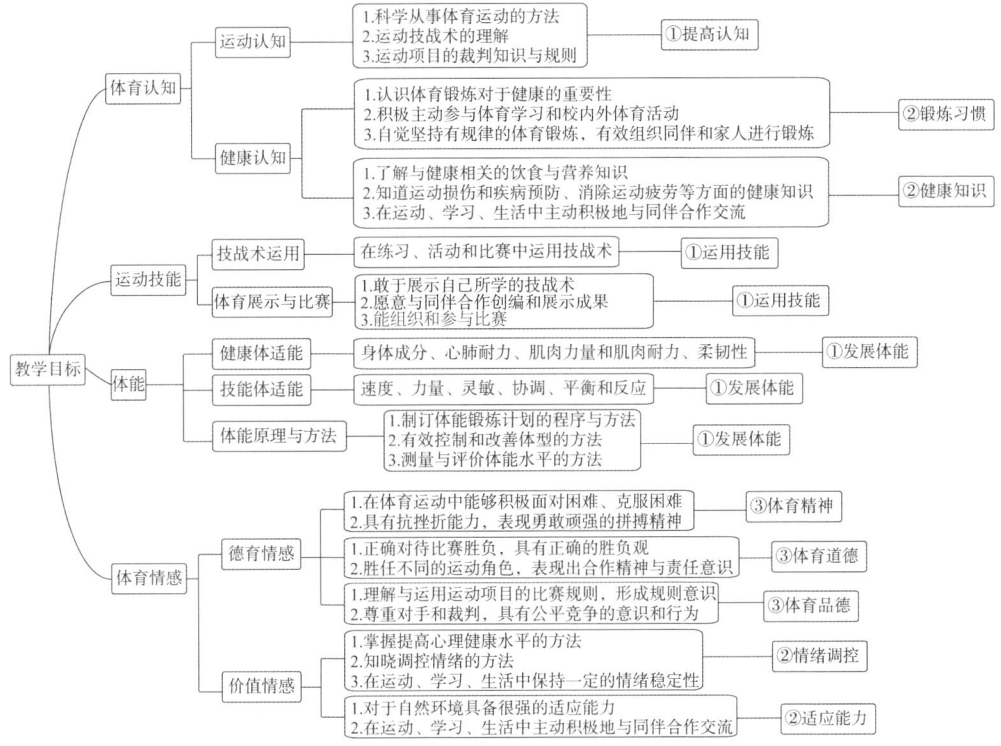

注:右侧黑色方框中的内容对应体育与健康核心素养的二级指标内容;①代表运动能力;②代表健康行为;③代表体育品德。

图3-3-1 体育教学目标与体育学科核心素养对应图

(四)体育教学目标表述的方法

不同层级的体育教学目标,其表述方式也略有不同。一般来说,宏观层面的体育教学目标表述相对抽象,陈述较为宽泛;中观层面的体育教学目标表述较为具体;微观层面的体育教学目标表述应清晰、明确具体、可操作。下面主要谈微观层面的课时教学目标的表述。

常见的体育教学目标的表述方法有行为主义目标表述法、格朗伦的内外结合目标表述法、艾思纳的表现性目标表述法。其中,行为主义目标表述法是行为主义提出的目标编写模式,是指用可观察和测量的行为来表述的目标,主要适用于认知、运动技能和体能领域目标的表述;格朗伦的内外结合目标表述法是将内部心理过程和外显行为结合起来的表述方法,适用于情感领域目标的表述①;艾思纳的表现性目标表述法是专门针对情感领域目标提出的,要求明确规定学生应参加的活动,但不精确规定每个学生应从这些活动中习得什么,这种目标只能作为体育课堂教学目标具体化的一种补充,不能单独使用。行为主义目标表述法是应用最广的方法,目前教学目标的表述也大都采用行为主义目标表述模式,因此,本部分将对行为主义目标表述法进行详细介绍。

1. 行为主义目标表述的要素

行为主义认为一个规范、明确的教学目标表述应包含四个要素:行为主体(Audience)、行为活动(Behavior)、情境或条件(Condition)、表现程度(Degree),因此也简称为 ABCD 法。

行为主体指的是学生。体育课堂教学目标所预期和描述的是学生的行为,而不是教师的行为。因此,规范的教学目标开头应该是"学生……"。事实上,在表述教学目标时行为主体一般略去不写,但目标表述的方式仍应较明确地体现出学生是行为完成的主体,如"(学生)能说出……"。"让学生学会……"或"发展学生……"则易变为教师的行为,出现了课堂教学目标的行为主体错误。

行为活动是指用以说明学生在学习后应获得怎样的知识和技能,态度会有何变化等,行为动词描述学生所形成的可观察、可测量的具体行为。行为动词可分为模糊的与明确的动词。模糊的动词包括指导、了解、喜欢、相信等。明确的动词有陈述、选出、比较、模仿、示范、改编、接受、服从、拒绝等。在表述体育课堂教学目标时,应尽可能选用那些意义明确、易于观察的行为动词。此外,在编写课时教学目标时,一般用动宾结构,行为动词说明学习的类型,宾语说明学习的内容。如"说出""列举""做出"等具体行为动词,再加上说明学习内容的宾语,这样构成的学习目标是可观察、可测量的。例如,(能)说出行进间运球的动作要领、(能)做出行进间运球的动作等。

行为条件是指影响学生产生学习结果的特定限制或范围,主要说明学生在何种情境或条件下完成指定的操作。体育教学中对行为条件的表述常用的有以下三种:一是提供信息或提示,如"利用垫子和我们的身体,创编'钻山洞'的游戏";二是时间的限制,如"在一节课中学会三种以上的跳跃动作";三是完成行为的情景,如"在课堂交流时,能表达在活动中进步与成功的方面"。

---

① 杜俊娟.体育教学设计[M].北京:北京体育大学出版社,2007.

表现程度是指学生对目标所达到的最低表现水准,用以评价学习表现或学习结果所达到的程度。表现程度一般采用定量的指标或标准,如"至少学会三种抛、掷轻物体的方法"。

2. 行为主义目标表述法案例

根据核心素养导向的体育教学目标构成,以"体能"领域教学目标为例,按照ABCD法,可将体能领域的课堂教学目标表述为:"(学生)用不低于自己最好成绩的50%的速度完成5—6次50米跑练习"。在本案例中,A指行为主体,要说明完成目标的对象,即学生;B指行为条件,要说明在什么条件下完成,即用不低于自己最好成绩的50%;C指行为活动,要说明做什么,即50米跑的练习;D指表现程度,要说明做到什么程度,即5—6次(表3-3-2)。

表3-3-2 ABCD目标表述法应用案例

简称	要素	主要问题	例子
A	行为主体	完成目标的对象	学生
B	行为条件	在什么条件下完成	用不低于自己最好成绩的50%的速度
C	行为活动	做什么	50米跑练习
D	表现程度	做到什么程度	5—6次

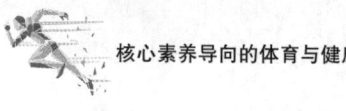

第四节　体育与健康教学内容设计

体育教学内容是体育教学设计的基本要素,是实现体育教学目标的载体,是一系列体育教学活动开展的基础,体育教学设计、体育教学实施与评价都是围绕体育教学内容展开的。正确认识和理解核心素养导向的体育教学内容的概念,掌握教学内容的选择方法,合理开发和利用教学内容,对科学设计体育课堂教学具有重要意义。本节主要从核心素养导向的体育教学内容的定义、分类、选择、开发与利用等方面进行阐述。

一、体育教学内容概述

(一) 体育教学内容的定义

体育教学内容是指为了实现体育教学目标,根据学生发展需要和教学条件而选择的体育教学素材和信息内容,一般包括体育与健康知识、运动技能、体能和各种身体练习等。体育教学内容要服从于现代社会和人才培养对学校体育教育的总体要求,不同时期体育教育的目的不同、侧重点不同,体育教学内容的分类和功能也不同。

(二) 体育教学内容的分类

现阶段的体育教学内容分类是围绕运动能力、健康行为和体育品德三方面的学科核心素养,并根据相应的学段目标和学习水平要求进行综合分类:体育理论类教学内容、体育实践类教学内容和理论实践结合类教学内容。

1. 体育理论类教学内容

健康知识:促进身体健康是选择体育教学内容的基本出发点和归宿。在现代社会里,掌握和运用健康知识,了解自己的身体健康水平,科学规划自己的健身活动,对增进学生的身体健康和心理健康,预防疾病,养成积极、健康的生活方式和科学的健康观,具有重要的教育意义。

健身知识:参与健身活动是促进学生身体健康的有效手段。体育健身环境的选择、健身效果的检测与评价、运动处方的编制等知识是中学生进行健身活动的基础,掌握自我健身和保健的科学知识,有利于学生进行科学、有效的健身。

体育文化:体育文化是人类社会文化的重要组成部分,体育精神是体育文化的产物,是人类积极进取的动力和源泉。"相互理解、友谊、团结和公平竞争"的奥林匹克精神对青少年成长具有重要的教育意义。了解和体验世界、中国及各地区的体育文化,丰富体育文化知识,有利于培养学生对不同体育文化的认同感,形成良好的体育精神。

2. 体育实践类教学内容

运动技能类教学内容:运动技能教学是中学体育教学的学科特色和学生对体育运动项目学习的基本需要,是将体育知识转化为体育健身能力的桥梁和纽带,也是达成其他学习领域目标的载体。通过运动技能学习这一主线,将丰富学生的体育课堂学习内容,对学生的运动认知、体育态度和习惯,乃至终身体育能力的培养奠定必要的基础。

体能类教学内容:体能发展是学生身体发展的重要指标。健康类体能和运动类体能的发展是体育教学内容选择的重要方面。因此,结合健身项目的特点和学生的身体机能生长发育的敏感期,选择针对性的教学内容,将有助于学生身体的全面、健康发展,并为终身体育奠定基础。此外,体能类教学内容并不是孤立的教学内容,它与运动技能类教学内容密切相关,它们是相互促进的整体。

3. 理论实践结合类教学内容

理论实践结合类教学内容也叫操作性内容。它是指学生应用所学的知识进行实际操作的学习内容,包括自我健康状况的测量与评价,自我身体状况的分析与判断,一定条件下的生存与自救,有限的空间与时间里或根据自然环境选择适宜的锻炼方式和手段,制订科学可行的锻炼计划,根据自己的健康状况开具运动处方,通过其他媒介自学自练、自编、自创学习内容等。这些理论知识对学生健身实践、提高生活和生存技能,以及改进和优化自己的健身行为具有实用价值。

二、核心素养导向的体育教学内容设计

(一) 体育教学内容设计的概念

体育教学内容是实现教学目标、完成教学任务最重要、最关键的因素,直接关系到教学的结果。体育教学内容设计是指体育教师根据体育教学目标,结合学生的情况和特点,对教学过程中的体育理论知识、运动技战术和体能练习等内容进行合理组织与搭配的过程,一般包括教学内容的选择和开发两部分。

（二）体育教学内容选择的原则

核心素养导向的体育教学内容的选择应根据《体育与健康课程标准（2017年版）》，充分考虑学生的年龄、性别和能力特点，合理布置场地与器材，遵循体育教学内容的选择依据，科学地选择体育教学内容。在进行体育教学内容选择时，应遵循以下原则。

1. 科学性原则

体育教学以学生参与活动为基本特征，教学内容应满足不同性别、年龄学生的需求。科学性原则是指在选择教学内容时，既要考虑学生自身的知识基础和认知规律，根据学生生长发育特点确定教学内容的难易、比重和顺序，也要考虑动作技能的形成规律，根据内容的系统连贯性由简到繁，由易到难，循序渐进地排列教学内容。

2. 德育性原则

体育教学是实现体育课程目标的途径之一，它是指导学生掌握体育知识和技能，增强学生体质，培养良好体育品德的一种有组织的教育过程。体育教学内容必须符合"立德树人"的教育要求，有利于学生形成自尊自信、顽强拼搏的体育精神，遵守规则、诚信自律的体育道德，文明礼貌、善于合作的体育品格。在选择体育教学内容时必须考虑教学内容是否有助于学生良好体育品德的形成。

3. 趣味性原则

体育教材本身的趣味性直接影响着学生对所学内容是否愿意接受，进而影响学习过程中的情感体验和学习效果。趣味性原则是指在选择、设计和实施体育教学内容时要考虑体育教材本身的趣味因素，教学应以学生喜闻乐见的内容为重点，并与学生已有的体育知识和生活经验相联系，这样的体育教学内容才能调动学生的积极性，促进学生健康行为的养成。

4. 安全性原则

体育教学内容是以身体练习为主要手段，学生要在特定的场地、器材上学习，并承受一定的身体和心理负荷，这意味着任何体育教学内容都或多或少地存在一定的安全问题。近年来，学校体育中出现的安全事故给学校体育工作敲响了警钟。安全性原则是指在选择体育教学内容时，必须考虑学生的基础能否完成所学内容、场地器材条件是否存在安全隐患等，将运动伤害的发生系数降到最低。

（三）体育教学内容选择的方法

从宏观上看，核心素养导向的体育教学内容的选择包括课程标准规定的教学内容和课程标准建议的教学内容两部分。从微观上看，将每一节课的学习内容主题进行分解、排列和组合，则是体育课堂教学内容选择的重要环节。掌握体育教学内容选择的步骤,有利于教师科学设计体育教学,提高教学的效率和针对性。我们这里所说的教学内容的选择步骤主要针对课时教学内容的选择。

1. 依据教学目标选择教学内容

要根据学年或学期教学目标制订单元教学目标。在单元教学目标中,虽然已经规定了单元教学的学习内容、学习水平以及完成单元教学目标所保障的课时数,但并未规定完成内容主题的具体教学内容。因此,体育教师要对单元教学目标进行认真研究和分析,从纵向上梳理单元教学目标与课时教学目标内在的层次关联,制订科学、合理的课时教学目标,然后根据课时目标选择适切的教学内容。

2. 根据教学重难点选择教学内容

在课时教学内容的选择中,教师要根据课时教学目标、学习内容主题的特点、动作技能学习水平和学生的学习能力,确定每节课的教学重点和难点。其中,重点是教学中必须理解或掌握的最主要的知识和技能,难点是指教学中学生难以掌握、理解或容易出错和混淆的知识点或技术环节。在体育教学中,重点和难点有时是一致的。在此基础上,根据学习内容主题的结构和层次,选择具有针对性的教学方法和手段,规划具体的教学内容和步骤来解决重难点内容。各内容之间应层层递进,相互支撑,既有利于知识和技能的掌握,又有利于各教学目标的有序达成。

(四) 体育教学内容开发的要求

体育教学内容的丰富性与科学性对体育教学目标的实现具有重要意义,开发体育教学内容对体育教学的实施和体育教学知识系统的构建都十分重要。在开发体育教学内容时应符合以下要求。

1. 符合课程标准精神

应依据课程标准的"目标引领内容"的设计理念进行教学内容的选取和开发,同时应适合学生身心发展特征,满足学生的兴趣和爱好,发挥其所开发内容独特的价值和意义。

2. 提高开发与利用质量

学校应当把开发和利用体育教学内容工作纳入体育教师正常教学、教研工作,提高体育教师"开发"的积极性,坚决防止直接拿"素材"当"教材"的不负责任的做法。同时,也应避免那些有形无实"为开发而开发"的走过场现象。

3. 发挥共同体的合力

学科专家、教研员、体育教师和学生等是体育教学内容开发与利用的共同体,而体育教师在整个体育教学内容开发过程中起核心作用。一方面体育教师应积极主动提高自身体育教学内容开发的能力,另一方面学科专家、各级教研员应对体育教师进行指导和帮助。这样开发体育教学内容才更具有科学性、教育性,体育教学内容开发这

项工作才具有可持续性。

4. 加强监督与管理

建议各地教育行政部门发挥对体育教学内容开发和利用的管理、监督和指导作用，将体育教学内容的开发作为评估学校体育工作的一项重要指标，防止粗制滥造、质量不高的教学内容滥竽充数。

（五）体育教学内容开发的途径

开发以核心素养为导向的体育教学内容，不仅有利于满足学生的不同体育需求，还有利于促进教师专业化发展，也有利于促进学校体育与社会体育相融合。常用的体育教学内容开发途径包括简化现有的竞技运动项目、改造民族民间体育项目、引进新兴运动项目、创编新的体育教学内容等。

1. 简化现有的竞技运动项目

竞技运动项目以其竞争性、游戏性、娱乐性和技艺性深受广大青少年学生的喜爱。但许多竞技运动项目最初是从成人角度来设计的，包括规则、场地器材以及对技能和体能的要求等，直接用于中小学体育教学并不适合。因此，必须依据体育教学目标和学生身心特征对现有的竞技运动项目进行改造。改造的方法主要有：第一，简化或修改比赛规则，只保留一些能够激发学生运动兴趣、使学生很快玩起来的简单规则。第二，修改内容，去掉那些复杂、陈旧又不利于学生身心发展的、学生不感兴趣的内容，简化技战术，将最基本、最适合学生身心特点的基本技术和战术提炼出来。第三，改造场地和器材，使场地和器材更加符合学生的身心发展特点。第四，降低难度要求，即降低动作难度、练习难度，不苛求动作的细节等。

2. 改造民族民间体育项目

我国民族传统体育项目和民间体育活动资源丰富，这些资源大多具有健身性和娱乐性，体育教师完全可以将"滚铁环""抽陀螺""抖空竹""踩高跷"等体育活动，结合学生的实际精心加工、改造、整理后引入课堂。在选择教学内容时，不能完全照搬所有的内容，要注意内容的选择性，也要对必要内容进行改造，使它们适合不同水平学段学生的身心特点。

3. 引进新兴运动项目

《课程标准（2017年版）》中把新兴体育运动定义为在国际上比较流行的，但在我国开展不久的或国内新创的、深受青少年喜爱并适合在学校开展的运动项目。如跆拳道、街舞、啦啦操、轮滑、毽球、国标舞、攀岩、定向越野、拓展练习等。这些运动在普及程度上比较差，却使人感到新奇而有趣，它本身的新特点也吸引着更多的青少年学生。可以预计，在不远的将来，新兴运动项目将会越来越多地走进学校，给学校体育教学带来无限魅力，成为体育课堂教学中一道亮丽的风景线。

4. 创编新的体育教学内容

许多运动项目的诞生与发展都经历了从无到有,从不成熟到成熟,从不完善到完善的过程。随着人们对体育活动的不断探索,必将产生越来越多满足人们各种需求的运动项目。体育教师要善于对各种体育资源进行整合,不断创造出各种新的体育手段和形式,丰富和完善现有的体育教学内容。例如,1998年在江苏省南通市学校体育园地上诞生了一种名叫"三门球"的体育运动,该项目将篮球、手球、橄榄球进行整合,一经问世就吸引了广大中小学生的体育兴趣并得到广泛推广。

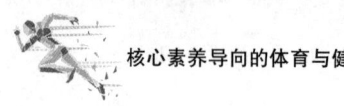
核心素养导向的体育与健康教学设计

第五节　体育与健康学习活动设计

随着课程改革的深入,以学习活动为中心的设计已成为教学设计领域的新趋势和新转向,这种设计范式的转变意味着从关注教师"教"的活动设计转向学生"学"的活动设计。学习活动的设计是核心素养导向的体育教学设计的核心内容,本节从学习活动的概述、设计理论、设计方法及案例来对学习活动设计进行阐述。

一、体育学习活动概述

（一）体育学习活动的定义

体育学习活动是在教学目标指导下,精心设计的以学习者为主体的学习系统行动方案,学习者在学习系统活动过程中体验、思考、建构知识,领会学习重点,突破学习难点,提升运动能力、健康行为和体育品德。

（二）体育学习活动的分类

学习活动的分类形式多样,可以根据课的结构、活动目的、学习方式、运动技能形成过程等分类。

1. 根据课的结构分类

根据课的结构,可将学习活动分为准备活动、主题活动和放松活动三大部分。

准备活动是课的开始部分,是学生从相对静态到动态的转换,活动要能激起学习兴趣,集中学生注意力,为基本部分的主题活动做好身体和心理上的准备,防止运动损伤。主题活动主要发生在课的基本部分,是围绕提升学生的运动能力、健康行为和体育品德三方面的素养而设计的一系列学习活动。放松活动是课的结束部分,是学生从动态向静态的转化,目的在于降低大脑皮层的兴奋度,放松肌肉,使机体逐渐恢复到安静状态。

2. 根据活动目的分类

根据活动目的,可将学习活动分为技能活动、体能活动和综合活动。

技能活动是指学习、掌握、运用运动技能的活动，主要包括感受知识与技术、学练技能与方法、身体表现与运用等。体能活动是从学生身体健康的角度出发，主要发展一般体能和专项体能的活动，包括学习健身知识与方法、体能练习与负荷、运动训练与巩固等。综合活动是基于学生的全面发展来设计的活动，主要包括探究知识方法与规则、内容组合与创编、合作完成任务等。

3. 根据学习方式分类

根据学习方式，学习活动可分为自主学习活动、探究学习活动和合作学习活动。

自主学习活动是指以学生自愿自觉、主动积极为前提，以运动技术自我操练为本体，在教师引导后进行的身体练习与体悟，或在身体练习过程中，体育教师给予个别化反馈与指点的体育学习活动。它有利于发展学生的自主学习能力。探究学习活动是学生从体育与健康学科领域和现实生活中的问题或任务出发，通过形式多样的探究活动，以获得知识和技能、发展能力、培养情感体验为目的的学习方式。它有利于发展学生发现问题、解决问题的能力。合作学习活动是以小组为基本学习单位，且各小组有相同的学习目标，组内成员都为达成小组目标而贡献自己的力量。它有利于发展学生的合作交往能力。

4. 根据运动技能形成过程分类

根据运动技能的形成过程，可将学习活动分为模仿活动、学练活动和应用活动。

模仿活动常应用于运动技能形成的泛化阶段，此时学生参与学习活动的目的是初步掌握、体验技术动作。学练活动是运动技能形成的分化阶段的常用方式，学生参与活动是为了深入理解肌肉活动感觉，不断改进技术动作，使动作更加规范，形成动作定型，此时的练习活动应循序渐进，从易到难、从简单到复杂。应用活动是巩固和自动化阶段的主要方式，此时学生的动作熟练、省力、自如，学习活动应注重运动技能的运用，可设置丰富多样的游戏或比赛，让学生在实际应用中不断巩固运动技能的应用。

在具体的体育教学过程中，为了达成体育教学目标、突破重难点，教师可根据需要选择不同类型的学习活动。

二、核心素养导向的体育学习活动设计

（一）体育学习活动设计的概念

核心素养导向的体育学习活动设计是从核心素养导向的体育教学目标出发，基于对教材教法和学生学习需求的分析，围绕"运动能力""健康行为"和"体育品德"三个方面，构建教学"主要问题"的框架，在此基础上设计"解决问题"的具体步骤与路径，为学生参与体育学习提供实践体验情境。

（二）体育学习活动设计的原则

1. 目标导向原则

目标导向原则是指教师在设计学习活动时，应依据课程标准的基本要求，明确整个教学的结构体系，确定学生通过学习活动在运动能力、健康行为和体育品德方面所达成的学习目标，设置学习活动的情境和过程，并设计相应的评价等，体现目标、情境、过程及评价的一致性。

2. 适宜负荷原则

适宜负荷原则是指在设计学习活动时，要合理安排运动强度和运动量，注重提升学生的健身效果，促进学生体质健康的发展。运动负荷要与教学目标、教学内容和学生身体发展需要相适宜，要对机体产生有效刺激，但不能对学生的健康造成损害。

3. 主体参与原则

主体参与原则强调学生是活动的主体，在设计活动时，要着力满足学生的需求与爱好，在整体设计、情境创设、内容安排、方法选用和学习评价中，都要突出学生的主体地位，为学生提供更多的练习时间和空间，促进学生体育与健康核心素养的培育。

4. 体验乐趣原则

体验乐趣原则是指学习活动的设计要使学生在发展运动能力的同时，体验运动的乐趣，获得良好的成功体验，充分调动学生的学习积极性，以使学生喜爱运动并养成参与运动的行为习惯，为终身体育打下基础。

5. 安全保障原则

安全保障原则是指在学生活动设计中，要根据体育教学中存在的安全问题，对学生进行相关的安全运动教育。在活动设计中必须全面地设想所有的安全隐患，及时对学生进行安全教育，建立与运动安全有关的安全保障制度和设备检查环节，并在活动过程中设立安全员，重视对学生安全运动意识的培养。

（三）体育学习活动设计的要素

核心素养导向的学习活动设计应包含目标、情境、过程和评价四项基本要素。

活动目标是导向，是整个学习活动设计的指引，目标要体现学生"运动能力""健康行为"和"体育品德"三方面的发展。活动情境是基于目标创设的活动环境，是学习活动发生的境域，包括学习场景、情感氛围和活动角色等。活动过程是学生参与学习活动所经历的程序，是由活动任务、活动步骤和支持系统构建起来的。活动评价既是对学习活动品质的检视，也是对目标达成情况的检验。学习活动的评价应与活动过程相联系，要关注对学生学习品质、学习习惯和学习态度的评价，要便于操作且有所侧重。

（四）体育学习活动设计的方法

教师在进行学习活动设计的过程中，首先要依据目标导向原则确定学习活动的目标。在此基础上依据活动目标的特点，在学生主体原则的要求下，围绕目标创设合理的活动情境，学生在情境中扮演活动角色、完成活动任务、达成活动目标，此过程应满足健身实效原则和安全保障原则。最后通过活动评价来检验活动目标的达成情况。

1. 活动目标设计的方法

设计活动目标是学习活动设计中的首要环节，是指依据教学目标和任务，明确本次活动要达成的目标。教师在设计活动目标时，应围绕发展学生的"运动认知""运动技能""体能"和"体育情感"四个维度的素养进行设计，具体表现形式是在活动中解决某一问题。如在活动中解决某个技术难点、探求新知、逐渐克服运动中的心理恐惧等。

2. 活动情境设计的方法

教师在设计活动情境时，应设置适宜的学习场景，营造相应的情感氛围，并设定学生在活动中承担的角色。如在篮球比赛活动设计中，要合理选择篮球比赛场地，营造活泼、热烈的比赛氛围，并安排每个学生在比赛中扮演的角色（比赛队员或裁判）。设计活动情境应考虑设计的情境能否激发学生的学习热情，与学习内容之间的契合程度如何；设计的角色是否丰富，能否激发学生兴趣，分工是否合理；活动资源的设计是否合理且多样。

3. 活动过程设计的方法

活动过程的设计应包含活动任务、活动步骤和支持系统。其中，活动任务的设置要关注学生的身体发育、能力发展和德育养成，要合理安排运动负荷，突出活动中的合作交往及探索创新，注重学生意志品质等体育品德的培养。活动步骤是指根据活动任务的内容及要求，科学安排活动的开展顺序，设置活动流程。支持系统是指支撑活动顺利开展的学习资源及安全保障，资源的设计要体现经济、安全、合理、高效的原则，并确保整个活动的安全性。活动过程的设计必须从学生实际需求出发，结合目标，凸显活动的重心，整体布局活动的顺序，在此基础上整合编排活动内容，选择相应的组织形式，细化活动步骤，明确具体要求，形成活动的整体规划。

4. 活动评价设计的方法

活动评价设计是指根据学习目标和内容，选择活动评价要点，设定相应的观测点。应注意观测点的确立应便于操作，有所侧重，不能宽泛评价。在评价时应考虑评价是否与实施过程建立了联系，评价要点的指向是否明确、形式是否多样，是否关注学习品质、学习习惯、学习态度等问题。此外，学习活动的评价要以提供即时反馈为主，有研究表明,即时反馈可以增加反馈与结果知觉之间的联系[1],更有利于运动技能的形成[2]。在学习活动中提供即时反馈有助于学生及时了解自己的学习结果,这种对自身学习结果的把握会起到强化作用,增强学生的学习信心和积极性,从而提高学习的效率。

---

[1] Schmidt, R. A. (1975). *A Schema theory of discrete motor skill learning*. Psychological Review, 82(4).

[2] Salmoni, A. W., Schmidt, R. A., & Walter, C. B. (1984). *Knowledge of results and motor learning: A review and critical reappraisal*. Psychological Bulletin, 95(3).

第六节 体育与健康教学评价设计

教学评价设计是教学设计的重要组成部分,它是评价教学目标是否达成、教学内容是否合理、教学实施是否有效的重要依据。教学评价设计涵盖面广,包括课程教学评价设计、学段教学评价设计、水平教学评价设计、模块教学评价设计、单元教学评价设计和课时教学评价设计,贯穿整个教学过程的始终。本节主要围绕单元教学评价设计和课时教学评价设计,对核心素养导向的体育教学评价设计概念、原则、要素和方法进行阐述。

一、体育教学评价概述

(一) 体育教学评价的定义

体育教学评价是按照一定的评价标准,运用科学的方法和手段,对体育教学的要素、过程和效益进行价值评判的活动[①]。核心素养导向的体育教学评价应指向学生的运动能力、健康行为和体育品德,重点围绕其教学目标对学习活动的过程及效果进行评价,并评定其价值和优缺点以求改进。

(二) 体育教学评价的分类

体育教学评价的分类多样,根据评价手段可分为定量评价和定性评价;根据评价标准可分为绝对性评价和相对性评价;根据评价作用可分为诊断性评价、形成性评价和终结性评价。

1. 定量评价和定性评价

定量评价主要通过数字、度量来收集与描述课堂教学现象,进而采用统计、比较与分析的方法对评价对象进行思维推断,以数据形式反馈的评价。定量评价的优点是评价结果客观、公正,利用数据阐明现象。如对身体素质以及运动技能的评价就是定量

---

① 董翠香.学校体育学[M].杭州:浙江大学出版社,2004.

评价。

定性评价主要是通过文字、图片来收集与描述课堂教学现象，进而采用分析和综合、比较和分类、归纳和演绎等方法对评价对象进行思维推断，以语言形式进行反馈的评价。定性评价的优点是能全面、真实地反映课堂教学现象。对学生体育情感，如体育精神、体育道德、体育品格、情绪调控、适应能力等的评价就是定性评价。

2. 绝对性评价和相对性评价

绝对性评价是按照某个评价基准，把每个评价对象逐一与评价基准进行比较的评价。绝对性评价的优点是评价基准客观，可以使评价者清楚地看到被评者与基准之间的差距。如根据《国家体质健康标准》对每个学生与健康有关的体能（心肺耐力、柔韧性、肌肉力量、肌肉耐力、身体成分）进行测试与评价，这种评价就是绝对性评价。

相对性评价是体育教师根据自己的需求建立评价基准（班级的平均值或者自己的入学成绩等），把每个评价对象逐一与评价基准进行比较的评价。相对性评价的优点是能正确地评价个体在整个群体的相对位置以及自己的进步幅度。如教师在学期初通过行为观察和技战术观测等方式记录学生在练习、活动和比赛中运用技战术的情况，经过一段时间的学习后再进行观测，前后之间进行对比与评价，这种评价就是相对性评价。

3. 诊断性评价、形成性评价和终结性评价

诊断性评价一般是指在某项学习活动开始之前，为了解学生的体育认识、体能、运动技术、体育情感等方面进行的摸底式评价。诊断性评价的优点是能清晰判断学生是否具备实现当前教学目标所要求的条件，为因材施教提供依据。如教师在排球教学前对学生的排球运动认知情况进行评价，进而设计学习活动，这种评价就是诊断性评价。

形成性评价一般是指在某项学习活动的过程中，为使学习活动效果更有效而进行的评价。形成性评价的优点是能及时地了解现阶段学生的体育学科核心素养进展情况、存在的问题等，为有效教学提供依据。如教师在一段时间的排球教学后对学生排球运动技术进行评价，了解学生运动技术掌握现状，进而适时调整教学进度，这种评价就是形成性评价。

终结性评价一般是指在学习活动结束时，为了解学习活动的最终效果而进行的评价。终结性评价的优点是能全面检验学生经历学习活动后其体育学科核心素养达成的情况，为评定成绩提供依据。如教师学期结束时对学生的速度、力量、灵敏性、协调性、平衡和反应等进行测试，评价学生与动作技能有关的体能，这种评价就是终结性评价。

二、核心素养导向的体育教学评价设计

（一）体育教学评价设计的概念

体育教学评价设计是体育教师依据体育与健康学科核心素养，设置适宜的评价维度，确定合理的评价内容和观测点，选择科学的评价主体、方式与工具，对课堂教学进行评价的一种设计活动。主要是对"为什么评""评什么""谁来评""怎么评""用什么评"等问题进行考虑并作出回答的过程。

（二）体育教学评价设计的原则

1. 整体性原则

整体性原则是指课堂教学评价要依据学科核心素养目标维度，从运动能力、健康行为和体育品德的整体性入手，并明确教学目标结构，从多维目标进行针对性评价，呈现出指向学科核心素养的整体观。另外，体育教学评价要体现结构化，不能为了评价而评价，要通过评价激发学生思维，引导学生实现学科内知识间的相互贯通与渗透。

2. 客观性原则

客观性原则是指整个评价方案的制订需要有明确、具体、一致的评价标准，需要有严密、合理、有针对性的评价方法和评价步骤，要围绕学科核心素养导向的教学目标而展开，减少评价者的主观性判断，避免出现评价中的类群现象，而且评价者也应树立公正公平的态度，平等对待每一位评价对象，不能掺入个人主观感情，特别是学生之间的评价，教师一定要讲清楚具体的评价内容和要求。

3. 发展性原则

发展性原则是指在进行教学评价设计时要明确评价的作用，要将教学评价作为反馈—矫正系统，判断每个学习活动是否有效。当出现无效活动时，要及时调整教学计划，保证课堂教学的有效性与发展性，而且要注重评价对学生的鼓励作用，教学评价是手段而不是目的，教学评价应关注学生的长期发展，评价后要思考学生学到什么、学到什么程度、如何学习等问题，另外也应该关注每个学生的全面发展，标准的制订要充分考虑学生的差异性，清楚地了解每个学生的体育基础、课堂表现、进步幅度等情况。

4. 多样性原则

多样性原则是指教学评价的内容、评价的主体与评价的手段都要体现多样化。教学评价的维度要多样，不能只关注某个容易评价的点，如单元教学评价的评价维度应包括运动能力、健康行为和体育品德三个方面。教学评价的主体要多样，不能完全是教师单向的评价，应该发挥学生互评的重要作用。教学评价的手段要多样，定性与定量评价相结合，绝对与相对评价相结合，诊断性、形成性和终结性评价相结合。此外，

还可以借助信息技术手段帮助教学评价的开展。

5. 指导性原则

指导性原则是指教学评价需要以充实的评价资料做基础,要明确每项评价内容的构成、适用的评价方式和评价主体,这样评价才具有可信度和有效性,而且要充分发挥教学评价对教学的导向作用,教学评价结果一定要及时反馈给学生,教学指导建议应有启发性,并注重师生的自我反思及师生之间的合作交流。

(三) 体育教学评价设计的要素

核心素养导向的体育教学评价设计主要包含评价目标、内容、主体、方式、工具五个基本要素。

评价目标回答"为什么评"的问题,主要是了解学生在学习活动过程中或者经历学习活动后,其在体育认知、运动技能、体能、体育情感四个方面的形成情况,并分析、判断存在的困难和不足,促进其体育学科核心素养的形成。

评价内容回答"评什么"的问题,主要是根据教学目标确定评价内容。如评价学生的体育认知目标,一定要明白体育认知包括运动认知与健康认知,运动认知从运动项目的裁判知识与规则、科学从事体育运动的方法、运动技战术的理解三个方面进行评价;健康认知从认识体育锻炼对于健康的重要性、参与体育学习和课外体育活动等方面进行评价。这样一来,关于学生体育认知的评价就具体、清晰、有针对性。

评价主体回答"谁来评"的问题,主要包括体育教师、学生和其他人员,其他人员包括同行专家、家长、班主任等。如运动认知的评价主要以教师为主,健康认知的评价主要是以学生自评为主。

评价方式回答"怎么评"的问题,体育教学评价方式的选择一定要遵循体育学科的特点,围绕具体的评价内容选择操作简便、切实可行的方式。如运动认知的评价可采用试卷测验、口头测试等方式,健康认知的评价可采用行为观察、问卷调查等方式。

评价工具回答"用什么评"的问题,体育教师可以借助试卷、心理量表[①]、《国家体质健康标准》《青少年运动技能等级标准》[②]、电子产品(智能手表、心率监测仪、计步器、步态分析仪、体感设备)等,也可根据教学内容与学生的实际情况,自行设计可以真实反映学生学习情况的工具。如运动认知的评价可采用试卷等工具,健康认知的评价可采用问卷、量表等工具。

[①] 毛荣建.青少年学生锻炼态度——行为九因素模型的建立及检验[D].北京体育大学,2003.

[②] 唐炎.《青少年运动技能等级标准》的研制背景、体系架构与现实意义[J].上海体育学院学报,2018,42(03).

(四) 体育教学评价设计的方法

1. 单元教学评价设计的方法

第一,单元教学评价设计紧紧围绕体育与健康学科核心素养展开,体现体育与健康学科核心素养的关注点,因此评价维度应包括运动能力、健康行为和体育品德三个方面。第二,评价内容和评价观察点的选择要从本单元的整体教学着手,经过分析本单元的教学指导思想、教学内容、运动项目特点和学生身心特点等,提炼出可以真实、完整地反映学生学习成果的评价观测点。第三,评价方式的选择要依据评价内容和观察点,选择操作简便、切实可行的方式(表3-6-1)。

表3-6-1 单元教学评价设计表

评价维度	评价内容	评价观测点	评价方式
运动能力	运动认知	1. 运动技战术要领、项目知识与裁判法的掌握情况 2. 健康知识、运动相关的跨学科知识的掌握情况	口头测试 试卷测验
	运动技能	1. 运动技战术的掌握情况 2. 体育展示或比赛的水平	技术观测 口头点评
	体能状况	1. 身体成分、身体形态的评定情况 2. 身体素质的发展水平及测试情况	体能测试 成长记录
健康行为	锻炼习惯	1. 参与体育学习和课外锻炼的兴趣与态度 2. 锻炼方法的掌握情况和健康管理水平	行为观察 口头点评 问卷调查 访谈
	情绪调控	1. 学练和比赛过程中的情绪稳定性 2. 体育锻炼过程中的情绪稳定性	
	适应能力	1. 适应自然环境的情况 2. 交流互动、组织协调的水平	
体育品德	体育精神	1. 运动过程中展现的精神风貌 2. 面对问题、困难和挑战时的应对情况	
	体育道德	1. 运动过程中遵守规则、公平参赛的情况 2. 运动过程中诚实守信、自觉自律的情况	
	体育品格	1. 运动过程中对待他人和比赛胜负的态度 2. 运动过程中展现的合作意识和责任意识	

2. 课时教学评价设计的方法

第一,课时教学评价设计是学科核心素养和单元教学评价设计的具体化,应围绕课时教学目标展开,体育课的教学目标包括体育认知、运动技能、体能和体育情感四个方面,因此,体育课时教学评价的目标也应围绕这四个方面进行。第二,在进行评价内容和评价观测点的选择时一定要落实到本节课,要根据本节课的教学内容和重难点有所侧重,每个评价目标可以选择1—2个评价内容,再根据评价内容选择相应的评价观察点。第三,评价主体的选择要最直接、最客观地反映评价观测点,可参照表3-6-2选择"评价主体"。第四,评价方式与评价工具的选择应与评价观测点一一对应,要选择具有较高信效度的工具,另外教师要利用信息技术进行评价,真正实现为教学所用。

表3-6-2　课时教学评价设计表

评价目标	评价内容	评价观测点	评价主体	评价方式	评价工具
体育认知	运动认知	1. 运动项目的裁判知识与规则	学生自己、同伴、教师	试卷测验、口头测试	试卷、测试单
		2. 科学从事体育运动的方法	学生自己、教师		
		3. 运动技战术的理解	学生自己、同伴、教师	口头测试、技术观测、行为观察	测试单、行为观察表
	健康认知	1. 认识体育锻炼对于健康的重要性,参与体育学习和课外体育活动	学生自己、同伴、教师	问卷调查、行为观察、访谈	问卷、电子产品、访谈单
		2. 积极主动参与校内外体育活动	学生自己、同伴、教师		
		3. 自觉坚持有规律的体育锻炼,有效组织同伴和家人进行体育锻炼	学生自己、教师、家长		
运动技能	技战术运用	在练习、活动和比赛中运用技战术	学生自己、同伴、教师	行为观察、技术观测	行为观察表
	体育展示与比赛	1. 敢于展示自己所学的技战术			
		2. 愿意和同伴合作创编和展示比赛成果	学生自己、同伴、教师	访谈、行为观察、问卷调查	访谈单、行为观察表
体能	身体素质	1. 心肺耐力、柔韧性、肌肉力量、肌肉耐力	学生自己、教师	成长记录、体能测试	《国家体质健康标准》
		2. 速度、力量、灵敏性、协调性、平衡和反应	学生自己、同伴、教师	技术观测、行为观察	行为观察表
	体能的原理与方法	1. 测量与评价体能水平的方法	学生自己、教师	试卷测验、口头测试	试卷、测试单
		2. 制订体能锻炼计划的程序与方法			
		3. 有效控制与改善体型的方法			

（续表）

评价目标	评价内容	评价观测点	评价主体	评价方式	评价工具
体育情感	德育情感	1. 在体育运动中能够面对困难、克服困难	学生自己、同伴、教师	行为观察、问卷调查、访谈	行为观察表、心理量表、问卷、访谈单
		2. 具有抗挫折能力，表现勇敢顽强的拼搏精神			
		3. 正确对待比赛胜负，具有正确的胜负观			
		4. 胜任不同的运动角色，表现出团队合作与负责任的行为			
		5. 在体育运动中遵守规则、尊重同伴、尊重裁判			
		6. 理解与运用所学运动项目的比赛规则，具有公平竞争的意识和行为			
	价值情感	1. 掌握提高心理健康水平的方法			
		2. 知晓调控情绪的方法			
		3. 在运动、学习、生活中保持一定的情绪稳定性			
		4. 对于自然环境具备很强的适应能力			
		5. 在运动、学习、生活中主动积极地与同伴合作交流			

 核心素养导向的体育与健康教学设计

第七节 体育与健康教学资源设计

如果没有教学资源的支持,再好的教学改革设想也很难变成实际的教学成果,教学资源的丰富程度会影响教学目标的实现水平。因此,正确理解体育教学资源的性质,认识体育教学资源设计的功能和原则,把握体育教学资源设计的方法,是体育教师迫切需要解决的问题。

一、体育教学资源概述

体育教学资源是开展教学的必备条件,体育教师要根据教学目标、学习内容的特点,学生的身心特征、兴趣爱好、个体差异等配置适合的资源,提升教学的有效性。

（一）体育教学资源的定义

教学资源是为教学的有效开展提供的各种可被利用的素材条件。广义的体育教学资源是指为了促进学生身心健康发展,掌握体育基本知识和运动技能,为了体育教学的有效开展提供的各种可以利用的条件和要素,包括与体育活动密切关联的人、财、物,一切为体育教学服务的资源的总称。狭义的体育教学资源包括场地器材、体育教学设施、教材设备、体育经费、体育资料、时空资源等。

（二）体育教学资源的分类

1. 人力资源

人力资源包括校内领导、班主任、体育老师、卫生老师、任课老师、学生以及校外家长、教练、社会体育爱好者,在教学资源设计的过程中要充分开发和利用他们自身的优势和体育特长,创设平台,引导他们参与学校体育教学和体育活动。

2. 教学内容资源

教学内容资源是教学的载体,包括运动项目知识、运动技能、体能、健康知识等内容。运动项目知识包括项目起源、发展、规则、裁判法、比赛欣赏与组织方法等内容。

运动技能包括运动技术、战术、练习方法等内容。体能包括体能发展原理、练习方法、评价方法等内容。健康知识包括健康管理、心理调解、营养卫生、疾病预防、运动损伤预防和处理等内容。

3. 场地器材资源

体育教学中可利用的场地器材资源非常丰富。常用的场地有操场、球场、跑道、空地、教室、公园、健身乐园、走廊、过道等；可利用的常规器材有篮球架、足球门、单杠、双杠、天梯、滑梯、爬杆、领操台、乒乓球台、篮球、排球、足球、乒乓球、垒球、实心球、体操垫、体操棒、跨栏架、短绳、橡皮筋、毽子、小哑铃、小沙包、小旗、塑料圈等；可利用的自制器材有胶圈、胶棒、纸球、纸棒、纸制器材、饮料瓶、易拉罐、泡沫拼花地板、小木夹、彩带、双色帽、课桌凳、家庭生活用品等。

4. 信息数字资源

信息数字资源运用到体育教学中已成为教学发展的必然趋势。常见的信息数字资源分为网络资源和多媒体资源。网络资源包括网络上海量的图片、动画、视频音频等素材，包括教材、教案、文章等文本资源，还包括网站、公众号、订阅号等信息平台。多媒体资源包括PPT课件、播放设备、智能手机、平板电脑、运动穿戴设备等能为教学提供帮助的媒体。

5. 自然环境资源

我国幅员辽阔，地域宽广，地形、地貌千姿百态，季节气候气象万千，蕴藏着丰富的体育教学资源，核心素养导向的体育教学资源设计应重视开发和利用自然资源。如春(秋)游、远足、爬山、散步、定向活动、无线电测向运动、自行车慢骑、游戏、日光浴、游泳、打雪仗、滚雪球、堆雪人等。此外，还要重视利用周边社区和家庭体育等环境资源，如家庭爬山、打球、亲子活动、社区竞赛、青少年活动中心培训、少体校训练、体育俱乐部、兴趣班活动以及各种节假日的体育活动和比赛等，为体育教育、教学和课程改革提供支持，实现学校自身体育教育、教学和课程改革与发展的良性循环。

二、核心素养导向的体育教学资源设计

（一）体育教学资源设计的概念

体育教学资源设计是为了达成体育教学目标，而选择、开发和运用体育教学条件与要素的过程。设计体育教学资源时要充分发挥资源的动作演示、情境创设、兴趣激发、引领练习、学习评价、负荷监测、视野拓展、知识补充等功能，帮助学生掌握体育知识和运动技能，增进身心健康，促使学生积极参加体育活动，养成体育学科核心素养。

（二）体育教学资源设计的功能

核心素养导向的体育教学资源设计不仅能够促进体育教学目标的达成，还能更好地促进教师素质的提高和学生学习能力的发展。教学资源是体育与健康教学的重要组成部分，其丰富性和适切性程度最终决定了教学目标的实现水平。同时，教学资源的开发和利用对于转变教学方式及改善学习方式具有重要意义。比如，翻转课堂、对分课堂等新的体育教学形式。对教师来说，可以开阔教学视野，转变教学观念，更好地激发教师的创造性智慧，让教学"活起来"；对于学生来说，可以改变学生在教学中的地位，使他们从被动的知识技能接受者转变成知识技能的共同构建者，从而激发学生的学练积极性和主动性，为开展自主学习、合作学习和探究学习提供支撑。

（三）体育教学资源设计的原则

核心素养导向的教学资源设计应围绕教学重点展开，所有的教学资源的选择和设计，都是为了达成教学目标，解决教学问题。因此，要充分利用现有的显性体育资源，挖掘潜在的隐性体育资源，体现教学性、适切性、互动性和多样性的原则。

1. 教学性原则

在使用各种教学资源时，要把教学资源和教学内容有机结合，以利于教学目标更好达成。例如，在数字资源的设计过程中，可能会有众多相关的媒体教学资源，教师在选择资源类型时，应围绕完成本次课的教学目标和解决教学重点进行筛选。例如，学习挺身式跳远的挺身技术动作，就要选择与挺身技术相关的示范性较强的数字资源，激发学生学习兴趣，形成正确的技术动作概念，充分体现数字资源的优势和实效。

2. 适切性原则

在设计教学资源时，要从实际出发，因地制宜，创造性地利用现有体育资源，科学地开发和优化体育资源，设计科学恰当的体育资源。例如，自制教具、创新器材、改造器材等，在课堂教学中充分利用体育资源，不断地加以调整、改进和完善，同时合理利用生成性体育资源。

3. 互动性原则

在选择教学资源时，要注重学生的互动性，激发学生学习兴趣。例如，在足球的运球突破教学中，学生利用手机拍摄记录运球突破的过程，利用数字资源通过 VUE 软件和屏幕镜像，在大屏幕上观看自己或同伴间运球突破的动作技术，还可以利用慢放、静止、回放等功能，帮助对动作技术进行自评或互评，实现课堂教学及时、有效的互动。

4. 多样性原则

在体育教学中，教师应根据学习内容的特点、学生的身心特征、兴趣爱好、个体差异等选择多种体育资源，并对已有的资源进行梳理盘点，认真分析实现单元教学目标的各项资源的性质和特点,保证开发和利用资源的多样性。

(四) 体育教学资源设计的方法

基于已经设计完成的教学目标、学习活动来选取合适的教学资源,有助于完成相应的教学目标。教学资源设计主要包括分析教学需求、配备教学资源、合理运用资源三个部分。

1. 分析教学需求

教学需求分析需要依据教学目标,立足于教材和学情,探寻针对性的问题解决方案。分析教学需求时,首要问题是关注教学目标,以目标为导向,选择有效的教学资源。如进行翻转课堂教学时,根据教学设计中的教学目标,梳理出运动技能发展目标、体能发展目标和体育品德发展目标的培养内容,设计课前学习任务单,选择合适的、针对性强的教学资源,辅助学生课前自学,提升课堂教学品质。

2. 配备教学资源

在教学资源需求分析的基础上,判断可能需要的资源条件,可以是现有资源,也可以改造和开发资源,还可以既包含现有资源,也包含改造或开发的组合资源,对教学所要使用的资源进行整体设计,为学生的学习活动提供适切的资源体系,为资源运用做好铺垫。比如,针对六年级学生,因为身高等原因,学习篮球投篮时,投球无法碰到篮板,体育教师教学时可以自制或者改造篮架,降低高度,组织投篮学练,激发学生练习兴趣。又如,初学耐力踢的学生常常有挫败感,教师可以自制永不会掉的毽子,这样可减少学生练习的挫败感,提升学练兴趣,逐渐形成自主学练意识。此外,匹配教学资源应考虑的问题有如何选择和优化教学资源,资源是否有效开发了现有场地和器材功能,资源的加工、重组是否能支持教学活动的有效开展,以及资源内容是否具有科学性和可操作性。

3. 合理运用资源

合理运用资源是指利用已经设计的资源,明确资源对应的学习活动环节、使用时机、使用方式、对应目标和拟解决问题等,将资源合理融入教学过程。在运用教学资源时应考虑资源设计是否操作简便,资源的使用与教师的讲解示范如何实现功能互补。在学生分组练习或者自主练习时,用电子设备将个别学生的动作投影到大屏幕上,与示范动作视频对比,加深学生对正确动作技术的理解;耐力跑练习时,我们可以选择合适的校园资源,设计定向跑,以任务驱动的方式组织学生练习,发展耐力素质;垫上练习时,教师利用垫子设计各种各样的路线,融入跑、钻、跳、爬等元素,培养学生勇敢、果敢、积极进取的品质。

第四章

核心素养导向的田径类运动教学设计

田径类运动包含跑、跳跃、投掷等项目,本章选择日常教学中最常见的内容进行教学设计,如快速跑、耐力跑、立定跳远、推实心球等。设计中采用结构化、情境化、问题化、信息化等策略,通过不同类型的学习活动发展学生的基本运动能力,促进体育与健康学科核心素养的培育。

第四编

蒙古族与西域历史文化

第一节　跑:30 米快速跑教学设计

本设计为小学一年级的 30 米快速跑,主题为"融入情境　快乐奔跑",旨在通过情境化的学习,激发学生参与体育活动的兴趣,发展学生快速奔跑的能力。

一、单元教学计划的设计

(一) 指导思想

以课程标准为依据,坚持"健康第一"的指导思想。在本单元教学中,坚持以学生发展为中心,提高学生快速跑的能力,培养学生的创新精神和实践能力。师生共同创设愉悦的学习、活动氛围,利用多种手段激发学生参与体育活动的兴趣,使学生充分感受到体育学习的快乐,为学生健康成长打下良好基础。

(二) 相关分析

1. 教材分析

表 4-1-1　一年级 30 米快速跑教材分析

运动认知	动作结构	相关体能	相关知识
认知:30 米快速跑是小学低年级跑的重点教材,是发展跑的最基本内容,也是小学生必须学习和掌握的重要技能 价值:学习快速跑能使学生的速度素质得到发展,提高学生跑的能力	动作过程:快速跑由起跑、加速跑、途中跑和终点跑四个部分构成,学生在整个跑动过程中步频要快、身体要协调,能跑成直线 动作要点:摆臂充分、后蹬有力、身体协调、直线性强 关键环节:手脚协调配合,节奏感强	快速跑需要一定的力量和速度体能为支撑 1. 腿部力量练习:后蹬跑、立卧撑、适量负重练习 2. 速度练习:追逐跑、短距离的快速跑、侧向跑、变速跑等	跑动过程中,当身体重心移过支撑垂直面时,支撑腿开始积极有力地后蹬,加快摆动腿前摆的幅度和速度,可以增大支撑反作用力、减小支撑腿的后蹬角度、增大水平速度和减小身体重心起伏

2. 学情分析

表 4-1-2　学情分析

教学对象	认知水平	身心特点	能力水平
一年级学生	一年级学生之前学习过起跑技术，对快速跑的认识了解较少，对快速跑的技术要领不明确	1. 该班学生活泼好动，活动能力较强，喜欢挑战新事物，喜爱参与体育活动 2. 学生年龄较小，注意力不太稳定，很容易受外界事物的干扰，需要在本单元中创设游戏和比赛的情境来激发学生的兴趣 3. 学生争强好胜的意识很强，但团队观念较为薄弱	大部分学生已经具备了一定的跑动能力，能够在跑动中稳定地控制身体，但是还是不能自如地控制跑动的速度和线路；部分学生在快速跑的过程中，身体不够协调，需要在本单元的学习中改进

3. 教法分析

（1）在 30 米快速跑教学单元中，把正确的技术动作传授给学生之后，组织学生进行完整的 30 米快速跑练习，取代单个技术动作的教学，从而让学生能够学以致用。

（2）在本单元的教学中充分贯彻课程标准的基本理念，将学习运动技能与游戏比赛相结合，把运动技能的学习融入游戏和比赛情境之中，力求让学生能在轻松愉快的游戏活动中学习和掌握知识，享受体育锻炼的乐趣。

（3）围绕单元核心问题进行教学，在每节课的教学中，对学生进行提问，让学生带着问题进行学练，培养学生解决问题的能力，使学生的核心素养得到发展。

（4）注重运用多媒体资源，给学生更好的教学体验。如运用平板电脑给学生拍摄练习视频，传到班级微信群中，让学生进行交流和学习。

4. 问题链设计

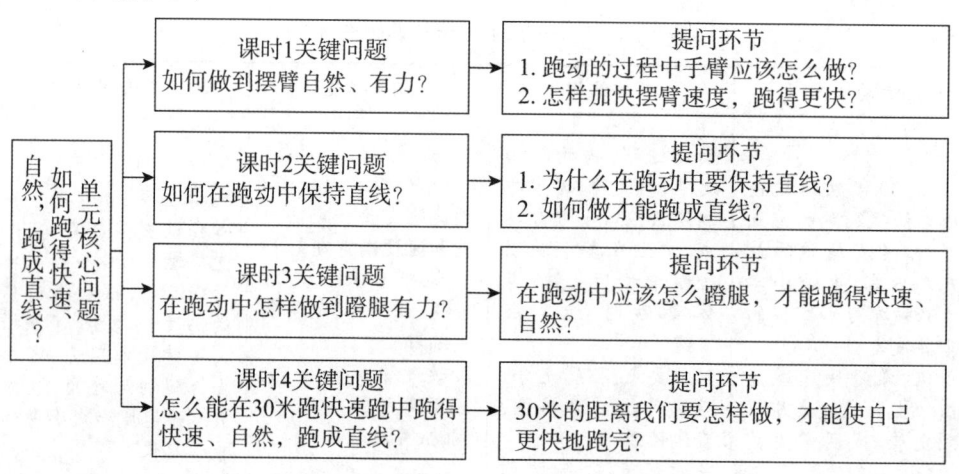

（三）教学流程

表 4-1-3　一年级 30 米快速跑单元教学流程

年级	一年级	学期		课次	4	执教	
单元学习目标	\multicolumn{4}{l}{1. 发展速度素质，增进下肢力量，增强体质，学会自然、快速的直线跑动作，享受快速跑的乐趣，提高跑的能力 2. 遵守游戏和比赛规则，体验勤练互助的学习乐趣，学会评价他人动作 3. 养成相互鼓励、不怕困难、积极竞争的意识和良好品质}			教学重点	\multicolumn{2}{l}{1. 正确掌握快速跑的基本技术 2. 上、下肢配合协调 3. 跑得快速而自然}	

课次	教学内容	学习目标	重点、难点	教学策略与评价
1	1. 摆臂练习 2. "追球"练习	1. 知道快速跑对身体的锻炼价值，初步掌握正确的摆臂动作 2. 能做出"拉大锯"的基本动作，在练习中能正确评价自己和他人的摆臂动作 3. 能够互相帮助，提高团队合作意识	重点：直线奔跑 难点：屈肘前后快速摆臂	教学关注： 1. 摆臂动作：组织学生根据不同节奏的击掌声进行摆臂练习，以及进行"拉大锯"的游戏，体验前后摆臂的正确姿势，师生共同喊口诀"前摆到鼻尖、后摆到腰间" 2. 后蹬动作：上体正直或稍前倾，两臂前后有力摆动；蹬地时身体放松，充分伸展髋关节，之后前跨时膝关节放松，大腿积极下压，后拉时小腿前送至足前掌着地，缓冲，迅速转入后蹬 3. 在快速跑的练习当中，除了关注学生跑动的速度，还要关注学生的身体协调配合能力，手脚要协调配合，不要同手同脚或者是手和腿的节奏不一致 教学策略： 1. 将技能学习与游戏、比赛相结合，将技能学习融入精心设计的游戏当中，使学生在玩中学、学中玩，同时利用为学生设置比赛的情境，让他们有机会充分展示自己的能力 2. 充分发挥器材的多种功能，利用现有的器材创设多种练习方法与手段，同时利用一些简易的器材，变成一系列组合练习，让学生积极参与
2	1. 30 米快速跑练习 2. "大王书法展"	1. 知道自然直线奔跑的动作方法，能够在快速跑中跑成直线，快速反应 2. 培养团结互助的精神，提高快速跑时的安全意识 3. 发展合作能力，培养相互协作的意志品质	重点：跑成直线 难点：手脚协调	
3	1. 30—40米的快速跑练习 2. 后蹬跑	1. 知道快速跑各个环节的技术动作要领，70%的学生能够在跑动中做到快速、自然 2. 改进快速跑动作，跑得自然、快速，提高奔跑能力 3. 养成乐学善思、勤于思考的习惯	重点：跑得快速、自然 难点：勤于思考、克服困难	

(续表)

课次	教学内容	学习目标	重点、难点	教学策略与评价
4	1. 快速跑练习（分组） 2. 30米跑考核	1. 知道快速跑的动作要领，能够客观、准确地评价同学的动作 2. 学会自然、快速的直线奔跑的方法，享受快速跑的乐趣，养成正确的跑动姿势，能达到30米跑考核的要求 3. 培养积极自信、进取向上的良好品质	重点：跑得快速、自然，跑成直线 难点：能够顺利完成考核任务	3. 培养学生的探究能力，通过小组合作学习，让学生注意观察同伴的动作，发现问题并提出改进意见 评价要点： 学生能跑成直线，跑动过程中身体协调配合，动作流畅，呼吸有节奏，30米跑的考核能顺利达标
安全保障	1. 课前检查场地与器材 2. 带领学生做好准备活动，充分活动各关节和肌肉 3. 加强安全教育，明确练习目的		评价与方法	1. 终结性评价：等第评价（生评、师评） 2. 过程性评价：表现性评价（自评、互评、师评） （详见单元评价设计）
教学资源	田径场1片、起跑器4个、多媒体设备1套、彩线50条、彩旗4面、音响1个、扩音器1台、标志桶8个、弹力带若干			

（四）评价设计

从体育与健康学科核心素养的三个方面"运动能力""健康行为""体育品德"，选择有针对性的观测点进行评价，根据本单元的内容主题——30米快速跑，对学生进行全面系统的评价，注意过程性评价和终结性评价相结合（表4-1-4）。

表4-1-4　一年级30米快速跑单元评价设计

评价维度	评价内容	评价观测点	评价方式
运动能力	运动认知	能说出30米快速跑的技术要领，知道跑的速度越快，心跳越快	口头测试
	运动技能	能跑成直线，上、下肢协调配合，步频、步幅稳定	技术观测
	体能状况	下肢力量和速度素质的发展情况	体能测试
健康行为	情绪调控	在摔倒或输掉比赛时不哭	行为观察 口头点评
	适应能力	能与同伴主动交流，相互鼓励，合作完成游戏和比赛	行为观察 口头点评

(续表)

评价维度	评价内容	评价观测点	评价方式
体育品德	体育精神	比赛中能为了小组荣誉而坚持奋力奔跑	行为观察 口头点评
	体育道德	在快速跑比赛中遵守规则,不抢跑、不串道、不拉扯对手	行为观察 口头评价
	体育品格	能尊重他人,为参加比赛的所有人加油鼓劲	行为观察 口头评价

(五) 资源设计

为有效解决本单元的教学重点,提高学生的快速跑技术水平,教师运用多媒体资源和自制教具,创设真实有趣的情境,提高学生学练的积极性,引领他们主动学习、探究学习,提升学习的效果(表4-1-5)。

表4-1-5 一年级30米快速跑单元教学资源设计

目标指向	资源设计		资源应用	解决问题
单元学习目标1.2	多媒体资源	1.信息技术资源:30米快速跑的技术动作视频 2.平板电脑	1.在教学生摆臂和后蹬的技术动作的过程中,组织学生观看专业运动员的视频动作(慢动作),加深他们对动作技术的理解 2.把学生的动作用平板电脑拍下来进行回放,使学生知道自己存在的问题 3.利用多媒体设备放映PPT,将练习内容与PPT画面结合起来,提高学生的学习兴趣	1.利用慢动作视频帮助学生建立正确的动作概念 2.利用平板电脑的回放功能,来达到纠正学生错误动作的目的 3.使用PPT的动画功能将练习内容变得更有趣味性
单元学习目标1.2	自制教具	自制接力棒	以往的快速跑练习中一般是用击掌进行队员之间的交接,在本单元的教学中利用自制的接力棒取代击掌的方式,使练习更加接近真实的场景,有助于让学生学以致用,也使学生更加投入	更接近真实情境,提高了学生的练习兴趣,有效地解决了学生不认真学的问题

二、课时教学计划的设计

(一) 课的设计

融入情境 快乐奔跑
——一年级30米快速跑(4-2)课的设计

1. 指导思想

本课以"健康第一"为指导思想,力求提高学生参与活动的积极性,充分发挥教师的主导作用,突出学生的主体地位,创造宽松的教学环境,让学生愉快、轻松、活泼地学习,掌握运动技能。从学生的学习兴趣出发,通过教材游戏化处理,为学生创设"玩"的机会和空间,激发学生学练的兴趣。让学生在学练中学会交往、在体验中得到感悟、在活动中懂得合作,感受参与体育活动的快乐。

2. 相关分析

教材分析:跑是儿童游戏、生活中最基本的活动技能。快速跑是一项典型且基础的运动项目,是水平一的教学内容之一。30米快速跑对培养小学生勇敢、顽强、拼搏向上的精神,发展身体的协调性及快速奔跑能力都有着非常重要的作用。通过学练,提高学生的奔跑能力,让学生在奔跑中体验跑的正确动作。本次课为30米快速跑单元教学计划安排第4次课中的第2次课,主要发展学生速度、灵敏等素质,要求学生手脚协调,跑成直线。

学情分析:教学对象为一年级学生。他们活泼好动,活动能力较强,喜欢挑战新事物,渴望上体育课,体育活动成了他们最开心的学习时间。但由于该年龄段学生年龄较小,注意力不太稳定,很容易受外界事物的干扰。为此,教师在课中设置了一个"大王派我去巡山"的情境,并运用多媒体设备,在视觉、听觉上给学生一个强有力的吸引,便于学生能更快地投入到课堂中去。

3. 主要教学策略

采用灵活多样的教学方法,既考虑全体学生的需求又兼顾学生的个体差异,教学通过教师示范讲解,学生自主练习,自评、互评,相互纠错等形式进行,为学生营造了一个学习、娱乐、竞争、团结协作、积极进取的良好学习氛围,调动学生参与学习的积极性。

教学中充分体现教育教学的新思想、新观念。把发展学生个性与展示自我相结合,把学习运动技能与游戏比赛相结合,充分体现了活泼、自由、愉快的课堂新模式,力求学生在轻松愉快的氛围中学习和掌握知识,享受体育锻炼带来的乐趣。

将学习技能和参与游戏融为一体。"30米快速跑"的这一单元教学内容较为枯燥,根据小学生求新、求异、求变的心理特征,在课堂教学中将学习技能和参与游戏融为一体,最大限度调动每一个学生的学习积极性和主动性,让学生在反复的游戏活动中,主动探究并初步掌握浅易的知识和简单的动作技能,寓学于游戏活动之中,寓乐于教学之中,促进和发展学生快速奔跑的能力。

4. 问题的预计与对策

预设1:练习中可能会出现学生跑偏发生碰撞等情况。

对策1:教师在练习前要向学生讲清楚练习的要点以及手脚之间的协调,同时要时刻注意观察学生,并适时进行语言提醒。

预设2:学生的摆臂节奏不对。

对策2:可以在练习中加入击掌声,让学生随击掌节奏快速摆臂。

(二) 课时计划

表4-1-6 一年级30米快速跑(4-2)课时计划

年级	一	人数	46	日期		执教		
班级		组班形式	自然班	周次		课次		
内容主题	1. 走和跑:30米快速跑 2. 拓展活动:"大王书法展"			重点	跑成直线			
				难点	手脚协调			
学习目标	1. 知道自然直线奔跑的动作方法,能够在快速跑中跑成直线,快速反应 2. 培养团结互助的精神,提高快速跑时的安全意识 3. 发展合作能力,培养相互协作的意志品质							
课的结构	教学内容	活动设计		组织与队形		运动负荷		
						次数	时间	强度
准备部分(6′)	1. 课堂常规内容 (1) 整队,检查人数 (2) 师生问好,检查服装 (3) 宣布课的内容 (4) 安排见习生 2. 热身活动(音伴) (1) 队列:原地踏步 (2) 导入游戏:"小眼睛,看一看"(跑步、游泳、踢腿、跳操)	1. 活动情境 教师用语言和音乐创设游戏情境,吸引学生的注意,让学生投入课堂 2. 活动任务 热身充分,认真听讲,积极参与"小眼睛,看一看"的游戏 3. 活动评价 充分活动关节和肌肉,在遵守游戏规则的情况下参与游戏		○○○○○○○ ○○○○○○○ ○○○○○○○ ★ 图1 ★代表教师 ○代表学生 ○　○　○　○ ○　○　○　○ ○　○　○　○ ○　○　○　○ ○　○　○　○ ★ 图2		1	5′	中
设计说明: 利用音乐创设欢快的运动情境,提高学生的兴奋度、模仿力及表现力,使学生的各关节充分活动,达到热身目的,调动学生的积极性,使其身心都能更快地进入本课主题的学习,活跃课堂气氛								

（续表）

课的结构	教学内容	活动设计	组织与队形	运动负荷		
				次数	时间	强度
基本部分(27′)	1. 走和跑：30米快速跑 （1）"小汽车"（听信号起跑） （2）"小火车"（追逐跑） （3）"小飞机"（完整30米跑）	1. 活动情境 通过多媒体设备的引导和练习场地的布置，创设游戏情境 2. 活动任务 细心观察，用心体会三个练习的要领，学生模仿小汽车、小火车、小飞机，达到快速跑成直线的要求 3. 活动评价 能运用教师传授的知识和技能流畅地完成"小飞机"的练习，能在练习中学会反思自己的动作，和同学相互支持鼓励	 ○○○○○○ ○○○○○○ 　　★ ○○○○○○ ○○○○○○ 图3	2 2 3	3′ 3′ 3′	小 中 大
	设计说明： 为了体现小学兴趣化的教学理念，将基本部分的练习变成三个层层递进的游戏，让学生先进行"小汽车"（听信号起跑）的练习，再衔接上"小火车"（追逐跑），最后进行"小飞机"（完整30米跑），让学生循序渐进，逐步掌握30米快速跑的动作要领，提高跑的技术					
	2. 综合活动："大王书法展"	1. 活动情境 讲解清楚游戏规则，创设游戏情境 2. 活动任务 遵守游戏规则，小组合作用旗子拼出汉字 3. 活动评价 认真参与游戏，努力完成目标	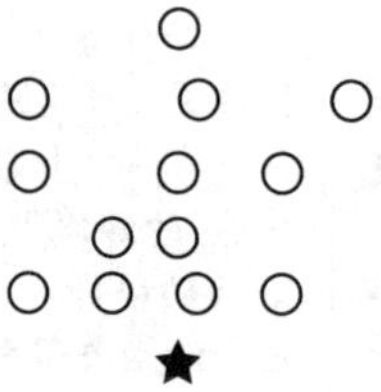 ○　○　○ ○　○　○ ○　○　○ ○　○　○ 　★ 图4	2	4′	中
	设计说明： 1. 运用问题化的教学策略，游戏中适时提问学生，让学生在玩中学、玩中悟，将游戏与课堂上的练习相结合，使学生掌握快速跑的动作要领，有效地激发了学生的学习兴趣，培养其解决问题的能力 2. 通过游戏营造轻松、愉快的教学氛围，构建民主、平等、和谐的师生关系，为学生提供展示自己个性的舞台，充分挖掘学生的潜力					

（续表）

课的结构	教学内容	活动设计	组织与队形	运动负荷		
				次数	时间	强度
结束部分(2′)	1. 放松练习：拉伸(音伴) 2. 小结与点评 3. 归还器材 4. 师生再见	1. 活动情境 带着学生跟随音乐放松，创造轻松愉快的氛围 2. 活动任务 在教师带领下进行放松，积极发言 3. 活动评价 放松到位，踊跃发言	图 5	1	2′	小

场地器材	1. 多媒体设备 1 套 2. 彩线 50 条 3. 彩旗 4 面	安全保障	1. 充分的准备活动 2. 提高快速跑时的安全意识		
		预计	练习密度		负荷强度
			全课	内容主题	中
			54%左右	50%左右	

课后反思	一年级学生集中注意力的时间非常短，需要运用丰富的情境吸引注意力，激发兴趣

* 本教学设计源自浦东新区的区级公开课，曾获得评课专家的高度好评。原作者为进才实验小学教师董刘红，后由华东师范大学体育与健康学院硕士钟键根据编写组要求再次设计。

第二节 跑:耐力跑教学设计

本设计为高二年级的耐力跑,主题为"校园追梦之旅 健康快乐步伐",旨在通过情境化学习,发展学生耐力跑的能力,提高心肺功能。

一、单元教学计划的设计

(一)指导思想

坚持"健康第一"的指导思想,贯彻"以学生发展为本"的教育理念。在充分发挥教师主导作用的同时,着重体现学生的主体性,密切关注学生的个体差异和学习起点,积极创设有效的教学环境,以轻松活泼的教学组织形式和灵活多变的教法手段激发并保持学生的学习兴趣,引导学生学会学习、学会合作、增强体能,促进学生全面健康发展;营造团结协作、勇于实践的氛围,体现"竞争与合作、拼搏与坚持"的体育精神。

(二)相关分析

1. 教材分析

表 4-2-1 高二年级耐力跑教材分析

运动认知	动作结构	相关体能	相关知识
认知:耐力跑是在有氧状态下以一定速度跑完较长距离的健身运动,能有效提高心肺功能。 价值:有助于提高呼吸系统、心血管系统、运动系统的机能和机体抗疲劳的能力,同时对培养学生坚定的信念和吃苦耐劳、顽强拼搏、勇于超越的意志品质具有良好的促进作用	动作过程:上体正直或稍前倾,头部自然,眼平视,面部、颈部肌肉放松;大小腿折叠充分,前摆、后蹬充分有力。 动作要点:动作轻松自然,身体重心移动平稳,节奏感强,肌肉用力和放松交替能力好,既要有实效性又能节省能量的消耗。 关键环节:向前奔跑的动作要既自然又轻快,有奔跑力	耐力跑需要具有一定的力量和良好的心肺耐力。 1. 腿部力量练习:多级蛙跳、后蹬跑、适量负重练习 2. 灵敏性练习:利用绳梯做步法练习 3. 心肺耐力练习:有氧操、缓步跑、游泳、跳舞、各种球类活动等	心肺耐力指一个人持续身体活动的能力。 心肺和血管的功能对于氧和营养物的分配、清除体内垃圾具有重要作用,尤其是在进行有一定强度的活动时,良好的心肺耐力则显得更加重要

2. 学情分析

表 4-2-2 学情分析

教学对象	认知水平	身心特点	能力水平
高二年级男生	本班男生有一定的耐力跑基础,但对于适宜的步频、步幅,形成良好的跑步节奏的概念尚未接触	1. 本班男生身体处在发育期,具有一定的耐力素质,但上肢力量欠佳 2. 本班男生学习主动性较强,自我要求与定位都有一个层次的提高,心理素质趋向成熟,进而为开展本单元学习奠定了较好的基础	本班男生具有一定的耐力跑能力,已经基本掌握了各种跑的技术,但是对"耐力跑"还是停留在固有印象,有一定的恐惧心理,故本单元可采用多种激发学生学习兴趣的教学方法

3. 教法分析

(1) 本单元教学首先采用讲解法、情境法,帮助学生建立耐力跑的完整概念。随后遵循由易到难、由简单到复杂、循序渐进的教学原则,让学生真正理解、掌握和运用"步伐与呼吸节奏的协调配合"的相关知识和技术要领,从而巩固耐力跑技能。

(2) 教学中坚持以问题为主导,为学生搭建合作探究的平台,让学生在解决实际问题的同时,逐渐掌握耐力跑的技巧和节奏,培养学生发现问题、解决问题的能力。

(3) 教学时采用多媒体等教学资源,让学生体验音伴跑与音乐节奏的配合,进一步调整步幅、步频,逐步寻找适合自身的最佳练习节奏,以重复跑的方式进一步加强学生的耐力水平,提高抗疲劳能力。利用多媒体的音乐等功能,帮助学生建立耐力跑的技术要点和关键环节。

4. 问题链设计

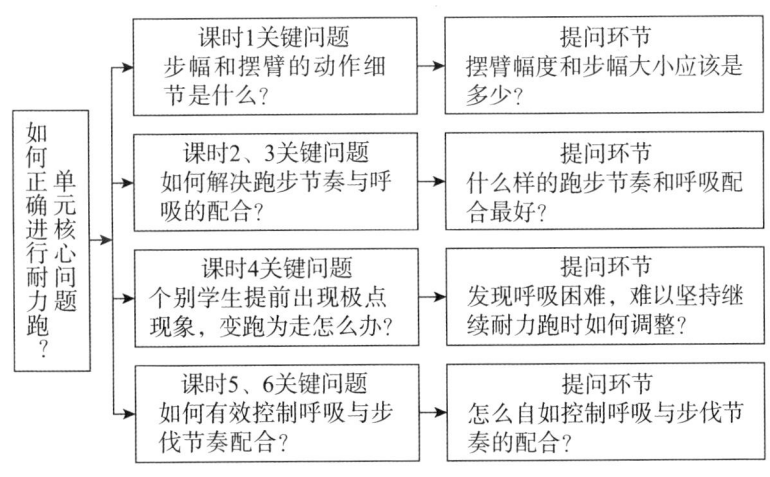

(三) 教学流程

表 4-2-3 高二年级耐力跑单元教学流程

年级	高二	学期		课次	6	执教	
单元学习目标	1. 掌握耐力跑的基本知识和技能,加深对耐力跑健身价值和作用的认识和理解,发展耐力、速度、力量等相关体能,提高持久奔跑的能力 2. 增强心肺功能,提高有氧代谢水平,学会通过监测心率的方法来调整运动强度,选择适宜的运动负荷,提高自我健身能力 3. 激发并保持运动兴趣,建立成功的心理体验,培养勇敢顽强、坚忍不拔的意志品质,养成团结协作、互帮互学的良好学风			教学重点	1. 步幅步频的协调放松 2. 合理调整分配体力 3. 步伐与呼吸节奏的配合		

课次	教学内容	学习目标	重点、难点	教学策略与评价
1	交替跑 1. 跑走交替 2. 直道弯道交替	1. 知道简单的耐力跑知识,85%的学生了解步伐与摆臂、步伐与呼吸的协调配合方法 2. 发展持久奔跑能力,增强上、下肢和腰腹肌的力量 3. 建立和谐的同伴关系,培养自我挑战、竞争与合作的意志品质	重点:合理分配体力 难点:摆臂、步伐、呼吸的有效配合	教学关注: 1. 耐力跑呼吸节奏的控制 2. 耐力跑过程中的体力分配 3. 耐力跑运动强度的检测 4. 竞争与合作、拼搏与坚持等体育精神的培养 教学策略: 1. 运用有意注意的方法,强化步伐与呼吸的配合:在耐力跑中,体验有节奏的摆臂动作,模拟呼吸节奏,找到协调一致的感觉,起到自我提醒和相互提醒的作用,通过这种有意注意的练习,突破教法瓶颈,使学生迅速地掌握步伐与呼吸协调一致的方法 2. 耐力跑的过程中加入音乐,能鼓舞斗志、催人奋进,减轻疲劳,因此,在本单元的设计安排中使用了大量节奏感强、节奏稳定的国内外经典名曲,使耐力跑在音乐的伴奏下变得生机勃勃,充满活力,从而实现耐力素质和持续奔跑能力的有效提高;通过对多种音乐节奏的体验性奔跑,体验节奏与呼吸的有效配合,建立良好的跑动节奏和速度感,培养学生研究、探讨、感知的意识水平与能力,养成自主选择、自主定位、自我评价的学练习惯
2	音伴跑 1. 体验音伴跑 2. 定位感知跑	1. 80%的学生掌握耐力跑技术,发展耐力、速度、力量等相关体能,提高持久奔跑的能力 2. 学会通过监测心率的方法来调整运动强度,提高自我健身能力 3. 激发并保持运动兴趣,培养勇敢顽强、锲而不舍、团队合作的优良品质	重点:步伐与呼吸节奏的协调配合 难点:建立良好的跑步节奏与速度感	

（续表）

课次	教学内容	学习目标	重点、难点	教学策略与评价
3	定距跑 1. 适应性步频练习 2. 校园定向跑	1.85%的学生掌握心率与运动量的知识，有效自我评价，合理调控运动量 2. 通过学习与练习，发展速度、耐力、协调等身体素质，锻炼心肺功能 3. 体验快乐、科学的耐力跑，通过练习培养坚毅、顽强的意志品质和克服困难的精神	重点：控制跑速、合理分配体力 难点：跑步节奏与呼吸的有效配合	
4	重复跑 1. 200米重复跑 2. 200米、400米重复跑	1.85%的学生掌握重复跑的作用与技巧 2. 发展上、下肢肌肉力量，提高持久奔跑的能力 3. 建立自信心，培养勇于挑战的意志品质以及团队竞争与合作意识	重点：体力分配与自我控制 难点：节奏与呼吸的有效配合	3. 引入靶心率区的概念，倡导学生科学锻炼，让学生了解耐力跑的能量供应方式，在指导学生进行各种走跑交替、定距跑、定时跑、重复跑、变速跑的过程中，通过心率监测合理安排运动间隔和恢复时间，调整适宜的运动负荷，促进学生全面发展 4. 组织游戏"追梦之旅"，增进学生合作进取的团队精神，逐步提高学练技巧 评价要点： 耐力跑途中动作较轻松自然，步伐与呼吸节奏感较强，呼吸深而顺畅，速度保持较好，学生能够建立自信心，有勇于挑战的意志品质以及团队竞争与合作意识
5	变速跑 1. 100米快速跑与50米慢速跑 2. 200米快速跑与100米慢速跑	1.85%的学生掌握变速跑的呼吸节奏与配合调整步伐的方法 2. 发展上、下肢肌肉力量，有效提高机体、机能的抗疲劳能力 3. 培养调节心理、生理节奏的能力以及坚韧不拔、勇于挑战的优良品质	重点：变速跑节奏的合理掌控与调整 难点：不同跑速与呼吸节奏的配合	
6	耐久跑考核	1.85%以上的学生掌握耐力跑时体力分配及呼吸配合的方法 2. 提高持久奔跑的能力以及各机体、技能的抗疲劳能力 3. 培养刻苦顽强、勇于拼搏、锲而不舍的优良品质以及团队的竞争与合作精神	重点：调整身体状态、合理分配体力 难点：呼吸、步伐节奏的高效配合	

（续表）

安全保障	1. 课前询问学生身体状况 2. 课上进行必要的安全教育 3. 场地、服装、跑鞋隐患排查 4. 出现极点时的个别指导	评价与方法	1. 终结性评价：等第评价（生评、师评） 2. 过程性评价：表现性评价（自评、互评、师评） （详见单元评价设计）
教学资源	400米跑道、标志桶4个、秒表4只、指北针4个、定向地图4张、音乐播放器4个、点标旗6个		

（四）评价设计

从体育与健康学科核心素养的三个方面选择有针对性的观测点进行评价，根据本单元的内容主题——耐力跑，对学生进行全面系统的评价，注意过程性评价和终结性评价相结合。

表 4-2-4　高二年级耐力跑单元评价设计

评价维度	评价内容	评价观测点	评价方式
运动能力	运动认知	能说出耐力跑的呼吸方法和体力分配方法，知道如何通过心率判断运动强度	口头测试
	运动技能	动作轻松自然、节奏感强、呼吸深而顺畅，速度保持好	技术观测
	体能状况	男生1000米和女生800米跑的测试成绩，学生速度耐力的发展情况	体能测试
健康行为	锻炼习惯	能积极参加耐力跑的学练，并能主动通过长跑锻炼身体	行为观察
	情绪调控	面对长距离奔跑等体能消耗大的练习时，能避免消极怠慢的不健康情绪，表现出乐观开朗的态度	行为观察
体育品德	体育精神	遇到极点时能主动克服，坚持完成练习，表现出顽强的意志品质	行为观察 口头评价
	体育道德	遵守游戏和比赛规则，公平、公正地参加比赛	行为观察 口头评价
	体育品格	在分组跑、定向跑等活动中，能相互尊重，主动合作完成任务，表现出良好的责任意识	行为观察 口头评价

（五）资源设计

为有效解决单元教学重点"步伐与呼吸节奏的协调配合"，运用自制教具和多媒体资源，创设各种练习情境，以激发学生的学习兴趣，提高课堂教学实效。

表 4-2-5 高二年级耐力跑单元教学资源设计

目标指向	资源设计		资源应用	解决问题
单元学习目标 2	媒体资源	信息技术资源:音乐播放器	音乐可以使耐力跑的过程变得轻松有趣,激励感强的音乐还能鼓舞斗志	1. 提高运动效率,调节运动时的心情,并且能鼓舞斗志 2. 实现耐力素质和持续奔跑能力的有效提高
单元学习目标 1、3	自制教具	心率带	基本部分步频练习中运用心率带检测学生心率变化	通过检测学生心率的变化,有效调整练习强度,在保证学生安全的情况下,最大限度地保证练习效果

二、课时教学计划的设计

（一）课的设计

校园追梦之旅　健康快乐步伐
——高二年级耐力跑 6-3 课的设计

1. 指导思想

本课旨在促进学生对耐力跑技术的掌握,发展学生耐力素质,在练习过程中充分发挥学生的主体地位,启发学生积极思考,发现问题、分析问题、解决问题的意识与能力。教师创设教学情境,营造课堂氛围,引导学生自主学习、合作学习、探究学习,通过学生实践体验,培养学生"拼搏与坚持、竞争与合作"的校园体育精神,让每一个学生拥有健康的体魄、优良的品质和终身体育的意识。

2. 相关分析

教材分析:耐力跑的动作结构与快速跑基本相同,主要区别是当摆动腿前摆结束时,是以脚掌的中前部或全脚掌落地,落地点靠近重心,缩短脚的触地时间,通过主动下压、扒地,蹬摆结合带动膝部有力地前移,向前的动作要轻快、有力,自然、放松,身体重心移动平稳,节奏感强。本课是耐力跑的第 3 课次,要求学生呼吸必须有一定的频率与节奏,并与步伐协调配合,一般用鼻和半张开的嘴吸气,用嘴呼气,采用 2—3 步一吸、2—3 步一呼的方法。

学情分析:本课授课对象为高二年级男生,该年龄段男生学习主动性较强,对自我的要求与定位具有较高的层次,身体素质也有一定的发展,心理素质逐步趋向成熟,为开展本课奠定了较好基础。但是,他们对耐力跑还是有一定的恐惧心理,故本堂课采用了多种激发学生学习兴趣的教学方法,如有氧搏击操、"追梦之旅"游戏等,同时给予学生锻炼目的的引导,让学生合理科学地进行自我定位,挑选适合自己的练习方式进行练习,最后加入了定向越野跑的元素,感受耐力跑的乐趣,体会到呼吸频率、步伐与音乐节奏的完美结合,能自主进行科学有效的身体锻炼,更好地达成本课的教学目标。

3. 主要教学策略

(1) 搏击韵律导入激情。本课以一段激情洋溢的有氧搏击操作为热身拉开序幕,主要考虑让学生尽快进入状态,激发学习兴趣,也有助于训练学生有氧耐力水平,之后辅以拉伸韧带,结合手掌的伸展与握拳动作,为音伴跑中呼吸节奏的外显做好预演铺垫。

(2) 音乐感知、自我调整定位。在基本部分,贯穿流行乐为跑步背景,以体验、感知音乐节奏与自身的步幅、步频的有效协调来完成自我定位和自主选择。

(3) 校园"追梦之旅"。在耐力跑学练过程中,增加定向越野跑的元素,为学生设置任务情境目标,结合耐力跑的拼搏与坚持精神创设梦想,每组经过团队协作,完成体力与智力结合的"追梦之旅"。

(4) 书法太极舒缓身心。结束部分在舒缓的音乐伴奏下,以太极调息配合手法动作书写文字,引导学生进行创想放松,达到心静、身松之效,有效达到肌肉放松、按摩内脏的目的。

4. 问题预计与对策

预设1:在适应性步频练习过程中,个别学生提前出现"极点"现象,跟不上团队,变跑为走。

对策1:学生间互相鼓励坚持到底,教师安抚学生放慢节奏,同时加深呼气,增加吸氧量。

预设2:"追梦之旅"过程中,团队个别学生未到任务点,依赖骨干学生。

对策2:教师及时观察指正,鼓励并引导团队合作精神以及拼搏与坚持意识。

(二) 课时计划

表 4-2-6　高二年级耐力跑 6-3 课时计划

年级	高二	人数	32	日期		执教	
班级		组班形式	男合班	周次		课次	
内容主题	耐力跑 6-3			重点	步伐与呼吸节奏的协调配合		
				难点	建立良好的跑步节奏与速度感		

（续表）

学习目标	1. 知道简单的耐力跑知识，80％的学生掌握耐力跑技术，发展耐力、速度、力量等相关体能，提高持久奔跑的能力 2. 学会通过监测心率的方法来调整运动强度，提高自我健身能力 3. 激发并保持运动兴趣，培养勇敢顽强、锲而不舍、团队合作的优良品质						
流程 （时间）	教学内容	活动设计	组织与队形	运动负荷		
				次数	时间	强度
准备部分 （7′）	课堂常规 1. 体育委员整队，汇报人数 2. 师生问好 3. 宣布本课内容 4. 检查服装，安排见习生 准备活动 1. 有氧搏击操 2. 拉伸韧带	1. 活动情境 用动感音乐创设运动情境 2. 活动任务 在音伴下模仿教师搏击操动作 3. 活动评价 热身动作规范，师生共舞，激励学生，鼓舞士气	图1 ◎代表教师 代表学生 图2	4×8拍	2′30″ 2′	中 小

设计说明：
通过有氧搏击操进行移动步伐练习，让学生活跃身心，使学生的身体器官由相对静止状态逐步进入运动状态，使学生产生情感体验，激起丰富的联想和想象，激发学生的学习兴趣

基本部分 （28′）	节奏耐力跑练习 1. 导入知识点 2. 体验音伴跑 3. 定位感知跑 4. 自我评价定位	1. 活动情境 用动感音乐创设运动情境 2. 活动任务 在音伴下按照规定路线进行跑步 3. 活动评价 跑得轻松、有节奏，组内相互鼓励	图3 图4		1′ 4′30″	中 大
	适应性步频练习 1. 800米体验跑 A：120步左右/分 B：140步左右/分	1. 活动情境 进行不同强度的步频练习并检测心率 2. 活动任务 在耐力跑的过程中适应步幅和步频的变化，练习弯道跑技术	图5		4′30″	中

（续表）

流程（时间）	教学内容	活动设计	组织与队形	运动负荷 次数	运动负荷 时间	运动负荷 强度
基本部分（28′）	C:150步左右/分 D:170步左右/分 2.心率监测及评价反馈 定向任务（"追梦行动"） 1.预设梦想 2.追梦行动 3.圆梦感悟	3.活动评价 动作规范，勤于思考和交流，学习积极性高，主动表达自己的观点 1.活动情境 组织游戏"追梦行动"，使每位学生都参与其中 2.活动任务 小组合作完成定向跑任务，找到相应拼图，组成"梦"字 3.活动评价 积极合作，不抛弃、不放弃	 移动黑板 图6 以组为单位，操场上散点		14′	大

设计说明：
1.用动感音乐创设运动情境，在音伴下按照规定路线跑步，教师监督和指导，使学生的动作规范，同时提供了师生交流的平台
2.体验不同步频的练习，进行心率监测及评价反馈，保证学生的练习强度和密度，保证学生安全

流程（时间）	教学内容	活动设计	组织与队形	次数	时间	强度
结束部分（5′）	小结讲评 1.整队集合 2.书法太极（音伴） 3.教师点评 4.师生告别	1.活动情境 利用音乐创设放松氛围，利用语言创设宽松的讲评氛围 2.活动任务 书法太极拉伸放松，并在教师引导下自评、互评 3.活动评价 身心放松、精神愉悦、善于表达	 图7		2′30″	小

(续表)

场地器材	1. 400米跑道 2. 标志桶4个 3. 秒表4只 4. 指北针4个 5. 定向地图4张 6. 音乐播放器4个 7. 点标旗6个	安全保障	准备活动充分,检查地面平整,鞋子服装适宜奔跑		
		预计	练习密度		负荷强度
			全课	内容主题	中
			53%左右	50%左右	
课后反思					

* 本教学设计源自2013年上海市中青年教师教学评选一等奖课。原作者为上海大学市北附属中学教师李强,后由华东师范大学体育与健康学院硕士闫竞业根据编写组要求再次设计。

第三节 跑：弯道跑教学设计

本设计为高二年级的弯道跑，主题为"在跑动中寻找快乐、寻找健康"，旨在通过情境化的学习，发展学生弯道跑的能力。

一、单元教学计划的设计

（一）指导思想

本单元教学充分结合高二年级男生的身心特点，通过结构化、情境化、问题化、信息化的教学，使学生形成正确的弯道跑动作概念，提高学生学练兴趣，拓展学生思维，并用已有的知识，对新事物进行分析、探讨，使学生积极、愉快地投入体育活动，让学生在合作、思考的同时，掌握知识、技能并提高学习弯道跑的兴趣，培养其竞争意识与自信、顽强的意志品质。

（二）相关分析

1. 教材分析

表4-3-1 高二年级弯道跑教材分析

运动认知	动作结构	相关体能	相关知识
认知：弯道跑是指200米及200米以上径赛项目中在弯道上的跑进与跑出，弯道跑技术也是200米跑、400米跑及4×200米接力跑的主要技术之一 价值：在单元教学过程中，使学生充分理解和掌握弯道跑的动作技能，发展力量、平衡、空间感等方面的体能，培养学生团队精神，增强学生人际交往能力	动作过程：进入弯道跑，身体内倾，右臂摆动大，左臂摆动小，左脚外用力，右脚内蹬跑 动作要点： 1. 摆臂：外侧手臂由内向外摆动，内侧手臂小幅摆动 2. 躯干：躯干内倾，但要保持正直或稍向前 3. 脚部：外侧脚的脚掌内侧着地，内侧脚的脚掌外侧着地 关键环节： 1. 身体向内倾斜 2. 摆臂外侧大于内侧	弯道跑除了需要具备一定力量的基础，还需要平衡、自控、调节及空间感 1. 腿部力量练习：多级蛙跳、后蹬跑、适量负重练习 2. 平衡、自控、调节练习：燕式平衡、金鸡独立 3. 空间感练习：学生围成圆圈，利用弯道跑技术沿外周追逐，创设真实情境	整个身体向内倾斜，利于克服弯道跑时的离心力，弯道跑摆臂时，右臂摆动幅度、力量大于左臂，身体向圆心倾斜（向左倾斜），右腿膝关节稍向内扣，以前脚掌内侧着地，左腿膝关节稍外展，用前脚掌外侧着地，同时加大右腿的前摆幅度，有利于保证跑动过程中的步幅和步频

2. 学情分析

表 4-3-2 学情分析

教学对象	认知水平	身心特点	能力水平
高二年级男生	本班男生身体素质及快速跑能力参差不齐,对于部分学生来说,弯道跑仍是一个新鲜事物,不知如何通过控制身体来解决弯道跑中的离心现象	本班男生具有一定思维能力和想象能力,理解能力和思辨能力较强,能正确分析生活和体育运动中出现的离心现象,具有较强的集体荣誉感和好胜心	本班男生学过向心力等原理,这有助于他们在此单元教学中学习弯道跑的知识,另外他们的腿部力量、平衡、协调、自控及空间感等方面的体能有一定的发展

3. 教法分析

(1) 根据弯道跑教材的特点、授课对象的实际情况和运动技能形成的基本规律,单元开始主要采用体验法、讲解法、示范法及相关多媒体课件的运用,帮助学生建立完整的、正确的动作概念。随着学生思考的深入,逐步采用讨论法、合作法、对比法等教学方法,并利用弯道直径、跑动方向和练习人数的变化来进一步巩固技能。

(2) 根据高二年级男生的身心特点,创设各种适宜的学习情境,使学生在情境中逐步掌握动作要领。此外,组织接力跑的比赛,在激发学生学习兴趣的同时,提高学生在实践中解决问题的能力,使学生运用知识技能的能力得到提高。

(3) 选用多种形式的练习手段和趣味性的搭配教材,集体与小组,合作与互动,交流与展示等学习方式,让学生在合作互动中掌握弯道跑技术,培养学生发现问题、解决问题的能力,同时促进学生主动学习。

(4) 教学时采用辅助器材和多媒体等教学资源,让学生体会弯道跑动作要领。利用多媒体的视频回放、定格等功能,帮助学生理解弯道跑的技术要点和关键环节。

4. 问题链设计

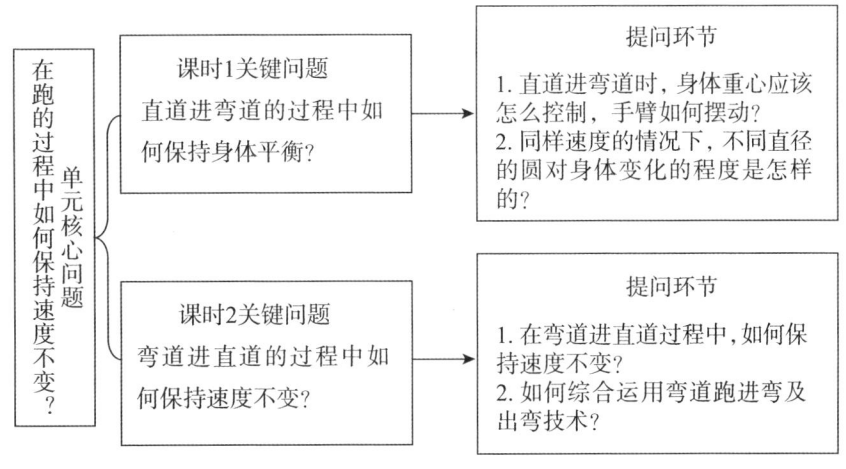

(三) 教学流程

表 4-3-3　高二年级弯道跑单元教学流程

年级	高二		学期		课次	2	执教	
单元学习目标	1. 学习弯道跑技术，掌握影响弯道跑技术的三个要点：身体重心的倾斜、摆臂的方式、蹬地的方法；发展下肢力量，提高速度、力量等身体素质 2. 通过问题化、情境化教学以及组织比赛，加深对技术动作的印象以及对弯道跑技术的掌握 3. 通过练习，发展个性，逐渐形成自信、勤于思考的优良品质，培养其坚持不懈、顽强拼搏的意志力				教学重点	1. 正确的摆臂姿势 2. 合理的着地方法 3. 适宜的倾斜角度		

课次	教学内容	学习目标	重点、难点	教学策略与评价
1	学习直道进弯道技术	1. 初步了解弯道跑的技术，学会直道进弯道时身体迅速内倾、正确的摆臂方法等要点 2. 跑的能力得到发展，身体协调和灵敏素质得到提高 3. 积极思考探究，提高自主学习的能力	重点：摆臂内小外大、重心内倾、蹬地脚左外右内着地 难点：保持身体平衡	教学关注： 1. 直道进弯道时要做到摆臂内小外大、重心内倾、蹬地脚左外右内着地 2. 直道进弯道时应保持身体平衡 3. 弯道进直道时保持速度不变 教学策略： 1. 采用游戏化、情境化、问题化的教学方式进行教学，通过有氧搏击操和各种游戏练习进行热身，在图形跑、螺旋跑练习中让学生体验身体重心变化，并运用展板提问，让学生回答生活中的离心现象 2. 组织学生接力跑比赛，在提高学生学习兴趣的同时，巩固直道进弯道技术，加强团队合作并且让他们也有机会充分展示自己的能力 3. 利用展板、视频等资源建立正确的直道进弯道跑技术动作概念，让学生领会弯道跑身体向内倾斜、摆臂内小外大、蹬地脚左外右内着地的技术重点，激发学生的积极性，让学生充分参与
2	不同场景的弯道跑	1. 通过不同场景的弯道跑练习，80%的学生能掌握弯道跑技术并运用弯道跑技术 2. 速度、力量等身体素质得到发展，增强上、下肢和腰腹力量 3. 通过比赛，提高对弯道跑的学习兴趣，形成竞争意识和勤于思考的优良品质	重点：控制身体重心，保持平衡 难点：跑动中不减速	评价要点： 1. 在弯道跑的过程中能够做到摆臂内小外大、重心内倾、蹬地脚左外、右内着地，并且能够保持身体平衡，弯道进直道过程中速度不变 2. 同学之间能够勤于思考、交流，通过自主合作解决问题

（续表）

安全保障	1. 利用圆形做各种练习时注意拉开距离，避免碰撞 2. 正确的练习方法，注重肩部、腿部韧带以及踝关节的拉伸练习，以免受伤 3. 在外圈超越	评价与方法	1. 终结性评价：等第评价（生评、师评） 2. 过程性评价：表现性评价（自评、互评、师评） （详见单元评价设计）
教学资源	田径跑道、篮球场地2块、立柱12个、移动黑板1块、跳高杆4副、移动音箱1个、胶布贴若干		

（四）评价设计

从运动能力、健康行为、体育品德三个方面对学生进行弯道跑的单元评价，在评价过程中教师要注意过程性评价和终结性评价的结合。

表4-3-4　高二年级弯道跑单元评价设计

评价维度	评价内容	评价观测点	评价方式
运动能力	运动认知	能讲出弯道跑的关键技术要领以及各技术动作名称；熟悉该类运动项目的裁判知识与规则	口头测试
	运动技能	直道进弯道时，身体重心向内倾斜，前脚掌外侧着地，右膝稍向内扣，左臂摆动幅度稍小，靠近体侧前后摆动；右臂摆动的幅度和力量稍大，且前摆时稍向左前方，后摆时肘关节稍向外；弯道出直道时，身体逐渐减小内倾程度，加大步幅，减少步频，全力跑完全程	技术观测
	体能状况	速度素质发展情况，平衡、灵敏、协调及空间感良好	体能测试
健康行为	锻炼习惯	观看教师示范和学生展示时的专注程度，参与学练的积极程度，课后进行自主练习的情况	行为观察 问卷调查
	情绪调控	在练习中信任同伴，做到共同面对挫折，战胜困难，学会调节消极急慢的不健康情绪	行为观察
	适应能力	能够快速适应不同的外界因素，如场地、气候等；在弯道跑学习和体能练习过程中，主动相互纠错，相互协作，相互激励，共同提高	行为观察
体育品德	体育精神	在单独练习中，能完成动作，克服困难；在自主合作练习中，动作逐步晋级，挑战自我，敢于展示动作	行为观察 口头评价
	体育道德	在比赛中遵守游戏和比赛规则，尊重他人，具有团队精神，具有正确的胜负观	行为观察 口头评价
	体育品格	乐于助人，沟通能力强，能清晰地表达自己的观点，主动带同伴一起完成学习任务，比赛中尊重对手	行为观察 口头评价

(五) 资源设计

为有效解决单元教学重点"正确的摆臂姿势、合理的着地方法、适宜的倾斜角度"，教师运用自制教具和多媒体资源，创设各种练习情境，以激发学生的学习兴趣，提高课堂教学实效。

表 4-3-5　高二年级弯道跑单元教学资源设计

目标指向	资源设计		资源应用	解决问题
单元学习目标1、2	媒体资源	1. 移动音箱 2. 移动黑板	1. 播放热身及体能音乐 2. 利用移动黑板巧妙设计提问环节	1. 利用音乐解决学生学练兴趣不高的问题 2. 解决学生对弯道跑技术动作要领理论知识不清晰的问题
单元学习目标2	自制教具	1. 自制跑道场地 2. 横杆	1. 螺旋跑练习，体会不同直径的圆对身体平衡的影响 2. 切圆跑练习，直道进弯道、弯道进直道的综合运用 3. 旋风跑，团队配合完成练习	解决部分学生练习过程中身体倾斜的问题，同时体会手臂和腿的摆动力量与幅度、脚掌着地点

二、课时教学计划的设计

（一）课的设计

在跑动中寻找快乐、寻找健康
——高二年级弯道跑(2-2)课的设计

1. 指导思想

坚持"健康第一"的指导思想，倡导积极思考、合作交流的学习方式，强调身体活动与思维活动相结合，引导学生探究弯道跑的技术要领。培养学生积极进取、团结协作的精神和自主健身能力，为终身体育打好坚实基础。

2. 相关分析

教材分析：弯道跑是跑的重要内容，对发展学生的速度和协调能力有重要的作用。在学习直道进弯道的过程中要体会弯道跑的技术要领：为了克服离心现象，整个身体向内倾斜，摆动腿前摆时，左膝稍向外展，前脚掌外侧着地；右膝稍向内扣，以脚掌内侧着地，加大右腿前摆的幅度。弯道跑摆臂时，左臂摆动幅度稍小，靠近体侧前后摆动；右臂摆动的幅度和力量稍大，且前摆时稍向左前方，后摆时肘关节稍向外。而弯道进直道过程中,在最后几米时,身体应逐渐减小内倾程度,利用惯性控制身体重心,进入直道不减速,并保持较高速度。

学情分析:本班男生具有一定的思维能力、想象能力、理解能力和思辨能力,具有集体荣誉感和好胜心。充分发挥他们的主体性、合作性、参与性有利于达成学习目标。但学生在爱好和体质方面存在差异,给本节课教学带来一定难度。因此,教学中要采用比赛等方法吸引和鼓励学生,培养他们战胜自我的意识。

3. 主要教学策略

(1) 练习方式多样化

在体验弯道进直道练习中,以如何利用惯性为主线进行教学,通过教师的示范,传达给学生一种直观上的动作标准。经过学生自己的学习体验,相互讨论,总结出在最后几米,减少内倾程度,利用惯性跑进直道,并在直道旁边放置标志桶提醒学生出弯后速度不减,保持较高速度。

通过各种图形的弯道跑、螺旋跑,让学生充分体验不同直径圆的弯道跑对身体的倾斜要求是不一样的:外圈进内圈中,充分考验学生不断地变化身体重心及内倾来保持平衡;内圈进外圈中,顺时针打破了田径中逆时针跑的方向性,更体验了出圈与进圈不同身体变化的感觉。在切圆跑中,把直道进弯道和弯道进直道两个技术充分地融合在一起,起到巩固的效果。在旋风跑中可以让学生在弯道上充分发挥自己,不断追逐目标、超越自我、体验成功,既培养了团结意识,又活跃了课堂。

(2) 注重知识与技能共同发展

注重课堂内容的生活化、学科知识的融合性、教学方法的多样性和学科育人的实践性。运用展板提问,让学生回答最常见的离心现象,这样不仅能从身体上让学生感受离心现象,而且可以让他们学到基本的生活小知识。

4. 问题预设与对策

预设1:在出弯道过程中出现的问题。

对策1:在出弯道过程中,会因为没有控制好速度和身体的重心导致偏离跑道,教师应做到及时提醒并纠正。

预设2:螺旋跑中应注意的问题。

对策2:在螺旋跑中,要做到在圈外跑,防止相互碰撞。

(二) 课时计划

表4-3-6 高二年级弯道跑(2-2)课时计划

年级	高二	人数	28	日期		执教	
班级		组班形式	男合班	周次		课次	

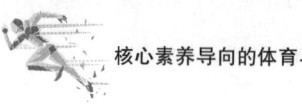

(续表)

内容主题	1. 弯道跑(2-2) 2. 相关体能练习		重点	控制身体重心,保持平衡		
			难点	跑动中不减速		

学习目标	1. 通过不同场景的弯道跑练习,80%的学生能够掌握弯道跑技术,速度、力量等身体素质得到发展,增强上、下肢和腰腹力量 2. 通过问题化、情境化教学以及组织比赛,加深对技术动作的印象和对弯道跑技术的掌握 3. 通过练习,提高对弯道跑的学习兴趣,形成竞争意识和勤于思考的优良品质

课的结构 (时间)	教学内容	活动设计	组织与队形	运动负荷		
				次数	时间	强度
准备部分 (6′)	1. 课堂常规 (1) 体育委员整队,汇报人数 (2) 师生问好 (3) 宣布课堂的内容 (4) 安排见习生,检查服装 2. 准备操 (1) 有氧搏击操 (2) 拔萝卜 3. 游戏：同心协力	1. 活动情境 用动感音乐、游戏创设运动情境 2. 活动任务 在教师引导下小组成员通力合作,保证在遵守游戏规则的情况下最大限度地增加合作人数,尽快完成游戏任务,在音伴下模仿教师有氧搏击操动作 3. 活动评价 热身动作规范、积极参与、全身心投入,在进行游戏活动时互帮互助	****** ****** ****** ****** ● 图1 ●代表教师 *代表学生	2	2′	小
				3	2′	小

设计说明：

情境化教学：通过有氧搏击操进行移动步伐练习,让学生活跃身心,使学生由相对静止状态逐步进入运动状态,并产生情感体验,激起丰富的联想和想象,激发学生的学习兴趣;通过"拔萝卜""同心协力"等游戏设计,一方面让学生充分热身,投入运动,另一方面激发学生学习兴趣,培养团结合作的精神品质

（续表）

课的结构（时间）	教学内容	活动设计	组织与队形	运动负荷		
				次数	时间	强度
基本部分（30′）	1. 前导性练习 （1）弯道"飞翔"沿规定路线慢速完成跑动（整体练习） （2）弯道"飞翔"沿规定路线快速完成跑动 2. 不同场景的弯道跑 （1）体验弯道进直道技术 动作要领：身体逐渐减少内倾程度，逐渐转入正常跑 克服离心体放松，两脚着地有不同，右臂前内后外摆，左肩离身前后摆，幅度外大内较小，右臂稍前沿前跑 （2）体验各种图形的弯道跑 ① 螺旋跑 ② 切圆跑 A. 点小圈套大圈弯道练习 B. 点大圈套小圈弯道练习	1. 活动情境 创设弯道"飞翔"场景，让学生把自己想象成飞翔的样子，按照不同弧度的飞翔轨迹进行练习，另外设置切圆跑以及不同类型的弯道跑，让学生体验身体重心内倾 2. 活动任务 探索弯道跑的动作原理，努力解决摆臂内小外大、重心内倾、蹬地脚左外、右内着地的重点，练习过程中保持身体平衡 3. 活动评价 积极思考，主动表达自己的观点，重心向内，练习中做到摆臂和蹬地的积极配合 1. 活动情境 组织多种图形跑比赛，学生分成4组全部参与，教师做裁判 2. 活动任务 通过比赛，巩固学生的弯道跑技术，纠正学生在跑动过程中身体重心没有内倾、蹬地脚全脚掌着地的错误动作 3. 活动评价 积极活跃地参加比赛，团结合作，师生交流较多	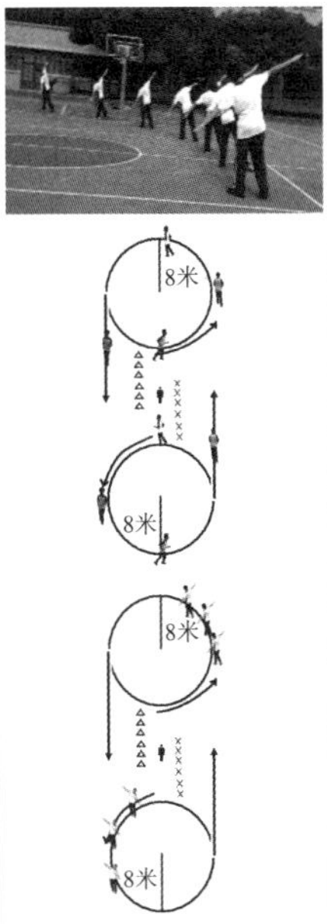 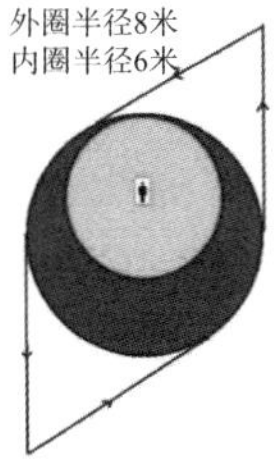 图2 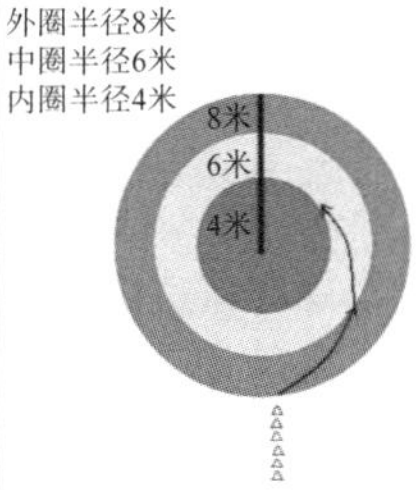 外圈半径8米 中圈半径6米 内圈半径4米 图3 外圈半径8米 内圈半径6米 图4	2 1—2 1 2	1′ 2′ 2′ 2′	小 中 大 大

（续表）

课的结构（时间）	教学内容	活动设计	组织与队形	运动负荷		
				次数	时间	强度
基本部分（30′）	③旋风跑比赛 方法：学生分成4组，每组7人，成一横队，双手共同扶住一根长竿，从起点出发，绕过三个标志桶做"S"形路线跑		 图5	2	2′	中
	设计说明： 1.问题化教学：以问题设计带动合作探究水平的提升，如"弯道进直道过程中身体如何变化"，问题的设置引导学生用物理学知识分析动作，加深对动作的理解与把握；利用提问的方式让学生主动思考，提高学生的自主合作能力，有效掌握动作技术 2.情境化教学：运用自制教具作为辅助器材，创设真实练习情境，让学生体验身体重心向内倾斜的技术特点；通过各种图形的弯道跑设计，提高学生学习兴趣，加深对技术动作的印象；通过进行比赛，加深学生对弯道跑技术的掌握，培养团结合作的精神品质					
	3.腰腹、上肢力量练习 （1）仰卧举腿 （2）仰卧起坐 （3）俯卧撑握手练习	1.活动情境 利用音乐创设体能训练情境 2.活动任务 在小组长带领下自主选择体能训练项目，循环练习 3.活动评价 认真训练、动作到位、不畏困难、敢于挑战自我	图6	10×2 20×2 10×2	2′ 1′30″ 1′30″	大 大 大
	设计说明： 1.情境化教学：本课体能练习采用菜单式循环模式，围绕"个人目标挑战"创设情境，给学生更多空间和时间，充分发挥每一位学生的主观能动性，不断激励学生的内动力和学练激情，提高学生主动参与体育活动的兴趣 2.在练习内容包含上、下肢力量、核心力量等方面，有一定的强度和密度，使学生的身体素质得到全面发展					

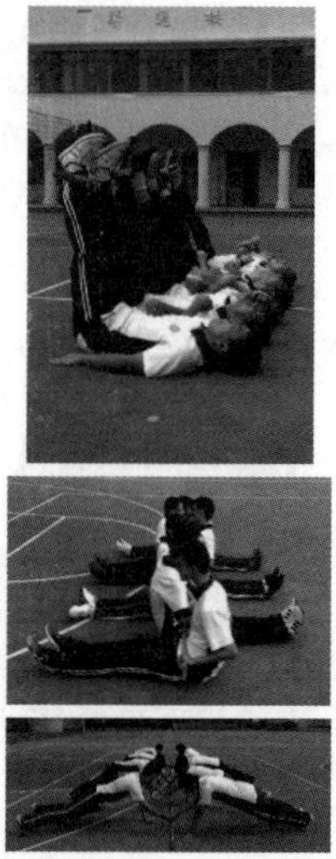

(续表)

课的结构(时间)	教学内容	活动设计	组织与队形	运动负荷		
				次数	时间	强度
结束部分(4′)	1. 放松练习：拉伸(音伴) 2. 小结与点评 3. 归还器材 4. 师生再见	1. 活动情境 利用音乐营造放松氛围，利用语言创设宽松的讲评氛围 2. 活动任务 拉伸放松，在教师引导下自评、互评 3. 活动评价 身心放松、精神愉悦、善于表达	****** ****** ****** ****** ● 图7		2′	小

场地器材	场地：篮球场 器材：展板、黑板、立柱、跳高竿、录音机	安全保障	1. 课前检查场地与器材 2. 做好准备活动，充分活动各关节 3. 教学比赛注意安全		
		预计	练习密度		负荷强度
			全课	内容主题	中
			50%左右	50%左右	

课后反思	

* 本教学设计源自全国第六届中小学优秀体育教学比赛精品教案，曾获全国公开课一等奖。原作者为上海市第二中学教师郑旭忠，后由华东师范大学体育与健康学院硕士杜欣梅根据编写组要求再次设计。

第四节 跳跃：立定跳远教学设计

本设计为小学二年级的立定跳远,主题为"情境游戏 快乐跳远",旨在通过情境化的学习,在模仿和游戏中发展学生立定跳远的能力,增强学生的下肢力量和协调能力,培养学生勇于挑战、不怕吃苦的精神和团结互助的品质。

一、单元教学计划的设计

（一）指导思想

本单元以"立德树人"为根本任务,努力营造自主体验、愉快合作的学习环境。学生在学练中养成积极进取、团结合作的优良品德。教学中关注学科核心素养的培养,通过一系列的跳跃游戏,学生参与体育学习的兴趣受到激发,积极性提高,自主学练的意识得到增强,从而促进生理、心理和社会适应的全面和谐发展。

（二）相关分析

1. 教材分析

表4-4-1 二年级立定跳远教材分析

运动认知	动作结构	相关体能	相关知识
认知:立定跳远是小学《体育与健康》教材的主要教学内容,是小学生形成正确跳跃动作技能、技巧的基础 价值:能促进学生下肢肌肉、关节、骨骼、韧带等的发育,发展柔韧、协调素质,提高跳跃能力,还可以帮助学生克服恐惧,提高心理素质	动作过程:由弹性屈伸预摆,双脚蹬地起跳、挺胸、展体、腾空、两脚前伸,落地组成 动作要点:两脚自然开立,两腿屈膝,上体稍前倾,两臂随两腿自然屈伸而前后摆动,当两臂前摆时,两脚用力蹬地向前上方跳出;落地时,小腿前伸以全脚掌或脚后跟先着地,同时屈膝缓冲,保持平衡 关键环节:弹性屈伸与蹬地起跳相结合;上、下肢体动作协调、落地平稳	立定跳远需要具有一定的速度、力量(爆发力)和协调能力 1. 腿部力量练习:多级蛙跳、后蹬跑、适量负重练习 2. 灵敏性练习:利用绳梯做脚步练习 3. 速度练习:短距离的快速跑、侧向跑、耐力跑等	立定跳远是人类基本运动能力之一,是小学二年级教学重点,技术动作是由预摆、起跳、腾空、落地四个部分组成 影响成绩的因素: 1. 下肢肌群的爆发力 2. 骨盆肌群与下肢肌群协调用力的能力 3. 立定跳远摆臂幅度越大,带动、提拉效果越强

2. 学情分析

表 4-4-2　学情分析

教学对象	认知水平	身心特点	能力水平
二年级学生	本班学生活泼好动，喜欢韵律和节奏，喜欢模仿，对于动作的记忆以具体形象和机械记忆为主；意志薄弱，自制力较差，互帮互助意识较淡薄，经常很简单的要求也要经过反复提醒才能形成概念	1. 小学生正处在生长发育的初期，生性好动，自我约束能力差，注意力集中持续的时间不长，并善于观察、善于表现 2. 安全意识薄弱，需要教师在活动时考虑到各种安全因素 3. 小学生身体的神经系统、呼吸系统、心血管系统、骨骼肌等都未发育完善，其肌肉耐力和爆发力都比较薄弱	本班学生具有基本的运动能力，但其肌肉耐力和爆发力都比较薄弱，自我约束能力差，注意力集中持续的时间不长，因此，在学习过程中要因势利导，确立适合他们身心发展的教学目标，以创设游戏化情境为主，配上音乐伴奏让学生在一个又一个趣味游戏中逐步掌握并巩固立定跳远的动作要领，鼓励学生善于合作、善于交流、勇于竞争、发挥所长、弥补所短

3. 教法分析

（1）首先采用直观法、讲解法、示范法，帮助学生构建立定跳远完整概念。随后遵循由易到难、由简单到复杂、循序渐进的教学原则，让学生真正理解、掌握和运用"立定跳远"的相关知识与技术要领。

（2）通过各种动物模仿和游戏，为学生创造复杂情境，引导学生在游戏和比赛的实践中运用。

（3）采用辅助器材和多媒体等教学资源，让学生体会正确的立定跳远动作要领。利用多媒体的动画、慢放、定格等功能，帮助学生理解立定跳远技术要点和关键环节。

4. 问题链设计

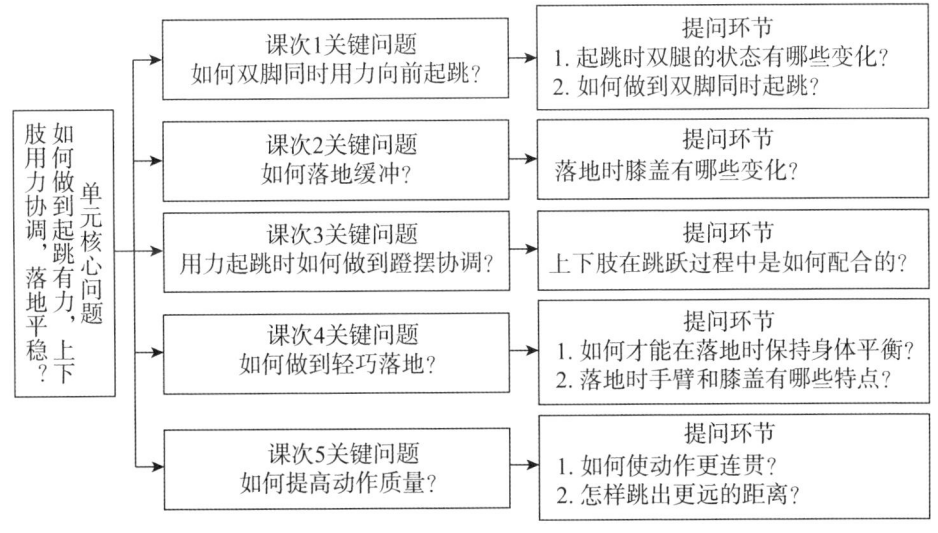

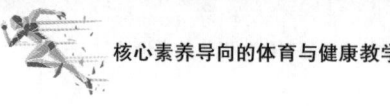

（三）教学流程

表 4-4-3　二年级立定跳远单元教学流程

年级	二	学期		课次	5	执教	
单元学习目标	1. 了解跳跃对身体的好处，学会立定跳远动作方法，提高向远处跳跃的能力，初步具有安全活动意识 2. 乐意参与，提高动作协调性，增强下肢力量、柔韧性和爆发力 3. 感受跳跃的乐趣和成功的喜悦，能主动和同伴一起参加跳跃练习，增强团结协作、勇于挑战、不怕吃苦的精神			教学重点	蹬摆结合、起跳有力		

课次	教学内容	学习目标	重点、难点	教学策略与评价
1	立定跳远 1."挑战，你能……"（垂直跳、蹲跳起等） 2. 游戏"领导者和跟随者"（多种双脚跳跃的方法） 3."兔子、袋鼠去访客"（双跳双落）	1. 了解立定跳远动作结构，能体会到跳远动作的发力技巧，基本学会跳远的动作方法 2. 参与三种跳跃游戏，发展跳跃能力，增强下肢力量 3. 积极参与跳跃运动，遵守游戏活动的规则，逐步养成主动表扬同伴、主动交流的意识	重点：双跳双落 难点：平稳落地	教学关注： 1. 在立定跳练习中，除了关注学生跳的远度，还要关注学生的身体协调配合能力，手脚要协调配合 2. 在不同问题情境、信息情境和游戏情境中加强练习密度，并加入比赛，实际中运用立定跳远技术 3. 通过游戏和比赛培养学生竞争与合作能力，拼搏与坚持的体育精神以及有效练习、科学锻炼的意识与能力
2	"小青蛙跳荷叶"（一定远度和高度的双跳双落）	1. 学会两脚蹬地向远处跃起和落地缓冲的方法，发展跳跃能力，增强下肢力量 2. 能挑战自我，不怕失败，学会 2—3 种"钻山洞"游戏的方法与规则，发展动作协调性和灵敏性 3. 喜欢并积极参与游戏活动，逐步形成与伙伴安全有序活动的意识，养成公平竞争、乐于交流、合作互助的习惯和团结、坚强的品质	重点：用力起跳 难点：上、下肢体用力协调，及时缓冲	教学策略： 1. 本单元的内容对小学二年级的学生来说较为枯燥，为了提高学生的学习兴趣，将技能学习融入精心设计的游戏，使学生在玩中学，学中玩；利用比赛情境，让他们有机会充分展示自己的能力 2. 利用现有的器材创设多种练习方法与手段，同时将一些简易的器材利用起来，变成一系列的组合练习，让学生积极参与 3. 使用分组练习的组织形式让学生自己体会动作，同时要求他们注意观察同伴的动作，发现问题并反思自己的技术动作

（续表）

课次	教学内容	学习目标	重点、难点	教学策略与评价
3	立定跳远 1. 游戏"高个子、矮个子、超人"（展体→下蹲→跳跃） 2. "摆一摆、跳一跳"（蹬摆结合向前跳）	1. 在"高个子、矮个子、超人""摆一摆、跳一跳"游戏中体验摆臂和蹬地协调用力起跳的动作 2. 乐意参与不同环境中的立定跳远练习，享受游戏活动带来的乐趣和成功的喜悦，发展跳跃能力 3. 养成乐于交流、互助合作的学习习惯和团结协作的优良品质	重点：快速摆臂、用力起跳 难点：蹬摆协调	教学评价： 学生能运用立定跳远技术动作参与游戏和比赛，跳跃过程中身体协调配合，动作流畅，落地缓冲及时 学生能够建立自信心，培养勇于挑战的意志品质以及团队竞争与合作意识
4	立定跳远 1. 弹簧跳（原地蹲跳） 2. 轻巧跳（注重轻巧落地的立定跳远） 3. 分层练习（自主选择不同远度的跳远目标）	1. 初步学会立定跳远的动作方法，能根据自己的能力选择目标进行学练活动，提高自我保护意识 2. 喜欢并积极参与学练活动，发展下肢力量和跳跃能力，树立自信，享受成功的喜悦 3. 学练过程中能相互指导，比赛场上能积极呼应、相互鼓励，表现出良好的合作意识和能力	重点：起跳有力、落地轻巧 难点：全身协调用力	
5	立定跳远 1. 点距跳 2. 挑战赛	1. 学会立定跳远的动作方法，尝试简单的自评与互评方法，提高评价和自我保护的能力 2. 主动参与"点距跳"和"挑战赛"活动，发展跳跃的能力和协调性，增强下肢力量，培养积极进取、不甘落后的精神 3. 学练过程中能相互指导，比赛场上能积极呼应、相互鼓励，表现出良好的合作意识和能力	重点：动作连贯、正确 难点：具有一定的远度、有效评价	

（续表）

安全保障	1. 选择平整、无杂物的场地 2. 引导学生做好充分的准备活动，加强学生学练的安全意识 3. 提醒学生在活动中注意观察四周，强调游戏时建立安全的活动规范，以免发生不必要的碰撞	评价与方法	1. 终结性评价：等第评价（生评、师评） 2. 过程性评价：表现性评价（自评、互评、师评） （详见单元评价设计）
教学资源	标志盘33块、标志桶4个、扩音器1套、评价表5张、平整场地1块、平板电脑6个		

（四）评价设计

从体育与健康学科核心素养的三个维度（运动能力、健康行为、体育品德）出发，选择有针对性的观测点进行评价，本单元根据内容主题培养学生合作交流、互相信任、勇敢顽强的精神品质，侧重对社会适应能力做评价。

表 4-4-4　二年级立定跳远单元评价设计

评价维度	评价内容	评价观测点	评价方式
运动能力	运动认知	能说出立定跳远的技术要领，知道下肢越有力，肢体配合越协调，跳得越远	口头测试
	运动技能	能双脚同时起跳和下落，肢体配合协调，落地缓冲及时	技术观测
	体能状况	下肢力量和身体平衡、协调性的发展情况	体能测试
健康行为	锻炼习惯	认识到体育锻炼的重要性，积极参与学习和课外体育活动	行为观察 口头点评
	情绪调控	能在游戏和比赛失败时不哭不闹，情绪稳定，在艰苦的练习中继续坚持学习	行为观察 口头点评
	适应能力	能适应室外的自然环境，能与同伴积极交流，融入团体，合作完成学习任务	行为观察 口头点评
体育品德	体育精神	游戏和比赛中勇于挑战、不怕吃苦，超越自我	行为观察 口头点评
	体育道德	在进行游戏和比赛时遵守规则、诚信正义，不干扰、不伤害对手	行为观察 口头评价
	体育品格	能在进行游戏和比赛时积极与同伴合作，共同学习，一起进步，尊重对手和裁判，有责任感	行为观察 口头评价

（五）资源设计

为有效解决单元教学重点和难点，教师运用自制教具和多媒体资源，创设各种练习情境，激发学生的学习兴趣，提高课堂教学实效。

表4-4-5 二年级立定跳远单元教学资源设计

目标指向	资源设计	资源应用	解决问题
单元学习目标 1、2、3	媒体资源 1. 信息技术资源：立定跳远动画 2. 平板电脑	1. 在蹲踞式跳跃单元教学过程中，教师将各个相关练习制作成动画，供学生在课上反复观看 2. 学生在分组练习过程中利用平板电脑，对同伴的练习情况进行录像与视频回放 3. 在课堂展示与交流环节中，通过观看学生的动作进行点评	1. 利用动画演示，让学生直观了解练习内容及练习方法 2. 利用视频慢放功能，清晰地给学生呈现正确的立定跳远技术动作 3. 纠正错误动作
单元学习目标 1、2、3	合理利用场地和器材 海绵垫	1. 利用语言和器材创设运动游戏情境，激发学生学习兴趣 2. 用模仿动物的跳跃动作，帮助学生直观感受双跳双落的基本动作要点 3. 在学生进行游戏和模仿起跳练习时，鼓励学生尽量往远跳	1. 明确起跳时的力量和远度 2. 体会不同屈膝角度和起跳角度下的跳跃远度

二、课时教学计划的设计

（一）课的设计

情境游戏，快乐跳远
——二年级立定跳远(5-2)课的设计

1. 指导思想

本课贯彻"健康第一"的指导思想，根据小学二年级学生爱玩、爱模仿的心理特点，结合"立定跳远"和综合活动"钻山洞"，主要采用情境化、游戏化等手段，让学生在学习过程中体验乐趣、分享快乐，在学练中主动与伙伴合作、轮流活动、积极思考，养成良好的体育锻炼习惯，在快乐的学习氛围中掌握体育运动知识，体验成就感，增强自信心。

2. 相关分析

教材分析：小学二年级立定跳远教学，主要是让学生学会两腿用力蹬地同时起跳，落地平稳。本单元共2.5课时，5课次，本节课是第2课次。第1课次，创设"挑战者"情境，使学生在各种不同的跳跃游戏中重点体验用力起跳、平稳落地的动作。本节课主要创设"拜访森林小动物"的情境，让学生模仿双脚跳的小动物，初步学会两脚蹬地向远处跃起和落地缓冲的动作。通过一系列的跳跃游戏活动和"钻山洞"活动的学习，发展学生的腿部力量，提高学生的柔韧、速度、力量素质和动作的协调性。教学活动中

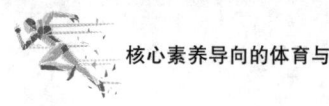

融入创意设计和互评互助内容，有利于激发学生参与游戏活动的兴趣，培养有序活动的意识，养成乐于交流、合作互助的习惯。

学情分析：本课的授课对象是小学二年级学生，他们正处在生长发育的初期，生性好动、自我约束能力差，注意力持续的时间不长，但他们思维活跃，想象力丰富，模仿能力强，善于观察、善于表现，对新鲜的事物敢于发表自己的意见。学生通过第一节课的学习，对立定跳远教材有了初步认识，但对用力起跳的概念还比较模糊。针对学生的这些特点，在教学中要设计针对性强且富有趣味性的练习方式和手段，灵活安排多样的跳跃游戏活动，调动他们学习的积极性，寓学于游戏活动之中，寓乐于教学之中。

3. 主要教学策略

(1) 创设情境，融入角色

上课开始，教师通过"拜访森林小动物"的情境创设，调动学生学习的积极性，使学生能更快地融入角色。紧接着安排了"开汽车"和"学学、做做、乐乐"两个小游戏穿插进行，前者为热身慢跑活动，后者为热身操练习，两者相融达到热身的目的。

(2) 模仿练习，体验动作

在"跳跃大拼盘"中通过语言激励，引导学生利用已有的知识创想多种双脚起跳落地的跳跃方法，使他们在练习的过程中体验双脚同时用力起跳并屈膝平稳落地的动作，同时运用评价激励法不断刺激他们对跳跃的兴趣。紧接着情境导入"小动物拜访小窝"，模仿兔子、袋鼠两种小动物的跳跃动作，把动作的规范性隐藏在模仿游戏活动中，让学生在玩中逐步巩固双跳双落、屈膝缓冲、平稳落地的动作。

"小青蛙跳单片荷叶"游戏是把弹性屈伸的预摆动作形象地描述成小青蛙积蓄能量的过程，学生在情境中初步体验立定跳远的动作。"小青蛙跳多片荷叶"和"小青蛙跳身高高度的荷叶"环节是学生对自己跳的距离的初步了解，通过标记垫子距离和身高高度的设定，满足二年级学生喜欢挑战的心理，使跳跃的远度发生变化，从近到远、从易到难，使学生的学习兴趣层层递进。在练习过程中教师为学生搭建交流、学习的平台，使学生在合作学练中养成相互帮助、相互鼓励、相互评价的意识，也在玩和挑战中不断提高立定跳远的基本技能，在愉快的气氛中巩固跳远技能。

(3) 综合练习，激发兴趣

综合活动"钻山洞"游戏，用语言激发结伴"钻山洞"的兴趣，不断促进学生间的合作学习。紧接着引导学生四人结伴创想其他"钻山洞"的玩法，教师不断鼓励学生大胆创想、积极协作。最后以全班"钻音乐山洞"把游戏推向高潮，利用音乐提高练习效果，提升学生练习的兴趣和积极性，减轻练习疲劳。教师适时引导同伴互助，并进行激励评价，使学生在心理上得到理解、尊重、信任、帮助、鼓励的满足，树立其自信心，从而获得成功，得到同伴的认可。

4. 问题预计与对策

预设1:学生注意力分散,不按照教师的要求进行练习。

对策1:教师多观察,发现类似现象及时提醒鼓励。

预设2:学生落地时用前脚掌着地,出现身体往前冲的现象。

对策2:及时提醒,进行腾空收腹前踢腿练习。

预设3:手脚配合不连贯。

对策3:手脚配合,原地向上起跳练习。

(二) 课时计划

表 4－4－6　二年级立定跳远(5－2)课时计划

年级	二	人数	32	日期		执教		
班级		组班形式	自然班	周次		课次		
内容主题	1. 跳跃:立定跳远 2. 综合活动:钻山洞 3. 相关体能练习			重点	用力起跳			
				难点	上、下肢体用力协调,及时缓冲			
学习目标	1. 学会两脚蹬地向远处跃起和落地缓冲的动作方法,发展跳跃能力,增强下肢力量 2. 能挑战自我,不怕失败,学会2—3种钻山洞游戏的方法与规则,发展动作协调性和灵敏性 3. 喜欢并积极参与游戏活动,逐步形成与伙伴安全有序活动的意识,养成公平竞争、乐于交流、合作互助的习惯和团结、坚强的品质							
课的结构	教学内容	活动设计		组织与队形		运动负荷		
						次数	时间	强度
准备部分(6′)	1. 课堂导入 (1) 师生问好 (2) 情境导入 2. 热身活动 (1) "开汽车" (2) "学学、做做、乐乐"	1. 活动情境 教师用语言创设运动情境,利用音乐和器材道具激发学生的兴趣和积极性 2. 活动任务 在音伴下模仿教师热身动作,按照规定路线进行热身跑和热身操 3. 活动评价 热身动作规范,积极参与,遵守秩序		图1 △代表教师 ☺代表学生 图2		8 10	2′ 2′30″	小 中

（续表）

课的结构	教学内容	活动设计	组织与队形	运动负荷		
				次数	时间	强度
	设计说明： 通过语言、器材和音乐渲染积极热烈的情境，围绕"开汽车""学学""做做""乐乐"等活动，让学生在音乐情境中活跃身心，使学生由相对静止状态逐步进入运动状态，使学生产生情感体验，激起丰富的联想，激发学生的学习兴趣					
基本部分 (26′)	跳跃：立定跳远 1."跳跃大拼盘" (1) 创想活动（各种双跳双落） (2) 星星跳（垂直跳）	1. 活动情境 教师用语言创设运动情境，利用场地器材和视频观察并模仿各种动物的起跳动作，使学生在观察、思考和实践的模仿跳跃练习中清楚地知道双脚如何进行起跳	图3 图4	10—15 8—10	1′30″ 1′30″	中 中
	2."兔子、袋鼠去访客"（模仿动物跳跃）	2. 活动任务 在模仿教师和视频中各种动物的跳跃动作中体会到立定跳远的动作模式；利用不同屈膝角度、踝关节角度、起跳角度以及甩臂角度等练习发现跳跃距离的不同	图5	15	2′	中
	3."小青蛙跳荷叶"（一定远度与高度的双跳双落） (1) 跳单片"荷叶" (2) 跳多片"荷叶" (3) 跳身高高度的"荷叶"	3. 活动评价 学会避让同伴，保持身体平衡，时刻注意安全问题；知道安全练习时机，有序练习，战胜胆怯心理	图6	6—9	2′	中

设计说明：
1. 模仿各种动物起跳练习动作情境和观看跳跃视频使学生能清楚知道双脚如何进行起跳，直观简明；让学生主动参与体验并巩固用力起跳、屈膝缓冲的动作，提高学习立定跳远动作的效率
2. 通过设置问题情境，使学生在练习中时刻思考如何解决问题，有利于学生养成主动解决问题、积极思考的习惯，在问题情境中的练习，使学生始终能把握学习的关键环节，有利于技术动作的掌握，也能强化学习的效果
3. 邀请学生进行展示，不仅检验技术动作的学习，还可以激发学习动机，培养学生勇于展现自我的品质，提高学生的自信心和自我满足感，从而更加热爱这一运动

（续表）

课的结构	教学内容	活动设计	组织与队形	运动负荷		
				次数	时间	强度
	综合活动:"钻山洞" 1. 钻单个"山洞" 2. 钻创意"山洞" 3. 钻音乐"山洞"	1. 活动情境 用语言和场地设施创设热烈的游戏和比赛的运动情境,使学生在玩乐中利用所学到的知识完成游戏和比赛任务 2. 活动任务 进行钻山洞游戏,创编新的钻山洞玩法,开展钻音乐山洞活动 3. 活动评价 学会避让同伴,能保持身体平衡,时刻注意安全问题;知道安全练习时机,有序练习,战胜胆怯心理	图7 图8 图9	6—8 10 15	2 2 2	中 中 中

设计说明:
1. 设计各种组合动作练习,使单调乏味的身体活动变得丰富有趣,保持学生练习的积极性,也避免了单一动作的学练,有利于学生掌握结构化的技术动作,提高其应对实际生活中复杂状况的能力
2. 通过游戏和比赛,在无形压力下肌肉神经对动作的记忆更加深刻,有利于动作技能的形成与自动化的达成,学生可以更加熟练地掌握技术动作;在比赛中,学生需要相互配合,在规则下进行比赛夺取胜利,增加了学生之间的交往合作,也使其树立规则与角色意识
3. 在练习内容的安排上不仅有下肢的力量练习也有上肢的力量练习,有一定的强度和密度,使学生的身体素质得到全面的发展

课的结构	教学内容	活动设计	组织与队形	运动负荷		
				次数	时间	强度
结束部分 (4′)	1. 放松练习:拉伸(音伴) 2. 小结与点评 3. 归还器材 4. 师生再见	1. 活动情境 利用音乐创设放松氛围,利用语言创设宽松的讲评氛围 2. 活动任务 拉伸放松,在教师引导下自评、互评 3. 活动评价 身心放松、精神愉悦、善于表达	图10	1	3′	小

（续表）

场地器材	1. 平整场地1块 2. 平板电脑6个 3. 海绵垫8块 4. 标志桶4个	安全保障	1. 课前检查场地与器材 2. 做好准备活动 3. 教学比赛注意安全		
		预计	练习密度		负荷强度
			全课	主题	中
			60%	51%	
课后反思					

* 本教学设计源自2013年上海市中小中青年教师教学评选一等奖课。原作者为浦东新区莲溪小学教师苏晨,后由华东师范大学体育与健康学院硕士张德亮根据编写组要求再次设计。

第五节 跳跃:蹲踞式跳远教学设计

本设计为初中七年级的蹲踞式跳远,旨在通过结构化、情境化和问题导向的学习,掌握蹲踞式跳远技术,发展下肢爆发力、柔韧性、协调性和灵活性等基本身体素质,培养学生勇敢坚强和挑战自我的品质。

一、单元教学计划的设计

(一)指导思想

以"立德树人"为根本目标,结合蹲踞式跳远的特点,着力培养学生积极进取、勇敢坚强的优良品德。引导学生在学练过程中进行观察、思考和交流,提高分析问题和解决问题的能力。通过结构化、情境化、问题化、信息化的教学,发展学生的学科核心素养。

(二)相关分析

1. 教材分析

表4-5-1 七年级蹲踞式跳远教材分析

运动认知	动作结构	相关体能	相关知识
认知:蹲踞式跳远是跳远技术中比较容易掌握的一种,是人体单脚起跳腾空后,双腿逐渐在空中形成蹲踞式,落地前小腿自然前伸落地的技术动作,该技术能够有效地提高学生的协调性 价值:学习该内容能够发展学生的柔韧性、协调性和灵活性,有利于培养学生勇敢坚强和挑战自我的品质	动作过程:一跑、二跳、三腾空、四落地,四个紧密相连的动作阶段 动作要领: 助跑:放松自然,逐渐加速,最后几步加快步频,步点准确 起跳:起跳脚踏上起跳标志后,蹬伸用力起跳,摆臂摆腿配合 腾空:腾空后起跳腿向前上方提举,身体呈蹲踞姿势 落地:两腿前伸落沙坑,屈膝缓冲着地 关键环节:助跑与起跳结合	蹲踞式跳远过程中,下肢和躯干的运动负荷较大,也需要一定的柔韧性和速度 1. 腿部力量练习:多级蛙跳、后蹬跑、适量负重练习 2. 腰腹力量练习:仰卧起坐、仰卧举腿、两头起等 3. 柔韧性练习:压腿、体前屈、压体下振、反弓搭桥等 4. 速度练习:短距离的快速跑、侧向跑、耐力跑等	1. 助跑与起跳结合技术:助跑倒数第二步摆动腿支撑至起跳腿着地起跳瞬间的技术,合理的跑跳结合技术动作要求助跑快速有节奏,跑跳动作连贯合理 2. 蹲踞式跳远的步点丈量方法:在短、中程距离助跑中,通常情况下采用自己的走步数,助跑步数乘2减2等于走步数,如助跑8步:8×2-2=14

2. 学情分析

表 4-5-2　学情分析

教学对象	认知水平	身心特点	能力水平
七年级男生	本班学生之前对于立定跳远有一定的接触,但是对于蹲踞式跳远了解较少	该年龄段的学生处在生长的加速期,喜欢新鲜的事物,喜欢挑战自我,喜欢多人参与的活动,有很强的求知欲和表现欲	具有一定的跑与跳能力,已经基本掌握了各种单项技术,但蹲踞式跳远中的助跑与起跳结合能力较弱

3. 教法分析

（1）首先采用直观法、讲解法、示范法,帮助学生建立蹲踞式跳远的完整概念。随后采用由易到难、由简单到复杂练习,让学生真正理解和掌握蹲踞式跳远的技术要领。

（2）坚持问题导向,为学生搭建合作探究的平台。让学生在以问题为导向的学习活动中逐渐掌握蹲踞式跳远,培养学生发现问题、解决问题的能力。

（3）注重设置多样化的教学情境,引导学生主动积极学习。如在连续跳跃低障碍的练习中,设置不同难度的学习情境、不同的障碍高度、不同的助跑距离。教学环节循序渐进,难度由低到高,层层递进,使学生逐步、完整地掌握所学内容。

（4）采用辅助器材(立杆、垫子)和多媒体等教学资源,让学生体会正确的蹲踞式跳远要领。利用多媒体的视频回放、慢放、定格等功能,帮助学生理解蹲踞式跳远的技术要点和关键。

4. 问题链设计

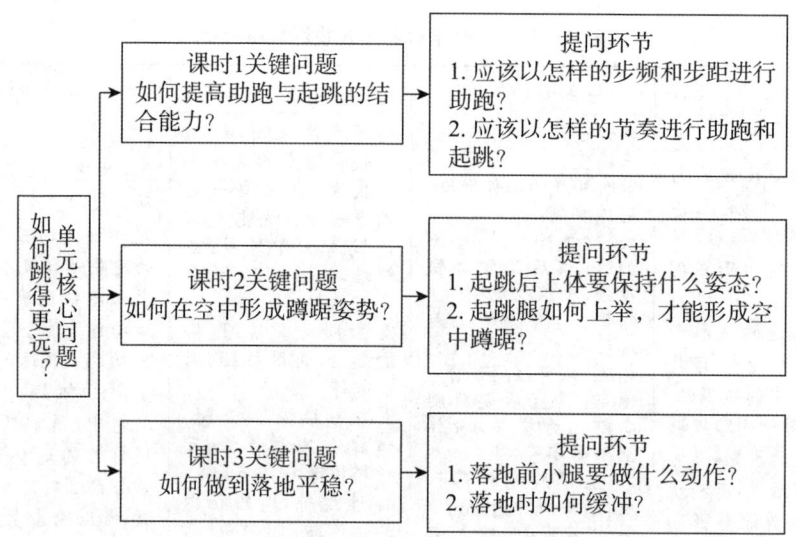

(三) 教学流程

表 4-5-3　七年级蹲踞式跳远单元教学流程

年级	七年级	学期		课次	5	执教	
单元学习目标	1. 掌握蹲踞式跳远的基本动作技术——助跑与起跳结合技术及蹲踞式跳远完整动作,并能在比赛情境中运用 2. 通过蹲踞式跳远动作分解强化练习,基本掌握蹲踞式跳远的动作方法,增强上、下肢肌肉力量,发展速度、灵敏等身体素质,提高协调性 3. 学会与同伴进行交流,提高人际交往能力。增强同伴间的信任,提高合作意识			教学重点	1. 助跑速度和起跳时机与力量的把握 2. 助跑与起跳的结合 3. 在跳远过程中做到动作协调		

课次	教学内容	学习目标	重点、难点	教学策略与评价
1	1. 立定跳远接跨步跳 2. 助跑与起跳、起跳与腾空组合动作 3. 短距离助跑蹲踞式跳远完整动作	1. 初步学习助跑与起跳、起跳与腾空等组合动作,85%的学生能做出短距离蹲踞式跳远完整动作 2. 发展下肢力量、腰腹力量等身体素质 3. 培养自信果断的品质,主动克服内外困难,挑战自我	重点:快速助跑 难点:快速助跑下的快速起跳	教学关注: 根据提高跳跃能力的单元教学目标和结构化技能学习的要求,确定教学中需要关注的问题 1. 如何保持助跑速度 2. 如何提高起跳力量 3. 如何提高助跑与起跳的结合能力 教学策略: 1. 多进行步点练习(重心高,节奏稳定),速度达到最快时起跳,快速助跑在起跳区内起跳,做出助跑与起跳动作 2. 行进间连续单足跳、跨步跳、单跨结合跳,助跑起跳摸高 3. 助跑起跳过低障碍:连续助跑起跳过3—5个低障碍,5—7步助跑跳远完整练习 4. 跳远挑战赛 评价要点: 助跑距离和步长稳定,助跑是逐渐加速,在最后几步达到助跑的最高速度;在准备踏跳的一瞬间,积极主动地放脚,起跳腿强调以"扒地"技术着地,尽可能避免制动作
2	1. 助跑与起跳、起跳与腾空、腾空与落地等组合动作 2. 中距离助跑起跳蹲踞式跳远完整动作	1. 85%的学生能正确做出助跑与起跳合理衔接的动作,能将所学动作运用到短、中距离的跳远教学比赛之中 2. 发展速度、力量、灵敏等体能,提高跳跃能力 3. 在学练和比赛中表现出勇敢果断、积极进取、追求卓越的精神	重点:助跑与起跳的结合 难点:动作连贯	
3	1. 助跑与起跳,起跳与腾空、腾空与落地组合动作 2. 跳远游戏和教学比赛	1. 学习中、远距离的跳远完整动作,巩固和提高助跑和起跳结合技术、起跳与腾空技术、腾空与落地技术 2. 发展速度、力量等体能,提高跳跃能力 3. 在学练和比赛中遵守规则,不断超越自我,具有公平竞争的意识和行为	重点:助跑与起跳的结合 难点:动作连贯	

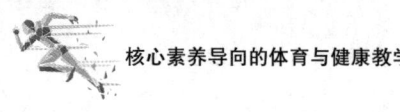

（续表）

课次	教学内容	学习目标	重点、难点	教学策略与评价
4.5	1. 全程助跑蹲踞式跳远完整动作技术 2. 跳远教学比赛 3. 考核达标	1. 基本掌握正确连贯的蹲踞式跳远技术动作 2. 发展速度、力量等体能，提高跳跃能力 3. 在练习和比赛中表现出自尊自强，正确对待比赛的胜负，具有公平竞争和团队合作的意识	重点：动作的完整性 难点：动作技术在比赛中的运用	
安全保障	1. 选择平整、无杂物的场地 2. 引导学生做好准备活动 3. 提醒学生在活动中注意观察 4. 强调在游戏和比赛中建立安全的活动规范		评价与方法	1. 终结性评价：等第评价（生评、师评） 2. 过程性评价：表现性评价（自评、互评、师评） （详见单元评价设计）
教学资源	小栏架、体操垫、跳绳、移动多媒体等			

（四）评价设计

从体育与健康学科核心素养三个维度（运动能力、健康行为、体育品德）出发，选择有针对性的观测点，着重对学生的协调能力、勇敢顽强和合作精神等方面进行评价。在评价过程中，注重过程性评价和终结性评价相结合。

表4-5-4　七年级蹲踞式跳远单元评价设计

评价维度	评价内容	评价观测点	评价方式
运动能力	运动认知	能说出蹲踞式跳远的技术要领，知道学习的重点是助跑与起跳的结合	口头测试
	运动技能	能协调地进行助跑与起跳的结合	技术观测
	体能状况	下肢力量和速度素质的发展情况	体能测试
健康行为	情绪调控	在没有顺利完成动作时不气馁	行为观察 口头点评
	适应能力	能与同伴主动交流，相互鼓励，合作完成游戏和比赛	行为观察 口头点评

(续表)

评价维度	评价内容	评价观测点	评价方式
体育品德	体育精神	不畏惧,超越自我,勇敢顽强地完成技术动作	行为观察 口头点评
	体育道德	遵守游戏和比赛的规则,服从裁判的判决	行为观察 口头评价
	体育品格	在合作比赛过程中尊重同伴,有团队合作的精神和责任感	行为观察 口头评价

(五) 资源设计

为有效解决单元教学重点"助跑和起跳的结合",教师运用自制教具和多媒体资源,创设各种练习情境,以激发学生的学习兴趣,提高课堂教学实效。

表 4-5-5　七年级蹲踞式跳远单元教学资源设计

目标指向	资源设计		资源应用	解决问题
单元学习目标 1、2、3	媒体资源	1. 信息技术资源:蹲踞式跳远动画 2. 平板电脑	1. 在蹲踞式跳远单元教学过程中,教师将各个相关练习制作成动画,供学生在课上反复观看 2. 学生在分组练习过程中利用平板电脑对同伴的练习情况进行录像与视频回放 3. 在课堂展示与交流环节中,通过观看学生的动作进行点评	1. 利用动画演示,让学生直观了解练习内容及练习方法 2. 利用视频慢放功能,清晰地呈现给学生正确的蹲踞式跳远技术动作 3. 纠正错误动作
单元学习目标 1、2、3	自制教具	"钓鱼竿"	1. 在热身跑中运用"钓鱼竿",引入蹲踞式跳远,激发学生学习兴趣 2. 用小道具代替鱼饵,帮助学生直观感受起跳时的高度 3. 在学生进行起跳练习时,鼓励学生尽量往上跳,争取头顶到"鱼饵"	1. 导入蹲踞式跳远,引起学生学习兴趣 2. 明确起跳时的力量和高度 3. 确定直观的目标,而不是"再高一点"

二、课时教学计划的设计

（一）课的设计

动思结合　超越自我
——七年级蹲踞式跳远(5-2)课的设计

1. 指导思想

本课贯彻"健康第一"的指导思想，围绕"中国健康体育课程模式"的目标和运动负荷、体能练习及运动技能三个关键要点开展教学。通过多样化的教学手段，引导学生用结构化的知识和技能去解决实际问题。强调组合技术和完整技术动作的学习，提高学生的跳跃能力。在游戏和比赛情境中激发学生的学习兴趣和热情，使学生体验到跳远运动的乐趣。

2. 相关分析

教材分析：跳远项目动作结构可以分成助跑、起跳、腾空和落地四个紧密相连的动作阶段。跳远项目的成绩，主要是由学生跳离地面后，身体在空中行进路线的远度构成的。本次课是单元第2次课，主要学习跳远的核心技术——助跑与起跳、中距离助跑蹲踞式跳远完整动作。教学重点是助跑与起跳的结合。助跑与起跳结合技术是指助跑倒数第二步摆动腿支撑至起跳腿着地起跳瞬间的技术。合理的跑跳结合技术动作要求助跑快速有节奏，跑跳动作连贯合理。因此，跳远对学生的速度和力量要求较高，还需要勇敢、果断的心理品质。

学情分析：七年级学生年龄在13岁左右，该年龄段的学生处在生长的加速期，喜欢新鲜的事物，喜欢挑战自我，喜欢多人参与的活动，有很强的求知欲和表现欲。通过第1次课的学习，学生对跳远技术有了初步了解，并且能初步做出蹲踞式跳远的助跑与起跳、起跳与腾空等技术。部分学生体能基础较差，尤其是跳跃能力有待提高。

3. 主要教学策略

（1）运用辅助器材进行起跳合作学练

在练习起跳力量和高度的过程中，运用自制道具"钓鱼竿"进行分组练习，一人作为"钓鱼者"高举"鱼竿"，其他同学在助跑后起跳并尽力用头部顶住"鱼饵"。将起跳高度和力量直观化，更利于学生练习和掌握动作技术。

（2）运用多媒体探究助跑后起跳的时机

提出问题"如何提高助跑与起跳的结合能力"，引导学生用平板电脑拍摄学练过程，并实时上传大屏幕，通过对比、分析、交流、讨论，总结起跳的最佳时机，培养学生发现问题、解决问题的能力。

（3）增强核心力量的菜单式体能训练

根据本课主题内容为学生提供发展核心力量的体能训练菜单，学生根据自身需求自主选择训练任务，开展循环练习，充分发挥每一位学生的主观能动性，不断激励学生的内在动力和学练激情，提高学生主动参与体育活动的兴趣。

4. 问题预设与对策

预设1：助跑速度较慢。

对策1：进行步点练习，速度达到最快时起跳。

预设2：起跳力量较小。

对策2：进行行进间连续单腿跳、跨步跳、单跨跳练习，并结合摆臂。

预设3：助跑与起跳结合能力较差。

对策3：助跑起跳过低障碍、助跑起跳摸高。

（二）课时计划

表4-5-6 七年级蹲踞式跳远(5-2)课时计划

年级	七	人数	32	日期		执教		
班级		组班形式		周次		课次		
内容主题	1. 跳远助跑与起跳 2. 体能练习			重点	助跑与起跳的衔接			
				难点	动作连贯			
学习目标	1. 能说出助跑与起跳相结合的动作要领；85%的学生能正确做出助跑与起跳合理衔接的动作技术，并能将所学动作运用到短、中距离助跑的跳远教学比赛之中 2. 发展速度、力量、灵敏等身体素质，提高跳跃能力 3. 在学练和比赛中表现出勇敢果断和不断超越自我的心理品质							
流程（时间）	教学内容	活动设计		组织与队形		运动负荷		
						次数	时间	强度
准备部分(8′)	1. 课堂常规内容 (1) 检查常规落实情况 (2) 宣布上课内容与任务 (3) 安排见习生 2. 热身跑 （围绕设计好的障碍物慢跑） 3. 行进间拉伸练习（扩胸运动、振臂运动、腹背运动、踢腿运动、前弓步压腿）	1. 活动情境 用动感音乐、游戏创设运动情境 2. 活动任务 在教师引导下围绕设计好的障碍物慢跑，在音伴下模仿教师热身动作 3. 活动评价 热身动作规范、积极参与、身心投入，在进行游戏活动时互帮互助		＊＊＊＊＊＊ ＊＊＊＊＊＊ ＊＊＊＊＊＊ ＊＊＊＊＊＊ ★ 图1 ★代表教师 ＊代表学生 △代表障碍物 ＊＊＊＊＊＊△△ ＊＊＊＊＊＊△△ 图2 (＊) 绕圆形 图3		3 4×8	3′ 2′	中 中

（续表）

流程 (时间)	教学内容	活动设计	组织与队形	运动负荷		
				次数	时间	强度
	设计说明： 让学生在音乐情境下活跃身心，使学生的身体器官由相对静止状态逐步进入运动状态，使学生从音乐的感知中产生情感体验，营造一种紧张激动的氛围，激发学生的学习兴趣					
基本部分 (30′)	蹲踞式跳远 1. 立定跳远接跨步跳 2. 助跑几步接单脚起跳（摆动腿落地） 3. 助跑起跳过低障碍（23—50厘米） 4. 闯关游戏：连续3—5步助跑起跳过3—4个高障碍	1. 活动情境 运用多媒体分析技术动作过程，引导学生使用辅助器材进行练习，创设自主学练情境 2. 活动任务 进行游戏"翻山越岭"，助跑起跳过低障碍，完成助跑与起跳的结合练习 3. 活动评价 积极思考，主动表达自己的观点，如何助跑和起跳能够轻松地跳过障碍	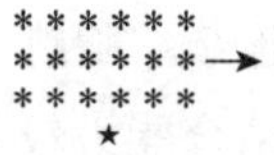 ****** ******→ ****** ★ 图4  *→***** △△△△ 图5	4 4 10 10	1′ 1′ 2′ 2′	中 中 中 中
	设计说明： 1. 利用信息化（白板）手段演示学练动作，使学生能清楚地知道助跑与起跳的动作要求，提高学习效率 2. 以整体化问题设计带动合作探究水平的提升，引导学生利用物理学知识分析动作，加深对动作过程的理解与把握，使学生主动思考、体验、改进，从而提高学生的自主合作学习能力，从而有效掌握动作技术 3. 运用自制教具作为辅助器材，降低练习难度，便于学生能够直观形象地进行练习 4. 助跑与起跳练习中能够对学生的协调性进行培养，这对提高身体基本活动能力有着十分重要的意义					
	教学比赛与体能 1. 跳远对抗赛 (1) 2人对抗赛 根据个人能力选择实力相当的对手进行对抗赛 (2) 小组对抗赛	1. 活动情境 在比赛过程中，等待上场的同学仔细观察比赛同学的动作，并做出评价 2. 活动任务 积极参与展示、交流与评价 3. 活动评价 提高学生观察，交流评价，提出问题分析问题的能力	 *→***** *→△△△△ 图6 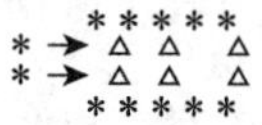 *→***** *→△△△△ ***** 图7	10 10	2′ 2′	中 中

(续表)

流程 (时间)	教学内容	活动设计	组织与队形	运动负荷		
				次数	时间	强度
基本部分 (30′)	设计说明: 1. 在比赛中进行分层配对,能够激发学生的积极性和参与的热情 2. 采用组内差异大、组间差异小的方式进行分组,能够实现生生相助,增加学生的竞争热情,促进共同进步 3. 安排:学生在等待时观察比赛中同学的动作并进行分析和评价,可以提高学生提出问题、解决问题的能力					
	体能练习 1. 仰卧举腿 2. 折返跑 3. 推小车 4. 跳短绳	1. 活动情境 通过音乐和场地布置创设体能训练情境 2. 活动任务 两人一组完成体能训练项目,循环练习 3. 活动评价 认真训练、动作到位、不畏困难、敢于挑战	1. 仰卧举腿、折返跑、"推小车":两人一组练习 2. 跳绳:散点	1	5′	大
	设计说明: 1. 本课体能练习采用菜单式循环模式,围绕"个人目标挑战,与他人竞争目标"创设情境,给学生更多的空间和时间,充分发挥每一位学生的主观能动性,不断激励学生的内在动力和学练激情,提高学生主动参与体育活动的兴趣 2. 练习内容包含上、下肢力量、核心力量、灵敏性等,有一定的强度和密度,使学生的身体素质得到全面的发展					
结束部分 (2′)	放松与小结 1. 放松拉伸:坐位直腿交叉转体、坐姿膝后拉伸、立位股四头肌拉伸 2. 小结	1. 活动情境 用音乐渲染放松的情境 2. 活动任务 总结本节课重、难点和学习情况,组织学生参与评价 3. 活动评价 身心放松、精神愉悦、善于表达、积极评价	****** ****** 　★ ****** ****** 图 8		2′	小

（续表）

场地器材	小栏架 32 只、体操垫 8 块、跳绳 32 根、移动投影仪音箱 1 套、胶带数卷	安全保障	1. 认真检查场地和器材，保持适当的练习距离 2. 准备活动充分，适当安全提示 3. 加强自我保护意识教育		
		预计	练习密度		负荷强度
			全课	内容主题	中
			60%左右	53%左右	
课后反思					

　　* 本教学设计源自 2018 年长三角特级教师教学研讨活动的公开课，曾获得评课专家的高度好评。原作者为上海行知实验中学教师卜洪生，后由华东师范大学体育与健康学院硕士杨彤根据编写组要求再次设计。

第六节　投掷：侧向推实心球教学设计

本设计为初中八年级的侧向推实心球，主题为"主动学练　奋力一掷"，旨在通过结构化、情境化、问题化、信息化的学习，全面提高学生基本推掷能力，改善身体的协调性和动作的连贯性，发展力量素质，培养学生的安全意识。

一、单元教学计划的设计

（一）指导思想

本单元以"立德树人"为根本任务，以课程标准为理论依据，坚持"健康第一"的指导思想，以"侧向推实心球"教材为载体，着力培养学生积极进取的优良品德。关注学科核心素养的培养，教学中强调"以用为本"，通过结构化、情境化、问题化、信息化的教学，培养学生主动参与体育活动的兴趣，引导学生在实践中发展创造思维。

（二）相关分析

1. 教材分析

表 4-6-1　八年级侧向推实心球教材分析

运动认知	动作结构	相关体能	相关知识
认知：侧向推实心球是身体侧对投掷方向，通过预摆、蹬转、挺胸、推拨等一系列动作将实心球推出去的技术，该技术有别于抛球技术，主要是通过推拨动作将较重的器械掷出 价值：全面提高学生基本推掷能力，改善身体的协调性和动作的连贯性，发展力量素质，培养学生的安全意识	动作过程：预备姿势站立、蹬地、转髋、起体、挺胸、顶肩、伸臂、拨指将球推出 动作要点：预备姿势重心下降、后移，身体"拧"紧；自下而上发力；用力连贯、协调，快速完成伸臂推球动作 关键环节：加大超越器械程度，掌握最后用力顺序；连贯、协调地用力，快速有力地伸臂、推球、拨指	侧向推实心球需要一定的力量及协调性 1. 腿部力量练习：多级蛙跳、后蹬跑、适量负重练习 2. 上肢力量练习：俯卧撑、推小车、平板支撑等 3. 腰腹力量练习：仰卧起坐、仰卧举腿、两头起等 4. 协调性练习：肩环绕、全身波浪起等	根据推掷实心球运动公式：$S=\dfrac{V_0^2\sin2\alpha}{g}$，可见初速度 V_0 越大，远度 S 就越远 远度的增加是随实心球出手速度的平方值的增加而增加的 适宜的出手角度也是获得远度的重要因素，一般出手角度以 $38°—42°$ 为宜

2. 学情分析

表 4-6-2　学情分析

教学对象	认知水平	身心特点	能力水平
八年级男女混合	该班学生已学习过双手前掷实心球，未接触过技术性更强的侧向投掷动作	该班级学生身体处在生长的加速期，喜欢新鲜的事物，喜欢自我挑战，喜欢多人参与的活动，有很强的求知欲和表现欲，能够在学习过程中自主探索与积极实践	虽然经过双手前掷实心球的学练，但是对技术性更强的侧向投掷动作仍缺乏一定的了解，所以针对班中基础稍薄弱的学生采用多媒体教学，及时反馈动作信息，使其了解自身存在的问题，不断提高

3. 教法分析

（1）首先采用直观法、讲解法、示范法，帮助学生建立侧向推实心球动作的完整概念。随后遵循由易到难、由简单到复杂、循序渐进的教学原则，让学生真正理解、掌握侧向推实心球的相关知识和技术要领。

（2）坚持以问题为主导，为学生搭建合作探究的平台，让学生在解决一系列实际问题的学习活动中逐渐掌握侧向推实心球技能，培养学生发现问题、解决问题的能力。

（3）选用多种形式的练习手段和趣味性的搭配教材，运用分散与集中、集体与小组、合作与互动、交流与展示、尝试与对比等学习方式，让学生在合作互动中学习新知识，掌握新技术，促进学生主动学习，达到发展学生协调和力量素质，提高投掷基本活动能力的目的。

（4）采用多媒体等教学资源，让学生体会正确的侧向推实心球的动作要领。利用多媒体的视频回放、慢放、定格等功能，帮助学生理解侧向推实心球的技术要点和关键环节。

4. 问题链设计

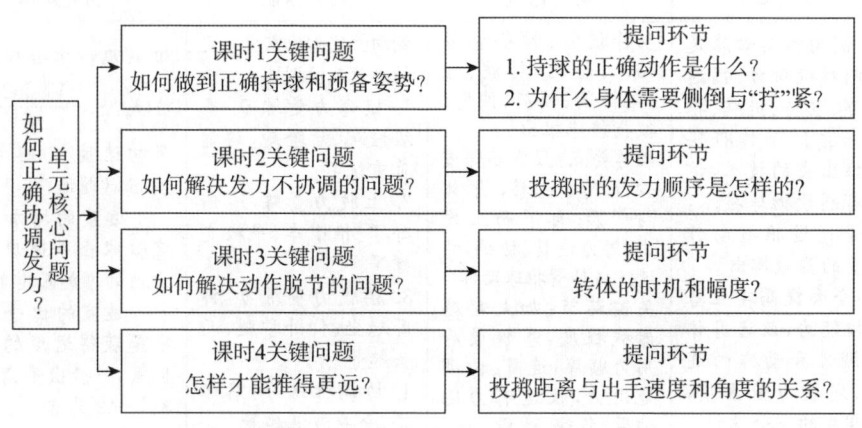

（三）教学流程

表 4-6-3　八年级侧向推实心球单元教学流程

年级	八年级	学期	1	课次	4	执教	
学习目标	\multicolumn{5}{l|}{1.知道侧向推实心球的技术动作,掌握连贯的投掷技术,能体验到蹬、转、抬、挺、顶、伸、推、拨的用力顺序 2.能坚持完成技术学练和体能训练,掌握发展力量和协调性的方法,增强投掷能力 3.学练过程中能相互指导、相互鼓励,表现出良好的合作意识和能力}			教学重点	自下而上的协调用力顺序	

课次	教学内容	学习目标	重点、难点	教学策略与评价
1	1.握球和持球动作 2.预备姿势与蹬地转髋起体动作 3.原地侧向对墙上不同高低目标推实心球	1.学习侧向推实心球动作,掌握持球和预备姿势的正确方法 2.在学练中体验上、下肢协调用力的身体感受,发展力量素质和投掷基本活动能力 3.在练习过程中产生良好的合作意识和行为	重点：预备姿势和蹬、转、抬动作 难点：预备姿势的身体侧倒与"拧"紧	教学关注： 1.预备姿势重心下降、后移,身体"拧"紧 2.蹬地、转髋、起体、挺胸、顶肩、伸臂、拨指自下而上发力 3.用力连贯、协调,快速完成伸臂推球动作
2	1.各种姿势正面推实心球 2.原地侧向推实心球	1.学习侧向推实心球动作,掌握最后用力的技术,体验蹬、转、抬、挺发力顺序 2.发展力量和协调素质,提高投掷基本活动能力 3.在学练中,学会尝试与对比,培养良好的合作互动的意识和行为；增强安全意识,学会在学练中关注自己和他人的安全,懂得尊重生命,爱护生命	重点：蹬、转、抬、挺、伸、推、拨的最后用力 难点：由下而上协调发力的顺序	教学策略： 1.采用徒手模仿和持垒球替代实心球做持球方法和预备姿势的学练,运用分步推进式的学练,让学生有序体验最后用力的各个要点 2.利用平板电脑对学生和教师示范动作进行录像与视频回放,将视频定格,分析关键环节,提高学习效率 3.组织学生分组展示原地侧向推实心球技术,比谁投得远,动作标准,要求学生做到公平公正,培养学生评价交流的能力
3	1.两脚前后站立两人对推实心球 2.侧向推实心球组合练习	1.通过侧向推实心球的学练,掌握完整技术的动作,能够体验到自下而上的发力顺序和动作结构的紧密结合 2.提高力量和协调素质,促进体能发展 3.学会在学练中反思,在反思中改进,形成自主合作的意识和行为	重点：完整技术的动作结构紧密结合 难点：出手时的牢固左侧支撑	评价要点： 能够协调连贯地展示完整动作,蹬地、转髋、起体、挺胸、顶肩、伸臂、拨指等环节一气呵成,动作连贯,发力协调；能够说出每个技术环节要点,准确评价同学的完成情况

（续表）

课次	教学内容	学习目标	重点、难点	教学策略与评价
4	考核：各种推掷实心球练习与侧向推实心球	1. 了解动作要求和运用情况，掌握学习评价的要求与方法 2. 通过参加各项课堂练习，发展力量和协调素质，提高投掷基本活动能力 3. 在学习评价实践中，体验成功，树立信心	重点：由下而上的发力过程与爆发用力 难点：出手时爆发用力与左侧支撑腿蹬撑	
安全保障	1. 课前认真检查场地与器材 2. 练习前做好准备活动，各关节活动充分 3. 保证投掷实心球前方场地无人或在人安全区域内，做好自我保护和相互保护，进行安全教育，提示学生珍爱生命 4. 合理安排见习生		评价与方法	1. 终结性评价：等第评价（生评、师评） 2. 过程性评价：表现性评价（自评、互评、师评） （详见单元评价设计）
教学资源	篮球场、录音机1台、实心球（2 kg）若干只、短绳若干根、音响1个等			

（四）评价设计

基于体育与健康学科核心素养三个维度"运动能力""健康行为""体育品德"，选择有针对性的观测点进行评价，本单元根据内容主题在培养学生合作交流、互相信任、配合默契等方面的教育价值，侧重对健康行为和体育品德进行评价。

表4-6-4　八年级侧向推实心球单元评价设计

评价维度	评价内容	评价观测点	评价方式
运动能力	运动认知	能说出侧向推实心球的技术要领，知道出手速度、角度与投掷距离的关系	口头测试
	运动技能	能够上、下肢协调配合将实心球推出，动作连贯稳定	技术观测
	体能状况	上、下肢力量和协调素质的发展情况	体能测试
健康行为	锻炼习惯	能够自觉积极参与课堂练习	行为观察
	情绪调控	能够在动作练习遇到瓶颈时保持镇定和耐心	行为观察 口头点评
	适应能力	能与同伴主动交流，相互鼓励，合作完成游戏和比赛	行为观察 口头点评

第四章　核心素养导向的田径类运动教学设计

(续表)

评价维度	评价内容	评价观测点	评价方式
体育品德	体育精神	能够不断突破自己的投掷距离	行为观察 口头点评
	体育道德	能够遵守安全规则,按规定地点、方向投掷实心球	行为观察 口头评价
	体育品格	能够在投掷过程中关注他人安全,表现出责任意识	行为观察 口头评价

(五) 资源设计

为有效解决单元教学重点"蹬地、转髋、起体、挺胸、顶肩、伸臂、拨指自下而上发力",教师运用多媒体资源,创设各种练习情境,以激发学生的学习兴趣,提高课堂教学实效。

表4-6-5　八年级侧向推实心球单元教学资源设计

目标指向	资源设计	资源应用	解决问题
单元学习目标 1、2、3	媒体资源	1. 信息技术资源:侧向推实心球动画 2. 平板电脑	1. 在侧向推实心球单元教学过程中,教师将各个相关练习制作成动画,供学生在课上反复观看 2. 在分组练习过程中利用平板电脑对同伴的练习情况进行录像与视频回放 3. 在课堂展示与交流环节中,通过观看学生的动作进行点评	1. 利用动画演示,让学生直观了解练习内容及练习方法 2. 利用视频慢放功能,清晰地呈现给学生正确的侧向推实心球技术动作 3. 纠正错误动作

二、课时教学计划的设计

(一) 课的设计

主动学练　奋力一掷
——八年级侧向推实心球(4-2)课时计划

1. 指导思想

本课贯彻"健康第一"的指导思想,以"侧向推实心球"教材为载体,注重面向全体学生,尊重学生的主体地位和个体差异,主要采用问题式、合作式、分层式、多媒体等多种教学方法,融入"云课堂"理念,搭建有利于学生学习的各种平台,将身体活动与思维活动相结合,营造积极参与、互帮互学、主动学练的氛围,培养学生自主学习的能力,发展学生的体育学科核心素养。

2. 相关分析

教材分析:本单元是在学生原有双手抛、掷技术的基础上,进一步学习单手侧向的推掷技术,掌握正确的投掷身体姿势和发力顺序。动作基本过程为预备姿势站立,蹬地、转髋、起体、挺胸、顶肩、伸臂、拨指,自下而上发力将球推出,需要具有一定的协调性和力量。本单元共分为4课时,本节课为第2课次。动作技术教学已进入以最后用力的体验阶段。因此,将在预备姿势"拧紧"身体的基础上,抓住由下而上发力顺序的技术,加强教、学、练。教学中采用多样化手段激发学生学习兴趣,发展投掷技巧和能力,加强安全意识和行为。

学情分析:本课的授课对象为八年级男女混合班,他们对推掷实心球基本技术已经有了初步的了解,且具备预备姿势和蹬地、转髋和起体动作的基础。通过本次课学习期待有更多的学生能掌握由下而上的发力顺序这一重点。针对班中部分运动能力较薄弱的学生,通过小组互助与多媒体教学反馈,使其不断完善自身技术动作,提高自身学习能力。通过平板电脑拍摄照片对比,让学生自行对比正确动作,帮助学生改进与提高自身动作。

3. 主要教学策略

(1) 运用音乐激发学生的学习兴趣。在准备环节中安排音伴双人操,以配合主教材动作的学练、调动学习情趣、激发学生学习兴趣,同时活动全身各关节,为下一流程作好铺垫。

(2) 借助信息化手段发展学生能力。引导学生用平板电脑拍摄学练过程并实时上传大屏幕,通过对比、分析、交流、讨论和总结,培养学生发现问题、解决问题的能力。

(3) 通过分组比赛培养学生的责任意识。组织差异化分组的教学展示比赛与评价,使学生能在动作展示中克服紧张心理,乐观自信地展示学习成果,并能够公平、公正地作出评价,体现诚信和友善,在团队比赛中培养责任心和团队精神。

4. 问题的预计与对策

预设1:动作不连贯。

对策1:反复练习侧向推实心球无球模仿动作,做到自下而上发力、用力连贯、协调,快速完成伸臂推球动作。

预设2:投掷距离近。

对策2:讲解投掷远度与出手速度和角度的关系并作示范。

预设3:实心球砸到学生。

对策3:反复提醒学生投掷实心球前方场地无人或在人安全区域内。

(二)课时计划

表4-6-6　八年级侧向推实心球(4-2)课时计划

年级	八	人数	30	日期		执教		
班级		组班形式	男女混合	周次		课次		
内容主题	1.投掷:侧向推实心球(4-2) 2.相关体能			重点	蹬、转、抬、挺、顶、伸、推、拨的最后用力			
				难点	由下而上协调的用力顺序			
学习目标	1.知道侧向推实心球的技术动作,掌握连贯的投掷技术,能体验到蹬、转、抬、挺、顶、伸、推、拨的用力顺序 2.能坚持完成技术学练和体能训练,掌握发展力量和协调性的方法,增强投掷能力 3.学练过程中能相互指导、相互鼓励,表现出良好的合作意识和能力							

流程 (时间)	教学内容	活动设计	组织与队形	运动负荷		
				次数	时间	强度
准备部分 (6′)	1.课堂常规内容 (1)检查人数 (2)师生问好 (3)提出目标 (4)安排见习生 2.自编双人操 (1)伸展运动 (2)互推练习 (3)压肩运动 (4)体转运动 (5)牵拉弓步 (6)踢腿运动 (7)跳跃运动	1.活动情境 用动感音乐创设运动情境 2.活动任务 在音伴下模仿教师热身动作,两人结伴合作练习 3.活动评价 热身动作规范,动作舒展,合拍,配合默契,热身到位	●●●●●　○○○○○ ●●●●●　○○○○○ ▲ 图1 ▲代表教师 ○●分别代表男生、女生 ●●●●　○○○○ ●●●●　○○○○ ▲ ●●●●　○○○○ 图2	4×8拍	3′	小

设计说明:
在准备环节中安排了音伴双人操,以配合主教材动作的学练调动学生学习情趣,激发学生学习兴趣,同时活动全身各关节,为下一流程作好铺垫

（续表）

流程 （时间）	教学内容	活动设计	组织与队形	运动负荷		
				次数	时间	强度
基本部分（31'）	1. 动作教学及示范 运用口诀"蹬地转髋抬上体，挺胸顶肩撑前腿，快速伸臂又顶肩，全身用力将球推"进行教学 2. 循序渐进的技术学练活动 （1）各种姿势正面推实心球 原地对地推实心球 原地向上推实心球 两脚左右开立前上方推实心球 两脚前后开立作转髋推实心球 （2）侧向推实心球 模仿动作、完整动作 推实心球过横绳	1. 活动情境 运用多媒体呈现技术动作过程，用语言创设自主学练情境 2. 活动任务 探索动作原理，掌握基本投掷动作顺序 3. 活动评价 积极思考，主动表达自己的观点，运用口诀进行原地徒手练习和自评 1. 活动情境 运用多媒体表现技术动作过程，语言创设自主学练情境 2. 活动任务 探索动作原理，提高动作连贯性和发力协调性 3. 活动评价 积极思考，主动表达自己的观点，根据口诀进行练习和自评	图 3 图 4	20 20	6' 5'	中 大
	设计说明： 1. 利用信息化（白板）手段演示学练内容，使学生能清楚知道原地侧向推实心球动作要求，提高练习的效率 2. 以整体化问题设计带动合作探究水平的提升，引导学生利用物理学知识分析动作，加深对动作过程的理解与把握，使学生主动思考、体验、改进，从而提高学生的自主合作学习能力，有效掌握动作技术					
	3. 比赛：投掷比远 分组进行投掷接力，记录投掷成绩，相加计算小组总分 要求动作标准，否则扣分，由学生担任记录员和裁判	1. 活动情境 通过语言描述创设投掷比赛情境 2. 活动任务 积极参与展示比赛、交流与评价 3. 活动评价 提高评价与自我评价的能力	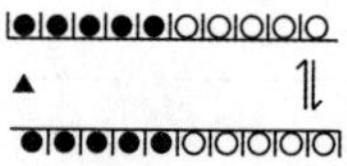 图 5	1	3'	中

(续表)

流程 (时间)	教学内容	活动设计	组织与队形	运动负荷		
				次数	时间	强度
基本部分 (31′)	设计说明： 进行差异化分组的教学展示比赛与评价，使学生能在动作展示中克服紧张心理，乐观自信地展示学习成果，并能够公平、公正地作出评价，体现诚信和友善，在团队比赛中培养责任心和团队精神					
	4. 综合活动："迎世博接力跑" (1)"传友情" (2)"播文明" (3)"争第一"	1. 活动情境 通过音乐和场地布置创设活动情境 2. 活动任务 按内容有序分组练习 3. 活动评价 注意安全，遵守规则，团结互助，齐心协力	图6	1	3′	大
	设计说明： 1. 以宣传迎世博、传播文明的比赛形式，提高学生学习兴趣，达到"锻炼让身体更健康，城市让生活更美好"的教育目的，同时增强学生速度、灵敏、力量体能的全面发展，加强团队精神 2. 在投掷和综合活动教学中，加强安全教育，提高学生的安全意识，避免发生意外伤害事故					
结束部分 (3′)	1. 放松舞步（音伴） 2. 小结与点评 3. 归还器材 4. 师生再见	1. 活动情境 利用音乐创设放松氛围，利用语言创设宽松的讲评氛围 2. 活动任务 拉伸放松，在教师引导下自评、互评 3. 活动评价 身心放松、精神愉悦、善于表达	图7	1	2′	小
场地器材	篮球场 录音机1台 实心球(2 kg)若干只 短绳若干根	安全保障	1. 课前检查器材 2. 课中注意提醒 3. 增强安全意识			
		预计	练习密度		负荷强度	
			全课	内容主题	中上	
			55%左右	50%左右		
课后反思						

* 本教学设计源自2009年上海市中小中青年教师教学评选二等奖课。原作者为敬业初级中学教师王新华，后由华东师范大学体育与健康学院硕士杨海梦根据编写组要求再次设计。

第五章

核心素养导向的体操类运动教学设计

体操类运动是中小学体育与健康课程的基础内容之一。小学阶段的体操类活动包括滚翻与支跳、支撑与悬垂、攀登与爬越,是学生学习体操运动的基础;中学阶段体操类运动包括垫上运动、杠上运动和支撑跳跃。本章选择中小学体操教学中的常用内容进行设计,重点体现个体练习、合作学习和探究性学习等方式,凸显体操类运动在培养学生克服困难、自信心和责任心等方面的教育价值。

第一节 攀登与爬越：攀登绳架教学设计

本设计为小学二年级攀登绳架，通过模仿各种动物的爬行，尝试在多种场地条件下攀登和爬越一定高度的障碍物，使学生具备简单的攀爬技能，建立初步的安全意识。

一、单元教学计划的设计

（一）指导思想

依据新课标，突出"激发兴趣、培养习惯、丰富形式、优化环境、发展体能"的指导思想。根据低年级学生的年龄特征和攀爬教材的特点，以"小学体育兴趣化"为引领，注重学练内容的递进、情境的创设、游戏的多样、问题的探究、多媒体技术的运用，引导学生观察、模仿、感知和体验多种活动，充分挖掘"攀登与爬越"教材内容的育人独特作用，培养学生的攀爬能力，树立安全意识，养成乐于和同伴交流，逐步形成克服困难、勇于挑战、团结合作的良好品质。

（二）相关分析

1. 教材分析

表 5-1-1 二年级攀登绳架教材分析

运动认知	动作结构	相关体能	相关知识
认知：攀登与爬越是在固定的绳架上，通过手脚协调配合，克服重力与自身体重移动的一项运动 价值：通过攀登与爬越运动，不仅可以很好地发展学生的上、下肢、腰腹核心力量与力耐力、身体平衡与协调性等身体素质，还可以帮助学生克服恐惧，提高心理素质	动作过程：面对绳架站立，双手握绳，两臂屈肘；一脚蹬踏绳子，异侧手上攀并握住绳子，然后异侧的脚和手协调交替攀爬；同侧手脚同时攀登，交替进行 动作要点：三点固定依附在器械上，上攀或下移；攀登到一定高度时俯身降低重心，两脚依次翻越绳架	攀登绳架需要较强的手抓力、上肢、下肢及腰腹部的力量；一定的手脚协调能力和身体平衡能力 1. 上肢力量练习：俯斜指卧撑、负重腕屈伸 2. 下肢力量练习：半蹲跳 3. 协调性练习：协调操训练	理论依据：结合三点固定原理分析该动作的力学（三点固定原理又称三点平衡原则）；攀登绳架时，双手和双脚构成人体的四个支撑点，当移动一手或一脚时，先将身体重心移至其余三点，当身体保持平衡后方可把该点的手或脚移走

（续表）

运动认知	动作结构	相关体能	相关知识
	关键环节：一脚踏绳，异侧手上握绳子，交替向上攀登；同侧手脚同时攀登，交替进行		

2. 学情分析

表 5-1-2 学情分析

教学对象	认知水平	身心特点	能力水平
二年级学生	有一定的攀爬动作基础，对于攀登绳架的动作概念尚未接触	本班学生活泼，喜欢运动，喜欢游戏，喜欢模仿；具体形象思维占主导地位，有意注意保持时间短，自控能力较差，互帮互助意识较淡薄，交流和评价能力较弱	本班学生已有一定的手脚协调攀爬的能力，由于攀登绳架对手脚协调能力要求很高，对于手脚依次上爬或下移，要保持有三点依附在器械上，特别是下移动作容易出现手脚不协调、眼睛不看脚踩位置、直接跳下等现象

3. 教法分析

（1）通过讲解法、示范法帮助学生建立完整的、正确的动作概念之外，在学生学习的过程中，采用评价法、纠错法，帮助学生层层递进，一步步掌握动作要领。

（2）结合教材的特点，课中务必教会学生自我保护的方法。在整个单元教学过程中，帮助信心不足的学生顺利完成攀爬活动，确保课堂教学安全与有序。

（3）根据小学低年级学生的身心特点，通过游戏竞赛激发学生学习积极性，引发学生思考或模拟解决实际问题的教学方法，创设各种适宜的学习情境，使学生在快乐学练中逐步掌握动作要领，提高学生运用知识技能的能力。

（4）根据单元的基本问题，引出课时关键问题，通过环节问题的引领，对学习中问题的探究，学生学会如何在实际中解决问题，启发学生带着问题进行学练，提高学生对动作技术的认知和自主学习的能力。

（5）利用多媒体设备辅助教学，为学生播放视频资料提供直观的视觉印记，让学生之间合作使用器材或利用摄像设备为同伴进行拍摄，培养合作学习的能力，在合作学习中既保证学练安全，又提高课堂教学的效率。

4. 问题链设计

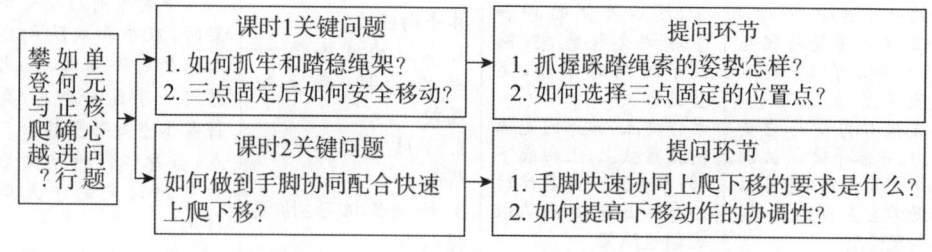

（三）教学流程

表 5-1-3　二年级攀登绳架单元教学流程

年级	二年级	学期		课次	2	执教	
单元学习目标		1. 知道简单的攀登知识，学会攀登绳架的动作方法；能够体验不同的攀登动作，掌握三点固定依附在绳架上攀登的技术与动作要领；做到手脚协同配合，动作协调性得到提高，增强上、下肢力量 2. 掌握一定的攀登运动安全知识，乐于参与各种攀登游戏的学练和身体活动练习，能适应大密度中等强度的身体练习活动 3. 体验各种攀登活动带来的乐趣，在多种学练形式中养成乐于交流、合作的学习习惯，在竞争挑战活动中培养顽强的意志品质			教学重点	抓牢和踏稳绳架；手脚协同配合上爬下行	

课次	教学内容	学习目标	重点、难点	教学策略与评价
一	1."学本领" （1）在地面上手脚依次爬行 （2）在 50 cm 高的网框、木梯上手脚依次爬行 （3）在 180 cm 高的绳架上手脚依次攀登 2."展本领"攀登绳架	1. 知道简单的攀登知识，体验在不同场景、不同高度器材上手脚依次爬行的方法；在保护与帮助下掌握手抓牢、脚踏稳三点固定依附攀登绳架的动作并会实际运用；能完成平衡、协调以及上、下肢力量的体能练习。 2. 能积极地与伙伴交流攀登绳架等活动时的心理感受；初具安全活动意识 3. 享受攀登游戏活动带来的快乐，养成与同伴合作学练的习惯	重点：抓牢和踏稳绳架 难点：三点固定依附的上爬或下移	教学关注： 1. 如何抓牢和踏稳绳架 2. 三点固定后如何安全移动 教学策略： 1. 情境导入"学本领"，参与教师创设的"学本领"游戏，知道如何抓牢和踏稳绳架，体会三点固定依附的动作方法 2. 在教师的引导下积极参与"展本领"的游戏，完成教师布置的绳架上移动的任务，学会三点固定依附的手脚协同上爬下移的动作方法 3. 根据任务单要求，进行不同高度的上爬或下移，提高攀登能力 评价要点： 学会自我保护，能抓牢和踏稳绳架，提示同伴三点固定依附，安全地上爬下移
二	1."练本领" （1）绳架上横向移动 （2）一步一格上爬下移攀登绳架 （3）一步多格上爬下移攀登绳架 2."比本领"	1. 掌握不同的攀登方法，学会三点固定依附在绳架上攀登的动作要领，做到手脚协同配合上爬下移，上、下肢力量和身体的平衡能力得到发展 2. 能主动利用已有的攀登方法进行学练，完成"横向移动、上爬或下移"不同要求的练习，小组练习时表现出安全保护行为 3. 体验各种攀登活动带来的乐趣，养成合作的学习习惯，在竞争挑战活动中形成顽强的意志品质	重点：手脚协同配合，上爬或下移 难点：攀登具备一定的速度	教学关注： 如何做到手脚协同，配合快速的上爬下移 教学策略： 在教师的引导下主动参与"练本领""比本领"的游戏活动，复习攀登绳架的方法，从横向移动到一步多格攀登，不断巩固绳架上三点固定依附的动作；手脚协同，安全地、有一定速度地上爬或下移 评价要点： 手脚协同地上爬或下移；动作协调

（续表）

安全保障	1. 课前、课中随时进行安全教育 2. 合理安排练习空间 3. 检查场地、器材的安全性 4. 准备活动充分伸展	评价与方法	1. 终结性评价：等第评价（生评、师评） 2. 过程性评价：表现性评价（自评、互评、师评） （详见单元评价设计）
教学资源	绳架 6 套、扩音器 1 套、木板架 12 张、篮球场 2 片、垫子 24 个、多媒体设备 1 套、网框 16 个		

（四）评价设计

学习评价从课程标准中提出的运动能力、健康行为、体育品德三个方面展开，根据教材特点、低年级学生特点，选择反映学生体育学习情况的相关指标，在评价过程中注意过程性评价和终结性评价的结合。

表 5-1-4　二年级攀登绳架单元评价设计

评价维度	评价内容	评价观测点	评价方式
运动能力	运动认知	能讲出攀登绳架时的要领及锻炼价值	口头测试
	运动技能	1. 在绳架上做到三点固定依附，手脚协同上爬下移 2. 能主动举手展示攀登绳架的动作，完成正确动作	技术观测
	体能状况	1. 上、下肢力量和协调性的发展情况 2. 上爬或下移的速度提高情况	体能测试
健康行为	锻炼习惯	1. 学生练习与展示时的专注性与投入程度 2. 在课后自主进行练习的情况	问卷调查 行为观察
	适应能力	合作练习中主动交流，相互鼓励	行为观察 口头点评
体育品德	体育精神	在学习中敢于不断地尝试与挑战，体现出坚持不懈的意志	行为观察 口头点评
	体育道德	在学习过程中遵守教师提出的要求，整齐有序练习，不推挤同伴	行为观察 口头评价

（五）资源设计

为有效解决单元教学重点"三点固定依附"，使学生手脚交替攀登绳架，克服攀登高处的恐惧感，更快速有效地提升学生的攀爬能力，教师运用辅助教具、自制教具和多媒体资源，创设各种练习情境，以激发学生的学习兴趣，提高课堂教学实效。

第五章　核心素养导向的体操类运动教学设计  | 137

表 5-1-5　二年级攀登绳架单元教学资源设计

目标指向	资源设计		资源应用	解决问题
单元学习目标1、2	运动器材资源	1. 绳架 2. 木梯 3. 网框	1. 利用木梯、网框体验攀爬不同高度、不同器械，做到手脚协同配合爬行，建立小组练习时的安全意识 2. 通过绳架的攀登练习，掌握手抓牢、脚踏稳，三点固定依附在绳架上攀登的动作要领 3. 从横向的移动到一步多格的攀登活动，不断巩固绳架上三点固定依附的动作	1. 由低到高的攀爬体验使学生克服对绳架的恐惧感 2. 帮助每位学生得到相应的进步 3. 通过各种游戏任务帮助学生做到手抓牢、脚踏稳，手脚协同依次上爬下移
单元学习目标1、2	媒体资源	多媒体课件	1. 热身准备部分通过观看解放军演习的视频引入主题 2. 通过视频课件，让学生知道攀登绳架的方法要领 3. 运用视频课件，明确游戏方法要求	1. 为学生营造一个学练环境，让学生快速进入角色 2. 明确攀爬动作要点，提高攀爬过程安全性 3. 明确游戏活动内容及要求

二、课时教学计划的设计

（一）课的设计

优化环境　阶梯而行　助力攀登
——二年级攀登绳架(2-1)教学设计

1. 指导思想

根据低年级学生的年龄特征和"攀登与爬越"教材的特点，以"小学体育兴趣化"为引领，探索"游戏融入各种身体基本活动"的教学。本课中注重环境的优化、器材的创新、游戏的多样、学练的递进，引导学生观察、模仿、感知和体验不同高度、不同器材的多种攀爬活动，充分挖掘"攀登与爬越"教材育人的独特教育作用。通过小组合作的学习形式，使学生养成乐于交流合作的习惯，树立安全学练意识。使学生在游戏中激发学习兴趣，发展学生身体基本活动能力，养成良好的体育行为规范。

2. 相关分析

教材分析：攀登绳架是上海市小学《体育与健身》基本内容Ⅰ攀登与爬越中的基础内容，它能够增强学生的上、下肢力量，发展灵敏、协调、平衡等身体素质，提高身体的控制力，培养学生敢于挑战、勇于战胜自我的品质。本课通过一系列游戏活动，体验不同场景下手脚依次爬行的方法，提高身体的协调、平衡能力。学生在保护与帮助下知道手抓牢、脚踏稳三点固定依附在绳架上的动作方法。

学情分析:该班学习氛围浓厚,学习习惯较好,喜欢体育运动,身体素质水平较高;但低年级的学生有意注意力时间短,厌倦枯燥不变的学习内容。因此,根据学生的实际情况,本课设计多个游戏内容,使他们始终保持积极的学习兴趣。

3. 主要教学策略

(1) 循序渐进练本领

攀登绳架是一项枯燥并具有危险性的项目,同时受场地器材的限制,本课自制绳架器材,优化学练环境。利用"学本领"的环节,设计从地面上手脚依次爬行,到离开地面 50 厘米高的斜梯、网框上进行手脚依次爬行,最后过渡到 1.8 米高的绳架上进行手脚依次向上攀登,由易到难,循序渐进,从而解决学生恐惧心理。通过问题导向,让学生带着问题在活动中合作解决问题,并最终知道如何抓牢和踏稳绳架,体会三点固定依附的动作方法。活动中通过教师的示范与学生的模仿,促使学生养成勇于攀登高峰、不惧困难的信念。在活动中,伙伴的合作互助是必不可少的,设计评价标准使他们共同完成学习任务,在这个学练互助的过程中伙伴之间的友谊更深厚了。教师在指导的过程中给予学生的不仅是动作上的帮助,更是学习行为上的引领。

(2) 游戏场景促兴趣

课的导入采用跑、爬、钻等活动的形式,使每位学生精神抖擞,积极投入"军营"的学练之中。准备活动在教师的带领下,既充满童趣,又引领学生在欢快的音乐声中活动四肢,为后续教学做好充分的准备活动。"令行静止"的游戏要求学生学会遵守规则,同时发展学生的平衡能力。

(3) 扶放有度促成长

综合活动"户外达人"是一个集体性的游戏。在学会基本的攀爬方法后,学生能在活动中合理运用。可以运用各种多媒体设备来辅助教学,要让学生在共同合作的过程中感受到集体的力量。

(4) 身心愉悦获知识

学生伴着优美、舒缓的音乐进行自我放松,教师在这一过程中为学生介绍一些简单的攀登知识,使他们在身心得到恢复的同时给予知识的传递。结束讲评,改变传统的教师一人总结的方法,让学生展开讨论、谈一谈自己的学习收获与体会,教师最后加以总结。这样做可使学生学会科学地评价他人及自我评价,从而充分发挥评价的教育与激励功能。

4. 问题预设与对策

预设 1:学生对教师讲解的内容理解较为困难。

对策 1:讲解要简单形象,多使用直观教具,运用多媒体设备。

预设 2:学生上课兴趣容易转移,注意力不集中。

对策 2:使用奖励的方式吸引学生,激发学生的内在动机。

(二) 课时计划

表 5-1-6　二年级攀登绳架(2-1)课时计划

年级	二	人数	36	日期		执教	
班级		组班形式	自然班	周次		课次	
内容主题	1. 攀登与爬越：攀登绳架(2-1) 2. 综合活动："户外达人"(1-1)			重点	抓牢和踏稳绳架		
				难点	三点固定依附的上爬或下移		
学习目标	1. 了解简单的攀登知识，体验在不同场景下的手脚依次爬行的方法；在保护与帮助下掌握手抓牢、脚踏稳三点固定依附攀登绳架的技术动作并会运用；学生能主动发展平衡、协调、攀登能力，增强上、下肢力量 2. 能运用已学的攀爬方法主动地进行动作练习与身体活动；在练习中表现出一定的安全活动意识 3. 能与伙伴积极交流攀登绳架等活动时的心理感受，享受攀登游戏活动带来的快乐，养成合作学练的习惯						

课的结构	教学内容	活动设计	组织与队形	运动负荷		
				次数	时间	强度
准备部分(7′)	1. 课堂常规 (1) 整队 (2) 师生问好 (3) 宣布内容与要求 (4) 安排见习生 2. 热身活动"户外露营"	1. 活动情境 设置户外露营情境，告诉学生应该如何进行身体活动以保护自己免受意外伤害 2. 活动任务 跟随音乐进行"户外露营"快走、小步跳跃、交叉步、移动等热身准备活动 3. 活动评价 主动与伙伴互动，积极参与，标准地模仿教师动作	四横队 ○○○○○ ○○○○○ ○○○○○ ○○○○○ ★ 图1 ★代表教师 ○代表学生 四纵队 ○○　　○○ ○○　　○○ ○○★○○ ○○　　○○ 图2	1	3′	中
设计说明： 设置一个户外露营情境，吸引学生注意，激发学生的学习兴趣，进行与语言导入情境相符合的一些热身活动，配合相应的音乐，使学生身临其境、感同身受，这样不仅使学生练习更加投入，也能使学生更快地进入学习主题						

（续表）

课的结构	教学内容	活动设计	组织与队形	运动负荷		
				次数	时间	强度
基本部分(30′)	攀登与爬越：攀登绳架 1."学本领" （1）地面上手脚依次爬行 （2）50厘米高的网框、木梯上手脚依次爬行 （3）180厘米高的绳架上手脚依次攀登 2."展本领"攀登绳架	1.活动情境 多媒体展示在户外运动中如何进行攀爬和翻越运动 （1）如何抓牢和踏稳绳架 （2）三点固定后如何安全移动 2.活动任务 模仿教师的动作，进行地面上、网框、木梯上手脚依次爬行的学练活动，为同伴拍摄相关错误动作视频，相互鼓励的自主合作学习活动；思考怎样做到手抓牢、脚踏稳，进行探究学习活动 3.活动评价 学会避让同伴，能保持身体平衡，时刻注意安全问题；知道安全练习时机，有序练习，战胜胆怯心理；三点固定依附能做到手抓牢、脚踏稳	呈散点队形 ○ ○ ○ ○ ○ ○ ○ ○ ○ ★ ○ ○ ○ ○ ○ ○ ○ ○ 图3 自由组合网框、木梯上练习 图4	1 2 2 1	2′ 1′ 12′ 12′	中 中 中 中

设计说明：
1.利用多媒体为学生演示学练内容动作，使学生能清楚地知道如何进行攀登与爬越，直观简明，提高练习的效率
2.通过设置问题情境，使学生在练习中时刻思考如何去解决问题，有利于学生养成主动解决问题、积极思考的习惯；在问题情境下的练习，使学生始终把握学习中的关键环节，有利于技术动作的掌握，也能强化学习的效果
3.要求学生进行示范展示，不仅是对其技术动作学练的检验，还可以激发学生的学习动机，使其对动作更加精益求精，也能培养学生勇于展现自我，提高学生的自信心和自我满足感，从而更加热爱这一运动

（续表）

课的结构	教学内容	活动设计	组织与队形	运动负荷		
				次数	时间	强度
基本部分（29'）	综合活动 1."户外达人"的活动 2."户外达人"的比赛	1. 活动情境 通过不同的活动组合，设置一系列任务站与练习路径，学生在这种复杂的情境中进行技术动作的学练 2. 活动任务 学生进行"户外达人"——跑、走、钻、爬、攀的学练活动；6组学生进行比赛，在比赛中相互配合，开展运动技术动作的应用活动 3. 活动评价 手脚协同，动作标准；热情投入练习，明白安全学练要求；踊跃参与，遵守规则，注意安全；积极与同伴进行合作	6人一组练习  ○○○ ○○○ ★ ○○○ ○○○ 图5	1 1	3' 4'	大 大
	设计说明： 1. 设计各种动作的组合练习，可以使单调乏味的身体练习活动变得丰富有趣，调动学生练习的积极性的同时，有利于学生掌握结构化的技术动作 2. 在比赛中，学生需要遵守相应规则，相互配合，增加了学生之间的交往合作，也使其树立规则与角色意识					
结束部分（3'）	1. 放松练习：拉伸（音伴） 2. 小结与点评 3. 归还器材 4. 师生再见	1. 活动情境 利用音乐创设轻快放松的环境，在宽松的交流氛围下进行讲评 2. 活动任务 学生进行拉伸放松活动，感受音乐氛围，使身心安静下来，进行总结反思，表达自己的想法，对自己与同伴作出评价 3. 活动评价 主动进行身体放松、精神愉悦、大胆发言	散点队形 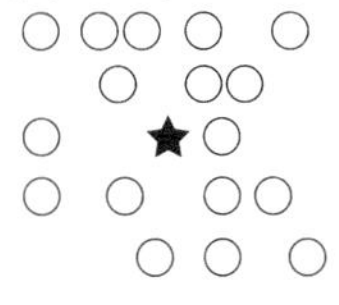 ○○○○ ○ ○○ ○ ★ ○ ○ ○○ ○○○○ 图6	1	2'	小

（续表）

场地器材	音乐5段、绳架6个、木梯12块、垫子42块、网框18个、多媒体设备1套	安全保障	1. 场地平整，没有尖锐的物体 2. 做好充分的准备活动，保持一定的活动距离 3. 自我保护的正确方法 4. 加强安全教育，提示学生安全有序练习		
		预计	练习密度		负荷强度
			全课	内容主题	中
			51%左右	50%左右	
课后反思					

　　＊ 本教学设计源自长三角特级教师教学展示课。原作者陆志英老师来自上海市浦东新区教育发展研究院，为上海市特级教师，具有丰富教学经验和理论实践能力，后经华东师范大学体育与健康学院研究生周硕根据编写组要求再次设计。

第二节　滚动与滚翻：前滚翻教学设计

本单元教学对象是小学二年级学生，通过练习体验各种方向的滚动和前后滚翻，了解保护与帮助的基本方法，感知团身紧的动作特点和身体的位置感，乐于展示自我。通过创设贴近学生认知水平的活动情境，引导学生在音乐的伴奏下，进行多种屈体滚动和直体滚动练习，不断提高滚动的能力。

一、单元教学计划的设计

（一）指导思想

本单元基于"健身育人"的课程理念，结合低年级学生心理特点和学习兴趣，设计多种情境形式展开教学，促进学生的生活经验与学习之间的主动联系，重视学生滚翻能力的发展，引导学生在学练中积极思维，大胆体验，勇于挑战，注重挖掘教材中蕴含的增进生命教育的多种价值，促进学生的身心和谐发展。

（二）相关分析

1. 教材分析

表 5-2-1　二年级前滚翻教材分析

运动认知	动作结构	相关体能	相关知识
认知：前滚翻是体操中的一项技巧运动，"以身体横轴为中心的翻转运动"，是复杂的技巧动作的基础 价值：前滚翻作为日常生活的一种自我保护方法，在现实生活中有实践指导作用，经常参加滚翻练习，可锻炼腰腹背肌和上	动作过程：蹲撑开始，重心前移，提臀、蹬地，屈臂低头，团身，经头后部、肩、背、腰、臀部依次着垫，向前滚动成抱膝蹲立，起身站立 动作要点：一蹬三靠，蹬腿后下颌靠锁骨、团身小腿靠大腿、膝盖靠身体	前滚翻成蹲撑需要较好的灵敏、协调、平衡、柔韧等身体素质 1. 灵敏素质 两人进行追逐、躲闪跑、钻、爬、跨、跳、滚动练习 2. 腰腹力量练习 仰卧起坐、俯卧抬上体、仰卧举腿	理论依据：从力学角度分析，支撑、蹬伸、团身是完成前滚翻的三个主要环节 产生动能阶段：两脚蹬地，前脚掌对地面产生作用力，同时，地面对前脚掌产生反作用力 团身滚动阶段：屈臂低头，团身滚动，减小滚动半径，提高滚动速度

(续表)

运动认知	动作结构	相关体能	相关知识
肢力量；提高柔韧、灵敏、协调素质；提高前庭器官的稳定功能、平衡能力和定向能力	关键环节：蹬地有力，团身紧，掌握平衡		滚动成蹲立阶段：上体在双脚着地前，双手用力推垫，使身体重心加速前移，减少重力矩的制动作用

2. 学情分析

表 5-2-2　学情分析

教学对象	认知水平	身心特点	能力水平
二年级学生	前滚翻成蹲撑对于二年级学生而言，是在一年级前滚翻成屈腿坐基础上的进一步提高	学生兴趣广泛，思维敏捷，善于模仿，但精细程度不足，注意力持续时间短，身体控制能力不足，因此，教师的语言引导、讲解示范、场景布置，教学过程都伴以儿童化、兴趣化的要求来组织，逐步提高学生的动作技能	由于前滚翻对身体协调能力要求比较高，学生间差异比较大，所以教师要重点关注滚动时速度不够、身体协调性比较弱的学生，努力让他们也体会到成功的喜悦

3. 教法分析

（1）情境化教学。学生注意力持续时间短，身体控制能力不足，教师应根据学生的年龄特征与身心特点创设有趣的教学情境，选择循序渐进式的教学方法。通过学生的角色扮演，激发学生学练的主动性和积极性。如第一课时创设了"功夫熊猫学本领"情境，第二课时创设了"小战狼"情境，第三课时创设了"武林大会"情境，第四课时创设了"拷贝不走样"情境等。

（2）信息化教学。教师在教学过程中尝试多媒体教学，采用多媒体课件，为学生展示生动形象的主题画面，激发学生参与活动的兴趣。运用投射功能，及时反馈学生的练习情况，共同改进并提高滚翻动作。

4. 问题链设计

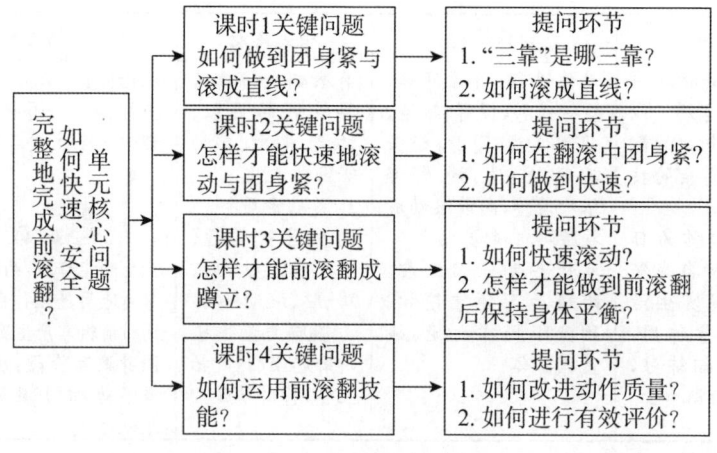

（三）教学流程

表 5-2-3　二年级前滚翻单元教学流程

年级	二年级	学期		课次	4	执教	
单元学习目标	1. 了解基本的滚翻知识，掌握前滚翻的动作要领，能独立完成前滚翻的动作，做到滚动过程保持团身紧，蹬地迅速有力，推手均衡及时 2. 参与各种滚翻活动的学练，完成前滚翻的动作方法，提高协调、柔韧、平衡和灵敏素质，承受高密度中强度学练，养成正确的身体姿态 3. 体验各种滚翻活动带来的乐趣与成功的喜悦，在多种学练活动中增强自我保护的安全意识，学会欣赏他人，懂得互相分享			教学重点		蹬推有力，快速滚动，团身紧，滚动圆滑	

课次	教学内容	学习目标	重点、难点	教学策略与评价
1	滚翻：前滚翻成蹲撑——"功夫熊猫学本领"	1. 初步学会前滚翻成蹲撑的动作，滚翻时做到团身紧，推手均匀，滚动成直线 2. 体验前滚翻的动作要领，发展爬、翻、跑的基本活动能力 3. 在体育活动中培养大胆表现、不怕困难的良好品质，增强自我保护意识	重点：蹬推有力，团身紧 难点：推手均匀成直线	教学关注： 根据单元教学重点"蹬推有力，快速滚动，团身紧，滚动圆滑"确定单元基本问题"如何快速完成前滚翻完整动作，且能做到团身紧、蹬地有力" 教学策略： 为解决单元基本问题，设计三个主要活动 主要活动一 1. 解决问题 如何做到团身紧和滚直线 2. 活动实施 （1）教师通过语言激励，引导学生复习前滚翻成屈腿坐（"功夫熊猫学本领"） （2）教师示范前滚翻成蹲撑，讲述"三靠"要求 （3）学生主动参与，感悟动作方法 （4）学生两人结伴合作，互相评价 （5）个别学生斜坡上练习前滚翻成蹲撑 （6）学生自主体验团身紧的动作 （7）师生互评 主要活动二 1. 解决问题 怎样能快速滚动、团身紧 2. 活动实施 （1）教师创设"小战狼"情境 （2）"丛林行军"两人一组复习
2	滚翻：前滚翻成蹲撑——"小战狼"	1. 继续学习前滚翻成蹲撑的动作，基本掌握团身紧、动作连贯的动作要求 2. 参与"小战狼"活动，提高滚翻能力 3. 体验合作学练乐趣，学习"战狼"精神，懂得爱国、爱生命的意义与价值，能表现出顽强拼搏、不怕困难、勇敢前行的优良品质	重点：快速滚动团身紧 难点：蹬地有力	

（续表）

课次	教学内容	学习目标	重点、难点	教学策略与评价
3	滚翻:前滚翻成蹲立——"武林大会"	1.学会前滚翻成蹲立的动作,80%的学生基本掌握动作要领和方法,提高身体协调能力 2.发展柔韧、协调、灵敏素质 3.学会保护的方法,体验互相分享成功的喜悦;发展果断自信、挑战自我的意志品质;关注学练中的安全规范,提高责任意识	重点:动作协调 难点:掌握平衡	(3)"穿越荆棘"要求重心前移、团身紧 (4)教师示范"争分夺秒"的练习方法,要求快速夺取"手雷",并组织学生完成任务 (5)教师巡视并利用平板电脑拍摄,并投射到大屏幕,师生共同点评 (6)集体挑战优秀"小战狼" (7)教师出示任务单,讲解完成四项任务的方法及规则,学生选择两项任务共同合作完成 (8)教师参与指导,帮助完成任务
4	滚翻:前滚翻完整动作——"拷贝不走样"	1.进一步掌握前滚翻的动作方法,滚翻时做到滚动圆滑 2.提高平衡能力及协调、灵敏、柔韧等素质 3.养成刻苦锻炼的意志品质,小组合作、互帮互学的良好学习习惯	重点:滚动流畅 难点:动作连贯	主要活动三 1.解决问题 怎样才能前滚翻成蹲立 2.活动实施 (1)分组练习前滚翻成蹲撑 (2)教师出示"秘籍"并示范 (3)学生利用斜坡,体验快速滚动成蹲立 (4)教师巡视,及时评价纠错 (5)平地练习,学习保护与帮助 (6)分小组展示,师生互评,互相鼓励 (7)学生展示,评出三名"武林小子"并给予奖励
安全保障	1.准备活动充分 2.分组练习时,保持安全队形 3.小组练习时注意保护与帮助 4.练习时注意动作要领 5.提示保护与帮助的站位		评价与方法	1.终结性评价:等第评价(生评、师评) 2.过程性评价:表现性评价(自评、互评、师评) (详见单元评价设计)
教学资源	海绵垫22块、平板电脑5台、大屏幕1台、"手雷"若干			

（四）评价设计

从学科核心素养三个维度入手,根据教材特点与低年级学生特点,选择反映学生体育学习情况的相关指标,根据一定的标准进行综合评价,在评价过程中注意过程性评价和终结性评价相结合。

第五章 核心素养导向的体操类运动教学设计

表 5-2-4 二年级前滚翻单元评价设计

评价维度	评价内容	评价观测点	评价方式
运动能力	运动认知	1. 能说出前滚翻的动作要点 2. 知道正确的练习技巧与保护帮助的方法	口头测试
	运动技能	独立完成动作,滚得直,团身紧,动作流畅	技术观测
	体能状况	上、下肢的协调与柔韧性的发展情况	体能测试
健康行为	锻炼习惯	积极主动参与学练,并敢于展示动作	行为观察 口头评价
	情绪调控	1. 在动作练习遇到瓶颈时能够保持镇定和耐心 2. 虚心请教,相互激励	行为观察 口头点评
	适应能力	1. 在练习中主动交流与表达,互动积极 2. 能较好地做到互帮互助	行为观察 口头点评
体育品德	体育精神	在自主合作练习中不断挑战与完善自我,使前滚翻动作逐步晋级	行为观察 口头点评
	体育道德	在学练中表现出较强的责任心,与同伴和谐互助	行为观察 口头评价
	体育品格	1. 保护与帮助时责任感强 2. 能客观公正地评价自己和他人	行为观察 口头评价

(五) 资源设计

为有效解决单元教学重点"蹬推有力,快速滚动,团身紧,滚动圆滑",教师运用直观形象的器材,使学生掌握前滚翻成蹲撑的动作要领,对化解难点具有很好的辅助作用。教师可以通过新颖的器材设计和针对性的练习手段,激发学生的学习兴趣,提高练习效果。

表 5-2-5 二年级前滚翻单元教学资源设计

目标指向	资源设计		资源应用	解决问题
单元学习目标1、2、3	媒体资源	1. 多媒体课件 2. 平板电脑、大屏幕	1. 在前滚翻成蹲撑的单元教学过程中,教师将各个分解动作和完整动作拍摄成视频录像,供学生在课上反复观看慢动作或在某个动作环节暂停观看 2. 利用大屏幕进行直观教学,让学生找到自身问题并相互解决问题;课中用平板电脑录制学生练习动作并上传到大屏幕,通过投射让学生自我观察动作的正确率,及时反馈学生的练习情况	1. 帮助学生正确理解前滚翻的动作要领 2. 为学生展示生动形象的主题画面,激发学生的兴趣

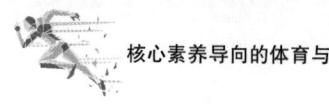

（续表）

目标指向	资源设计	资源应用	解决问题
单元学习目标 1、2、3	自制教具 1."手雷" 2.贴纸 3.迷彩基布胶 4.海绵垫	1.利用直观形象的器材"手雷"（自制器材），帮助学生快速滚动成蹲撑 2.利用"丛林"（贴纸），帮助学生滚成直线 3.利用"荆棘"（迷彩基布胶）的距离，让学生体会团身紧 4.利用海绵垫完成各项挑战任务，如"搬运弹药""穿荆夺雷""滚过草地""匍匐前进"等，通过"战狼训练营"，让学生既掌握快速滚动团身紧的要领，又掌握火灾时的逃生方法，进行生命教育	1.激发学生学习兴趣，提高练习效果 2.增加课堂教学的有效性 3.提高学生的滚翻能力 4.明确前滚翻成蹲撑的动作要领及要求

二、课时教学计划的设计

（一）课的设计

勤学苦练　保家卫国
——二年级前滚翻(4-2)课的设计

1. 指导思想

为落实"小学体育兴趣化"的课程改革要求，本课以"小战狼"为主题情境，在课程标准的指引下，融入爱国主义和生命教育，采用任务驱动的教学策略，利用学生自主体验、合作学习等方式，激发学生的学习兴趣，让学生在享受运动乐趣中获得全面健康发展。

2. 相关分析

教材分析：前滚翻是上海市小学《体育与健身》基本活动Ⅰ板块中的重要教学内容。前滚翻由蹲撑开始，经过两脚蹬地，屈臂低头，重心（臀部）前移，团身滚动，头后部、肩、背、臀部依次着垫，才能完成向前滚动成蹲立的多个步骤，对发展学生灵敏、协调、平衡、柔韧等身体素质和促进学生的身心发展具有重要作用，也是学生日常活动中学会自我保护的重要技能之一。本课"前滚翻成蹲撑"是二年级滚翻教学的第2课次，要求学生做到快速滚动、团身紧，为今后垫上运动的进一步学习打下良好的基础。

学情分析：本课教学对象是二年级学生，这个年龄段的学生柔韧性和模仿能力都很强，且生性活泼好动，对新生事物有着很强的好奇心。他们兴趣广泛，思维敏捷，善于模仿,但精细程度不足,注意力持续时间短,身体控制能力不足。

3. 主要教学策略

(1) 创设情境,激发兴趣。在课的开始部分,教师用《共产主义儿童团团歌》传承爱国主义精神,激发学生奋发上进的激情,烘托课堂气氛。教师与学生一起做热身操,主要以手腕、颈、肩、腰、膝关节、团身等为主的徒手操,为垫上运动做好充分准备。

(2) 任务驱动,学练技能。本课以"小战狼"的情境模式贯穿全课。在复习环节,教师创设了"丛林行军"这个情境,根据上节课学生的实际学习情况,通过学生相互之间的观察和小组讨论的学习方法,巩固已学的"前滚翻成蹲撑"动作。本课的教学重点是"快速滚动,团身紧"。在设计主教材时,创设了"丛林行军""穿越荆棘""争分夺秒"等多个场景,运用任务驱动的教学策略,循序渐进、由易到难、层层递进,不断激发学生学习兴趣,让学生在轻松、愉快的教学环境中感知和习得动作要领,达到基本掌握动作要求的教学目标。在"战狼训练营"的教学环节中,根据学生已有的学练水平设计"任务单",引导学生根据"任务单"上的要求,自主选择任务,并在相互讨论、合作学习与自我评价的学习氛围中有效完成任务。例如,为了突出教学重点,可在"战狼训练营"里设计了"搬运弹药"任务,以提高学生滚翻时团身紧的动作要领;设计"穿棘夺雷"任务,让学生在滚动并夺取"弹药"的学练中,掌握快速滚动的教学重点;设计"滚过草地""匍匐前进"任务,让学生学会在遇到火灾时能运用正确的姿势逃离火灾现场,保护自己生命的技能。

(3) 团结合作,体验成功。《战狼》电影里呈现的是一支堪称"东方之狼"、善于团队协作的特种兵战队。为此,教师设计了多个需团队合作才能完成的任务,帮助学生在同伴互助中掌握技能,体验成功。如在综合活动"突破重围"中,设计集奔跑、投掷和躲闪等基本活动内容于一体的团队合作任务,不仅能使教学内容变得更为丰富和生动,而且能促使学生主动、积极、自信地投入"突破重围"活动,尽享成功的喜悦。

4. 问题的预设与对策

预设1:滚动速度不够。

对策1:设置"争分夺秒"的辅助练习,帮助学生体验快速滚动成蹲撑。

预设2:团身不够紧。

对策2:练习中,通过"穿越荆棘"的环节帮助学生解决团身不紧的问题。

（二）课时计划

表 5-2-6　二年级前滚翻(4-2)课时计划

年级	二	人数	38	日期		执教			
班级		组班形式	自然班	周次		课次			
内容主题	主题："小战狼" 1. 滚翻：前滚翻(4-2) 2. 综合活动："突破重围"(2-2)			重点	快速滚动，团身紧				
				难点	动作连贯				
学习目标	1. 掌握前滚翻成蹲撑的动作，提高滚翻能力，达到团身紧、动作连贯的要求 2. 参与"小战狼"的活动，提高滚翻能力 3. 体验合作学练乐趣，学习"战狼"精神，懂得爱国、爱生命的意义与价值，能表现出顽强拼搏、不怕困难、勇敢前行的优良品质								
课的结构 （时间）	教学内容		活动设计		组织与队形		运动负荷		
							次数	时间	强度
准备部分 (6′)	课堂常规 1. 师生问好 2. 宣布本课主题："小战狼" "入营式"（热身操）韵律操（音伴）		1. 活动情境 "小战狼"情境，激发学生活动欲望；用动感音乐创设运动情境 2. 活动任务 快速融入活动情境，积极表现，主动参与活动 3. 活动评价 精神饱满、进入角色；热身充分、动作有力		图1 ● 代表教师 ♦♦ 代表学生		1	4′	中
设计说明： 在课的开始部分，运用《共产主义儿童团团歌》传承爱国主义精神，结合电影《战狼》精彩片段激发学生奋发上进的激情，烘托课堂气氛									
基本部分 (25′)	"我是小战狼" 1. "丛林行军" （复习前滚翻成蹲撑）		1. 活动情境 运用"丛林行军"情境，音乐与语言创设自主学练情境 2. 活动任务 利用"丛林"（贴纸），帮助学生滚成直线；利用"荆棘"（迷彩基布胶）的距离，让学生体会团身紧 3. 活动评价 滚直线		图2		8—10	2′	大

(续表)

课的结构(时间)	教学内容	活动设计	组织与队形	运动负荷		
				次数	时间	强度
基本部分(25′)	设计说明： 1. 情境化：以"小战狼"情境模式贯穿全课。在复习环节,创设了"丛林行军"的情境,根据上节课学生的实际学习情况,通过学生相互之间的观察和小组讨论的学习方法,巩固已学的"前滚翻成蹲撑"动作 2. 信息化：教师将各个分解动作和完整动作拍摄成视频录像,供学生在课上反复观看慢动作或在某个动作环节暂停观看					
	2. "穿越荆棘" (重心前移团身紧) 3. "争分夺秒" (快速滚动团身紧)	1. 活动情境 通过"穿越荆棘"与"争分夺秒",快速夺取"弹药";教师巡视并拍摄录像,师生共同点评 2. 活动任务 学会简单的评价 3. 活动评价 身体重心快速前倾,快速滚翻成蹲撑	图3	8—10 8—10	2′30″ 2′30″	中 中
	设计说明： 1. 信息化：课中用平板电脑录制学生练习动作并上传到大屏幕,让学生自我观察动作的正确率,及时反馈学生的练习情况 2. 情境化：创设"丛林行军""穿越荆棘""争分夺秒"等多个情境,运用任务驱动的教学策略,循序渐进、由易到难、层层递进,不断激发学生学习兴趣					
	4. "战狼训练营" 任务1："搬运弹药" 任务2："穿荆夺雷" 任务3："滚过草地" 任务4："匍匐前进"	1. 活动情境 布置训练场地、准备音乐,营造训练营情境 2. 活动任务 学生选择两项任务,合作完成 3. 活动评价 积极参与,合作互助,简单评价	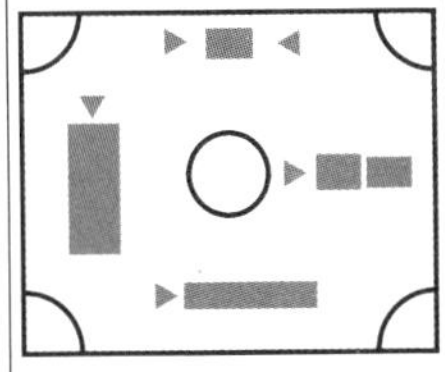 图4	8—10	3′	中

（续表）

课的结构（时间）	教学内容	活动设计	组织与队形	运动负荷		
				次数	时间	强度
基本部分（25'）		设计说明： 1.情境化：利用海绵垫布置"战狼训练营"，完成各项挑战任务 2.问题化：根据学生已有的学练水平设计"任务单"，引导学生根据"任务单"上的要求，自主选择任务，并在相互讨论、合作学习与自我评价的学习氛围中有效完成任务				
	综合练习："突破重围" 任务1："运输弹药" 任务2："冲过火线"	1.活动情境 利用音乐和场地布置创设体能训练情境 2.活动任务 在小组长带领下自主选择核心力量训练项目，循环练习 3.活动评价 认真训练、动作到位、不畏困难、敢于挑战自我	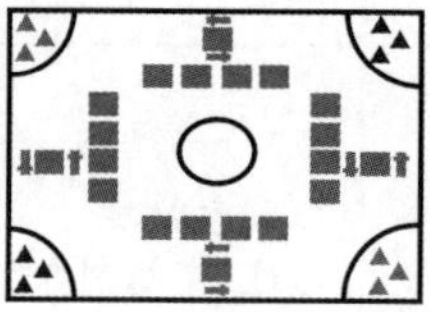 图5 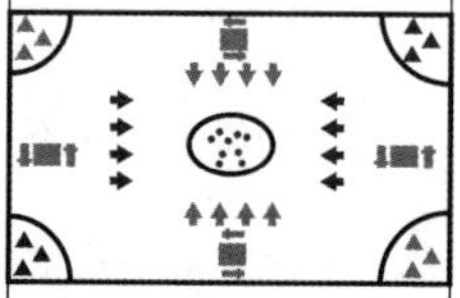 图6	4×20	4'	大
		设计说明： 1.情境化：在综合活动"突破重围"中体验"战狼"是一支堪称"东方之狼"、善于团队协作的特种兵战队 2.结构化：设计集奔跑、投掷和躲闪等基本活动内容于一体的团队合作任务				
结束部分（4'）	1.放松练习：拉伸（音伴） 2.小结与点评 3.归还器材 4.师生再见	1.活动情境 利用音乐创设放松氛围，利用语言创设宽松的讲评氛围 2.活动任务 拉伸放松，在教师引导下自评、互评 3.活动评价 身心放松、精神愉悦、善于表达	 图7		2'30"	小

（续表）

场地器材	体操垫22块、"手雷"若干、大屏幕1台、平板电脑5台	安全保障	1."前滚翻"练习时,要注意教师的保护和学生的自我保护 2.教师要及时提醒学生注意练习队形,避免碰撞 3.场地设置要考虑学生之间的活动距离,避免碰撞		
		预计	练习密度		负荷强度
			全课	内容主题	中
			58.6%	53%	
课后反思					

* 本教学设计源自上海市级公开课,曾获得评课专家的高度好评。原作者为上海市虹口区第四中心小学教师王逸,后由上海市奉贤区青少年活动中心教师杨清风根据编写组要求再次设计。

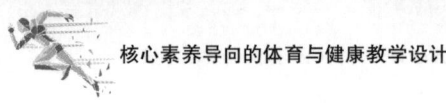

第三节 垫上运动：远撑前滚翻教学设计

本设计内容为八年级垫上运动：远撑前滚翻，主题为"动感培育 灵动课堂"，旨在通过远撑前滚翻的学习提高滚翻能力，发展柔韧、灵敏、协调等身体素质，使学生动作灵活、反应敏捷。

一、单元教学计划的设计

（一）指导思想

依据"以学生发展为本"的理念，在远撑前滚翻单元教学中，采用一垫到底和多媒体教学相结合的方式，让学生仔细观察远撑前滚翻动作过程的每个细节，形成正确的动作概念，并注重知识技能的指导与教授，旨在为学生创造一个和谐融洽、充满活力的学习氛围和自主学习的空间。通过教师的问题引导，使学生积极投入学习，培养发现问题、解决问题的能力。通过开展小组合作练习，激励学生增强信心、挑战自我，体验运动所带来的乐趣，树立"终身锻炼"的意识。

（二）相关分析

1. 教材分析

表 5-3-1　八年级远撑前滚翻教材分析

运动认知	动作结构	相关体能	相关知识
认知：远撑前滚翻属于技巧滚翻类教材，更多的是锻炼上肢力量；远撑前滚翻是在前滚翻的基础上学习的，对以后的滚翻类教材学习也有着重要的辅助作用，在初中滚翻类教材中具有很重要的位置	动作过程：成半蹲姿势，两臂后摆，双脚用力蹬地的同时两臂迅速前摆，双手远撑垫，屈体低头，屈臂缓冲，团身前滚翻起立 动作要点： 团身滚动：低头含胸、收腹收腿；蹬地远撑：	远撑前滚翻需要较好的腿部、上肢和腰腹力量，以及柔韧、灵敏等身体素质，同时对身体的控制能力、定向能力和协调能力有较高要求 1. 各种俯卧撑练习	依据作用与反作用力、圆周运动原理来分析远撑前滚翻 动作由半蹲姿势至两臂后摆开始，使身体处于平衡位置，两腿迅速向地面快速蹬地，获得向前上方的反作用力；随着手臂向前远撑，进一

(续表)

运动认知	动作结构	相关体能	相关知识
价值：经常参加远撑前滚翻练习可提高身体柔韧、灵敏、协调素质，使学生动作灵活、反应敏捷	蹬地有力，两臂快速前摆，肩角拉开 关键环节：远撑蹬地与团身滚动连贯、上、下肢动作协调	2. 发展腹背肌群力量的练习：各种不同身体姿势的举腿；仰卧举腿；俯卧两头翘；仰卧起坐 3. 连续跪跳起	步屈身低头、含胸、屈髋、收腿，由团身滚动获得动力，产生圆周运动，最后起立来完成整个动作

2. 学情分析

表5-3-2 学情分析

教学对象	认知水平	身心特点	能力水平
八年级女生	通过前滚翻等动作的学习，学生对垫上运动的基础知识、技能、价值与功能有一定的了解，按照本次单元教学的课前预习，学生通过搜索概念和观看有关视频，对远撑前滚翻的动作结构、过程及其健身意义有了进一步的了解，有助于本单元教学的顺利开展	本班八年级女生的上、下肢和腰腹肌力量都比较弱，给她们学习远撑前滚翻的技术动作带来了挑战，这是本课教学过程中需要注意的地方；处于青春期的女生自尊心强，希望得到同伴的认可，爱表现自己，富于想象，有很强的求知欲和表现欲，对有难度的动作有浓厚的学习兴趣，这是本课可以顺利推进的有利基础	通过小学阶段和六、七年级的学习，学生已经具备了一定的滚翻能力，掌握了一定的学练要领；具有较强的模仿能力和同伴合作探究的能力，接受新鲜事物的能力较强，但小组合作交流学习的能力还有所欠缺，希望通过新的学习模式，进一步提高运动能力和社会交往能力

3. 教法分析

（1）问题化教学法：在第1课次提出问题"在行走或慢跑时遇到突然出现的障碍物，如何用滚翻来进行安全避开？"；在第2课次提出问题"前滚翻和远撑前滚翻有什么区别？""蹬地的重要性是什么？""收腿的时机是什么时候？"。学生带着问题尝试练习，再通过正确动作的演练，提高完成远撑前滚翻技术动作的能力。

（2）小组合作教学法：在第1课次，小组合作交流解决"在行走或慢跑时遇到突然出现的障碍物，如何用滚翻来进行安全避开？"的问题，提高学生的滚翻能力，体现滚翻生活化；在第2课次的菜单式练习中，小组成员一起积极讨论，运用不同颜色的贴纸对易犯错误进行诊断，使学生更加明确技术动作的重点；在第3课次，小组合作一起创编新的教学方法，充分激发学生的思维，发挥小组合作的能动性，体现思维活动与身体练习紧密结合的学科特征；在第4课次，通过创编三个及以上垫上运动动作组合的练习过程,把小组合作的氛围推向更高潮,提高垫上运动各种滚翻的能力。

信息化教学法:在第1课次,学生运用平板电脑拍摄"在行走或慢跑时遇到突然出现的障碍物,如何用滚翻来进行安全避开?"的行动画面,小组观看、交流,提高滚翻的认识;在第2课次,学生观看教师制作的微视频,使学生对远撑前滚翻的动作由表象作用过渡到对正确动作的理解,明确动作方法与要求,现场拍摄学生视频并反射于大屏幕,进行正误对比,使学生明确蹬地的重要性和收腿的时机;在第3课次,学生运用不同颜色的贴纸进行易犯错误的诊断,教师引导学生重新分组,按照易犯错误的不同进行分层教学,创造不同条件满足不同身心发展水平的学生,提高远撑前滚翻的技术动作。

4. 问题链设计

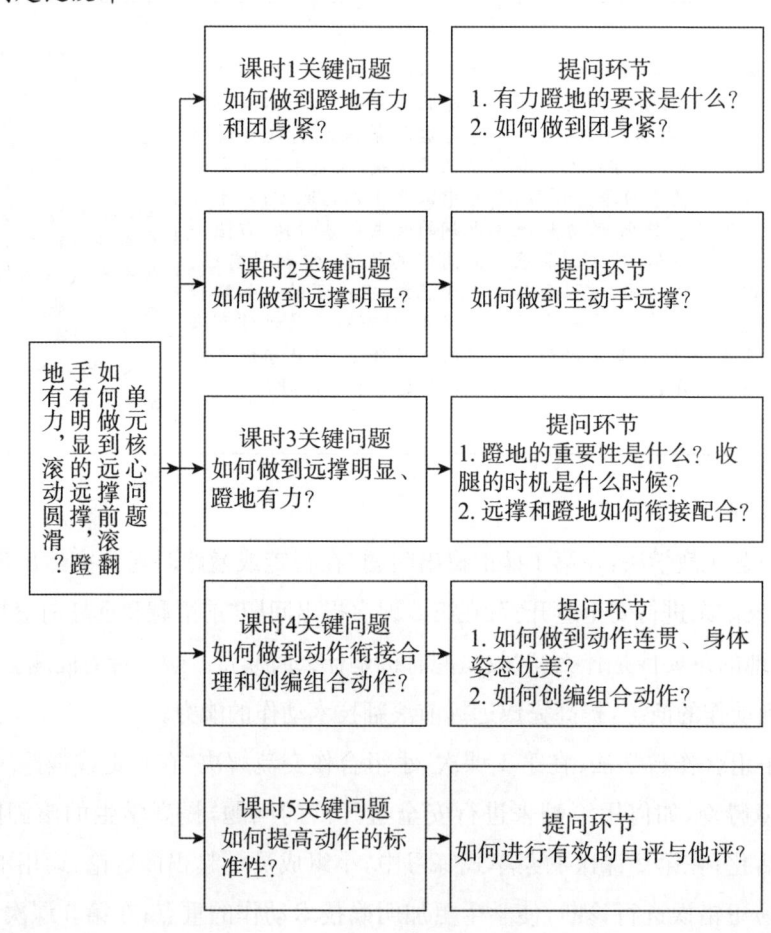

(三) 教学流程

表 5-3-3　八年级远撑前滚翻单元教学流程

年级	八年级	学期		课次	5	执教	
单元学习目标	1. 掌握蹬地远撑和滚动圆滑的动作方法，能独立完成蹬地远撑一定远度的远撑前滚翻动作，学会保护与帮助的方法，发展力量、柔韧、灵敏等体能，提高身体平衡及控制能力 2. 经历多种条件作业下的滚翻练习，掌握蹬地远撑和滚动圆滑的动作方法，做到远撑蹬地与滚动连贯 3. 积极融于小组合作学习，勇于参与垫上运动，培养不畏困难、果断自信的意志品质，能运用评价标准进行自评和互评			教学重点	远撑蹬地与滚动连贯		

课次	教学内容	学习目标	重点、难点	教学策略与评价
1	1. 复习前滚翻 2. 各类滚翻动作的展示 3. 滚翻融入生活	1. 掌握各类滚翻的动作，能独立完成连续两个前滚翻动作，学会保护与帮助的方法，提高身体的协调性和保护帮助技能 2. 尝试各种前滚翻的练习，掌握蹬地和滚动的动作方法，做到蹬地有力、团身紧 3. 在复习前滚翻的过程中，让学生充分感受前滚翻与生活的密切联系，培养刻苦锻炼、勇敢果断的心理品质	重点：蹬地有力、团身紧 难点：滚动圆滑	教学关注： 1. 团身紧、滚动圆滑 2. 蹬地有力和手臂远撑 3. 动作协调，滚动连贯 教学策略： 1. 问题化教学 如何做到手臂主动远撑，在支撑的过程中体现直臂顶肩的动作，如何做到蹬地有力来获得滚翻的动力 (1) 通过专门性练习，体验直臂顶肩的技术动作和蹬地的作用力 (2) 手撑固定线的远撑前滚翻，让学生体验远撑的标准，而远撑要到达教师设置的远度必须与蹬地有力相协调 2. 信息化教学 (1) 播放微视频→学生带着问题边思考边尝试练习→讲解微视频中的正确动作，使学生对技术动作从表象作用转变到直观了解，清晰地知道前滚翻与远撑前滚翻的区别 (2) 教师即时拍摄教学视频，投射于大屏幕，现场反馈正误对比，让学生发现蹬伸应满足的条件和收腿的时机，使学生深刻理解技术动作
2	学习远撑前滚翻动作	1. 知道前滚翻和远撑前滚翻动作的不同，体验不同距离的远撑前滚翻动作，初步掌握蹬地远撑和滚动圆滑的动作方法，体验保护与帮助的方法，发展力量、柔韧、灵敏等体能，提高身体平衡及控制能力 2. 尝试各种前滚翻练习，掌握蹬地和滚动的动作方法 3. 在各种交流学习过程中，培养勇敢、顽强、果断的意志品质，能尝试用教师提供的方法进行评价	重点：远撑与蹬地 难点：蹬地与远撑的衔接配合	

（续表）

课次	教学内容	学习目标	重点、难点	教学策略与评价
3	1.复习手撑固定线的远撑前滚翻 2.改进远撑前滚翻动作	1.能回忆远撑前滚翻的动作过程，能够完成手撑一定远度的远撑前滚翻技术，发展上、下肢及腰腹力量，提高身体柔韧、灵敏、协调素质。 2.尝试各种前滚翻练习，学会自我保护与帮助的方法。 3.在练习过程中，培养爱国情怀，敢于挑战的意志品质，增强集体观念、团结协作能力，体验成功的快乐	重点：远撑与蹬地 难点：蹬地与远撑的衔接配合	（3）发现问题，过渡到菜单式练习（多媒体展示），利用有颜色的贴纸结合PPT小组一起诊断、发现问题，根据教师提供的多种教学手段进行练习，如手撑不同距离标志线的远撑前滚翻、手撑垫跃过固定高度的远撑前滚翻 （4）视频播放多种垫上运动的动作，充分发挥小组长的作用，小组创编三个及以上垫上动作组合练习 评价要点： 1.主动参与，小组合作交流 2.保护与帮助的主动运用 3.大胆展示，积极评价 4.整体动作是否衔接合理、滚动圆滑、形态优美
4	1.巩固远撑前滚翻 2.创编三个及以上垫上动作组合练习	1.能够分析远撑前滚翻的动作技术，手臂远撑与蹬地充分，各动作之间衔接流畅，提高柔韧、灵敏、力量等身体素质。 2.加强远撑前滚翻动作技术的实践应用能力 3.在小组合作的学习过程中，表现出互帮互助、勇于挑战的意志品质，并熟练运用自评和互评的方法	重点：远撑、蹬地、团身紧与滚翻圆滑 难点：动作衔接的流畅性	
5	1.复习远撑前滚翻 2.远撑前滚翻的考核	1.能分析远撑前滚翻技术动作，通过考核，并能将动作运用到现实生活中 2.在考核过程中独立完成远撑前滚翻动作，加强机体对滚翻的自控能力，发展灵敏、柔韧、力量等素质 3.通过自评、互评和教师评价，合理评价自己的练习成果，提高对所学技术的鉴赏水平，体验垫上运动的乐趣	重点：动作协调连贯 难点：身体姿态优美	

第五章 核心素养导向的体操类运动教学设计

（续表）

安全保障	1. 课前仔细检查器材，场地布置合理 2. 加强练习前的热身活动，尤其是头颈、肩部及上、下肢各关节部位的热身练习 3. 落实保护与自我保护的措施，加强保护学生的责任意识，垫子之间保持绝对的安全距离 4. 关注学生有序地进行练习，建立垫上运动的教学常规	评价与方法	1. 终结性评价：等第评价（生评、师评） 2. 过程性评价：表现性评价（自评、互评、师评） （详见单元评价设计）
教学资源	大垫子17块、橡皮筋8根、贴纸60个、呼啦圈8个、多媒体1套、平板电脑1台		

（四）评价设计

以课程标准中提出的运动能力、健康行为、体育品德三个方面为评价内容，选择反映学生体育学习情况的相关指标，根据一定的比重进行综合评价。在评价过程中注意过程性评价和终结性评价相结合。

表5-3-4　八年级远撑前滚翻单元评价设计

评价维度	评价内容	评价观测点	评价方式
运动能力	运动认知	能具体说出远撑前滚翻的动作要点及保护与帮助方法	口头测试
	运动技能	1. 在有明显的远撑动作的基础上，能够有节奏、协调连贯地展示完整动作 2. 滚动圆滑，动作轻松、协调、稳定，姿态优美	技术观测
	体能状况	上、下肢的协调，腰腹力量及柔韧性的发展情况	体能测试
健康行为	锻炼习惯	1. 认真观察教师示范，同伴之间相互观察动作 2. 自主有序进行各种条件作业练习	行为观察 口头评价
	情绪调控	能克服畏难情绪主动学练	行为观察 口头点评
	适应能力	1. 能进行同伴交流和合作互助，能及时给予安全提示，共同提高 2. 积极参与小组合作交流、讨论和主动创编	行为观察 口头点评
体育品德	体育精神	在自主合作练习中，直腿后滚翻动作逐步晋级，不断挑战自我、完善自我	行为观察 口头点评
	体育道德	学练中表现出较强的责任心，及时给予安全提示	行为观察 口头评价
	体育品格	主动给同伴保护与帮助，主动体验，大胆展示	行为观察 口头评价

(五) 资源设计

远撑前滚翻技术中手臂远撑、蹬地充分和动作衔接配合的难度系数是比较大的，教师示范和讲解显得比较枯燥单一，所以应运用多媒体资源和自制教具，创设多种练习情境，让学生对整个技术动作有一个清晰的动作概念，激发学生的学习兴趣，提高课堂的实效性。

表 5-3-5 八年级远撑前滚翻单元教学资源设计

目标指向	资源设计	资源应用	解决问题
单元学习目标 1、2、3	媒体资源	1. 微视频 2. PPT 3. 平板电脑	1. 把滚翻融入生活实际的练习过程，学生现场拍摄动作，相互学习、相互提高 2. 运用不同颜色的贴纸，结合 PPT，小组合作对易犯错误进行诊断，提高对动作的理解能力 3. 教师利用平板电脑现场即时拍摄教学视频，反射于大屏幕，与正确动作正误对比，明确蹬地的意义与收腿的时机 4. 观看教师准备的多种垫上运动的动作视频，引发学生积极创编三个及以上垫上动作组合练习	1. 提高学生学习兴趣，把滚翻融于生活 2. 帮助学生建立正确的动作概念，明确动作的方法与要求 3. 纠正错误动作，提高技术动作 4. 引导学生运用视频动作及以往所学或者所看，进行三个及以上垫上组合动作的创编，提高滚翻的能力与拓展
单元学习目标 1、2、3	自制教具	利用学校现有器材和自制小器材进行合理创编	1. 利用垫子的叠加（两个垫子叠放或者由高垫向低垫滚动）进行滚动练习 2. 当学生远撑不到位时，利用贴纸，进行垫上不同手撑距离和不同站位点距离的各种滚翻练习 3. 当学生蹬地足够有力时，利用橡皮筋进行一定高度的远撑前滚翻	1. 帮助学生克服恐惧心理，提高团身紧和滚动圆滑的能力 2. 提高学生手臂主动远撑和蹬地的能力 3. 提高蹬地有力的能力与团身的衔接配合

二、课时教学计划的设计

(一) 课的设计

动感培育　灵动课堂
——八年级远撑前滚翻(5-2、5-3)课的设计

1. 指导思想

本单元以新课标为依据，充分发挥学生主体作用。通过远撑前滚翻单元的学习，让学生在轻松愉悦的学习环境中掌握所学的技术动作，提高运动技能，进一步促进身

体素质和运动技能的发展。本单元中将生命教育融入教学,让学生在活动中学会简单的生存技能,掌握自我保护及关爱帮助他人的方法,能与人合作,为学生的健康成长合理生活打下良好的基础。

2. 相关分析

教材分析:远撑前滚翻共有 5 个课次,本课为第 2、第 3 课次,动作由手臂远撑、用力蹬地获得滚翻动力、迅速屈臂低头、屈膝团身滚动、上体迅速起立 5 个动作组成,本课的教学重点是远撑和蹬地,学习远撑前滚翻动作对学生的柔韧、灵敏、力量及身体协调能力具有重要作用,同时有助于学生克服胆怯心理,建立学习自信心、团结协作等优秀品质。

学情分析:本课的授课对象是八年级女生,处于迅速发育时期,存在力量较弱、身体不协调、本体感觉差的特征。尤其是部分女生体能差、胆量小、协调性欠佳,对学习远撑前滚翻信心不足,有一定的畏惧情绪。但她们有一定的前滚翻基础,本课在解决远撑问题的同时,尽可能多地创造不同条件满足不同身心发展水平的学生。

3. 主要教学策略

(1) 信息化教学。让学生先看微视频,使其对远撑前滚翻动作产生表象,然后自主尝试练习,探索和模仿动作。教师结合微视频的讲解使学生对正确动作有了更加直观的理解,明确动作的方法与要求。由小组长带着小组成员一起利用 PPT"诊断"易犯错误。多种练习方法由简到难,循序渐进,满足不同层次学生的需求。课中运用平板电脑即时拍摄教学视频,投射于大屏幕,现场反馈对比、正误对比,使学生对动作更加直观,形成正确的动作概念,达到最好的教学效果。准备操和放松运用不同的音乐,让学生充分融入课堂教学,调节课堂气氛。

(2) 情境化教学。开始部分之前教师设计了一个假摔的动作作为情境铺设,引入这节课的学习内容,让学生能更快进入课堂学练氛围中。在整个学练过程中,教师激励学生相互合作、主动体验、认真思考、挑战自我。在课的素质练习阶段,运用"兔子舞"的练习形式,提高学生身体素质。通过练习队形的不断变化,如 8 路纵队变 4 路、数字"20"到数字"19"的转化,既能锻炼腿部力量,又能体现团队合作。数字"20"还代表校 20 周年校庆,数字"19"代表党的十九大会议,引导学生爱家、爱校、爱国,激发爱国主义情怀,课堂气氛达到最高潮。整堂课一垫到底,全程贯穿多媒体教学和引导式教学,给学生一种视觉享受,使学生有更加直观、深刻的感官体验,也发展了学生的个性和创造性思维,为促成全课良好的教学效果起到了重要的作用。放松小结阶段让学生继续伴随音乐,跟老师一起做瑜伽动作来放松身心,从剧烈运动恢复到安静状态,起到一个转承过渡的作用。最后,师生共同点评,回味整堂课的过程,进一步激发学生的学习热情与体育情感。

(3) 结构化教学。利用多媒体展示让学生对远撑前滚翻的动作有了表象,在自主尝试练习中探索和模仿动作,学生通过小组合作在保护与帮助下能够做出连贯的动作。从教师设置简单的教学手段到发现问题,再过渡到菜单式练习。在这个过程中,由小组成员利用有颜色的贴纸并结合 PPT 共同开展易犯错误的诊断。多种练习方法由简到难,循序渐进,满足不同层次学生身心发展水平的需求。

4. 问题的预测与对策

预设 1:如何做到远撑明显?

对策 1:设置"手撑固定线的远撑前滚翻"。

预设 2:如何做到远撑明显、蹬地有力?

对策 2:通过菜单式学练和创编新的练习手段来解决远撑不明显和蹬地不够有力的问题。

(二) 课时计划

表 5-3-6　八年级远撑前滚翻(5-2、5-3)课时计划

年级	八年级	人数	33	日期		执教	
班级		组班形式	女生合班	周次		课次	
内容主题	垫上运动:远撑前滚翻(5-2、5-3)			重点	远撑、蹬地		
				难点	远撑与蹬地的衔接配合		
学习目标	1. 知道前滚翻和远撑前滚翻动作的不同,75%的学生能独立完成远撑前滚翻动作,掌握蹬地远撑的技术,学会保护与帮助的方法,发展腿部、上肢和腰腹力量,以及柔韧、灵敏等身体素质,提高身体平衡及控制能力。 2. 经历多种条件作业下的滚翻练习和体能练习,做到远撑与蹬地的衔接连贯。 3. 经历同伴之间相互交流与合作,增强自信心,不断挑战自我,体验成功的乐趣,激发爱国主义情怀。						
课的结构(时间)	教学内容	活动设计	组织与队形	运动负荷			
				次数	时间	强度	
准备部分(8′)	课堂常规 1. 整队、检查人数 2. 师生问好,宣布内容 3. 整理服装,安全教育 4. 安排见习生 准备活动 1. 队列跑 2. 音伴的垫上操 (1) 头部运动 (2) 肩部运动 (3) 扩胸运动 (4) 踢腿运动 (5) 屈腿运动 (6) 全身运动	1. 活动情境 (1) 用动感音乐创设运动情境 (2) 准备活动与主教材衔接 2. 活动任务 (1) 身心准备 (2) 为学习主教材服务 3. 活动评价 (1) 热身认真积极 (2) 动作到位	○○○○○○ ○○○○○○ ○○○○○○ ○○○○○○ △ 图 1 △代表教师 ○代表学生 图 2		2′ 6′	小 中	

(续表)

课的结构(时间)	教学内容	活动设计	组织与队形	运动负荷		
				次数	时间	强度
	设计说明: 情境化:小组长带领进行创意跑,再到集体的慢跑,在简单的慢跑中加入后踢腿跑、屈腿跳、直腿跳的动作,使慢跑不再单一与枯燥,也为主教材起到一个抛砖引玉的作用,然后在音伴下做头、颈、肩、膝等关节的垫上准备操,为整堂课的开始做好充分的身心准备					
基本部分 28′	复习前滚翻	1. 活动情境 创设摔倒情境,利用前滚翻自我保护 2. 活动任务 在摔倒情境中运用前滚翻保护自己 3. 活动评价 积极参与,滚动圆滑,自我保护意识强	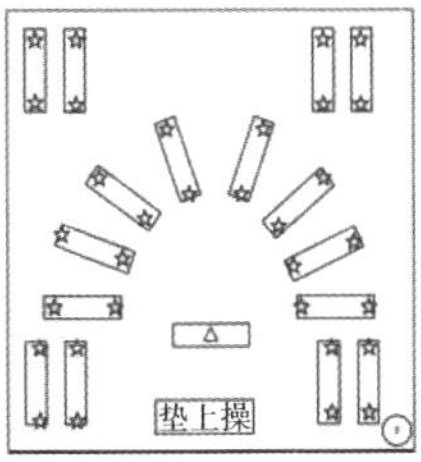 图3	3	50″	中
	设计说明: 1. 情境化:教师设计了一个假摔的动作作为情境铺设,引入这节课的学习内容,让学生能更快进入课堂学练氛围 2. 结构化:通过复习前滚翻动作,检验学生对已学技术的掌握能力,为下一阶段的学习内容打下基础					
	学习远撑前滚翻 1. 专门性练习 (1) 手撑垫蹬直双腿练习 (2) 预摆接手撑垫蹬地练习 (3) 远撑接团身滚动练习 2. 尝试练习 3. 微视频教学 4. 手撑固定标志线的练习 5. 菜单式练习 A. 手撑不同距离的标志线 B. 手撑垫跃过固定高度的练习 C. 手撑厚垫的滚动练习 D. 从高垫向低垫的滚动练习 E. 无贴纸的学生练习完整动作	1. 活动情境 运用多媒体演示练习场景创设问题(远撑不到位、蹬地不充分、团身不够紧等),针对问题提供PPT学习菜单并提出要求 2. 活动任务 明确动作要领及保护与帮助的方法,根据自己的问题(相同颜色贴纸分为一组)进行菜单式练习 3. 活动评价 小组合作讨论,互学互练	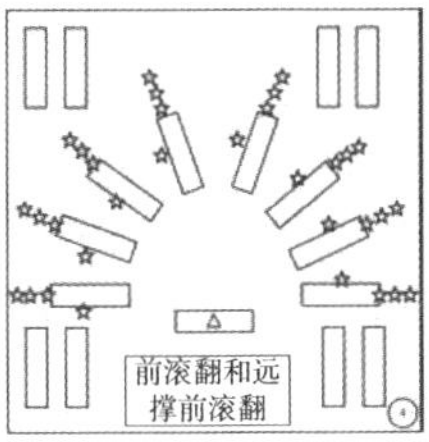 图4 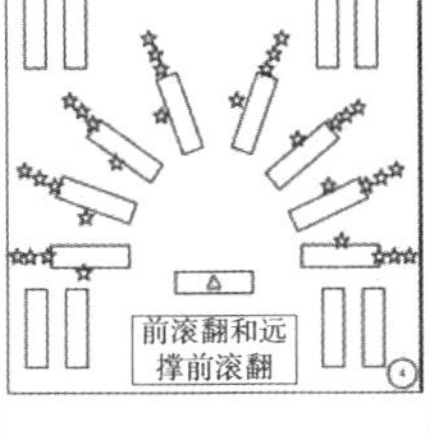 图5	3×8 8 10 10 5×8	2′30″ 2′30″ 2′30″ 2′30″ 2′30″	中 中 中 中 中

(续表)

课的结构（时间）	教学内容	活动设计	组织与队形	运动负荷 次数	运动负荷 时间	运动负荷 强度
	设计说明： 1. 信息化：通过微视频、PPT、平板电脑多种多媒体的运用，让学生对远撑前滚翻的动作有了完整认识，在自主尝试练习中探索和模仿动作 2. 结构化：练习方法由简到难，循序渐进，满足不同层次学生身心发展水平的需求 3. 问题化：从教师设置简单的教学手段到发现问题，再过渡到菜单式练习，在这个过程中，由小组成员利用有颜色的贴纸并结合PPT共同开展易犯错误的诊断					
6. 创编 7. 展示与交流 8. 完整练习		1. 活动情境 发现新问题，播放拍好的视频，与正确动作对比，主动创编来解决问题 2. 活动任务 观看视频，了解蹬伸的意义和收腿的时机，实施创编方法并主动练习 3. 活动评价 展示、自评和互评	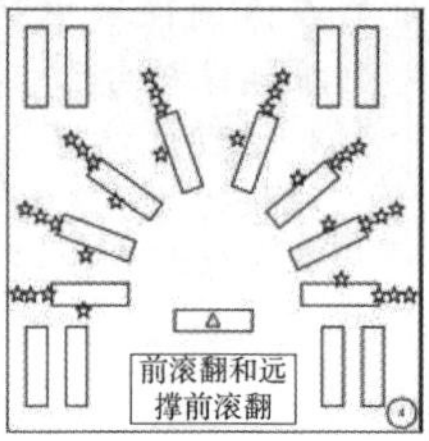 前滚翻和远撑前滚翻 图6	8 1 6	6′ 10″ 1′	大 中 中
	设计说明： 1. 分组合作：引导学生小组合作进行创编，使学生主动学习、积极思考、小组团结合作 2. 结构化：整堂课一垫到底，全程贯穿多媒体教学和引导式教学					
相关体能练习："兔子舞"		1. 活动情境 利用音乐和场地布置创设体能训练情境 2. 活动任务 在小组长带领下自主选择核心力量训练项目，循环练习 3. 活动评价 认真训练、动作到位、不畏困难、敢于挑战自我	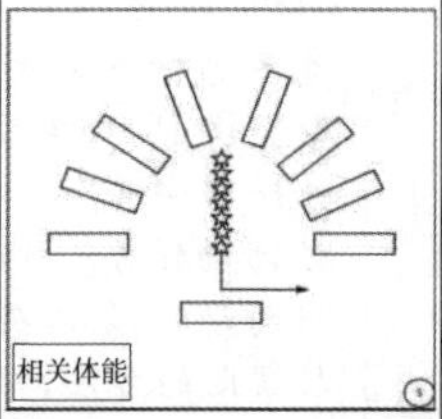 相关体能 图7	1	3′30″	大
	设计说明： 情境化：运用"兔子舞"的练习形式提高学生身体素质，通过练习队形的不断变化，引导学生爱家、爱校、爱国，激发爱国主义情怀，课堂气氛达到最高潮					

(续表)

课的结构（时间）	教学内容	活动设计	组织与队形	运动负荷		
				次数	时间	强度
结束部分 4'	1. 整理放松——瑜伽放松操（音伴） 2. 课堂小结 3. 归还器材 4. 师生再见	1. 活动情境 利用音乐创设放松氛围，语言创设宽松的讲评氛围 2. 活动任务 拉伸放松，在教师引导下自评、互评 3. 活动评价 身心放松、精神愉悦、善于表达	图8	1	2'30"	小

场地器材	大垫子17块、橡皮筋8根、贴纸60个、呼啦圈8个、多媒体1套、平板电脑1台	安全保障	教师：提示、引导学生注意自我保护 学生：学会安全的自我锻炼与自我保护方法 器材：课前检查器材，合理布置场地		
		预计	练习密度		负荷强度
			全课	内容主题	中
			55.3%	50%	

课后反思	

＊本教学设计源自2017年上海市中青年教师教学评选一等奖课。原作者为上海市进才北校教师王时华，后由上海市奉贤区青少年体育活动中心教师杨清风根据编写组要求再次设计。

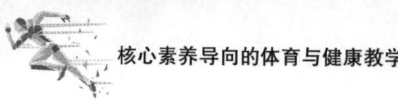
核心素养导向的体育与健康教学设计

第四节 垫上运动:直腿后滚翻教学设计

本设计为高一男生的直腿后滚翻,主题为"基于课标 活化练习 动感培育",旨在通过情境化的学习,发展学生柔韧性、上肢力量与腰腹力量,培养学生克服困难、自信心和责任心等。

一、单元教学计划的设计

(一) 指导思想

本单元以"健身育人"为指导,结合直腿后滚翻的技术特点,立足于发展学生体育学科核心素养,不仅注重发展学生的运动能力,还使学生能够在学习过程中感受到运动的乐趣,体验到运动的快乐,养成体育锻炼的好习惯,并在小组学习中不断增强同伴之间的信任,提高合作意识。另外,教学中强调"以用为本",通过结构化、情境化、问题化、信息化的教学,引导学生逐渐学会观察、学会思考、学会交流,提高分析问题和解决问题的能力。

(二) 相关分析

1. 教材分析

表 5-4-1 高一年级直腿后滚翻教材分析

运动认知	动作结构	相关体能	相关知识
认知:直腿后滚翻是一项绕身体横轴向后方滚翻的动作,是在学生学会并掌握了团身后滚翻动作技术基础上延伸拓展的新动作,该技术能够展现人体力与美,有	动作过程:直腿后滚翻由直腿后坐、举腿翻臀、收腹屈体、推撑站立4个动作组成。 动作要点:上体前屈髋后移,支撑过渡臀着地,迅速倒肩快举腿,两手快速	直腿后滚翻的过程中需要一定的柔韧性、上肢力量与腰腹力量 1. 柔韧性练习:压腿、体前屈、屈体下振、反弓搭桥等 2. 上肢力量练习:俯卧	直腿后滚翻的第一动力源是重力势能转化成的动能,因此后倒快、屈体紧是关键,第二动力源是推手的力量,因此推手及时、有

(续表)

运动认知	动作结构	相关体能	相关知识
效提升身体姿态与控制能力 价值:学习该内容能提升学生时空方位的判断能力和自我保护的技能,发展学生的柔韧性、协调性和灵巧性,有利于帮助学生克服胆怯心理、建立自信心,形成展示美和欣赏美的能力	肩上撑,身体叠紧腿要直,用力推撑成站立 关键环节:滚翻过程保持屈体、直腿	撑、"推小车"、平板支撑等 3.腰腹力量练习:仰卧起坐、仰卧举腿、两头起等	力是完成动作的重要因素

2. 学情分析

表 5-4-2　学情分析

教学对象	认知水平	身心特点	能力水平
高一男生	身体素质参差不齐,对于垫上运动的理解也存在较大差异,虽然大部分学生在初中学过后滚翻,但由于相隔时间较长,可能会出现一定遗忘	1.高中学生身体处在发育期,具有一定的速度,上肢力量欠佳 2.高中阶段是自我意识发展的第二个飞跃期,独立思维能力强,能够在学习过程中自主探索与互助提高	学生思维敏捷、探究能力较强,对新知识、新技能的渴求强烈,因此在学习过程中可采用问题引领的方式,引导学生运用物理学知识解释动作原理,探索改进自身动作的方法和手段;该年龄段男生的上肢力量较弱,腰腹力量和柔韧性差异较大,为了保证动作质量,身体素质练习应贯穿于整个单元;高一男生比较争强好胜,往往不注意细节,易产生安全隐患,因此要加强安全教育,强调相互间的保护与帮助

3. 教法分析

(1) 通过运用语言描绘、实物模拟、图像展现、音乐渲染等教学手段为学生创设有意义的学习情境,激发学生的学习兴趣。学生在初学直腿后滚翻时可能会有一定困难,可采用合作法进行保护与帮助,培养学生的合作意识与能力。针对男生争强好胜的心理特点,可采用展示与评价法、鼓励与表扬法,使学生掌握分析与评价自身的运动能力,形成积极、向上的情绪。

(2) 教学中采用问题探究法引导学生运用所学的物理学知识解释直腿后滚翻的动作要领。让学生在解决一系列实际问题的学习活动中逐步掌握直腿后滚翻技术,培养学生发现问题、解决问题的能力。

（3）教学中采用辅助器材和多媒体等教学资源，运用现代信息技术让学生体会正确的滚翻动作要领。利用多媒体的视频回放、慢放、定格等功能，帮助学生理解直腿后滚翻的技术要点和关键环节。

4. 问题链设计

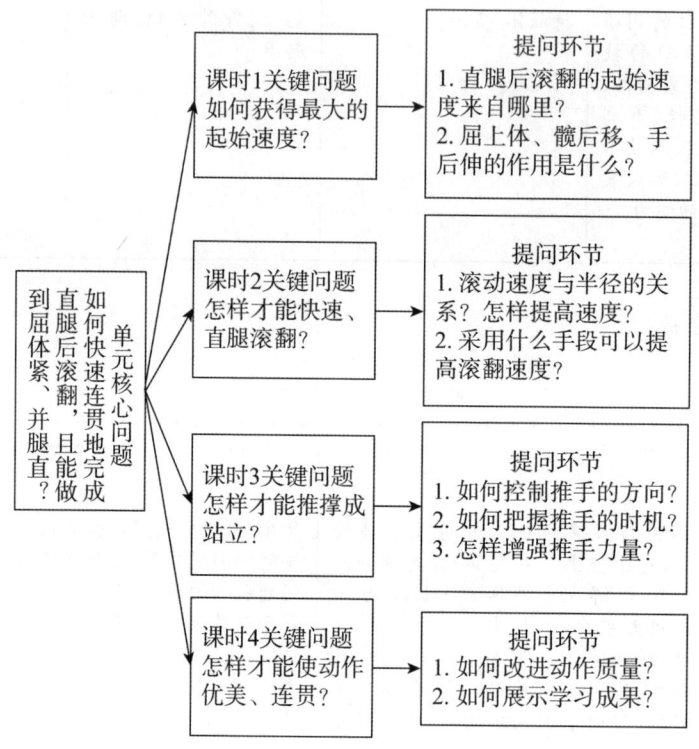

（三）教学流程

表 5-4-3　高一年级直腿后滚翻单元教学流程

年级	高一	学期		课次	4	执教	
单元学习目标	1. 理解直腿后滚翻的技术特点和价值，并能用物理学知识解释动作原理；能够展示直腿后滚翻，且表现出连贯性和姿态美 2. 经过各种滚翻练习和体能训练，增强腰腹和上肢力量，提高灵敏、柔韧素质，能够轻松地完成收腹屈体动作 3. 在学练过程中获得积极的情感体验，克服后倒的恐惧，感受成功的快乐，能够乐观自信地展示学练成果；在学习活动中积极发表观点，表现出良好的交往能力，认真执行保护与帮助任务，重视自身和他人的安全			教学重点		翻滚快、屈体紧、并腿直、推手及时	

第五章 核心素养导向的体操类运动教学设计

（续表）

课次	教学内容	学习目标	重点、难点	教学策略与评价
1	1. 探究直腿后滚翻的动力源 2. 探索减少冲击力的办法 3. 探索快速倒肩、举腿、翻臀的作用 4. 体验保护帮助下的直腿后滚翻	1. 能说出直腿后滚翻的动作步骤和动力来源，作出屈体直腿后坐接后倒举腿翻臀的连贯动作，感知向后滚翻的本体感觉 2. 在练习中提高腰腹力量和柔韧性，能尽力减小仰卧举腿时身体的夹角，逐渐克服恐惧心理，敢在辅助手段和保护下快速后坐、倒肩 3. 在与同伴的保护帮助下建立友好合作与相互信任的关系	重点：直腿后坐与后倒举腿翻臀的衔接 难点：克服后倒的恐惧心理	教学关注： 直腿后滚翻时学生的身体姿态，提升身体各部位的控制能力，要做到翻滚快、屈体紧、并腿直、推手及时，提升滚翻质量 教学策略： 1. 递进情境的技术学练活动 (1) 直腿后坐接后倒举腿翻臀 (2) 斜坡上的直腿后滚翻 (3) 分腿的直腿后滚翻 (4) 完整的直腿后滚翻 2. 直腿后滚翻关键环节的探究活动 (1) 引导学生开发提高滚翻速度的辅助练习手段，使其感受到完成动作的喜悦 (2) 提供解决并腿不紧、伸腿不直的措施，让学生通过平板电脑发现自身问题，改进动作 3. 展示情境下的滚翻交流活动，组织学生分组展示直腿后滚翻技术，要求学生做到公平公正，培养学生评价交流的能力
2	1. 利用平板电脑探究屈体紧的动作原理 2. 开发提高滚翻速度的辅助练习手段 3. 根据自身问题，选择控制直腿的手段，改进动作	1. 能用物理知识解释动作原理，能在辅助手段下完成直腿后滚翻 2. 能在练习时尽力控制身体姿态，增强腰腹力量，提高身体平衡和控制能力，面对学习问题时，能客观冷静地分析问题、解决问题，不断挑战自我、完善自我 3. 学习过程中能积极地交流互动，表现出良好的合作交往能力	重点：屈体紧、并腿直 难点：翻转快速、连贯	
3	1. 体验后滚翻推手的发力方向 2. 探索直腿后滚翻推手的时机 3. 体验完整的直腿后滚翻技术	1. 完全领会动作要领，能够独立完成直腿后滚翻完整动作 2. 在练习中发展上肢力量，能够推起自身重量，收获成功完成直腿后滚翻的快乐，树立自信心 3. 在学练过程中能相互指导、相互帮助、相互信任	重点：推手方向正、力量大 难点：推手时机的把握	评价要点： 能够协调连贯地展示完整动作，有节奏；前屈充分，后倒果断，推手及时，两腿并紧且伸直，能够说出每个技术环节要点，准确评价同学的完成情况

（续表）

课次	教学内容	学习目标	重点、难点	教学策略与评价
4	1. 根据自身情况选择辅助器械，自主复习直腿后滚翻完整技术 2. 参与展示和评价活动，发展多方面的能力	1. 熟练掌握直腿后滚翻技能，能做出有质量的展示。 2. 在姿态优美的展示中，反映出各项身体素质的提升，能克服紧张心理，乐观自信地展示成果 3. 能够公平、公正地作出评价，体现诚信和友善	重点：动作连贯、圆滑 难点：身体姿态优美	
安全保障	1. 课前检查场地、器材的安全可靠性 2. 做好充分有效、有针对性的准备活动 3. 在保护与帮助时，注意保护者位置的合理性、力度的适中性、部位的正确性及时机的恰当性 4. 注意同伴间练习的间隔，避免碰撞		评价与方法	1. 终结性评价：等第评价（生评、师评） 2. 过程性评价：表现性评价（自评、互评、师评） （详见单元评价设计）
教学资源	体操垫9块、小垫子16块、音响设备1套、挂图1幅、平板电脑8台、护腿板8副、硬纸板8张、橡皮带8根、敏捷梯2根、打分工具8份、练习音乐1套			

（四）评价设计

从体育与健康学科核心素养三个维度"运动能力、健康行为、体育品德"出发，本单元着重培养学生勇敢顽强、合作交流、互相信任、配合默契等方面的能力和品质，在评价过程中教师要注意过程性评价和终结性评价相结合，对学生实施全面的综合性评价。

表5-4-4　高一年级直腿后滚翻单元评价设计

评价维度	评价内容	评价观测点	评价方式
运动能力	运动认知	能说出垫上直腿后滚翻的动作要点，知道正确的练习技巧及保护与帮助的方法	口头测试
	运动技能	能够有节奏、协调连贯地展示完整动作	技术观测
	体能状况	上、下肢的协调、腰腹力量及柔韧性的发展情况	体能测试
健康行为	锻炼习惯	积极主动参与学练并敢于展示动作	行为观察 口头评价
	情绪调控	在动作练习遇到瓶颈时能够保持镇定和耐心，在合作学练中信任同伴	行为观察 口头点评
	适应能力	在练习中主动交流，互动积极，相互激励，能较好完成两人之间的保护与帮助	行为观察 口头点评

(续表)

评价维度	评价内容	评价观测点	评价方式
体育品德	体育精神	在自主合作练习中，直腿后滚翻动作逐步晋级，不断挑战自我、完善自我	行为观察 口头点评
	体育道德	在学练过程中表现出较强的责任心，与同伴和谐互助，在展示过程中做到文明礼貌、尊重他人	行为观察 口头评价
	体育品格	责任感强，能客观公正地评价自己和他人，体现出诚信和友善的体育品质	行为观察 口头评价

（五）资源设计

为有效解决单元教学重点"翻滚快、屈体紧、并腿直、推手及时"，教师运用自制教具和多媒体资源，创设各种练习情境，以激发学生的学习兴趣，提高课堂教学实效。

表5-4-5 高一年级直腿后滚翻单元教学资源设计

目标指向	资源设计		资源应用	解决问题
单元学习目标 1、2、3	媒体资源	1. 信息技术资源：直腿后滚翻动画 2. 平板电脑	1. 在直腿后滚翻单元教学过程中，教师将各个相关练习制作成动画，供学生在课上反复观看 2. 学生在分组练习过程中利用平板电脑对同伴的练习情况进行录像与视频回放 3. 在课堂展示与交流环节中，通过观看学生的动作进行点评	1. 利用动画演示，让学生直观了解练习内容及练习方法 2. 利用视频慢放功能，清晰地呈现给学生正确的直腿后滚翻技术动作 3. 纠正错误动作
单元学习目标 1、2、3	自制教具	1. 挂图 2. 硬纸板 3. 护腿板 4. 橡皮带	1. 在教学过程中运用挂图对技术动作过程进行讲解，供学生在练习中反复观看，激发学生的学习兴趣 2. 在学生练习滚翻过程中，利用硬纸板进行辅助练习，让学生体会并腿夹紧硬纸板的滚翻过程 3. 在学生初期学习直腿滚翻时，教师利用护腿板置于膝关节后部，制造直腿不能弯曲的教学情境 4. 将橡皮带系于练习者腰部，当练习者滚翻至两手肩上触地时，及时向上提拉橡皮带，帮助练习者推手成站立	1. 利用挂图教学，使学生更直观地了解直腿后滚翻的技术要点 2. 纠正滚翻中的分腿问题 3. 纠正滚翻中的屈腿问题 4. 解决滚翻没有动力，反转困难或翻不过去的问题

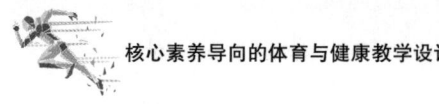

二、课时教学计划的设计

（一）课的设计

基于课标　活化练习　动感培育

——高一年级直腿后滚翻(4-2)课的设计

1. 指导思想

本课贯彻"健康第一"的指导思想，结合体操项目特色，立足男生的学情特点，注重面向全体学生，尊重学生的主体地位和个体差异，主要采用问题式、合作式、分层式、多媒体等多种教学方法，融入"云课堂"理念，搭建有利于学生学习的各种平台。本课将身体活动与思维活动相结合，营造学生探索学习的氛围，培养学生自主学习的能力，发展学生体育学科的核心素养。

2. 相关分析

教材分析：直腿后滚翻是绕身体横轴向后方向的滚翻动作，其动作的主要特征是滚翻过程中两腿始终保持并拢伸直，并保持屈体姿势完成动作。学练该技术对提高身体平衡能力和控制能力有显著效果。本课是单元教学的第2次课，主要是让学生在直腿后坐的基础上，学习快速向后直腿滚翻的技术，掌握滚翻时屈体、直腿的动作要领。

学情分析：本次课的授课对象为高一年级的男生，他们的身心发展已趋于成熟，具备独立思考、分析和判断的能力。因此在教学中安排了一连串的探究任务，让他们能够通过实践和探索获得最佳的练习方法，这样既解决了动作要领的理解问题，又能激发他们的学习兴趣。

3. 主要教学策略

（1）运用游戏法激发学生的学习兴趣。利用小垫子组织架桥过河的游戏，激发学生的兴趣，感受团结协作的力量。随后进行配乐垫上操，针对本课主要关节和肌肉进行拉伸，为主教材的学习做好充分的身心准备。

（2）运用多媒体探究直腿后滚翻的动作原理。提出问题：如何快速连贯地完成直腿后滚翻，且能做到屈体紧、并腿直？引导学生用平板电脑拍摄学练过程，并实时上传大屏幕，通过对比、分析和交流、讨论，总结出"翻滚快、屈体紧、并腿直、推手及时"的教学重点，培养学生发现问题、解决问题的能力。

（3）运用辅助器材进行直腿后滚翻的自主学练。利用挂图、硬纸板、橡皮带、护腿板等辅助器材，帮助学生解决教学过程中出现的一系列错误问题，并组织学生进行合作探究，根据自身情况，选择合适的辅助器械，自主练习直腿后滚翻完整技术，改进动作的质量。

(4) 增强身体素质的菜单式体能训练。根据本课主题内容为学生提供发展力量、柔韧、灵敏、协调的训练菜单，学生根据自身需求自主选择训练任务，开展循环练习，充分发挥每一位学生的主观能动性，不断激励学生的内动力和学练激情，提高学生主动参与体育活动的兴趣。

(5) 组织学生进行直腿后滚翻的展示与评价。根据学生的具体学习情况组织学生参与直腿后滚翻的展示与评价，要求在姿态优美的展示中，反映出各项身体素质的提升，能克服紧张心理，乐观自信地展示成果，能够公平、公正地进行互评和他评，体现诚信和友善，责任感强，客观公正地评价自己和他人。

4. 问题预设与对策

预设1：翻滚过程中分腿。

对策1：利用硬纸板辅助器材，让学生体会并腿夹紧硬纸板的滚翻过程。

预设2：翻滚过程中屈腿。

对策2：利用护腿板置于膝关节后部，制造直腿不能弯曲的教学情境，帮助学生解决滚翻中的分腿问题。

预设3：滚翻困难、没有动力。

对策3：斜面上进行直腿后滚翻练习；滚翻时用橡皮带提拉练习者腰部，提升滚翻速度。

(二) 课时计划

表5-4-6 高一年级直腿后滚翻(4-2)课时计划

年级	高一	人数	32	日期		执教	
班级		组班形式	自然班	周次		课次	
内容主题	1. 垫上运动：滚翻(直腿后滚翻)(4-2) 2. 相关体能			重点	屈体紧、并腿直		
				难点	翻转快速、连贯		
学习目标	1. 知道直腿后滚翻的动作要领，能用物理知识解释动作原理，可以在辅助手段下完成直腿后滚翻 2. 能在练习时尽力控制身体姿态，增强腰腹力量，提高身体平衡和控制能力，提高分析问题、解决问题的能力，不断挑战自我、完善自我 3. 学习过程中能积极地交流互动、相互鼓励，表现出良好的合作交往能力						

（续表）

课的结构（时间）	教学内容	活动设计	组织与队形	运动负荷		
				次数	时间	强度
准备部分（8′）	1. 课堂常规内容 （1）整理队伍检查人数 （2）师生问好检查服装 （3）说明本课目标和要求 （4）安排见习生 2. 游戏"架桥过河" 3. 配乐垫上操 （1）颈部运动 （2）肩部运动 （3）腹背运动 （4）垫上屈体拉伸	1. 活动情境 用动感音乐、游戏创设运动情境 2. 活动任务 在教师引导下小组成员通力合作，尽快完成架桥过河任务，在音伴下模仿教师热身动作 3. 活动评价 热身动作规范、积极参与、身心投入，在进行游戏活动时互帮互助	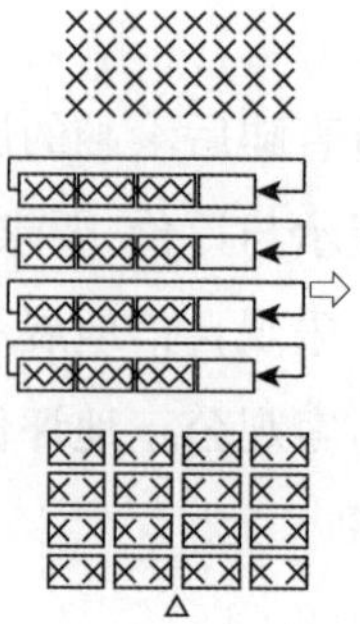 图1 △代表教师 ×代表学生	2 4×8	2′ 2′	小 小
设计说明： 运用小垫子设计架桥过河的游戏，使学生能够团结一致、相互配合，为接下来的合作学习奠定基础，在音乐的伴奏下进行垫上操，使学生做好充分的拉伸，避免伤害事故						
基本部分（28′）	1. 复习直腿后坐接后倒举腿翻臀技术 动作要领：上体前屈髋后移，支撑过渡臀着地，迅速倒肩快举腿 2. 学习快速向后直腿滚翻的技术 （1）探索屈体紧的动作原理 （2）提高滚翻速度的练习 辅助手段：斜面上进行直腿后滚翻；滚翻时用橡皮带提拉练习者腰部 	1. 活动情境 运用多媒体分析技术动作过程，引导学生使用辅助器材进行练习，用语言创设自主学练情境 2. 活动任务 探索屈体紧的动作原理，提高滚翻速度，提高腿部的控制能力 3. 活动评价 积极思考，主动表达自己的观点，后坐与后倒举腿翻臀的衔接连贯，练习中做到屈体紧，滚翻过程中保持并腿、直腿	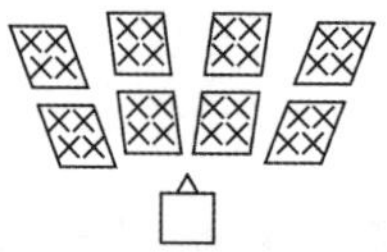 图2 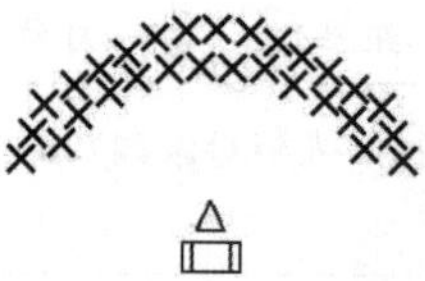 图3 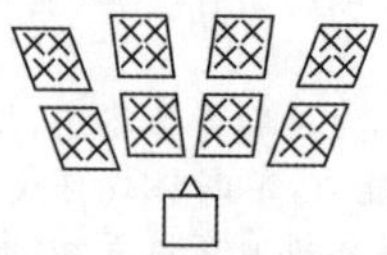 图4	8—10 15—20 15—20	2′ 4′ 4′	中 中 中

(续表)

课的结构(时间)	教学内容	活动设计	组织与队形	运动负荷		
				次数	时间	强度
基本部分(28′)	(3) 控制直腿的练习 辅助手段：夹物直腿后滚翻；膝关节后绑护腿板		图5			
	设计说明： 1. 利用信息化(白板)演示学练内容动作，使学生能清楚地知道直腿后滚翻动作要求，提高练习的效率 2. 以整体化问题设计带动合作探究水平的提升，引导学生利用物理学知识分析动作，加深对动作过程的理解与把握；使学生主动思考、体验、改进，从而提高学生的自主合作学习能力，有效掌握动作技术 3. 运用自制教具作为辅助器材，降低练习难度，便于学生较好地掌握直腿后滚翻的正确动作，体验屈体紧、并腿直的技术特点					
	3. 教学展示与体能	1. 活动情境 教师对学生进行差异化分组，提供动作评价标准，组织展示与评价 2. 活动任务 积极参与展示、交流与评价 3. 活动评价 提高学生的展示与欣赏能力	图6		1′	中
	设计说明： 进行差异化分组的教学展示与评价，使学生能在姿态优美的展示中克服紧张心理，乐观自信地展示成果，能够公平、公正地作出评价，体现诚信和友善					
	4. 体能练习 (1) "V"坐收腹 (2) 简化俄罗斯转体 (3) 平板支撑 (4) 各种敏捷梯练习	1. 活动情境 利用音乐和场地布置创设体能训练情境 2. 活动任务 在小组长带领下自主选择体能训练项目，循环练习 3. 活动评价 认真训练、动作到位，不畏困难、敢于挑战自我	组织队形：六人一组，分成四组循环练习 图7	4×20	4′	大

（续表）

课的结构（时间）	教学内容	活动设计	组织与队形	运动负荷		
				次数	时间	强度
基本部分（28'）	设计说明： 1. 本课体能练习采用菜单式循环模式，围绕"个人目标挑战"创设情境，给学生更多空间和时间，充分发挥每一位学生的主观能动性，不断激励学生的内动力和学练激情，提高学生主动参与体育活动的兴趣 2. 练习内容包含上、下肢力量、核心力量、灵敏性等多方面内容，有一定的强度和密度，使学生的身体素质得到全面发展					
结束部分（4'）	放松练习 1. 舞蹈放松 2. 小结与点评 3. 归还器材 4. 师生再见	1. 活动情境 利用音乐与舞蹈营造放松氛围，利用语言创设宽松的讲评氛围 2. 活动任务 拉伸放松，在教师引导下自评、互评 3. 活动评价 身心放松、善于表达	××××××× ××××××× ××××××× ××××××× △ 图8		2'	小

场地器材	大体操垫9块、小垫子16块、平板电脑8台、橡皮带8根、护腿板8副、硬纸板8张、敏捷梯2根、音响设备1套、室内篮球场1片	安全保障	1. 保证场地平整、布置合理 2. 充分热身，准备活动到位 3. 练习时强调保护与帮助 4. 加强安全教育，提高安全意识		
		预计	练习密度		负荷强度
			全课	内容主题	中
			53%	54%	

课后反思	

＊本教学设计源自浦东新区的区级公开课，曾获得评课专家的高度好评。原作者为建平中学教师田来，后由华东师范大学体育与健康学院硕士王紫云根据编写组要求再次设计。

第五节 支撑跳跃:斜向助跑直角腾跃教学设计

本设计为七年级男生的斜向助跑直角腾跃,主题为"学有所思 思有所用 用有所想",旨在通过问题化的教学,激发学生的学习兴趣,发展学生的支撑跳跃能力,培养学生果断、自信的意志品质。

一、单元教学计划的设计

(一)指导思想

坚持"健康第一"的指导思想,关注学生差异,结合学生的身心特征、认知水平及规律设计教学过程,着力使每位学生在不断完善与提高的良性循环中逐步提高运动水平,提高体能素质并实现自我超越。同时,让学生获得保护与帮助的技能和较强的责任感,保持稳定、向上的情绪。

(二)相关分析

1. 教材分析

表 5-5-1 七年级斜向助跑直角腾跃教材分析

运动认知	动作结构	相关体能	相关知识
认知:支撑跳跃是体操运动中的器械体操项目之一,在跳跃过程中,借助两臂的支撑迅速地腾跃过跳箱器械 价值: 1. 有利于发展躯干部分的肌肉力量,提高	动作过程:距跳箱一定的距离,从斜向助跑开始,以跳箱远侧的脚起跳,近侧腿上摆,两手依次撑箱盖,两腿在空中伸直并拢,经直角支撑,依次推手越箱屈膝缓冲落地,直立	斜向助跑直角腾跃需要较好的上肢、肩带、腹背部肌肉群的力量;具有一定的柔韧性、一定的空间位置感、协调能力和平衡能力 1. 各种方式的俯卧撑臂屈伸;各种方式的	理论依据:结合动、势能转换分析该动作的力学原理 由助跑开始获得水平的动能,随后经历跳、撑(直臂)、摆(直腿)转化成重力势能,最后经依次推手成抛体的运动过程

（续表）

运动认知	动作结构	相关体能	相关知识
身体的平衡控制能力 2. 有利于培养和提高学生跳跃障碍的能力和灵敏性 3. 有利于学生迁移到学习和生活中，克服心理障碍，养成挑战自我、克服困难的拼搏精神	动作要点：箱近侧腿积极上摆，两手依次直臂撑；起跳后，经过撑、摆，身体在空中形成直角支撑 关键环节：撑摆协调，身体经直角支撑越箱	推举哑铃；用小皮球、小沙袋、小布包等做各种抛接练习、斜身引体 2. 持轻器械做各种肩关节活动	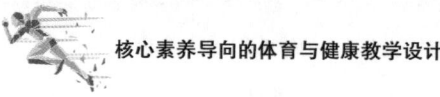

2. 学情分析

表 5-5-2　学情分析

教学对象	认知水平	身心特点	能力水平
七年级男生	学生在六年级已经学习过山羊分腿腾跃与跨跃式跳高两个动作 斜向助跑直角腾跃与跨跃式跳高的助跑与起跳动作有些相似，它对学习斜向助跑直角腾跃有一定的帮助；而山羊分腿腾跃的学习也使学生对支撑跳跃有一定的了解与经验的积累	七年级学生处于身体发育时期，而心理发育处于不稳定的分化期，他们好动，好奇心强，善于模仿，有一定的探索和冒险精神，对于新技术有强烈的渴望	由于学生从未接触过斜向助跑直角腾跃，对于完成斜向助跑直角腾跃动作还存在身体协调性、专项力量不足及恐惧等问题，特别是上肢力量和腹背力量有所欠缺

3. 教法分析

（1）结构化教学：根据教材内容的特点和动作技能形成规律，开始主要采取讲解法、示范法和多媒体演示法，帮助学生建立完整的动作概念，逐步掌握动作要领。随后采用分解法、纠错法和分层教学法，帮助学生掌握动作技术和提高动作质量。

（2）问题化教学：重点采用探究法、合作学习法和问题教学法，不断激发学生的思维活动，真正体现思维活动与身体练习紧密结合的学科特征。例如，提问：斜向助跑直角腾跃与跨跃式跳高的助跑有什么相似与不同之处，身体重心的移动是否一致？为什么在起跳的时候要先撑后摆，而不是先摆后撑？为什么撑摆有力和动作协调是完成动作的关键？通过展示与评价法、鼓励与表扬法，提高学生自信心等，培养勇于展示的品质，采用相互间的保护与帮助，培养学生合作意识和责任意识。

第五章 核心素养导向的体操类运动教学设计

4. 问题链设计

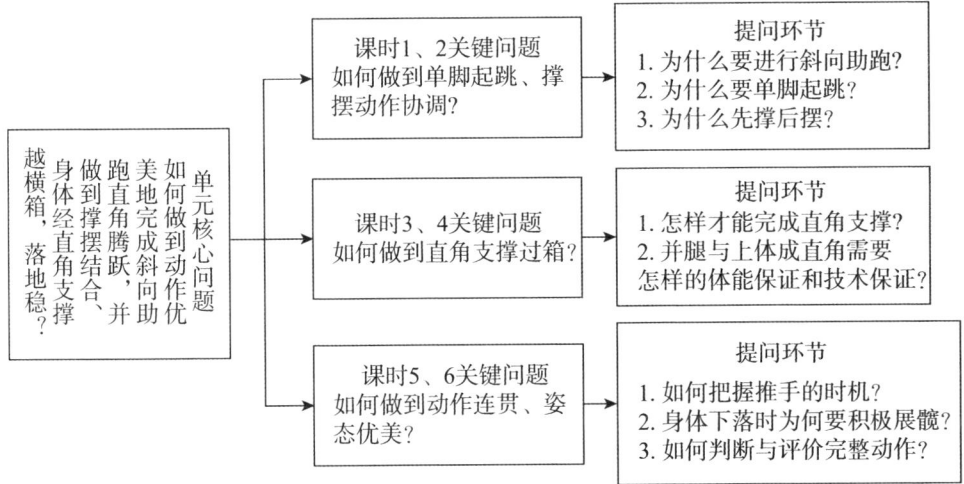

(三) 教学流程

表 5-5-3 七年级斜向助跑直角腾跃单元教学流程

年级	七	学期		课次	6	执教	
单元学习目标	1. 学生在保护与帮助下或独立完成斜向助跑直角支撑跳跃动作，掌握撑摆结合。发展上肢及腰腹力量，增强身体平衡能力和灵敏素质，提高身体的协调性及自控能力 2. 参与多种斜向助跑直角腾跃横箱等练习，提高自我保护能力，伴随小组的各种练习及考核，逐渐形成善于观察、交流和帮助等相互学习的合作能力 3. 养成敢于展示、克服恐惧、体验成功的体育素养			教学重点	撑摆结合，直角腾跃		
课次	教学内容	学习目标		重点、难点	教学策略与评价		
1	斜向助跑直角腾跃体验和辅助练习 1. 仰撑挺髋伸展 2. 换撑挺髋 3. 直腿屈身跳 4. 助跑单脚起跳撑摆练习 5. 支撑跨跃平衡木练习	1. 尝试不同的跳跃或腾跃练习，80%的学生了解斜向助跑直角腾跃单脚起跳与手臂支撑的方法，发展下肢及腰腹力量，提高身体协调性和平衡性 2. 自觉参与多种练习，经历单脚起跳、支撑跨跃平衡木等练习，体验远侧脚起跳与近侧腿上摆的区别 3. 能表现出主动学练的态度，形成善于观察和思考的优良品质，敢于挑战		重点：单脚起跳 难点：先撑后摆	教学关注： 教学之前了解学生已有认知和技能情况，根据单元教学重点"撑摆结合，直角腾跃"确定单元基本问题"如何才能做到摆撑并腿并于身体成直角，完成斜向助跑直角腾跃的动作" 教学策略： 为解决单元基本问题，设计以下3个单元主要活动 主要活动一 1. 解决问题 (1) 为什么要进行斜向助跑 (2) 为什么要单脚起跳 (3) 为什么先撑后摆		

（续表）

课次	教学内容	学习目标	重点、难点	教学策略与评价
2	斜向助跑直角腾跃条件练习 1. 复习斜向助跑单脚起跳蹬摆练习 2. 斜向助跑直角腾跃成箱上坐 3. 腾跃不同高度橡皮筋练习	1. 结合斜向助跑直角腾跃成箱上坐，斜向助跑腾跃不同高度的橡皮筋等练习，80%的学生掌握换手支撑和保护与帮助的方法，发展上、下肢协调性及平衡能力 2. 经历斜向助跑直角腾跃平衡木等练习，掌握单脚踏跳、撑摆结合的起跳动作 3. 在小组学练习中，能表现出自信和善于合作的能力，体现勇于克服困难及恐惧的良好心理品质	重点：撑摆结合 难点：两手依次支撑	2. 活动实施 （1）学生集体或分组进行仰撑挺髋伸展、换撑挺髋、直腿屈身跳等练习 （2）在教师问题的引领下，学生思考并分析问题 （3）学生分组进行助跑单脚起跳蹬摆练习、支撑跨跃平衡木练习 （4）学生依据教师的示范和讲解要求，讨论并交流单脚起跳和撑摆的先后 （5）学生在小组长带领下复习斜向助跑单脚起跳蹬摆练习 （6）学生分组自主学习图解动作和动作要领 （7）学生在教师指导和同伴的保护帮助下进行斜向助跑直角腾跃成箱上坐和腾跃不同高度橡皮筋练习
3	直角支撑练习 1. 支撑跳跃辅助练习 （1）支撑成直角下 （2）支撑摆腿成直角坐 2. 斜向助跑直角腾跃脚触标志物练习 3. 尝试完整动作练习	1. 经历并腿成直角，伸髋、推手、换撑移重心侧面落地等动作的学习，80%的学生能在保护与帮助下基本完成斜向助跑直角腾跃动作 2. 结合直角腾跃模仿、腾跃并脚触标志物等练习，掌握两腿并拢与上体成直角的技术动作（直角支撑）；发展腰腹与手臂力量及身体协调与平衡能力 3. 伴随小组练习与保护帮助下的练习，能表现出主动学练、互帮互助和观察思考的思维品质，具有敢于挑战、不怕输、积极向上的学习表现	重点：直角支撑 难点：撑摆结合屈髋成直角	主要活动二 1. 解决问题 （1）怎样才能完成直角支撑 （2）并腿与上体成直角需要怎样的体能保证和技术保证 2. 活动实施 （1）学生依据教师的示范和讲解要领，以小组为单位进行支撑成直角下、支撑摆腿成直角坐等辅助练习 （2）观察教师或同伴斜向助跑直角腾跃脚触标志物动作，思考脚触标志物时上体和两脚是否成直角，两脚触标志物关键要做到哪一步 （3）学生分组在同伴保护与帮助下进行斜向助跑直角腾跃脚触标志物练习并交流体会 （4）分组尝试在保护下完成完整动作练习 （5）学生分组进行完整动作练习 （6）教师纠正错误动作并示范准确动作 （7）分组提问、讨论并进行动作纠错

(续表)

课次	教学内容	学习目标	重点、难点	教学策略与评价
4	箱面推手换撑，移重心向侧落地练习 1. 箱上坐推手侧落练习 2. 完整动作练习	1. 经历箱面推手换掌移重心向侧落地练习，80%的学生能够掌握箱面摆腿换撑，移重心向侧落地技术 2. 尝试地面模仿练习，箱上推掌重心侧落练习，体验推手移重心，摆腿换撑及时，腾跃向侧落地时两腿经直角并拢并快速下压技术动作；发展上肢及腰腹力量，增强身体协调行调性 3. 在练习中，能表现出自信和善于合作的能力，体现勇于克服困难及恐惧的良好的心理品质	重点：依次推手换撑移重心 难点：挺髋	(8) 分层、分组进行斜向助跑直角腾跃垫上与横箱的练习 评价要点： 上体成直角动作连贯地越过横箱 主要活动三 1. 解决问题 (1) 如何把握推手的时机 (2) 身体下落时为什么要积极展髋 (3) 如何判断完整动作 2. 活动实施 (1) 学生依据教师示范和动作要求分组进行练习 (2) 自行选择箱的高度和触物高度在同伴保护与帮助下进行分层练习 (3) 小组商议选择条件进行挑战比赛 (4) 小组商议选派3名优秀队员进行小组间的对抗比赛 (5) 聆听教师的讲解、观看优秀学生的动作展示（或视频），进一步提高动作的连贯性和正确性 (6) 各组推选学生代表组成评价小组，共同评价动作，超越自我，共同进步 (7) 各组进行分组动作复习 (8) 在教师的保护下进行动作考核 评价要点： 身体成直角及动作连贯；动作连贯、正确；诚信评价
5	5—7步助跑完整练习与挑战赛 1. 完整动作练习 2. 分层挑战练习（箱高低、触物高度） 3. 挑战比赛练习	1. 结合侧落地及下摆和不同高度的斜向助跑直角腾跃练习，掌握支撑跳跃的技术动作，90%以上的学生可以在保护下完成动作 2. 经历挑战练习及分层练习，做到助跑轻松，踏跳有力，撑摆结合，动作协调；发展上、下肢力量身体协调性及平衡能力 3. 在练习中能表现出自信和勇于挑战自己的能力，锻炼发散思维，体现勇于克服困难及恐惧的良好心理品质	重点：两腿伸直及时并拢 难点：换撑推手协调	

（续表）

课次	教学内容	学习目标	重点、难点	教学策略与评价
6	斜向助跑直角腾跃考核 1. 复习完整动作练习 2. 动作考核	1. 经历斜向助跑直角腾跃动作的复习和考核过程，了解动作要求和考核的评价标准，掌握斜向助跑直角腾跃中有起跳后，经过撑、摆、身体在空中撑直角支撑的动作要求，90%以上的学生能独立完成动作，并体现动作的稳定性和良好的身体姿态 2. 在斜向助跑腾跃的考核中，掌握撑摆结合，身体经直角支撑越箱动作；发展腰腹与手臂力量，提高上、下肢的协调性及平衡能力 3. 在考核与小组竞赛中，能表现出自信和相互学习的能力，体现顽强拼搏与公平竞争的意识，培育勇于克服困难、克服恐惧及展示自我的良好心理品质	重点：动作准确，姿态优美，腾跃协调连贯 难点：完成动作的稳定性	
安全保障	1. 合理布置场地，练习中按顺序向同一方向进行腾跃练习，严禁在练习时打闹说笑 2. 练习前充分活动身体各个关节肌肉韧带，尤其是手臂和腰腹部肌肉，预防运动损伤 3. 在练习中加强安全意识，提示学生在小组保护与帮助过程中，做到对组内同伴负责，保证练习安全		评价与方法	1. 终结性评价：等第评价（生评、师评） 2. 过程性评价：表现性评价（自评、互评、师评） （详见单元评价设计）
教学资源	跳箱、平衡木、垫子、踏板、多功能标志杆、手掌贴图、橡皮筋、多媒体设备			

（四）评价设计

从体育与健康学科核心素养的三个方面"运动能力""健康行为""体育品德"，选择反映学生体育学习情况的相关指标,对学生进行全面系统的评价,注意过程性评价和终结性评价相结合。

表 5-5-4　七年级斜向助跑直角腾跃单元评价设计

评价维度	评价内容	评价观测点	评价方式
运动能力	运动认知	能说出斜向助跑直角腾跃的动作要点,知道正确的练习技巧及保护与帮助的方法	口头测试
	运动技能	1. 助跑踏跳蹬摆结合动作协调、稳定,手臂能依次支撑,空中成直角支撑,动作轻松连贯,姿态优美,落地稳定 2. 保护与帮助方法准确	技术观测
	体能状况	1. 较好的上肢、肩带、腹背部肌肉群的力量;身体具有一定的柔韧性 2. 具有一定的空间位置感、协调能力和平衡能力	体能测试
健康行为	锻炼习惯	自主学练、积极保护与帮助、敢于展示评价	行为观察 口头评价
	情绪调控	在动作练习遇到瓶颈时能够保持镇定和耐心,在合作学练中信任同伴	行为观察 口头点评
	适应能力	在练习中主动交流,互动积极,相互激励,能较好地完成两人之间的保护与帮助	行为观察 口头点评
体育品德	体育精神	克服畏难、挑战自我、敢于展示	行为观察 口头点评
	体育道德	在学练过程中表现出较强的责任心,与同伴和谐互助,在展示过程中做到文明礼貌、尊重他人	行为观察 口头评价
	体育品格	展现果断性、自信心和责任心	行为观察 口头评价

（五）单元教学资源设计

为有效解决单元教学重点"撑摆结合,直角腾跃",帮助学生克服越过箱体时的恐惧心理,运用辅助教具、自制教具和完整场地的设计,创设各种练习情境,激发学生的学习兴趣,提高课堂教学实效。

表 5-5-5 七年级斜向助跑直角腾跃单元教学资源设计

目标指向	资源设计	资源应用	解决问题
单元学习目标1、3	场地器材资源 1. 多功能标志杆 2. 手掌贴图 3. 平衡木 4. 场地器材资源：横箱、垫子、踏板	1. 根据斜向助跑直角腾跃中双腿积极上摆技术要领设计多功能标志杆，设置标志物引导学生主动触碰，提高主动意识 2. 同时在横箱上贴手掌贴图提示学生手撑位置，提高手掌积极撑箱意识 3. 通过支撑跨跃平衡木及不同高度的橡皮筋使学生了解不同跳跃与腾跃方式，提高对腾跃技术动作的认识，增强先撑后摆单脚起跳的本体感受	1. 帮助学生建立单脚起跳和手撑箱的位置 2. 明确各技术环节之间的衔接点
单元学习目标1、3	场地器材资源 1. 多功能标志杆 2. 橡皮筋 3. 手掌贴图 4. 多功能栏架 5. 平衡木 6. 场地器材资源：将多块垫子设计成整块练习场地	1. 在学生掌握助跑与踏跳技术动作后在完整动作基础上，通过多功能标志杆牵引两根可移动高度的橡皮筋，模拟变换的横箱高度，来降低斜向助跑直角腾跃技术难度，同时提高学生完成度，使其增加自信心，避免安全隐患 2. 采用双手掌贴图，给予形象的图片指导，既给出了合理的支撑位置，也提示双手积极支撑，先撑后摆 3. 通过完成不同障碍物腾跃、跳跃、跨跃等练习，使学生体验不同腾跃技巧，提高身体协调性，灵活运用腾跃技术动作	体验双手支撑及移重心过程 体验各种腾跃：腾跃平衡木、跨跃平衡木、单双脚跳跃多功能栏架、各种形式腾跃横箱，充分体验不同腾跃技术动作 1. 帮助学生克服恐惧心理，减少肢体的疼痛感 2. 增加课堂教学的安全性和有效性 3. 明确摆腿伸髋的方向及各动作要点

二、课时教学计划的设计

（一）课的设计

学有所思 思有所用 用有所想
——七年级斜向助跑直角腾跃(6-3)课的设计

1. 指导思想

本课依据初中生生理、心理特点，思维方式与认知规律，探索斜向助跑直角腾跃多样化教学，使用辅助器材，帮助学生更好地学习技能。通过对斜向助跑直角腾跃的各种练习以及循序渐进、层层深入的教学方法，使学生得到综合发展。

2. 相关分析

教材分析：本课次主要解决腾跃过程中的直角支撑问题，它的动作特点是快速有力的起跳和强有力的支撑与摆腿的结合，重点是直角支撑，难点是撑摆结合屈髋成直角。本课对于发展学生肩臂、腰腹、下肢肌肉及关节韧带的力量有十分重要的作用。

针对直角支撑的技术特点，利用辅助练习提高本体感受，使80%的学生在保护与帮助下完成斜向助跑分腿腾跃动作，并且引导学生提高审美意识，培养学生良好的运动习惯。

学情分析：该班学生较为活泼，有一定运动能力，善于模仿，对于新事物有着浓厚的兴趣和探索精神。通过前两节课的学习，学生对于斜向助跑直角腾跃有一定了解，并且充满热情，对于腾跃横箱有着迫切的要求，但对于运动的技术动作没有过多的理解，尤其直角支撑，需告知练习方法的有针对性的作用。同时需要多样化的教学手段与丰富的教学器材来继续保持学生的注意力与运动热情，循序渐进地传授运动技术。由于处在身体发育阶段，学生在动作姿态、动作细节上需要更多的练习和表现。因此，在整个教学过程中针对学生的实际情况，不仅要提高他们身体各方面素质，更需要加强纠正学生动作姿态以及提高审美意识。加强相互间的保护与帮助，促进他们主动锻炼、主动思考，在习得动作技能的同时，进一步感受体美结合的乐趣。

3. 主要教学策略

（1）采用辅助练习，减轻心理压力。复习降低难度的斜向助跑直接腾跃练习，既复习前节课撑摆结合的技术动作，也为本节课做准备，同时减少学生对横箱的恐惧心理，降低难度，提高完成度，增加完成动作的成就感，使大多数学生在帮助下能够体验到斜向助跑直角腾跃动作，同时在练习过程中强调撑摆结合与直角支撑，分析没有直角支撑的原因，引出下一环节。

（2）巧用标志物，促进规范动作形成。通过起跳后两脚踢标志物练习，促使双腿积极上摆屈髋成直角支撑，配合保护与帮助，相互评价，强化动作质量，培养合作学习、相互交流的能力。

（3）借助模拟练习，强化本体感觉。本节课最主要需要解决的问题是直角支撑，练习过程中利用两个横箱在当中做支撑模拟双杠"直角下"的练习，用来提高对直角支撑的本体感受，同时两组利用热身活动中的"平衡木"练习"支撑摆腿成直角坐"，来提高对空中成直角的本体感受。

4. 问题预设与对策

预设1：两腿依次迈过箱。

对策1：强调起跳后摆积极并腿，下压挺髋。

预设2：摆动腿高度不够。

对策2：强调起跳后上体稍后仰。保护者站在练习者起跳一侧近端，当练习者起跳时，保护者一手握住其上臂，另一手托背臀部，助其跃过器械。

预设3：摆撑并腿与身体不成直角。

对策3：在地上做仰撑挺髋练习，逐步过渡到在箱上做两腿并拢与上体成直角，然后伸髋、推手、换撑移重心向侧落地。

（二）课时计划

表 5-5-6　七年级斜向助跑直角腾跃(6-3)课时计划

年级	七	人数	32	日期		执教	
班级		班级形式	男生班	周次		课次	
内容主题	1. 支撑跳跃：斜向助跑直角腾跃(6-3) 2. 相关体能(3-2)			重点	直角支撑		
				难点	撑摆结合屈髋成直角		
学习目标	1. 掌握两腿并拢与上体成直角的技术动作(直角支撑)，80%的学生在保护与帮助下基本完成斜向助跑直角腾跃动作；发展学生腰腹与手臂力量及身体协调与平衡能力 2. 经历并腿成直角、伸髋、推手、换掌移重心侧面落地等动作的学习，结合直角腾跃模仿、腾跃并脚触标志物等练习，逐渐形成善于观察、交流和帮助等相互学习的合作能力 3. 伴随小组练习与保护帮助下的练习，勇于并主动参与各种学练，能表现出互帮互助和责任到位的良好品质，具有敢于挑战、不怕输、积极向上的学习表现						

课的结构（时间）	教学内容	活动设计	组织与队形	运动负荷		
				次数	时间	强度
准备部分(8′)	1. 课堂常规内容 (1) 整理队伍检查人数 (2) 师生问好检查服装 (3) 说明本课目标和要求 (4) 安排见习生 2. 热身障碍跑 3. 热身操 (1) 肩部拉伸 (2) 扩胸运动 (3) 侧压腿运动 (4) 腹背运动 (5) 腕踝关节运动 (6) 地面直角支撑模仿 (7) 挺髋移重心换撑	1. 活动情境 用动感音乐创设运动情境，用语言提示要求 2. 活动任务 队伍整齐、跑动积极动作到位、加大幅度，热身充分 3. 活动评价 队伍整齐、跑动积极动作到位、加大幅度，热身充分	图 1	3圈 4×8拍 1 1	2′ 1′30″ 15″ 15″	中 小

设计说明：
障碍跑采用支撑跨跃"平衡木"的动作，既复习上节课助跑起跳中支撑蹬摆的技术动作，又为本节课打下一定动作技术的基础；针对本课直角支撑的教学难点，在热身操和专项准备活动中融入模仿练习，提高身体姿态和动作熟练程度

(续表)

课的结构(时间)	教学内容	活动设计	组织与队形	运动负荷		
				次数	时间	强度
基本部分(28′)	1.复习斜向助跑腾跃橡皮筋练习 	1.活动情境 分组进行练习,教师示范练习 2.活动任务 先撑后摆,远侧脚起跳与近侧腿积极上摆在腾跃过程中体验手臂换撑与直角支撑 3.活动评价 了解练习基本要求,体验乐趣,积极思考	队形:全班分成4组 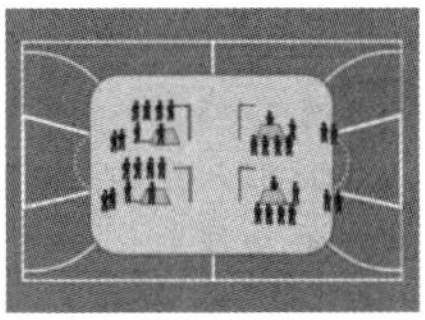 图2	3—5	2′	小
	设计说明: 复习降低难度的斜向助跑直接腾跃练习,既复习前节课撑摆结合的技术动作,也为本节课做准备,同时减少学生对横箱的恐惧心理,降低难度,提高完成度,增加完成动作的成就感,使大多数学生在帮助下能够体验到斜向助跑直角腾跃动作					
	2.支撑跳跃辅助练习 (1)支撑成直角下	1.活动情境 讲解器材使用方法,并演示练习动作,分组进行练习 2.活动任务 (1)归纳学生存在的问题 (2)教师讲解器材使用方法,并演示练习动作 (3)提出动作改进的目标,双腿与躯干成90度直角支撑 3.活动评价 直角支撑,相互间客观评价,相互帮助提高	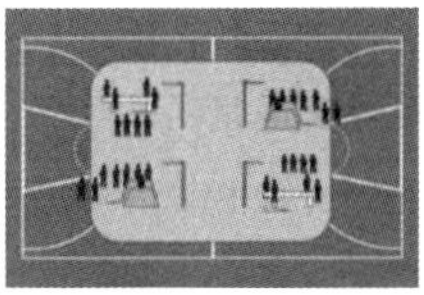 图3	8—10	1′30″	中
	(2)支撑摆腿成直角坐		分组轮换  图4	8—10	1′30″	中
	3.斜向助跑箱端直角腾跃并腿踢标志物		队形:全班分成4组 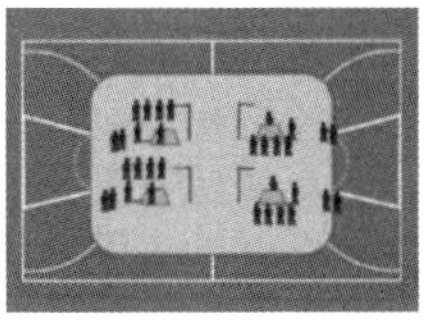 图5	10—15	2′	中
	设计说明: 1.结构化教学:在练习过程中利用两个横箱在当中做支撑模拟双杠"直角下"的练习,用来提高对直角支撑的本体感受,同时利用热身活动中的"平衡木"练习"支撑摆腿成直角坐"动作,提高对空中成直角的本体感受 2.情境化教学:通过利用斜向助跑箱端两脚踢标志物的练习,促使双腿积极上摆屈髋成直角支撑,配合保护与帮助同学的指导,相互评价强化动作质量,培养合作学习、相互交流的能力					

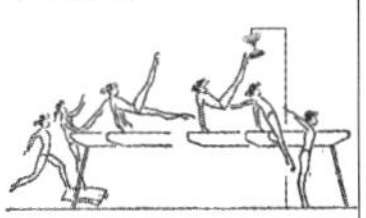

（续表）

课的结构（时间）	教学内容	活动设计	组织与队形	运动负荷		
				次数	时间	强度
基本部分（28'）	4.尝试完整动作练习 	1.活动情境 教师巡视个别指导或参与小组学练交流，学生聆听教师讲解观看教师示范，分组练习完整动作 2.活动任务 教师复述动作要领（撑摆结合，身体撑直角支撑越箱），示范完整动作1—2次 3.活动评价 动作标准到位，勇敢果断	队形：全班分成4组 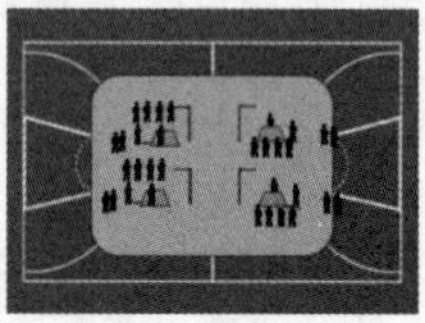 图6	3	1'30"	中
	设计说明： 在实施改进措施后，适当将支撑点由箱端转移到箱中，逐渐让学生适应完整动作，逐步战胜对腾跃横箱的心理恐惧					
	相关体能练习 1.摆放器材 2.障碍跑 （1）支撑跨跃平衡木 （2）跳跃摸标志物 （3）支撑腾跃横箱 （4）跳跃障碍物 3.专项体能 （1）仰卧支撑举腿 （2）仰卧支撑分腿 （3）仰卧支撑蹬自行车 （4）俯卧两头起 （5）跪膝俯卧撑练习 （6）俯卧撑对击掌	1.活动情境 利用音乐和场地布置创设体能训练情境，教师示范提出要求，巡视指导 学生在音伴下按教师的动作提示集体练习 教师语言鼓励学生坚持完成 2.活动任务 在小组长带领下自主选择核心力量训练项目，循环练习 3.活动评价 认真训练、动作到位，不畏困难、敢于挑战自我	队形：分两组，同时进行 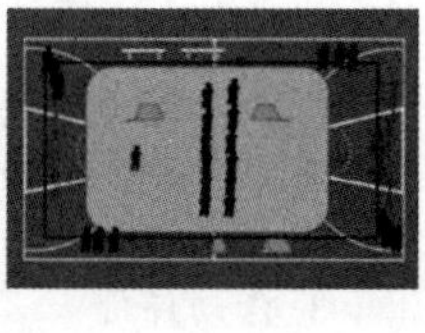 图7 分组轮换队形  2 ⇆ 3 图8	3圈 各15次	3' 4'	大

（续表）

课的结构(时间)	教学内容	活动设计	组织与队形	运动负荷		
				次数	时间	强度
	设计说明： 体能练习主要涉及斜向助跑直角腾跃中的手臂、腰腹背肌的发展，与本学期"障碍跑"项目相结合，设计斜向支撑跨跃"平衡木"练习、支撑腾跃横箱练习、助跑摸高练习、双脚跳跃障碍物练习来锻炼相关体能					
结束部分(4′)	1. 放松练习：拉伸(音伴) 2. 相互按摩放松 3. 小结与点评 4. 归还器材 5. 师生再见	1. 活动情境 利用音乐、语言创设宽松的氛围 2. 活动任务 拉伸放松，在教师引导下自评、互评 3. 活动评价 身心放松、精神愉悦、善于表达	图9		1′30″	小
场地器材	横箱踏板4组、垫子若干、多功能支架4组、平衡木2根、多用途训练跨栏7只	安全保障	1. 课前认真检查场地与器材 2. 合理布置安排场地，取下身上的配饰和坚硬的物品 3. 准备活动充分 4. 如遇突发情况，送往医务室进一步处理			
		预计	运动密度		负荷强度	
			全课密度	内容主题	中	
			55%	55%		
课后反思						

* 本教学设计源自2017年上海市中青年教师教学评选一等奖课。原作者为华东师范大学松江实验中学教师李俊杰，后由上海市奉贤区青少年体育活动中心教师杨清风根据编写组要求再次设计。

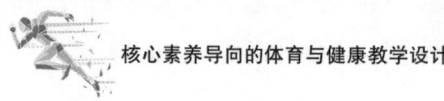

第六节　杠上运动：双杠组合动作教学设计

本设计为七年级的双杠组合动作，主题为"学会合作　增强责任"，旨在通过体操的学练，提高学生互助合作的能力，增强责任意识，培养果断、自信等优良品质。

一、单元教学计划的设计

（一）指导思想

本单元教学坚持"健康第一"的指导思想，以学生发展为本，关注学生差异，依据上海市"初中体育多样化"课程改革精神和七年级双杠组合动作学习水平要求，结合学生身心特征、认知水平及动作技术形成规律，采用多样的教学方法提高学生对双杠组合动作的学练兴趣。本单元教学注重面向全体学生，尊重学生的主体地位和个体差异，倡导学生积极思考、合作交流的学习方式，提高课堂质效。强调身体活动与思维活动相结合，培养学生互帮互助的合作精神、勇于挑战和克服困难的意志品质。

（二）相关分析

1. 教材分析

表 5-6-1　七年级双杠组合动作教材分析

运动认知	动作结构	相关体能	相关知识
认知：双杠分腿坐前进是最初的双杠练习手段 价值：发展学生上肢、肩带、腰腹肌肉的力量和身体的协调性，对培养学生勇敢顽强的意志品质具有重要作用	主要环节：由跳上成分腿坐开始，双手推杠，两腿用力压夹杠，立腰、展髋，上体前倒使重心前移，两手于体前稍远处直臂撑杠，同时紧腰，两腿内旋压杠，并利用杠面的弹力后摆并腿进杠前摆，当腿前摆高于杠面后迅速成分腿 动作要点：推手立腰夹杠紧，挺髋前倒积极顶，顶时内压后摆进，动作连贯衔接紧	分腿坐前进需要较好的上肢、肩带、腹背肌群及腰背部力量；腿部具有一定的柔韧性，同时要具有一定的空间位置感、协调能力和平衡能力	结合杠杆原理分析该动作的力学原理，由杠端跳上成分腿坐开始，双手推杠立腰，双腿夹杠，这是积蓄位能的过程，为进行分腿坐前进提供动能准备，此时身体会前倒，注意前倒时身体的姿态，双手撑握杠，这是前倒时的力作用于双杠，停止了身体前倒的过程，此时所形成的杠杆动作的运动惯性停止，需要双腿内旋压杠，竖脊肌发力，后摆并腿进杠

2. 学情分析

表 5-6-2 学情分析

教学对象	身心特点	能力水平
七年级学生	七年级学生较为活泼,有一定运动能力,善于模仿,对于新事物有着浓厚的兴趣和探索精神;处于迅速发育时期,存在力量较弱、身体不协调、本体感觉差等特征,运动能力和身体素质也参差不齐,本班是男女混班上课,女生上肢力量薄弱	虽然绝大部分学生已具有一定的杠上支撑摆动能力,但因为七年级学生上肢力量和腰腹力量不足,摆动幅度不大,对于完成杠上难度较高的动作还存在专项力量不足、恐惧等问题

3. 教法分析

(1) 将完整动作进行科学的分解,由分解到完整、由简到难,逐渐帮助学生克服心理恐惧感、掌握和巩固技术动作。利用辅助教学器材和自制教具,改变练习条件,适时降低难度,帮助学生克服心理恐惧。

(2) 学生自主练习时,利用"云课堂"技术,通过师生间、生生间、自己与自己的动作对比,让学生及时发现问题并加以纠正,避免错误动作的定型和伤害事故的发生,提高学生的动作准确性。学生自主练习时,主要采用合作学习方法,让学生自主发现问题和解决问题,提高体育学习能力,保证课堂教学安全的同时,提高课堂教学效率。

(3) 利用手机和电子屏幕的录制、回放、慢放、实时共享等功能,将"云课堂"的概念融入整个单元的教学始终,提高学生的学习积极性,教会学生主动学习的方式,提高教学课堂质量与效果。

4. 问题链设计

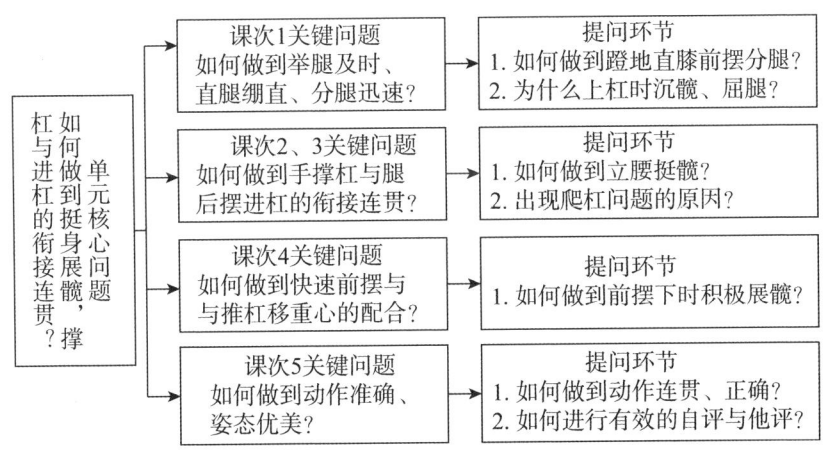

（三）教学流程

表 5-6-3　七年级双杠组合动作单元教学流程

年级	七年级	学期		课次	5	执教	
单元学习目标	1.掌握跳上成分腿坐及分腿坐前进的基本动作与方法，在保护与帮助下完成组合动作，并能做到动作准确，衔接连贯，姿态优美 2.通过参加双杠运动，有效地发展上肢、肩带、腹背肌肉力量，增强关节的灵活性和柔软性，提高身体的平衡能力、协调能力 3.养成勇于克服恐惧的心理品质，建立和谐的人际关系，具有保护与被保护的责任意识，自主学习、相互合作的能力			教学重点	1.蹬地有力，举腿与分腿及时 2.推手立腰展髋，内旋压杠后摆进，动作衔接连贯 3.组合动作准确，姿态优美		

课次	教学内容	学习目标	重点、难点	教学策略与评价
1	杠端跳起成分腿坐	1.进行不同的辅助练习，80%左右的学生掌握杠端跳起成分腿坐，蹬地举腿，体会分腿时机 2.通过垫上分腿坐撑、分腿坐后撑臂屈伸、分腿坐移行等练习，发展上肢力量及身体协调性等素质，提高身体平衡能力 3.自觉参与多种练习，能表现出主动学练的态度，形成善于观察和思考的优良品质，敢于挑战	重点：蹬地举腿和分腿落杠的方法 难点：举腿与分腿落杠的时机	教学关注： 双杠组合动作的学习要以单个动作为基础；杠端跳起成分腿坐关注起跳后直腿上举、分腿及时；分腿坐前进关注推杠、立腰、展髋和后摆并腿；前摆下关注快速前摆与推杠移重心的配合 练习组合动作时关注身体姿态，做到连贯、舒展、优美，乐于展示自我 教学策略： 根据单元教学重点，设计以下3个单元主要活动 主要活动一 1.解决问题 蹬地后举腿不及时、上杠时沉髋、屈腿 2.活动实施 (1)进行仰卧举腿、抱膝跳、直腿屈身跳等辅助练习 (2)分组进行跳上支撑练习，跳起支撑摆动 (3)尝试模仿杠端跳起成分腿坐 (4)根据视频中的练习方法分组进行辅助动作练习 A:支撑举腿（可先屈腿过渡到直腿） B:利用高垫或起跳板练习跳上成分腿坐 C:横箱或低杠上练习分腿坐 (5)在同伴保护帮助下完成杠端跳起成分腿坐
2、3	分腿坐前进	1.通过连续推杠（箱）立腰展髋夹腿、纵箱上做立腰挺髋前倒两腿后摆成俯撑等练习手段，75%的学生掌握保护与帮助的基本手法与站位，并基本完成分腿坐前进的技术动作 2.结合双杠、弹力带、绳等辅助练习手段发展弹跳、上肢、腰腹力量等，提高全身协调用力和对身体控制能力	重点：推杠立腰，挺身展髋，内旋压杠，后摆并腿 难点：并腿进杠时机	

（续表）

课次	教学内容	学习目标	重点、难点	教学策略与评价
2、3	分腿坐前进	3.通过观察视频、模仿等，逐渐形成善于观察，发现问题自我纠正的体育学习习惯，培养勇于克服恐惧的心理品质，建立和谐的人际关系，能有保护与被保护的责任意识，培养自主学习、相互合作的能力		主要活动二 1.解决问题 怎么才能立腰挺髋：进杠姿态和进杠时机 2.活动实施 （1）通过音伴平板操以小组为单位进行杠性练习，拉伸韧带、体会手臂支撑、脚面绷直、腹背用力等 （2）复习支撑摆动，该动作是双杠教学中最基础也是最重要的动作 （3）利用视频介绍分腿坐前进的完整动作结构，学生模仿尝试，相互观察，思考讨论，发现问题 （4）根据"推手立腰夹杠紧，挺髋前倒积极顶，顶时内压后摆进，动作连贯衔接紧"动作要求进行练习 （5）根据教师的拍摄学生动作视频，发现自身问题，选择练习方法自主进行辅助动作练习 A：连续推杠（箱）立腰展髋夹腿 B：纵箱上做立腰挺髋前倒，两腿后摆成俯撑 C：在保护与帮助下分腿坐前进 D：在保护与帮助下连续完成2—3次分腿坐前进 （6）尝试在保护与帮助下完成分腿坐前进 主要活动三 1.解决问题 组合动作间的衔接 2.活动实施 （1）进行仰撑移行、仰撑举单腿伸髋直腿等辅助练习 （2）分组练习支撑摆动、支撑左右移行、支撑转身换手握杠 （3）复习支撑摆动前摆下，分组比赛杠端追逐 （4）在保护帮助下进行组合动作练习，进一步提高动作的连贯性和正确性 （5）各组推荐学生代表组成评价小组，共同评价动作，超越自我，一同进步 评价要点： 蹬地有力，举腿及时，直腿绷直，分腿迅速，落杠轻巧；前进时直腿，经展髋滑杠顺畅；进杠过渡圆滑，前摆下时直腿有挺身过程，落地平稳 整套动作熟练、协调
4	组合动作：杠端跳起成分腿坐—分腿坐前进—前摆下	1.通过辅助练习，复习提高支撑摆动前摆下的技术动作，80%左右的学生可以在保护帮助下完成组合动作 2.通过比赛游戏及分层练习，发展上肢力量，提高身体协调性及平衡能力 3.在练习中能表现出自信和勇于挑战自己，促进发散思维，体现勇于克服困难及恐惧的良好心理品质	重点：快速前摆与推杠移重心的配合 难点：组合动作之间连贯衔接	
5	考核	1.经历组合动作的复习和考核过程，了解动作要求和考核的评价标准，80%左右的学生完成，并体现动作的连贯性、稳定性和良好的身体姿态 2.在组合动作的考核中发展上肢力量、协调与平衡等素质，促进身体机能发展 3.在考核中，能表现出自信和相互学习的能力，体现顽强拼搏与公平竞争的意识	重点：动作准确，姿态优美 难点：组合动作之间的连贯	

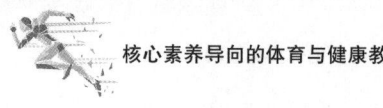

安全保障	1. 合理布置场地，课前检查器材，组织学生练习，间距合理，严禁在练习时打闹 2. 组织学生练习前充分活动身体各个关节肌肉韧带，尤其是手臂、肩带和腰腹部肌肉，预防运动损伤 3. 在练习中加强安全意识，提示学生在小组保护与帮助过程中，做到对组内同伴负责，保证练习安全	评价与方法	1. 终结性评价：等第评价（生评、师评） 2. 过程性评价：表现性评价（自评、互评、师评） （详见单元评价设计）

（四）评价设计

学习评价以课程标准中提出的运动能力、健康行为、体育品德三个方面为内容，选择反映学生体育学习情况的相关指标，根据一定的比重进行综合评价。在评价过程中注意过程性评价和终结性评价相结合。

表5-6-4　七年级双杠组合动作单元评价设计

评价维度	评价内容	评价观测点	评价方式
运动能力	运动认知	1. 能说出分腿坐前进的动作要点 2. 知道正确的练习技巧及保护与帮助的方法	口头测试
	运动技能	跳起支撑紧接直膝分腿落杠轻巧；前进时直腿，经展髋滑杠顺畅；进杠过渡圆滑，前摆下时直腿有挺身过程，落地平稳整套动作熟练、协调	技术观测
	体能状况	1. 发展身体的协调性与柔韧性，提高上肢、肩带、腹背肌群、腰背部力量 2. 提高空间位置感、协调能力和平衡能力	体能测试
健康行为	锻炼习惯	积极主动参与学练并敢于展示动作	行为观察 口头评价
	情绪调控	在动作练习遇到瓶颈时能够保持镇定和耐心，在合作学练中信任同伴	行为观察 口头点评
	适应能力	在练习中主动与同伴合作交流交流，能较好地完成两人之间的保护与帮助	行为观察 口头点评
体育品德	体育精神	敢于克服畏难、挑战自我、积极展示	行为观察 口头点评
	体育道德	在学练过程中表现出较强的责任心，主动担任保护与帮助同伴	行为观察 口头评价
	体育品格	克服恐惧心理的素质，展现顽强意志	行为观察 口头评价

(五) 资源设计

为有效解决本单元的教学重点,提高学生的快速跑技术,教师运用多媒体资源和自制教具来营造真实有趣的情境,提高学生学练的积极性,引领他们进行主动学习、探究学习,提升学习的效果。

表 5-6-5　七年级双杠组合动作单元教学资源设计

目标指向	相关资源		资源应用	解决问题
单元学习目标 1、2、3	器材	1. 双杠 2. 横箱 3. 橡皮带 4. 绳	1. 连续推杠(箱)立腰展髋夹腿是积蓄位能的过程,为进行分腿坐前进提供动能准备 2. 横箱上做立腰挺髋前倒两腿后摆成俯撑,让学生体会进杠的时机和身体姿态 3. 结合双杠、弹力带、绳等辅助练习发展学生弹跳、上肢、腰腹力量等,提高全身协调用力和对身体的控制能力	1. 帮助学生建立正确的分解动作和完整动作概念,体会推、立、夹、挺、倒、顶、摆、进 2. 帮助学生克服恐惧心理,增加课堂教学的安全性和有效性 3. 提供多样的练习手段,发展学生自主锻炼的能力
	多媒体	1. 投屏设备 2. 大屏幕(电脑) 3. 手机	1. 在七年级双杠单元教学过程中,教师将各个分解动作和完整动作拍摄成视频录像,供学生在课上反复观看慢动作或者某个动作环节停放等 2. 学生在分组选择学练菜单时,利用大屏幕的文字和视频有针对性地选择适合自己的练习方法 3. 在课堂展示交流中,通过手机投屏观看学生动作,更加直观地进行评价	1. 提高学生学习兴趣 2. 明确各个技术环节之间的衔接点 3. 纠正错误动作

二、课时教学计划的设计

(一) 课的设计

学会合作　增强责任
——七年级双杠组合动作(5-2、5-3)课的设计

1. 指导思想

本课以"健康第一"为指导思想,在全面贯彻"以学生发展为本"的教育理念,紧紧围绕双杠教材和七年级学生的学情特点,注重面向全体学生,尊重学生的主体地位和个体差异,主要采用视频教学、学练菜单等,让学生在观察中思考,模仿中体会动作的

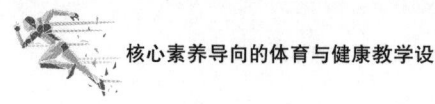

关键技术,形成正确的动作概念,拓展学生思维。在实践体验中掌握分腿坐前进动作。在保护与帮助中增强安全和责任意识,获得自信,培养团结合作精神和果断进取的意志品质。在评价与鼓励中加强沟通与交流,提高学练兴趣。在和谐、愉悦的学习环境中,使学生强健身体、锻炼心智、收获成功。

2. 相关分析

教材分析:本节课的教学内容是分腿坐前进,其动作结构与方法:由分腿坐开始,双手推杠,两腿用力压夹杠,身体直立提高重心,展髋,上体前倒使重心前移,两手于体前稍远处直臂撑杠,同时紧腰,两腿压杠,并利用杠面的弹力后摆并腿进杠前摆,当腿前摆高于杠面后迅速成分腿。其动作要点概括为"推手立腰夹杠紧,挺髋前倒积极顶,顶时内压后摆进,动作连贯衔接紧"。本课为第2、第3课次,利用视频导入,通过观察、模仿、讨论,学生尝试体验,针对练习中出现的问题,教师讲解示范,设计一些行之有效的辅助练习,并以前倒时的挺髋与并腿进杠的时机为本节课的突破口展开教学,提升课堂质效,提高学生自学自练的能力和团结协作的意识。

学情分析:七年级学生较为活泼,有一定运动能力,善于模仿,对于新事物有着浓厚的兴趣和探索冒险精神。但是这些学生身体处于迅速发育时期,存在力量较弱、身体不协调、本体感觉差等特征,运动能力和身体素质也参差不齐,又是男女混班上课,女生上肢力量薄弱。因此,为了提高学生的兴趣和积极性,在学习过程中,通过多媒体教学形象生动地展现课堂所需,结合音乐,充分调动学生的学习兴趣和氛围,在选择性练习中凸显小组合作精神,善于发现问题、解决问题、共同评价、互相帮助、克服困难、不断挑战自我,在习得动作技能的同时,进一步感受体美结合的乐趣。

3. 主要教学环节

以多媒体技术与教师技术动作展示为载体,通过正确、优美的示范动作激发学生的学习兴趣与审美情趣,在循序渐进中不断巩固与提升双杠分腿坐前进技术动作。

(1) 融入情境,在准备活动中,通过自编平板操以及杠性练习,结合流行音乐带动学生完成身体各个关节的热身,并着重体会腹背用力以及脚伸直用力,提高课堂气氛。

(2) 巧用器材,利用横箱连续推箱立腰展髋夹腿,为分腿坐前进提供动能准备。横箱上做立腰挺髋前倒两腿后摆成俯撑,让学生体会进杠的时机和身体姿态。

(3) 活化学练,通过不同形式地播放视频,让学生模仿体会动作。在体会动作重难点的基础上,结合自编顺口溜"推手立腰夹杠紧,挺髋前倒积极顶,顶时内压后摆进,动作连贯衔接紧"的动作要求以及教师示范讲解,呈现动作结构,让学生学会及时反思,了解自身动作的问题所在,根据学练菜单,让学生有的放矢地进行分组练习,提高课堂效率。

4. 问题预设和解决方法

预设1:进杠时屈髋屈肘。

对策1:利用横箱或双杠连续推箱立腰展髋夹腿,为分腿坐前进提供动能。

预设2:出现爬杠的问题。

对策2:自编顺口溜,引导学生学习体会动作技术,横箱上做立腰挺髋前倒两腿后摆成俯撑,让学生体会进杠的时机和身体姿态。

(二) 课时计划

表5-6-6 七年级双杠组合动作(5-2、5-3)课时计划

年级	七年级	人数	32	日期		执教	
班级	7	组班形式	混合班	周次		课次	2
内容主题	双杠(5-2、5-3)分腿坐前进相关体能练习			重点	推杠立腰,挺身展髋,内旋压杠,后摆并腿		
				难点	并腿进杠时机		
学习目标	1. 75%的学生基本掌握双杠分腿坐前进时挺髋立腰、两腿内旋压杠、直腿并腿进杠的技术动作,保护与帮助的基本手法及站位 2. 结合双杠、弹力带、绳等辅助工具进行练习,发展弹跳、上肢、腰腹力量等,提高全身协调用力和对身体控制能力 3. 通过观察视频、模仿练习等,逐渐形成善于观察,发现问题自我纠正的体育学习习惯;培养勇于克服恐惧的心理品质以及和谐的人际关系,能有保护与被保护的责任意识,自主学习、相互合作的能力						
课的结构(时间)	教学内容	活动设计		组织与队形	运动负荷		
					次数	时间	强度
准备部分(8′)	1. 课堂常规内容 (1) 整队查人数 (2) 师生问好查服装 (3) 本课目标和要求 (4) 安排见习生 2. 慢跑 3. 音伴平板操 4. 杠性练习:支撑左右侧移重心、杠端跳起越杠下	1. 活动情境 利用音乐与场地创设运动情境 2. 活动任务 由排头同学带领,利用现有场地条件跑动,播放视频导学热身操、杠性练习 3. 活动评价 做操动作协调有力,杠性练习注意间距		扇形面向屏幕 图1 ★代表教师 ☺代表学生	1 1	4′ 4′	小 大
设计说明: 播放视频,自主学练平板操与杠性练习;在运动旅游情境中激起丰富的联想和想象,激发学生的学习兴趣							

（续表）

课的结构（时间）	教学内容	活动设计	组织与队形	运动负荷		
				次数	时间	强度
基本部分（28′）	1. 复习支撑摆动	1. 活动情境 提出问题：前倒时是屈髋还是挺髋；撑杠时，是屈臂还是直臂 观看视频模仿练习；利用手机拍摄学生动作，与视频中正确动作作对比学练 2. 活动任务 学生根据自身能力进行支撑摆动练习，根据问题分小组看视频模仿练习 3. 活动评价 动作体现推、立、夹、挺、倒、顶、摆、进；参与保护与帮助	（两端进行） 图2	3—5	5′	中
	2. 分腿坐前进模仿练习			3—4	10′	小
	3. 学习分腿坐前进			8—10	10′	中
	设计说明： 1. 结构化教学：复习支撑摆动—分腿坐前进模仿练习—学习分腿坐前进—连续连贯分组练习 2. 信息化教学：观看视频模仿练习，利用手机拍摄学生动作，与视频中正确动作作对比，示范讲解并引导学生仔细观察，进一步强调分腿坐前进的动作要点 3. 问题导入：先提出问题，再在学练中解决问题					
	4. 学练菜单 (1) 连续推杠（箱）立腰展髋夹腿 (2) 纵箱上做立腰挺髋前倒两腿后摆成俯撑 (3) 分腿坐前进屈膝弹杠杠中下 (4) 连续完成2—3次分腿坐前进	1. 活动情境 运用多媒体演示练习场景，利用语言创设问题情境：以菜单引导学生根据自身问题选择视频中的练习方法进行练习 2. 活动任务 根据自己的问题选择练习，四种练习方法练习次数不少于10次 3. 活动评价 互学互练，互相纠错评价，提高动作	 图3	10—14	5′—10′	中
	设计说明： 教师提供相应的学练菜单，引导学生根据自身问题选择视频中的练习方法进行练习					

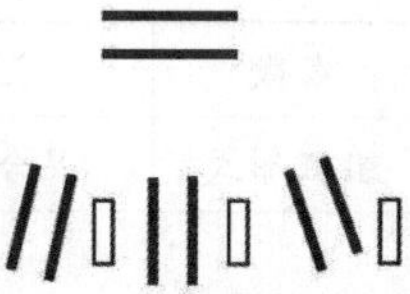

(续表)

课的结构（时间）	教学内容	活动设计	组织与队形	运动负荷		
				次数	时间	强度
基本部分(28′)	5.体能练习 (1) 节节高(绳结) (2) 双人夹胸练习(弹力带) (3) 挂膝引体(双杠) (4) 俯撑提臀分腿跳	1.活动情境 创造性地利用、开发器材，播放动感音乐，提高学生锻炼兴趣与实用性 2.活动任务 轮换进行练习：每个项目2组，每组12—15次 3.活动评价 轮转迅速，动作到位，认真练习	图4	12—15	6′	大
	设计说明： 创造性地利用器材，播放动感音乐，提高学生锻炼兴趣与学练效果					
结束部分(4′)	1.整理放松 2.课堂小结 3.归还器材 4.师生再见	1.活动情境 利用音乐创设放松氛围，利用语言创设宽松的讲评氛围 2.活动任务 拉伸放松，在教师引导下自评、互评 3.活动评价 身心放松、精神愉悦、善于表达	图5	1	4′	小
场地器材	电子屏1个、双杠4副、横箱3个、垫子若干块、弹力带4根、绳结8根、音箱1个、展板4块	安全保障	1.合理布置场地，课前检查器材，练习间距合理 2.练习前充分活动身体各个关节肌肉韧带，尤其是手臂、肩带和腰腹部肌肉，预防运动损伤 3.在练习中加强安全意识，提示学生在小组保护与帮助过程中，做到对组内同伴负责，保证练习安全			
		预计	练习密度		负荷强度	
			全课	内容主题	中上	
			65%	52%		
课后反思						

* 本教学设计源自上海市级公开课。原作者为上海市风华初级中学教师沈鸿雯，后由上海市奉贤区青少年体育活动中心教师杨清风根据编写组要求再次设计。

第六章

核心素养导向的球类运动教学设计

　　球类运动主要包含篮球、足球、排球、乒乓球、羽毛球和网球等项目，本章所有选择的案例均为日常教学中常见的内容。在教学设计中强调采用结构化的知识与技能、创设实战或复杂学练情境、以问题化的方式激发学生学练兴趣、借助信息化等手段帮助学生快速学习，将球类实战能力、体能发展、健康行为和体育品德融入日常教学活动，直指学生体育学科核心素养的培育。

第一节 篮球：行进间单手低手投篮教学设计

本设计为九年级的篮球行进间单手低手投篮，主题为"分层教学 学有所获"，旨在通过情境化的学习，发展学生行进间单手低手投篮得分的能力，激发学生对篮球运动的兴趣。

一、单元教学计划的设计

（一）指导思想

坚持"以人为本"的指导思想，课堂上注重学生的自主学练，关注学科核心素养的培养。教学过程中借助信息技术手段创设学习情境，开展以问题为导向的合作探究性学习，关注学生个体差异，使每一位学生都能体验到成功的喜悦，促进学生的全面发展。

（二）相关分析

1. 教材分析

表 6-1-1　九年级行进间单手低手投篮教材分析

运动认知	动作结构	相关体能	相关知识
认知：行进间单手低手投篮是篮球运动的基本技术，是全队进攻得分的重要手段 价值：通过篮球运动，可以提高灵敏、速度、力量、耐力等身体素质，增强内脏器官的功能，还能培养勇敢顽强、机智、果断等优良品质	动作过程：（以左脚起跳为例）右脚跨出一大步的同时抓住球，接着左脚跨出一小步并用力蹬地起跳，右腿屈膝上抬，举球至头右侧上方，当身体接近最高点时，右臂向前上方伸出，手腕前屈，食、中指用力拨球，通过指端将球投出 动作要点：投篮时"一大二小三上跳"的步法以及手对球的控制能力 关键环节：起跳时空中展体，手臂前伸，掌心向上托球，手腕手指拨球投篮	行进间单手低手投篮需要一定的力量、灵敏、速度 1. 腿部力量练习：多级蛙跳、后蹬跑、扎马步练习等 2. 灵敏性练习：利用绳梯做多种脚步练习等 3. 速度练习：短距离的快速跑、侧向跑动、耐力跑等	行进间单手低手投篮要求第一步要大，主要是为了拉开和防守球员之间的距离；第二步要小，主要是为三上跳做准备的；第三跳起时，手臂尽量伸直，手腕自然地把球拨出，尽量柔和一些

2. 学情分析

表 6-1-2　学情分析

教学对象	认知水平	身心特点	能力水平
九年级男生	初步了解行进间单手低手投篮，能够认识到其重要作用，但对于其动作概念模糊、动作要领了解较少	1.学生身体处在发育期，具有一定的速度与弹跳，协调能力较差 2.学生活泼好动，喜欢球类运动，能够积极参与学练，相互协作	具有一定的运球和控球能力，但对于行进间单手低手投篮节奏的把握能力较薄弱；针对班中基础稍薄弱的学生采用多媒体教学，及时反馈动作信息，了解自身存在的问题，不断提高

3. 教法分析

本单元教学首先采用直观法、讲解法、示范法，结合多媒体的视频回放、慢放、定格等功能，帮助学生建立行进间单手低手投篮的完整概念。随后遵循由易到难、由简单到复杂、循序渐进的原则，进行多样化的学练活动，让学生逐渐掌握行进间单手低手投篮的技术要领。

教学中坚持以问题为主导，为学生搭建合作探究的平台，让学生在解决问题的学习活动中逐渐掌握行进间单手低手投篮，激发学生的思维能力、合作探究能力。为学生创造多种情境（持球跨步上篮、抓固定球上篮、近距离运球上篮、远距离运球上篮），引导学生逐渐掌握行进间单手低手投篮技术动作。

4. 问题链设计

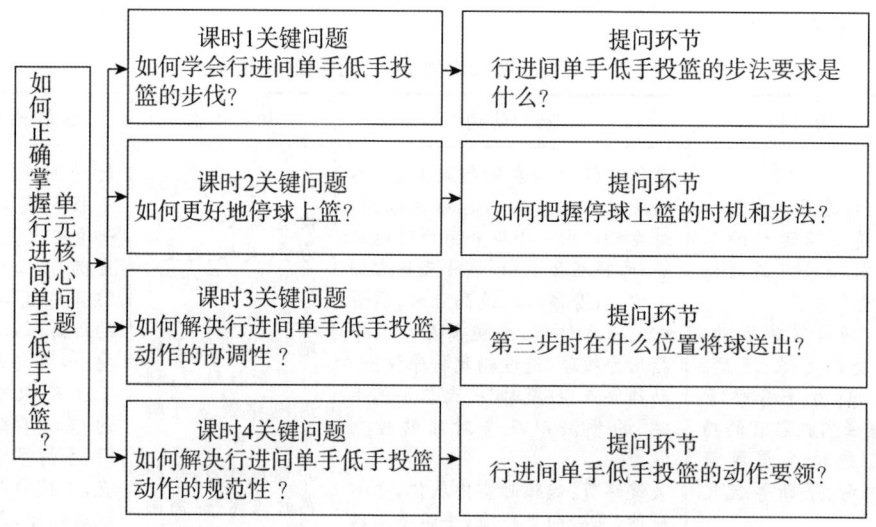

（三）教学流程

表6-1-3 九年级行进间单手低手投篮单元教学流程

年级	九年级	学期		课次	4	执教	
学习目标	1. 了解行进间单手低手投篮的运用时机和作用，明确其动作要领和关键环节，可以较规范地完成半场内行进间单手低手投篮 2. 通过球性练习和多种形式的行进间单手低手投篮，发展协调、灵敏、力量等身体素质 3. 通过课堂的学练，培养自主、探究、合作学习能力，提高集体荣誉感，体验篮球运动的快乐			教学重点	1."一大二小三上跳"的步法 2. 控球能力		

课次	教学内容	学习目标	重点、难点	教学策略与评价
1	1. 球性练习 2. 徒手模仿动作 3. 不运球的行进间单手低手投篮 4. 原地运球的行进间单手低手投篮	1. 了解行进间单手低手投篮的意义，明确其动作要领，可以较规范地完成原地的行进间单手低手投篮 2. 能够坚持完成球性练习、体能练习，提高协调、灵敏等身体素质 3. 学练过程中可以相互指导与评价，表现出友好合作与相互信任的关系	重点：手对球的控制和投篮的基本步法 难点："一大二小三上跳"的步法	教学关注： 1. 行进间单手低手投篮的步法能否做到"一大二小三上跳" 2. 能否将运球与停球很好衔接起来 3. 能否在最高点将球送出 教学策略： 1. 利用多媒体教学，明确动作结构 （1）利用视频的暂停、慢放，让学生明确行进间单手低手投篮的技术动作要领 （2）教师将完整动作制作成动画，供学生在课上反复观看，与自己的动作进行对比，反思与纠错 （3）利用平板电脑拍摄学生的学练情况，及时反馈给学生，进行指导与改正
2	1. 接固定球的行进间单手低手投篮 2. 近距离运球的行进间单手低手投篮 3. 三分线外运球的行进间单手低手投篮	1. 明确行进间单手低手投篮的技术动作，掌握停球上篮的时机及上篮的步法，能够在自己选择的情境中运用行进间单手低手投篮得分 2. 能坚持完成技术动作学练、体能练习，掌握提高身体素质的方法，增强篮球比赛中的对抗能力 3. 学练过程中相互帮助与评价，积极探究，表现出良好的团结协作意识和能力	重点：停球上篮的时机和步法 难点：停球上篮的时机	

（续表）

课次	教学内容	学习目标	重点、难点	教学策略与评价
3	1.球性练习 2.三分线外运球的行进间单手低手投篮 3.两人一组全场行进间传接球接单手低手投篮	1.熟练掌握行进间单手低手投篮技术动作,能够在行进间传接球接行进间单手低手投篮得分。 2.能积极尝试行进间传接球接单手低手投篮,坚持不懈地完成体能练习,提高弹跳、灵敏、核心力量等身体素质。 3.学练过程中表现出对篮球学习的兴趣,养成规范练习的习惯	重点:手对球的控制,步法正确 难点:行进间单手低手投篮动作的协调性	2.创设不同情境,逐渐掌握技术动作 (1)徒手模仿练习 (2)原地运球的行进间单手低手投篮练习 (3)接固定球的行进间单手低手投篮练习 (4)不同距离运球的行进间单手低手投篮练习 3.分层进行教学,满足差异需求 学生运动能力、学习能力有高低,为了满足不同学生的差异需求,在集体学练之后进行分层教学,让学生先对自己学练的情况进行自评,进而选择有利于提高行进间单手低手投篮技术动作的学练方法
4	考核:篮球半场内行进间单手低手投篮	1.熟练掌握行进间单手低手投篮技术动作,能够较快且质量较高地完成篮球半场来回运球投篮考核。 2.坚持完成课堂学练,增强速度、弹跳和灵敏等身体素质。 3.课堂考核时,能够表现出自信、勇敢的良好精神面貌	重点:行进间单手低手投篮动作的规范性 难点:行进间单手低手投篮动作的协调性	评价要点: 行进间单手低手投篮的步法做到"一大二小三上跳",在最高点将球送出去,很好地衔接运球与停球上篮,没有带球走的情况
安全保障	1.课前检查场地与器材 2.做好准备活动,充分活动各关节 3.加强安全教育,明确练习目的		评价与方法	1.终结性评价:等第评价(生评、师评) 2.过程性评价:表现性评价(自评、互评、师评) (详见单元评价设计)
教学资源	标志桶6个、篮球架2个、多媒体1套、平板电脑6台、篮球30个、音响1个等			

（四）评价设计

从运动能力、健康行为、体育品德三个方面对学生行进间单手低手投篮进行评价。注意过程性评价和终结性评价相结合。

第六章 核心素养导向的球类运动教学设计

表6-1-4 九年级行进间单手低手投篮单元评价设计

评价维度	评价内容	评价观测点	评价方式
运动能力	运动认知	能说出行进间单手低手投篮的技术要领,知道在最高点将球送出去;明确带球走、两次运球的违例动作	口头测试
	运动技能	能够做到"一大二小三上跳",步法正确,动作协调、规范	技术观测
	体能状况	下肢力量、速度和协调的发展情况	体能测试
健康行为	锻炼习惯	喜欢在教师的指导下参加小组学习,有关心自己和他人、积极互信的举动	行为观察 口头点评
	适应能力	能与同伴主动交流,相互鼓励、评价,完成学练	行为观察 口头点评
体育品德	体育道德	在篮球练习与比赛中遵守规则,不带球走、不两次运球	行为观察 口头点评
	体育品格	比赛中能为了团队荣誉而积极合作,配合默契,不埋怨同伴	行为观察 口头评价

（五）资源设计

为有效解决单元教学重点"一大二小三上跳"的步法和控球能力,运用多媒体资源和动画,创设各种练习情境,以激发学生的学习兴趣,提高课堂教学的实效性。

表6-1-5 九年级行进间单手低手投篮单元教学资源设计

目标指向	资源设计		资源应用	解决问题
单元学习目标 1、2、3	媒体资源	1.信息技术资源：行进间单手低手投篮的动画 2.平板电脑	1.在行进间单手低手投篮的单元教学过程中,教师将其完整动作制作成动画,供学生在课上反复观看,与自己的动作进行对比 2.在分组练习过程中,学生利用平板电脑对同伴的练习情况进行录像与视频回放 3.在课堂展示与交流环节中,利用平板电脑拍摄学生的动作进行点评	1.利用动画演示,让学生直观了解练习内容及练习方法 2.利用视频慢放功能,清晰地呈现给学生正确的"一大二小三上跳"的步法动作 3.纠正错误动作
单元学习目标 1、2、3	辅助教具	标志桶	1.在热身跑中运用标志桶,增添热身跑的趣味性 2.利用标志桶,帮助学生掌握"一大二小三上跳"的步法	1.明确"一大二小三上跳"的步法 2.增添课堂的趣味性

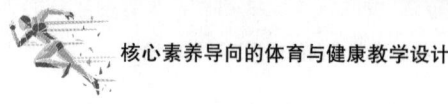

二、课时教学计划的设计

（一）课的设计

分层教学　学有所获
——九年级行进间单手低手投篮(4-2)教学设计

1. 指导思想

本课注重学生的自主学练,充分调动学生的主动参与性,培养学生探究意识,发展学生合作学习能力。立足于每个学生的身心全面发展,关注学生的个体差异,采用分层教学,落实因材施教、区别对待的教学原则,使每个学生学有所得,学有所乐,学有所获,体验篮球运动的乐趣。

2. 相关分析

行进间单手低手投篮技术是初中生篮球的重要教学内容,也是体育中考项目之一,属于初学者较易掌握,较为实用的技术,是全队进攻得分的重要手段。本单元共分为4课时,本节课为第2课次,重点是解决停球上篮的时机和步法,借助信息技术手段,使学生逐渐掌握行进间单手低手投篮的技术动作。

本节课的授课对象是九年级的男生班学生,学生的篮球技能水平参差不齐,但他们对于篮球运动充满热情,喜欢篮球运动,同时有较强的思维能力,善于学习,乐于交流。因此,针对学生的特点,进行集体学练和分组学练以后,采用分层教学,满足不同学生之间的差异性需求,充分挖掘每个学生的潜在能力,更好地促进学生达到教学目标。

3. 主要教学策略

（1）问题化教学,逐渐掌握技术动作

本节课中提出"如何把握停球上篮的时机和步法"的问题,从无球到有球,从不运球到运球的教学,从近距离到远距离的行进间单手低手投篮,学生在教师的指导与帮助下,通过自主学练,逐渐掌握行进间单手低手投篮的技术动作,整个教学过程围绕教学的重难点,层层推进,使学生逐渐达到本节课的目标。

（2）信息化教学,提高教学效率

利用信息化手段将学生最难掌握的技术动作直观地呈现出来,比传统意义的示范更加有效。另外,使用平板电脑拍摄学生的学练情况将其上传分析,可以实现个性化和多样化的学习方式,提升学习活动的互动性和生成性。

（3）层次化教学,满足差异需求

学生运动能力有高低,学习能力也有差异,为了满足不同学生的差异化需求,在课堂中采取层次化教学。学生在集体学习之后,对自己学练的情况进行自评,进而在教师的指导与同伴的协作下有序进行学练。

4. 问题的预设与对策

预设1：学生接固定球时，脚步不正确。

对策1：通过多媒体的回放和教师的示范，明确告诉学生接球时的脚步。

预设2：学生运球与停球上篮不能很好地衔接。

对策2：通过前期的球性练习，提高学生手对球的控制能力。

预设3：学生上篮时脚步错误。

对策3：运球停球后喊出"一大二小三上跳"，加强对运球三步上篮的步法记忆。

(二) 课时计划

表6-1-6　九年级行进间单手低手投篮(4-2)课时计划

年级	九年级	人数	30	日期		执教		
班级		组班形式	男生班	周次		课次		
内容主题	1. 篮球：行进间单手低手投篮(4-2) 2. 相关体能			重点	停球上篮的时机和步法			
				难点	停球上篮的时机			
学习目标	1. 明确行进间单手低手投篮的技术动作，掌握停球上篮的时机及上篮的步法，能够在自己选择的情境中运球上篮得分 2. 能坚持完成技术动作学练、体能练习，掌握提高身体素质的方法，增强篮球比赛中的对抗能力 3. 学练过程中相互帮助与评价，积极探究，表现出良好的团结协作意识和能力							
流程(时间)	教学内容	活动设计		组织与队形		运动负荷		
						次数	时间	强度
准备部分(8′)	1. 课堂常规内容 (1) 整理队伍检查人数 (2) 师生问好检查服装 (3) 提出目标和要求 (4) 安排见习生 2. 慢跑(音伴) 3. 球性练习(音伴)	1. 活动情境 用动感音乐创设运动情境 2. 活动任务 音伴下模仿教师热身动作，按照规定路线进行热身跑 3. 活动评价 运球动作规范，可以跟上音乐节奏且能眼睛不看球地运球		☆☆☆☆☆☆ ☆☆☆☆☆☆ ☆☆☆☆☆☆ ☆☆☆☆☆☆ ● 图1 ●代表教师 ☆代表学生 ☆　　　☆ ☆　　　☆ ☆　●　☆ ☆　　　☆ ☆　　　☆ 图2		1 1	2′ 5′	中 中

（续表）

流程 （时间）	教学内容	活动设计	组织与队形	运动负荷		
				次数	时间	强度
基本部分 (28′)	设计说明： 利用音乐渲染情境，围绕"个人目标挑战"创设情境，进行图形跑和移动步伐练习，让学生在音乐情境中活跃身心，使学生的身体器官由相对静止状态逐步进入运动状态，使学生从音乐的感知中产生情感体验，激起丰富的联想，激发学生的学习兴趣					
	1. 接固定球的行进间单手低手投篮	1. 活动情境 运用多媒体演示练习场景，创设问题情境，把握停球上篮的时机和步法 2. 活动任务 进行接固定球的行进间单手低手投篮练习，借助标志物判断接球的时机是否准确 3. 活动评价 能够自主认真学练，接球的时机到位，步法正确	图3	8—10	2′	中
	设计说明： 1. 利用多媒体演示和教师示范，使学生明确学练内容和要求，知道接传球上篮的时机和步法，提高练习的效率 2. 以整体化问题设计带动合作探究能力水平的提升，促进学生体育核心素养的全面发展，问题化教学引导不同层次的学生均有粗浅的认识，都有合作交流的欲望和需求；尝试运用结构化的知识和技能解决问题，提高学生交往、沟通、合作能力					
	2. 近距离运球的行进间单手低手投篮 3. 三分线外运球的行进间单手低手投篮	1. 活动情境 运用多媒体演示练习场景，创设不同距离的运球上篮情境 2. 活动任务 练习过程中用平板电脑拍摄视频，小组讨论总结停球上篮的时机和步法，相互帮助与评价、积极尝试练习 3. 活动评价 积极思考，讨论激烈，得出停球上篮的时机，从接固定球到运球上篮的技术明显提高	图4 图5	10—15 10—15	2′30″ 2′30″	中 中

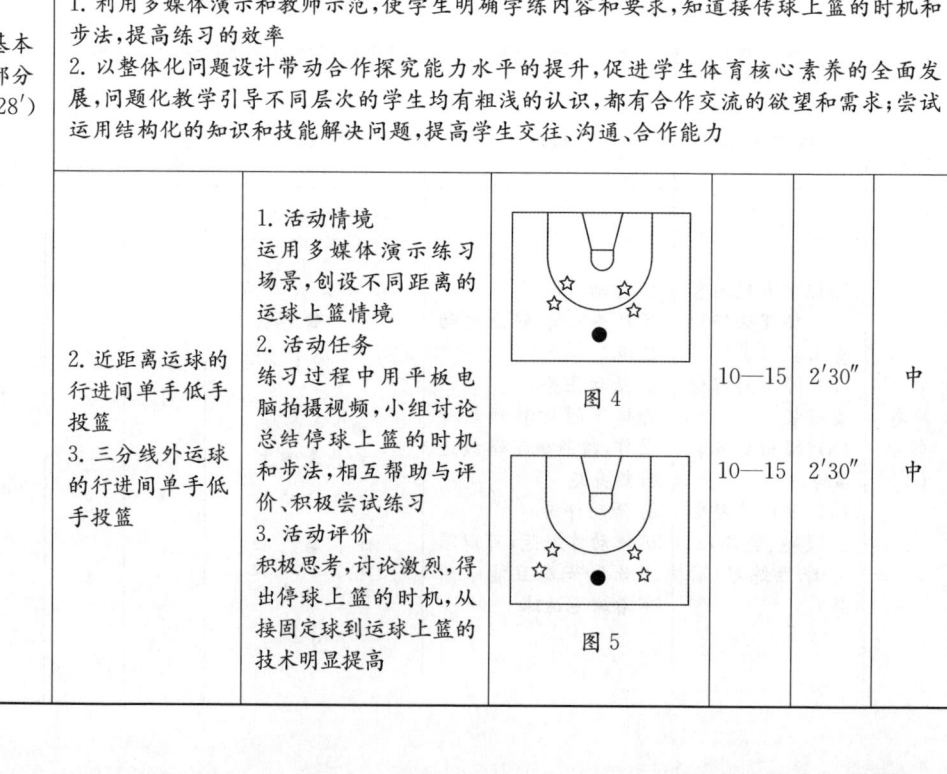

(续表)

流程 (时间)	教学内容	活动设计	组织与队形	运动负荷		
				次数	时间	强度
基本 部分 (28′)	设计说明: 1.通过观看多媒体课件与示范,让学生对行进间单手低手投篮有完整的技术动作概念,慢动作回放让学生体会从不运球到运一次球的行进间单手低手投篮的衔接动作,更加清楚动作的完整过程 2.利用平板电脑拍摄学生学练情况,与正确的动作进行对比,让学生在反思中改进运球上篮的技术动作 3.教师发现优秀案例进行展示,学生在观察的过程中进行自评,激发学生的主动性					
	4.分层学练与展示 (1) 近距离运球的行进间单手低手投篮 (2) 三分线外运球的行进间单手低手投篮 (3) 三分线外绕标志物运球的行进间单手低手投篮 (4) 行进间传接球接单手低手投篮	1.活动情境 根据自己的情况自评后进行分层学练,分层展示 2.活动任务 分层提高练习,提高运球三步上篮的质量和速度 3.活动评价 合理评价自己,可以与同伴互动交流,技术动作有明显提升	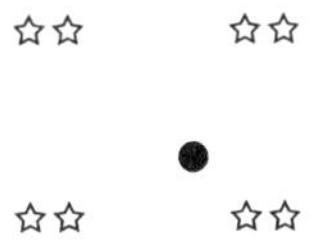 ☆☆　　☆☆ 　　● ☆☆　　☆☆ 图6	15—20	5′	中
	设计说明: 设计分层学练,主要是满足不同学生的差异性需求,基础薄弱的学生可以得到提高,基础好的学生具有挑战性,帮助学生更好地完成技术动作、巩固技术动作,增强知识点之间或动作技术之间的有机联系,体验学习的成功与喜悦					
	5.体能练习 (1) 俄罗斯转体(20次) (2) 持球两头起(20次) (3) 俯卧撑(15次) (4) 运球折返跑接力(15米)	1.活动情境 利用音乐和场地布置创设体能训练情境 2.活动任务 在小组长带领下自主选择体能练习 3.活动评价 认真训练、动作到位、不畏困难、敢于挑战自我	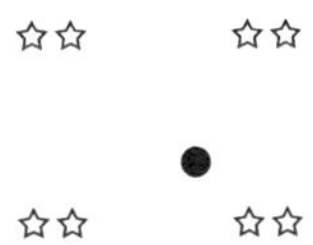 ☆☆　　☆☆ 　　● ☆☆　　☆☆ 图7	2	4′	大

（续表）

流程 （时间）	教学内容	活动设计	组织与队形	运动负荷		
				次数	时间	强度
	设计说明： 1. 本课体能练习采用菜单式循环模式，结合篮球项目，围绕"个人目标挑战，与他人竞争目标"创设情境，给学生更多的空间和时间，充分发挥每一位学生的主观能动性，不断激励学生的内动力和学练激情，提高学生主动参与体育活动的兴趣 2. 在练习内容的安排上不仅有上肢的力量练习也有下肢的力量练习，有一定的强度和密度，使学生的身体素质得到全面发展					
结束 部分 (4′)	1. 放松练习：拉伸（音伴） 2. 小结与点评 3. 归还器材 4. 师生再见	1. 活动情境 利用音乐创设轻松氛围，利用语言创设宽松的讲评氛围 2. 活动任务 拉伸放松，在教师引导下自评、互评 3. 活动评价 身心放松、精神愉悦、善于表达	☆ ☆ ☆ ☆ ☆ ☆ ☆ ☆ ☆ ☆ ☆ ☆ ☆ ☆ ☆ ● 图8	1	1′30″	小
场地 器材	篮球架2个、篮球30只、移动可触摸电视机1台、平板电脑6台、标志桶6个		安全 保障	1. 课前检查场地与器材 2. 做好准备活动，充分活动关节 3. 教学比赛注意安全		
			预计	练习密度		负荷强度
				全课	内容主题	中
				58.8%	40%	
课后 反思						

　　＊本教学设计系校级公开展示课。原作者为上海外国语附属中学校教师李钦浩，后由上海交通大学附属中学教师樊三明根据编写组要求再次设计。

第二节 篮球：侧掩护配合教学设计

本设计为高二年级的篮球侧掩护配合，主题为"多元教学 活化课堂"，旨在通过情境化和信息化等学习方式，提高学生侧掩护配合的意识，发展学生学科核心素养。

一、单元教学计划的设计

（一）指导思想

本单元以"立德树人"为根本任务，结合篮球侧掩护配合战术的特点，着力培养学生积极进取、团结合作的优良品德。关注学科核心素养的培养，教学中强调"以用为本"，通过结构化、情境化、问题化、信息化的教学策略，引导学生主动运用侧掩护配合来解决篮球比赛中遇到的问题。

（二）相关分析

1. 教材分析

表6-2-1 高二年级篮球侧掩护配合教材分析

运动认知	动作结构	相关体能	相关知识
认知：篮球侧掩护配合是利用队友掩护技术，摆脱防守，并取得突破与分球创造投篮机会的简单战术配合，该配合能有效破解防守，形成全队配合战术 价值：学习该内容能帮助学生认识到默契配合的重要性，提高快速反应和判断能力，有利于增强上、下肢力量，发展速度、灵敏等身体素质	动作过程：掩护队员站在同伴防守者侧面，用身体挡住防守者的移动路线，转身扩大掩护面积，使同伴借以摆脱防守，随后迅速向篮下跟进，判断接球投篮或争抢篮板球 动作要点：掩护队员降重心、两臂屈肘放于体侧或胸前，距离要适当，身体保持静止，掩护后转身跟进及时 关键环节：有效掩护的时机、距离、角度	侧掩护配合中需要一定的速度、力量、灵敏、反应及空间感 1. 腿部力量练习：多级蛙跳、后蹬跑、适量负重练习 2. 灵敏性练习：利用绳梯做脚步练习 3. 速度练习：短距离的快速跑、侧向跑、耐力跑等 4. 空间感练习：三分线内3对3传接球练习	掩护者接近防守者时具有初速度，在做侧掩护时降低重心形成超重，增大摩擦力，利于减速；掩护时保持低重心，高稳度，便于转身；转身时保持低重心，转动惯性较小，在转动力矩一定的情况下，人可以获得更大的加速度，便于快速转身启动

2. 学情分析

表 6-2-2　学情分析

教学对象	认知水平	身心特点	能力水平
高二年级男生	学习过传切配合战术，能认识到战术配合的作用，但对于侧掩护配合概念模糊，了解较少	1. 高中学生身体处在发育期，具有一定的速度与弹跳力，上肢力量欠佳 2. 高中阶段是自我意识发展的第二个飞跃期，独立思维能力强，能够在学习过程中自主探索与互助提高	具有一定的运、传、投的能力，已经基本掌握了各种单项技术，但对于侧掩护配合时机的把握能力较薄弱

3. 教法分析

本单元教学首先采用直观法、讲解法、示范法，帮助学生建立侧掩护配合的完整概念。随后遵循由易到难、由简单到复杂、循序渐进的教学原则，让学生真正理解、掌握和运用"侧掩护配合"的相关知识和技术要领。

教学中坚持以问题为主导，为学生搭建合作探究的平台，通过各种模拟实战的练习活动和比赛（消极防守、交替掩护、2对2、3对3、4对4），为学生创造复杂情境，引导学生在篮球比赛中主动运用侧掩护配合，提高比赛实战能力。

教学时采用辅助器材（拳击立柱）和多媒体等教学资源，让学生体会正确的侧掩护动作要领。利用多媒体的视频回放、慢放、定格等功能，帮助学生理解侧掩护配合的技术要点和关键环节。

4. 问题链设计

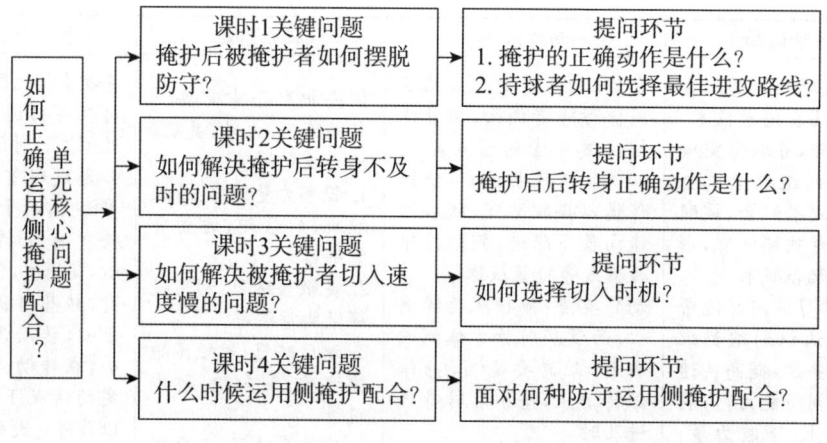

（三）教学流程

表 6-2-3　高二年级篮球侧掩护配合单元教学流程

年级	高二		学期		课次	4	执教	
单元学习目标	1. 了解侧掩护配合的具体方法和相互配合的位置、路线，掌握侧掩护配合的技术动作和战术运用时机，并能在比赛中有意识地运用 2. 经历多种侧掩护配合练习，基本掌握侧掩护配合的动作方法，增强上、下肢肌肉力量，发展速度、灵敏等身体素质 3. 通过小组配合及互动交流，增强同伴间的信任，提高合作意识				教学重点	1. 掩护位置和动作的正确性与合理性 2. 掩护配合时机的把握		
课次	教学内容		学习目标		重点、难点		教学策略与评价	
1	1. 徒手侧掩护 2. 侧掩护接后转身跟进 3. 专项体能		1. 初步掌握侧掩护的技术动作结构及后转身跟进动作，能够较顺畅地徒手完成 2. 能认真完成徒手侧掩护练习和体能练习，发展思维反应能力及速度、灵敏等身体素质 3. 课堂学练中可以与同伴友好合作，相互交流与互动，建立相互信任的关系		重点：侧掩护的技术动作 难点：侧掩护后的后转身跟进		教学关注： 1. 提高掩护的质量，做到脚步灵活，摆脱迅速、重心稳定、转身跟进及时 2. 掩护的基本方法与原则 （1）掌握为有球和无球队员掩护的基本方法，通过针对性练习，体会不同的位置有不同的掩护时机、距离和角度，利用所学的侧掩护动作结合实战制订简单的战术配合 （2）根据转身后掩护跟进选择进攻的方法，进行半场 2 对 2、3 对 3 或 4 对 4 攻防练习，体验有防守下与同伴的配合，并有效地选择跟进，一般是接球上篮或争抢篮板球		
2	1. 四角掩护传接球 2. 消极防守侧掩护配合 3. 交替侧掩护配合 4. 3 对 3 半场攻防		1. 知道侧掩护配合的方法和作用，掌握掩护的站位及跟进技术，能够在 3 对 3 比赛中与同伴默契配合，运用侧掩护配合进攻得分 2. 能坚持完成技术学练、比赛和体能训练，掌握发展核心力量的方法，增强在篮球比赛中的对抗能力 3. 学练过程中能相互指导，比赛场上能积极呼应、相互鼓励，表现出良好的合作意识和能力		重点：掩护后的后转身跟进与持球突破的时机 难点：转身跟进的时机把握				

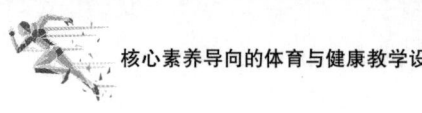

（续表）

课次	教学内容	学习目标	重点、难点	教学策略与评价
3	1. 四角掩护传接球 2. 有防守侧掩护配合 3. 3对3半场攻防	1. 经历四角掩护传接球和有防守的侧掩护配合，基本掌握侧掩护完整技术动作，能够顺畅地运用于3对3半场攻防 2. 坚持完成四角掩护传接球、半场3对3攻防等练习，提高思维反应能力及速度、灵敏、核心力量等身体素质 3. 学练过程中团结协作，能表现出积极自主探究的意识	重点：侧掩护动作的正确性及合理性 难点：侧掩护配合时机的把握	教学策略： 1. 递进情境的掩护技术学练活动 （1）四角掩护传接球 （2）有标志物的掩护配合（拳击立柱） （3）消极防守的掩护配合 （4）交替掩护配合 2. 掩护配合关键环节的探究活动，利用平板电脑对同伴的练习情况进行录像与视频回放，通过视频定格，分析掩护配合关键环节，提高学习效率
4	1. 考核：有球与无球侧掩护配合 2. 4对4半场攻防	1. 明确侧掩护配合的注意事项，在4对4半场攻防中可以合理运用，并理解动作要求和考核的评价标准 2. 积极参加各项课堂练习，增强进攻、防守配合意识，发展速度、弹跳和灵敏等身体素质 3. 在学习评价实践中，通过小组配合及互动交流，增强同伴间的信任，提高合作意识	重点：掩护后的后转身跟进、持球突破的时机 难点：配合默契，合理运用	3. 比赛情境的掩护配合运用活动，半场2对2与3对3或4对4比赛要求每次进攻时间8秒以上，运用侧掩护配合的才得分 教学评价： 掩护者两臂屈肘放于体侧或胸前，距离适当，保持身体静止，避免犯规，掩护后转身跟进及时，能在比赛中正确运用侧掩护配合
安全保障	1. 课前检查场地与器材 2. 做好准备活动，充分活动各关节 3. 加强安全教育，明确练习目的		评价方法	1. 终结性评价：等第评价（生评、师评） 2. 过程性评价：表现性评价（自评、互评、师评） （详见单元评价设计）
教学资源	拳击立柱6个、篮球架2个、多媒体1套、平板电脑1台、篮球若干、音响1个			

（四）评价设计

从体育与健康学科核心素养三个维度"运动能力""健康行为""体育品德"中，选择有针对性的观测点进行评价，本单元根据内容主题重点培养学生合作交流、互相信任、配合默契等方面的教育价值，侧重对社会适应作评价。在评价过程中注意过程性评价和终结性评价相结合，对学生实施全面的综合性评价。

第六章 核心素养导向的球类运动教学设计

表6-2-4 高二年级篮球侧掩护配合单元评价设计

评价维度	评价内容	评价观测点	评价方式
运动能力	运动认知	知道如何运用掩护配合创造进攻得分的机会	行为观察
运动能力	运动技能	熟练掌握侧掩护配合，在有防守的情况下，能合理运用侧掩护配合，跑位合理，投篮命中率高	技术观测
运动能力	体能状况	速度、力量、上、下肢的协调及柔韧性	体能测试
健康行为	锻炼习惯	积极主动参与学练并能演示动作	行为观察 口头评价
健康行为	情绪调控	在练习中相互信任，共同面对挫折，战胜困难	行为观察 口头点评
健康行为	适应能力	在练习中主动交流，相互激励，能较好完成配合，提升人际交往能力	行为观察 口头点评
体育品德	体育精神	在自主合作练习中挑战自我，敢于展示动作，敢于评价，动作逐步晋级，积极进取	行为观察 口头点评
体育品德	体育道德	在教学中按照要求，完成相应练习与比赛，遵守规则，正确对待、尊重他人	行为观察 口头评价
体育品德	体育品格	在练习和比赛中主动交流，相互激励，能较好地完成团队之间的配合	行为观察 口头评价

（五）资源设计

为有效解决单元教学重点"掩护位置及动作的正确性及合理性，掩护配合时机的把握"，教师运用自制教具和多媒体资源，创设各种练习情境，以激发学生的学习兴趣，提高课堂教学实效。

表6-2-5 高二年级篮球侧掩护配合单元教学资源设计

目标指向	资源设计		资源应用	解决问题
单元学习目标1、2、3	媒体资源	1. 信息技术资源：侧掩护配合动画 2. 平板电脑	1. 在侧掩护配合单元教学过程中，教师将各个相关练习制作成动画，供学生在课上反复观看 2. 学生在分组练习过程中利用平板电脑对同伴的练习情况进行录像与视频回放 3. 在课堂展示与交流环节中，通过观察学生的动作进行点评	1. 利用动画演示，让学生直观了解练习内容及练习方法 2. 利用视频慢放功能，清晰地呈现给学生正确的侧掩护配合技术动作 3. 纠正错误动作

(续表)

目标指向	资源设计		资源应用	解决问题
单元学习目标 1、2、3	自制教具	拳击立柱	1. 在热身跑中运用拳击立柱,引入侧掩护配合,激发学生学习兴趣 2. 在拳击立柱上涂抹镁粉,帮助学生直观感受掩护的位置及转身护送的正确动作 3. 在学生初学侧掩护配合时,利用拳击立柱代替防守者,感受掩护后的后转身跟进	1. 导入侧掩护配合,引起学生学习兴趣 2. 明确掩护的位置及转身护送的正确动作 3. 减少对抗,预防错误动作的形成

二、课时教学计划的设计

（一）课的设计

多元教学　活化课堂
——高二年级篮球侧掩护配合(4-2)课的设计

1. 指导思想

本课贯彻"健康第一"的指导思想,结合篮球项目特色,立足男生的学情特点,注重面向全体学生,尊重学生的主体地位和个体差异,主要采用问题式、合作式、分层式、多媒体等多种教学方法,融入"云课堂"理念,搭建有利于学生学习的各种平台。本课将身体活动与思维活动相结合,营造学生探索学习的氛围,培养学生自主学习的能力,发展学生体育学科的核心素养。

2. 相关分析

教材分析:侧掩护配合是高中篮球教学内容之一。它是掩护者跑到被掩护者的防守者体侧,进行掩护并帮助被掩护者摆脱防守的方法,技术简洁、配合明快而具有实效性。侧掩护动作方法是两臂屈肘放于胸前,距离适当,保持身体静止。侧掩护配合作为基础战术的一种,需要快速且突然接近防守队员,并控制两者之间的距离,需要具有一定的速度、灵敏、反应及空间感。本单元共分为4课时,本节课为第2课次。本课围绕重难点,重点解决侧掩护后转身跟进及跟进时机的把握。根据学生的掌握情况,从易到难,从有标志物防守到消极防守,从学习侧掩护技术动作到侧掩护配合演练,并通过自制教具和信息技术的运用,使学生逐步掌握侧掩护技术动作和相互配合的进攻意识。

学情分析:本课的授课对象为高二的男生合班,他们在高中一年的学习后,对篮球的技战术已经有一定的基础和认知能力,对篮球运动表现出浓厚的学习兴趣与参与的积极性。针对班中部分运动能力较薄弱的学生,让他们通过小组互助与多媒体教学反馈,不断完善自身技术动作,提高自身学习能力。通过平板电脑拍摄照片对比,帮助学生完成自身动作的改进与提高。学生不但要学会技术动作,更要掌握在比赛中运用侧掩护配合。

3. 主要教学策略

(1) 运用辅助器材进行掩护技术的自主学练

在四角掩护传接球和有标志物的侧掩护配合练习中,运用拳击立柱教具(与真人同高)充当防守队员,让学生通过观察教具的晃动幅度,来判断掩护动作是否过大而造成犯规,不断提高掩护站位的准确性和稳定性,培养学生的篮球规则意识。

(2) 运用多媒体探究掩护后跟进的时机

提出问题:掩护后什么时机选择后转身跟进?引导学生用平板电脑拍摄学练过程,实时上传大屏幕,通过对比、分析和交流、讨论,总结出后转身跟进的最佳时机。培养学生发现问题、解决问题的能力。

(3) 组织运用侧掩护配合的篮球比赛

组织半场3对3篮球比赛,创设运用侧掩护配合的真实情境,要求比赛每次进攻时间8秒以上,使用侧掩护配合进攻进球得2分,其余方式进球得1分。引导学生用评价表对比赛过程中的掩护位置、持球突破时机、后转身跟进时机等三个方面进行互评。

(4) 增强核心力量的菜单式体能训练

根据本课主题内容为学生提供发展核心力量的体能训练菜单,学生根据自身需求自主选择训练任务,开展循环练习,充分发挥每一位学生的主观能动性,不断激励学生的内动力和学练激情,提高学生主动参与体育活动的兴趣。

4. 问题预设与对策

预设1:掩护的位置不对。

对策1:反复练习侧掩护的动作方法与位置的选择,做到脚步灵活,摆脱迅速、重心稳、移动迅速。教师要强调掩护的站位姿势,做到单脚起跳双脚落。

预设2:掩护时身体重心前倾。

对策2:利用拳击立柱,帮助学生解决身体重心前倾的问题。

预设3:后转身跟进不及时。

对策3:掩护后一定要及时转身,把防守者挡在身后。利用平板电脑拍摄视频后上传大屏幕回放,帮助学生解决后转身跟进不及时的问题。

预设4:掩护者切入速度慢。

对策4:规定跑动步法及路线,根据时机及时切入。加强灵敏性练习,如原地小步跑、快速小步跑、交叉步接滑步、突然启动练习和跑动急停转身等练习。

预设5：掩护意识弱，配合效果差。

对策5：在消极防守条件下进行3对3练习，合理选择掩护时机、距离、角度，强调主动掩护，积极配合同伴以掩护转身跟进上篮为主要目的。

（二）课时计划

表6-2-6　高二年级篮球侧掩护配合(4-2)课时计划

年级	高二	人数	22	日期		执教		
班级		组班形式	男合班	周次		课次		
内容主题	1. 篮球：侧掩护配合(4-2) 2. 相关体能			重点	1. 掩护后的后转身跟进 2. 持球突破的时机			
				难点	转身跟进的时机把握			
学习目标	1. 知道侧掩护配合的方法和作用，掌握掩护的站位及跟进技术，能够在3对3比赛中与同伴默契配合，运用侧掩护配合进攻得分 2. 能坚持完成技术学练、比赛和体能训练，掌握发展核心力量的方法，增强篮球比赛中的对抗能力 3. 学练过程中能相互指导，比赛场上能积极呼应、相互鼓励，表现出良好的合作意识和能力							
流程（时间）	教学内容	活动设计		组织与队形		运动负荷		
						次数	时间	强度
准备部分（8'）	1. 课堂常规内容 (1) 整理队伍，检查人数 (2) 师生问好，检查服装 (3) 提出目标和要求 (4) 安排见习生 2. 热身操(音伴) (1) 提踵压腕 (2) 弓步侧伸 (3) 转胯点地 (4) 防守碎步 3. 热身跑(音伴) (1) 后踢腿跑 (2) 侧身跑 (3) 防守滑步 (4) 掩护后的后转身跑	1. 活动情境 用动感音乐创设运动情境 2. 活动任务 在音伴下模仿教师热身动作，按照规定路线进行热身跑 3. 活动评价 热身动作规范，掩护时降低重心，后转身及时协调		＊＊＊＊＊＊＊ ＊＊＊＊＊＊＊ ＊＊＊＊＊＊＊ ＊＊＊＊＊＊＊ ● 图1 ●代表教师 ＊代表学生 图2		4×8 1 1 2 2	25″ 25″ 20″ 20″ 20″ 20″ 20″ 30″	小 中

（续表）

流程 (时间)	教学内容	活动设计	组织与队形	运动负荷		
				次数	时间	强度
	设计说明： 利用音乐《生命之杯》渲染情境，围绕"个人目标挑战"创设情境，进行图形跑和移动步伐练习，让学生在音乐情境下活跃身心，使学生的身体器官由相对静止状态逐步进入运动状态，使学生从对音乐的感知中产生情感体验，激起丰富的联想和想象，激发学生的学习兴趣					
基本部分 (28′)	1. 四角掩护传接球 学生分成四列横队站成四角呈练习队形，自主、合作进行传接掩护练习	1. 活动情境 运用多媒体演示练习场景，使用拳击立柱模拟防守者，利用语言创设自主学练情境 2. 活动任务 进行四角掩护传接球练习，借助拳击立柱判断掩护动作是否合理 3. 活动评价 练习认真，能自我纠正掩护动作，跑位合理，避免相撞	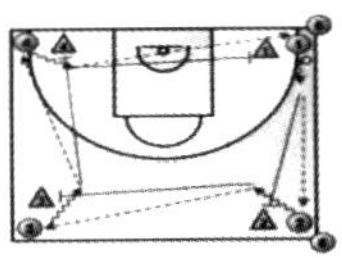 图3	8—10	3′	大
	设计说明： 1. 利用信息化(白板)演示学练内容动作，使学生能清楚地知道四角掩护传接球练习的跑动路线和动作要求，提高练习的效率 2. 通过实物(拳击立柱)辅助教具代替防守人模拟情境，不仅便于学生进一步明确侧掩护的位置、跑动路线及动作，而且让学生体验掩护的真实感，这些情境可以激活学生的形象思维，帮助学生集中注意力，调动学生参与的欲望 3. 四角掩护传接球练习中有传接球、移动跑位、传切、做掩护等动作，这种结构化的练习有助于提高移动中传接球技术和篮球意识，提高掩护配合所需技术素养，为掩护配合的运用做好铺垫					
	2. 有防守侧掩护配合 (1) 有标志物的侧掩护配合 (2) 消极防守侧掩护配合 3. 交替侧掩护配合 层次一：两手背后防守 层次二：正常防守	1. 活动情境 运用多媒体演示练习场景，利用语言创设问题情境：为什么掩护后要转身跟进 2. 活动任务 练习过程中用平板电脑拍摄视频，小组讨论总结后掩护跟进方法和时机，并尝试改进，根据自身学练现状完成评价表 3. 活动评价 积极思考，讨论激烈，能提出建设性意见，侧掩护技术明显提高	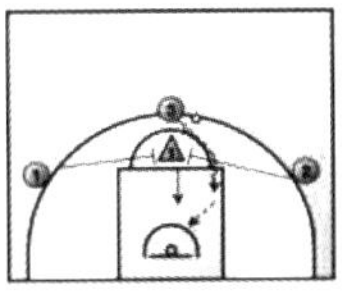 图4 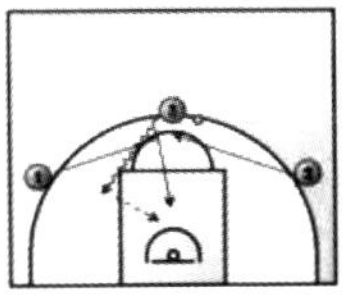 图5 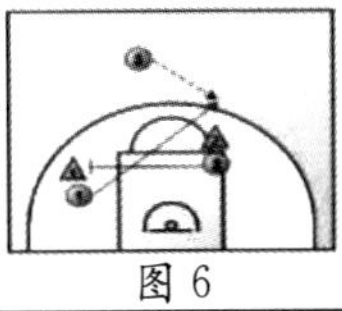 图6	8—10 8—10 10—15	2′30″ 2′30″ 2′30″	中 中 中

（续表）

流程 （时间）	教学内容	活动设计	组织与队形	运动负荷		
				次数	时间	强度
基本 部分 (28′)	设计说明： 1. 通过观看多媒体课件与示范，让学生对掩护配合的完整技术动作建立直观形象的概念；现场练习时的捕捉与及时评价、练习内容的告知与组织要求等，使一些难以看清的动作过程得到了"停顿与回放" 2. 以整体化问题设计带动合作探究水平的提升，引导学生分析动作结构，加深对动作过程的理解与把握；使学生主动思考、体验、改进，从而提高学生的自主合作学习能力，有效掌握动作技术 3. 运用自制教具（代替防守队员）降低练习难度，便于较好掌握侧掩护的位置、转身跟进动作及最佳跑动路线，体验正确的技术动作 4. 设计分层练习，帮助学生巩固技术动作，体验学习的成功与喜悦					
	4. 教学比赛与体能 （1）3对3半场攻防	1. 活动情境 3对3半场攻防比赛，等待轮换上场的队伍做裁判 2. 活动任务 在半场3对3比赛中主动运用侧掩护战术 3. 活动评价 队员间相互信任、默契配合，掩护位置得当、跟进及时	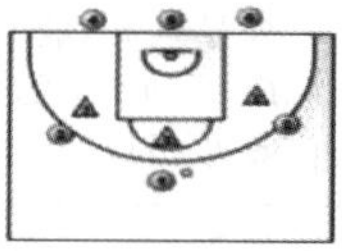 图7		6′	大
	设计说明： 进行特殊赛制的篮球教学比赛，一是激发学生的学习积极性，提高学生间相互的默契程度；二是让学生能够将所学及所悟应用到实际比赛当中，利于未来发展					
	（2）核心力量菜单式循环模式 ① 单手俯卧支撑运球 ② 持球两头起 ③ 球垫高脚的俯卧撑 ④ 头上持球深蹲起 A. 侧滑步 B. 后退跑 C. 交叉跑 D. 小步跑接快速跑	1. 活动情境 利用音乐和场地布置创设体能训练情境 2. 活动任务 在小组长带领下自主选择核心力量训练项目，循环练习 3. 活动评价 认真训练、动作到位、不畏困难、敢于挑战自我	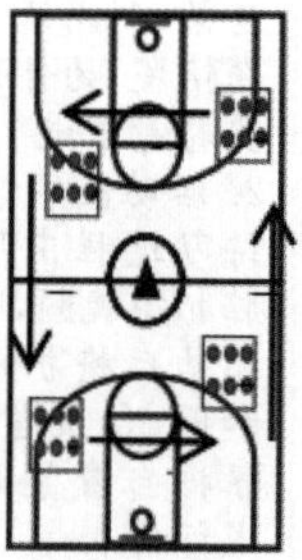 图8	4×20	4′	大

（续表）

流程 (时间)	教学内容	活动设计	组织与队形	运动负荷		
				次数	时间	强度
基本 部分 (28′)	设计意图： 1. 本课体能练习采用菜单式循环模式，围绕"个人目标挑战，与他人竞争目标"创设情境，给学生更多的空间和时间，充分发挥每一位学生的主观能动性，不断激发学生的内动力和学练激情，提高学生主动参与体育活动的兴趣 2. 在练习内容的安排上不仅有上肢的力量练习也有下肢的力量练习，具备有一定的强度和密度，使学生的身体素质得到全面的发展					
结束 部分 (4′)	1. 放松练习：拉伸（音伴） 2. 小结与点评 3. 归还器材 4. 师生再见	1. 活动情境 利用音乐创设放松氛围，利用语言创设宽松的讲评氛围 2. 活动任务 拉伸放松，自评、互评 3. 活动评价 身心放松、精神愉悦、善于表达	＊＊＊＊＊＊ ＊＊＊＊＊＊ ＊＊＊＊＊＊ ＊＊＊＊＊＊ ● 图9		1′30″	小

场地 器材	篮球场1片、篮球10只、移动可触摸电视机1台、平板电脑1台、辅助教具6个	安全 保障	1. 课前检查场地与器材 2. 做好准备活动，充分活动各关节 3. 教学比赛注意安全	
		预计	练习密度	负荷强度
			全课 | 内容主题	中
			60%左右 | 51%左右	

课后反思	

＊该教学设计源自2017年上海市中小学青年教师教学评选一等奖课。原作者为上海市复兴高级中学教师任飞，后由华东师范大学第二附属中学附属初级中学教师杨清风根据编写组要求再次设计。

第三节　足球：运球突破教学设计

本设计为三年级的足球运球突破，主题为"学习运球突破 培育足球文化"，旨在通过情境化的学习，发展学生运球突破得分的能力，增强身体灵敏性。

一、单元教学计划的设计

（一）指导思想

本单元以学科核心素养培养为目的，通过结构化、情境化、问题化、信息化的教学策略，提高学生参与足球学习活动的主动性和实效性。同时注重把知识技能学习与实战运用结合起来，把课内学习与课外延伸结合起来，把健身活动与文化培育结合起来，从而达成全面育人的目标。

（二）相关分析

1. 教材分析

表 6-3-1　三年级足球运球突破教材分析

运动认知	动作结构	相关体能	相关知识
认知："运球突破"是足球基本技术之一，是进攻队员为摆脱对方或战术需要而采取的一种技术手段，该技术能有效破解防守，形成全队配合战术。 价值：学习该技术动作可以发展学生对球和防守人的判断能力，增强学生快速反应、上、下肢的协调性，提高团队配合、合作等意识	动作过程：该技术一般是由支撑脚踏地后蹬、运球脚前摆触球和运球脚踏地支撑三个阶段组成。 动作要点：运球快速启动的动作方法，控球能力。 关键环节：运球快速启动中对球的控制	足球活动需要较好的速度、灵敏、力量等身体素质，一定的腿部力量；要具有较强的身体对抗性、协调能力和平衡能力： 1. 灵敏性练习：抢球比赛 2. 腿部力量练习：多级蛙跳、后蹬跑、下蹲 3. 协调能力：交叉步、滑步、转向跳	实现运动中主要有两种摆脱形式： 1. 利用速度摆脱对手，一种是利用绝对的运球速度，另外一种是控球达到与对手合适的距离时，突然加速，利用节奏的变化来实现突破 2. 利用变向，使防守人的运动重心发生改变或错判后，加速运球实现突破

2. 学情分析

表6-3-2　学情分析

教学对象	认知水平	身心特点	能力水平
三年级学生	学生从一年级开始接触小足球，现具有一定的带球和控球能力，且对足球活动有着较浓厚的兴趣，特别是通过本单元第1课次的学练，对快速带球有初步的体验和了解，为本节课的学习打下了良好的基础	三年级学生活泼好动，对新生事物充满好奇，模仿能力比较强，有学习自信心且竞争意识比较强烈，在学练中能够与教师简单交流，但是学生学习注意力不够持久，因此，在练习过程中应通过多变的情境和多样的手段激发学生的学习兴趣	三年级学生个体间能力差异比较明显，不少学生在快速变化节奏条件下完成动作有一定的障碍，缺乏自信心，另外，学生的协调、速度欠佳，给本节课的学习带来了困难和挑战

3. 教法分析

本单元根据教材内容的特点、运动技能形成规律，一开始主要采取的教法是讲解法、示范法、多媒体法，帮助学生建立完整的动作概念；随后采用分解法、纠错法，帮助学生逐步改进动作技术，把握动作要领。

在课堂教学中以问题为主导，语言创设自主学练情境，激发学生的自主合作探究的思维，引导学生思考"如何运球才能突破防守"，让学生在解决问题的过程中发展运动技能。

小学生活泼好动，但意志力不强，教师创设小足球"我们的世界杯"的情境，通过实战让学生在不同的游戏中进行快速带球的练习，能激发学生的学练兴趣，有效地提高课堂教学效率。

教师充分利用自制教具（"雷达图"资源、图示）、辅助教具（"小红帽"、标志垫）和现代信息技术（视频、剪辑软件和屏幕镜像）等教学资源，让学生体会正确的运球突破动作要领，真正掌握该技术动作。

4. 问题链设计

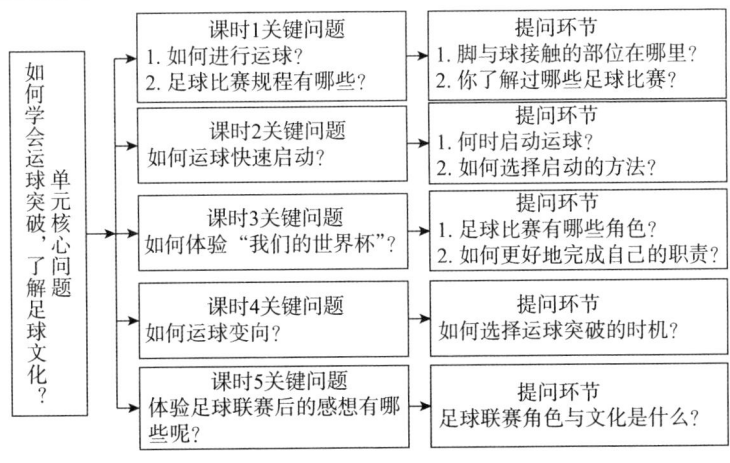

(三)教学流程

表 6-3-3　三年级足球运球突破单元教学流程

年级	三年级	学期	第一学期	课次	5	执教	
单元学习目标	\multicolumn{3}{l}{1. 学习足球运球突破的动作方法，能做出运球加速、变向加速摆脱防守的动作，提高运球能力，初步掌握运球突破的技术动作 2. 认真参与足球联赛，坚持完成体能练习，发展灵敏、协调、速度、快速反应等身体素质 3. 通过足球对抗性活动，了解足球世界杯文化，积极参与我们的世界杯活动，养成勇敢果断、机智敏捷的心理品质，形成懂得配合、乐于分享的氛围}			教学重点	\multicolumn{3}{l}{1. 运球速度、方向的变化 2. 运球突破时机的选择 3. 足球比赛角色与文化}		
课次	教学内容		学习目标		重点、难点		教学策略与评价
1	"我们的世界杯"： 1. 运球突破（无对抗） 2. 了解联赛		1. 知道足球运球的基本动作方法，并能做出直线和变向运球动作，提高足球运球的能力 2. 通过课堂的各种练习，增强上、下肢协调能力，提高速度、力量等素质 3. 在完成课前作业和课后作业过程中，了解"黄浦超级联赛"规程，享受足球活动带来的乐趣		重点：脚与球的接触部位 难点：足球比赛文化		根据单元教学重点确定单元核心问题"如何学会运球突破，了解足球文化"，为解决单元基本问题，设计三个单元主要活动 教学关注： 1. 怎样才能运球快速启动 2. 如何运球快速变向 3. 如何利用运球快速变向启动进行"闯龙门" 4. 能否完成自己认领的任务
2	"我们的世界杯"： 运球突破——快速启动		1. 明确足球快速运球的方法，并能做出快速启动的运球动作，提高足球运球的能力 2. 高质量完成各项课堂练习，增强速度、灵敏、协调等身体素质 3. 在课堂中主动与同伴团结协作，积极自主探究		重点：运球速度的变化 难点：快速启动中对球的控制		

(续表)

课次	教学内容	学习目标	重点、难点	教学策略与评价
3	"我们的世界杯":"黄浦超级联赛"	1. 参与"黄浦超级联赛",扮演不同角色,并知晓不同角色的任务,初步掌握运球突破的技术 2. 认真完成"黄浦超级联赛",增强速度、力量等身体素质 3. 体验"黄浦超级联赛"各种角色扮演带来的挑战,享受足球比赛带来的乐趣,感受合作的重要性,能表现出积极合作的意识	重点:足球比赛角色分工 难点:完成足球比赛角色任务	教学策略: 1. 信息化教学,改进动作质量 (1) 组织学生观看球星带球视频,进行模仿体验学习 (2) 利用摄像机拍摄学生的学练情况,使用剪辑软件和屏幕镜像将学生的练习动作上传大屏幕,与学生一起探讨与纠错 (3) 借助"雷达图"评价课件,让学生能从图中清晰地了解自己的学习基础和薄弱环节 2. 问题化教学,提高学生思考能力 本单元重点关注教材内容的知识与技能、体能发展和育人价值,设计单元教学问题链,不仅可以提高学生对动作技术的理解,而且可以提高学生的思维能力 3. 情境化教学,激发学生的积极性 本单元以"我们的世界杯"为主题,创设比赛情境,每个学生都有自己的角色与任务,不仅可以激发学生的兴趣,而且可以培养学生的团结协作意识 评价要点: 1. 学生能在快速变向启动中控制住球 2. 课堂中可以积极交流 3. 明确自己的角色,完成自己的任务
4	"我们的世界杯":运球突破——运球变向	1. 学会运球突破的动作方法,并能在对抗和比赛中运用与创新,发展运球能力 2. 坚持完成课堂学练,增强速度、灵敏、协调等身体素质 3. 参与足球活动,能够遵守规则,相互协作与配合	重点:运球突破时机的选择 难点:行进间控球的协调性	
5	"我们的世界杯":"黄浦超级联赛"闭幕式	1. 参与"我们的世界杯",能够在比赛中合理运用足球运球突破的技术 2. 经历"我们的世界杯",掌握发展身体素质的方法,增强上、下肢肌肉力量,发展速度、灵敏等身体素质 3. 主动承担角色,感受合作的重要性,享受足球比赛带来的乐趣,享受足球文化带来的终身体育意识	重点:足球比赛角色 难点:足球比赛文化	
安全保障	1. 课前认真检查场地和器材 2. 练习前做好充分的准备活动 3. 比赛中穿戴比赛装备		评价与方法	1. 终结性评价:等第评价(生评、师评) 2. 过程性评价:表现性评价(自评、互评、师评) (详见单元评价设计)
教学资源	标志垫36个、足球25个、多媒体4个、彩花14个、话筒1个、球门2个、"小红帽"6个			

（四）评价设计

从体育与健康学科核心素养的三个方面"运动能力""健康行为""体育品德"，选择有针对性的观测点进行评价，注意过程性评价和终结性评价相结合。

表6-3-4　三年级足球运球突破单元评价设计

评价维度	评价内容	评价观测点	评价方式
运动能力	运动认知	能说出足球运球突破的技术要领，知道脚与球接触的部位，了解足球比赛流程	口头测试
	运动技能	能够做到运球加速、变向加速摆脱防守的动作	技术观测
	体能状况	下肢力量、速度、灵敏等的发展情况	体能测试
健康行为	情绪调控	在摔倒或输掉比赛时不哭	行为观察 口头点评
	适应能力	能与同伴主动交流，相互鼓励，合作完成学练	行为观察 口头点评
体育品德	体育道德	在足球练习与比赛中遵守规则，不拉扯、不故意碰撞对手	行为观察 口头点评
	体育品格	明确自己的角色，完成自己的任务，主动承担不同角色	行为观察 口头点评

（五）资源设计

足球运球突破技术教学中，学生的加速动作往往是在很短时间内完成的，教师很难看清楚所有学生的动作，对于学生在练习过程中出现的问题难以及时反馈给学生，不利于学生及时改进动作，因此需要通过开发和利用教学资源来解决问题。

表6-3-5　三年级足球运球突破单元教学资源设计

目标指向	资源设计		资源应用	解决问题
单元学习目标1	媒体资源	球星运球突破演示课件	通过播放世界一流球星的快速启动运球突破的视频和教师示范的慢动作回放视频，帮助学生建立正确的运球突破技术动作概念	视频的有机结合让学生观察所要学习的运球突破技术动作，减少教师讲解时间

（续表）

目标指向	资源设计		资源应用	解决问题
单元学习目标 1、3	媒体资源	学生运球突破现场抓拍	利用摄像机,根据教学需要在学生学练运球突破过程中,通过现代信息技术手段,使用剪辑软件和屏幕镜像将学生的练习动作拍摄下来,师生可以随时通过大屏幕观察自己运球突破的动作,并且可以共同探讨每个学生的技术动作的学习情况,可以把每个学生的动作进行慢放、静止,根据学生的学习情况随时调整教学活动,掌控教学的全过程,实现教学资源为教学目标服务的目的	通过电脑屏幕即时反馈,有利于学生观察自己动作并及时对自己的动作进行纠正,快速提高运球突破的能力
单元学习目标 1、3	自制教具	图示资源	运用课件能直观、清晰地让学生了解整个活动过程,如果单一地通过教师的语言讲解让学生明白游戏规则会花费大量的时间,通过图示学生可以非常清晰地知道游戏规则,并且能通过教师的引导立刻清楚自己在游戏中的角色任务	游戏图示的使用,可以让学生直观地了解游戏或比赛规则并进行游戏或比赛
单元学习目标 1、2、3	自制教具	"雷达图"资源	借助"雷达图"评价课件来引导学生参与学练、挑战自我、相互促进、共同发展,使课堂教学质量得到有效提高,该课件是一个关注学生学习成长的过程性评价课件,学习之前,学生能从图中清晰地了解自己的学习基础和薄弱环节,因此,学习目标的定位、学习方法的选择等都不是教师强加的,学生真正有了学习的自主权,学习积极性和兴趣都被激发出来 课件赋予了学生评价主体的角色,学生在学习过程中依据标准,诚实地评价自己学习的结果和努力的行为;学习结束之后,学生能通过学习前后的比较,以及与同伴的交流,感知本节课学习的成长与变化,使自我的学习能力得到提高	利用课件强大的数据记录、储存和分析功能,把学生学习过程记录下来,能让学生看见自己的成长轨迹,变成一种具有学习档案袋功能的课件,教师可以利用它开展教育,使学生从中得到启迪

二、课时教学计划的设计

(一) 课的设计

<h3 style="text-align:center">学习运球突破　培育足球文化</h3>
——三年级足球运球突破(5-2、5-3)课的设计

1. 指导思想

本节课以"我们的世界杯"作为学习主题,创设比赛情境,充分发挥教师主导作用,在信息技术的支持下,结合讲解与示范、分组学练等教学策略,引导学生主动参与小足球活动的学习与挑战、评价与改进、合作与游戏。同时,注重挖掘足球教材中丰富的文化元素,发挥其育人功能,不断促进学生身心健康发展。

2. 相关分析

(1) 教材分析:足球教材是小学《体育与健身》五年级的内容,而运球作为足球基本技术之一,是用脚不同的部位支配球,通过方向、速度和节奏的变化使足球按预设的运动轨迹前行。本单元共分为5课时,本节课为第2、第3课次。本课围绕重难点,重点解决运球速度的变化,主要任务是让学生体验利用运球启动的速度变化来摆脱防守队员的基本技术。通过学习运球突破,可以形成团队配合战术,经常参加足球活动能有效促进学生速度、力量、灵敏、协调素质的发展以及团队精神、遵守规则等品质的养成。

(2) 学情分析:本课教学对象是三(3)班,共有24人。他们从一年级开始接触小足球,具有一定的运球和控球能力,且对足球活动产生了较浓厚的兴趣,特别是通过本单元第1课次的学练,对运球突破有了初步的体验和了解,为本节课的学习打下了良好的基础。但学生个体间能力差异比较明显,不少学生在快速变化节奏条件下完成动作有一定的困难,因此教师利用摄像机记录学生的学练情况,组织学生一起观察并讨论自己的学习情况,让学习变得更有趣、更直观、更及时、更多元,学生逐渐掌握该技术动作。

3. 主要教学策略

(1) 创设情境,渲染比赛氛围。课的导入环节创设了"勇士出征"和"足球战舞"的仪式来唤起学生学习的热情,感受足球文化。通过课堂的学练以后,安排了一场"我们的世界杯——黄浦超级联赛"的足球比赛。足球比赛中的各种角色全由学生自己承担和分配,让学习和比赛有机地进行整合,更有利于足球技能的学习和提高,开放性的学习环境,既锻炼了学生的能力,更培育了小主人的意识。结束部分安排了"欢庆胜利"的放松活动,学生边听边按教师提示做各种放松动作,在欢快的气氛中身心得到了调

节与放松。整节课有始有终,从比赛的准备部分到比赛的进行,再到比赛的欢庆部分,围绕本节课的重难点展开,学生积极参与其中。

(2) 利用信息技术,促进技术动作的掌握。教师组织学生观看视频中球星是怎样运球快速启动摆脱防守队员的,紧接着鼓励学生两人一组进行游戏模仿体验学习,预设"像球星一样运球"环节,有效唤起了学生强烈的求知欲望。另外,教师利用手中的摄像机观察和记录学生参与学习的过程和亮点,并组织学生讨论自己的学习情况,多媒体技术的引入,改变了课堂原有的学习模式,更好地促进动作技术的掌握。

(3) 提出学练问题,开启学生思维闸门。教师观察学生的学练情况,分析学生运球的情况,通过问题"怎样才能提高自己的快速运球能力"引发学生进行思考,并通过示范让学生感受运球速度的变化,之后再组织学生听信号进行快速启动运球和变向运球的练习,有利于激发学生的思维能力。

(4) 融入比赛对抗元素,激发学练积极性。当学生快速启动运球有了一定的感受和提高之后,教师安排"你追我跑"挑战赛和"闯龙门"游戏活动,对抗的元素和实战的情境,既检验了学生学习的情况,也激发了学生学习足球的积极性。

4. 问题的预设与对策

预设1:运球启动的速度慢。

对策1:设置"听信号快速启动"和"错肩快速启动"的练习,帮助学生体验运球快速启动。

预设2:运球快速启动后控制不住球。

对策2:通过"你追我跑"的游戏帮助学生提高快速启动后对球的控制能力。

(二) 课时计划

表6-3-6 三年级足球运球突破(5-2、5-3)课时计划

年级	三年级	人数	24	日期		执教	
班级		组班形式		周次		课次	
内容主题	主题:"我们的世界杯" 球类:足球运球突破(5-2、5-3)			重点	运球速度的变化		
				难点	快速启动中对球的控制		
学习目标	1. 知道足球快速运球方法,并能做出快速启动的运球动作,提高足球运球的能力 2. 在足球活动中,体验快速运球的价值,发展速度、灵敏、协调等身体素质 3. 参与"我们的世界杯——黄浦超级联赛",扮演不同角色,感受合作的重要性,享受足球比赛带来的挑战和乐趣						

（续表）

流程 (时间)	教学内容	活动设计	组织与队形	运动负荷		
				次数	时间	强度
准备部分 (6′)	1.课堂常规内容 （1）整理队伍，检查人数 （2）师生问好，检查服装 （3）说明本课目标和要求 （4）安排见习生 2.课的导入 （1）师生互动 （2）足球仪式："勇士出征""足球战舞" （3）宣布"我们的世界杯"开始 3.热身活动（音伴） （1）"足球操" ①踩球＋分并跳击掌 ②后踢腿移动 ③横向移动＋胯下击掌 ④移动摸地＋原地盘球 ⑤运球＋拖拉球 （2）"寻找宝藏" ①运球→红线＋踩球 ②运球→白线＋盘球 ③运球→圆盘＋POSE	1.活动情境 布置场地，创设足球比赛仪式，用动感音乐创设运动情境 2.活动任务 有节奏地呼喊队名并做出相应肢体动作进行足球仪式；在音伴下模仿教师的热身动作 3.活动评价 明确进场仪式，积极参与其中，热身动作规范	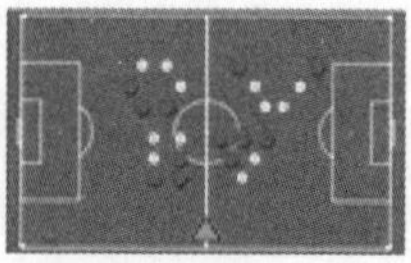 图1 △代表教师 ●圈代表学生  图2 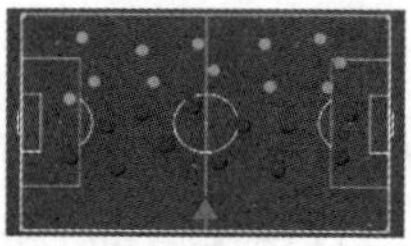 图3	1 1	1′ 3′	小 中
	设计说明： 利用哨声与音乐渲染情境，创设"我们的世界杯"情境，通过"勇士出征""足球战舞"让学生明确足球进场仪式，然后跟随教师进行准备活动，既活跃学生的身心，激发学生的兴趣，也进行相应的球性练习，为本节课的学习进行了铺垫					
基本部分 (26′)	1.快速运球 （1）听信号快速启动 （2）错肩快速启动	1.活动情境 运用球星视频导入运球突破，利用语言创设问题情境：怎样才能快速启动运球 2.活动任务 通过信号迅速反应，体验快速运球技术要领；根据教师实时拍摄和反馈，及时改正 3.活动评价 练习认真，能自我纠正，启动迅速，避免相撞	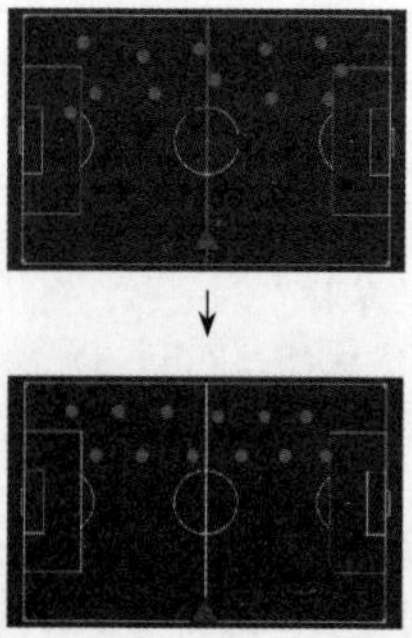 图4	4 4	2′ 2′	中 中

（续表）

流程 (时间)	教学内容	活动设计	组织与队形	运动负荷		
				次数	时间	强度
基本部分(26′)	设计说明： 1. 教师利用事先拍摄的教学视频，通过播放世界一流球星快速启动运球突破的视频和教师示范的慢动作回放视频，帮助学生建立正确的运球突破技术动作概念 2. 教师利用摄像机，根据教学需要使用剪辑软件和屏幕镜像将学生的练习动作拍摄下来，对学生的动作进行慢放、暂停，学生通过大屏幕观察自己运球突破的动作，与教师共同探讨技术动作的学习情况，及时纠正					
	2. 运球对抗 (1)"你追我跑"挑战赛 (2)"闯龙门"	1. 活动情境 布置场地和出示图示，创设学练情境 2. 活动任务 按照图示进行学练；观看大屏幕评价自己的同伴；点击"雷达图"对自己的学习作出相应的评价 3. 活动评价 积极思考，评价客观，能提出建设性意见，能在对抗中完成运球突破	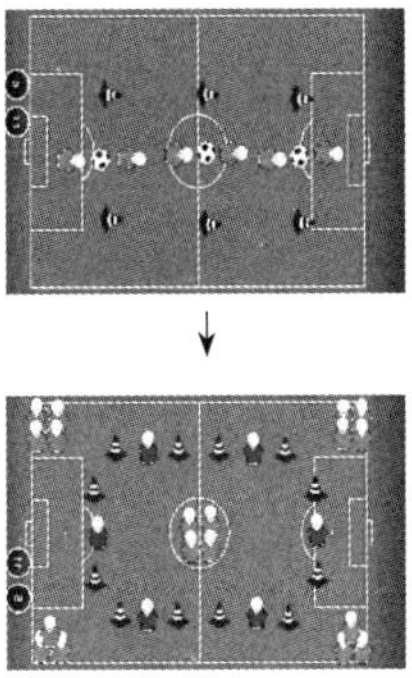 图 5	5 5	3′ 3′	中 中
	设计说明： 1. 该教学环节将足球运球突破技术运用在对抗比赛中，既是对前面教学技术动作的巩固，也是对前面教学技术动作的检验与评价，学生只有在有对抗的比赛中灵活运用此技术动作，才能真正掌握此技术动作 2. 教师通过拍摄学生的学练情况，并上传至大屏幕与学生一起进行评价，让学生发现问题，提出改进措施，对于学生也是一种进步，充分体现了以学生为主体 3. "雷达图"是一个关注学生学习成长的过程性评价课件，学生能从图中清晰地了解自己的学习基础和薄弱环节，在学练过程中更加具有针对性，更加有效					
	3. "我们的世界杯"："黄浦超级联赛" (1) 角色认领与分工 主持人　摄影记者 啦啦队　工作人员 主教练　球员 主裁判 (2) 足球对抗赛	1. 活动情境 布置场地，创设 4 对 4 足球对抗赛 2. 活动任务 角色认领与分工；各司其职，保证比赛顺利进行 3. 活动评价 主动认领角色，承担各自的任务；能深刻说出对自己扮演角色的感悟	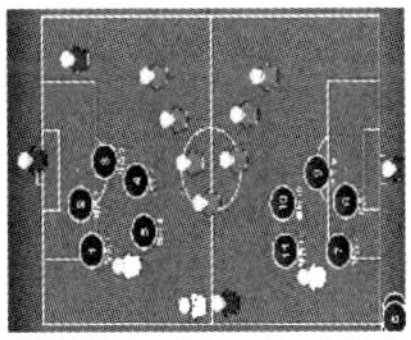 图 6	1	8′	大

（续表）

流程 (时间)	教学内容	活动设计	组织与队形	运动负荷		
				次数	时间	强度
基本 部分 (26′)	设计说明： 1. 为了使每个学生都可以参与其中，了解足球运动的文化，进行角色认领与分工，每个学生都承担一定的角色，各司其职，保证"我们的世界杯"的顺利进行 2. 进行特殊赛制4对4足球对抗赛，可以激发学生的积极性，将所学运用在足球比赛中，而且可以培养学生相互协作的能力					
结束 部分 (3′)	1. 放松活动："欢庆胜利" (1) 集体牵手欢呼和答谢 (2) "球星风采" 2. 小结与点评 3. 归还器材 4. 师生再见	1. 活动情境 利用语言讲解创设放松氛围 2. 活动任务 拉伸放松，在教师引导下自评、互评 3. 活动评价 身心放松、精神愉悦、善于表达	图7	1	1′ 30″	小
场地 器材	足球场1片、足球25个、移动可触摸电视机1台、平板电脑1台、PPT课件、VUE软件、雷达图资源	安全 保障	1. 课前检查场地与器材 2. 做好准备活动，充分活动各关节 3. 教学比赛注意安全			
		预计	练习密度		负荷强度	
			全课	内容主题	中大	
			67%	51%		
课后 反思						

＊本教学设计源自2017年上海市中小学青年教师教学评选一等奖课。原作者为黄浦区黄浦学校教师徐佳樑，后由上海交通大学附属中学教师樊三明根据编写组要求再次设计。

第四节 足球:斜传直插二过一教学设计

本设计为高二年级的足球斜传直插二过一战术,主题为"挑战自我 协作无间",旨在通过情境化、结构化的学习,发展学生足球战术配合的能力,提高战术配合意识。

一、单元教学计划的设计

(一)指导思想

本单元基于学科核心素养,全面贯彻"以学生发展为本"的教育理念,结合高中学生的生理、心理特点和认知规律,以"生动、活泼、宽松、愉悦"的教学氛围为主调,通过结构化、情境化、问题化、信息化的教学,培养学生的运动爱好和专长,促进学生自觉参与体育锻炼,养成终身体育意识。

(二)相关分析

1. 教材分析

表 6-4-1 高二年级足球斜传直插二过一教材分析

运动认知	动作结构	相关体能	相关知识
认知:"二过一"战术是指在比赛场地的任何局部区域形成以多打少,通过队员之间传切配合,摆脱抢截、突破防守的基础战术配合,斜传直插二过一战术是足球比赛中常见的较实用的进攻战术配合 价值:掌握斜传直插二过一的时机与要点,强化团队协作意识以及遵守规则的良好意识,培养自主探究合作的能力	动作过程:一名进攻队员斜传给另一名进攻队员后,直线插入接回传过来的球 动作要点:进攻队员通过准确合理的斜线传球和直线跑动,摆脱防守人 关键环节:传球方向和时机准确,跑动及时	需要一定的速度、腿部力量、灵敏;战术配合多出现于比赛中,所以学生也必须有足够的体能储备应对比赛的高强度 1.速度:20米折返跑、50米跑、100米跑 2.腿部力量:蛙跳、体蹲练习、后蹬跑 3.灵敏:"十"字跳、利用绳梯做脚步练习	当防守队员逼近时,观察同伴,通过斜线传球给同伴后保持低重心,获得最大的初速度,加速摆脱防守队员,然后接来自同伴的斜线传球

2. 学情分析

表 6-4-2 学情分析

教学对象	认知水平	身心特点	能力水平
高二年级男生	具有一定的基本技能，学习过传、停、运、射等技术，对于斜传直插二过一战术概念模糊，了解较少	1. 高中学生身体处在发育期，具有一定的速度与灵活性，协调能力欠佳 2. 高中学生是自我意识发展的第二个飞跃期，独立思维能力强，能够在学习过程中自主探索	具有一定的传、停、运、射能力，已经基本掌握了各种单项技术，但对于在行进间的控球能力较薄弱

3. 教法分析

本单元根据教材内容特点、学生身心特征和运动技能形成的规律，采用直观法、讲解法、示范法、多媒体辅助教学形成斜传直插二过一战术配合的表象，帮助学生真正理解斜传直插二过一的技术要领。随后，循序渐进地使学生学会并运用斜传直插二过一战术。

在课堂教学中设计问题，语言创设自主学练情境，激发学生的自主合作探究思维，让学生思考如何合理地在比赛中运用斜传直插二过一战术。

教学中通过各种模拟实战的练习活动和比赛（消极防守、积极防守、2对2、3对3），为学生创造复杂情境，引导学生在足球比赛中主动运用斜传直插二过一战术，提高比赛实战能力。

4. 问题链设计

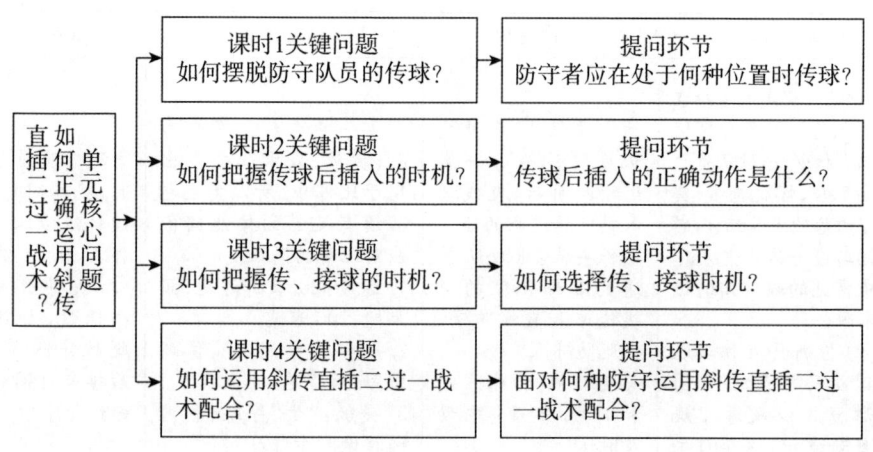

（三）教学流程

6-4-3 高二年级足球斜传直插二过一单元教学流程

年级	高二	学期		课次	4	执教	
单元学习目标	1. 了解斜传直插二过一战术配合的意义，掌握其技术动作要领和战术运用时机，并能在比赛中有意识地运用 2. 经过有标志物、积极防守等课堂学练和体能练习，增强上、下肢肌肉力量，发展速度、灵敏等身体素质 3. 小组合作配合中可以互相交流与指导，表现出对同伴的信任和合作意识			教学重点	斜传直插二过一战术配合的时机把握		

课次	教学内容	学习目标	重点、难点	教学策略与评价
1	1. 原地的传接球 2. 行进间的传接球 3. 尝试斜传直插二过一战术	1. 知道斜传直插二过一战术的作用，基本掌握不同形式的传接球，能摆脱防守队员的传接球和射门 2. 可以认真完成课堂学练，增强传、接球、射门的能力，发展灵敏、速度等身体素质 3. 与同伴的交流互动中可以表现出友好合作与相互信任的关系	重点：摆脱防守队员的传球 难点：传球的时机和方向	教学关注： 1. 如何摆脱防守者传球 2. 传球后插入的时机 3. 如何在比赛中运用斜传直插二过一战术配合
2	1. 有标志物的斜传直插二过一 2. 消极防守的斜传直插二过一 3. 2对2攻防比赛	1. 知道斜传直插二过一战术配合的方法和动作要领，掌握传球和插入的时机，能够在2对2攻防比赛中利用斜传直插二过一战术配合得分 2. 能坚持完成技术学练、比赛和体能训练，掌握提高身体素质的方法，增强足球比赛的对抗能力 3. 学练过程中能相互指导与评价，比赛场上能积极呼应、相互鼓励，表现出良好的合作意识和能力	重点：摆脱防守队员后传球和插入的时机与方向 难点：传球后插入时机的把握	

（续表）

课次	教学内容	学习目标	重点、难点	教学策略与评价
3	1. 行进间的传接球 2. 积极防守的斜传直插二过一 3. 3对3攻防比赛	1. 基本掌握斜传直插二过一战术的技术要领，明确传球后插入接球的时机，能够在3对3攻防比赛中有意识地利用斜传直插二过一战术配合得分 2. 能积极完成课堂学练，提高思维反应能力及速度、灵敏等身体素质 3. 在课堂中主动与同伴团结协作，积极自主探究	重点：传、接球的时机 难点：传球后插入时机的把握	教学策略： 1. 循序渐进的配合学练 （1）有标志物的斜传直插二过一 （2）消极防守的斜传直插二过一 （3）积极防守的斜传直插二过一 （4）3对3攻防比赛 2. 问题引导的探究活动 创设单元问题链，注重学生的动思结合，激发学生的自主合作探究的思维；利用平板电脑拍摄学生的练习情况，探究错误之处 3. 比赛情境的运用活动 设计2对2、3对3攻防比赛，使学生可以将斜传直插二过一战术运用在比赛中 评价要点： 进攻者摆脱防守后将球斜线传给同伴，及时跟进，直线插入并接来自同伴的传球，并将球射进球门，在比赛中合理运用斜传直插二过一战术
4	1. 考核：有标志物和消极防守的斜传直插二过一；3对3攻防比赛	1. 明确考核要求和评价标准，能够合理运用斜传直插二过一在比赛中得分，增强进攻、防守配合意识 2. 高质量完成各项课堂练习，发展速度、灵敏等身体素质 3. 在学习评价实践中，能主动交流，配合比赛中能表现出对同伴的信任	重点：摆脱防守者的传、接球时机的把握 难点：运用合理，配合默契	
安全保障	1. 课前检查场地与器材 2. 做好准备活动，充分活动各关节 3. 加强安全教育，明确练习目的		评价方法	1. 终结性评价：等第评价（生评、师评） 2. 过程性评价：表现性评价（自评、互评、师评） （详见单元评价设计）
教学资源	展板1块、足球30个、移动球门4个、标志盘12个、音箱1只、指示条若干、平板电脑10台			

（四）评价设计

从体育与健康学科核心素养的三个方面"运动能力""健康行为""体育品德"，选择有针对性的观测点进行评价，注意过程性评价和终结性评价相结合。

表 6-4-4　高二年级足球斜传直插二过一单元评价设计

评价维度	评价内容	评价观测点	评价方式
运动能力	运动认知	能说出斜传直插二过一战术配合的意义,知道其技术动作要领和战术运用时机	口头测试
	运动技能	能够做到摆脱防守后将球斜线传给同伴,及时跟进,直线插入并接来自同伴的传球	技术观测
	体能状况	下肢力量、速度、灵敏等的发展情况	体能测试
健康行为	锻炼习惯	在教师的指导下积极参加小组学习,主动参与足球比赛	行为观察 口头点评
	适应能力	能与教师、同伴主动交流,相互协作完成学练	行为观察 口头点评
体育品德	体育道德	在足球练习与比赛中遵守规则,不拉扯、不故意碰撞对手,具有公平竞争的意识和行为	行为观察 口头点评
	体育品格	能够文明礼貌地参与学练,尊重对手与裁判	行为观察 口头点评

（五）资源设计

为有效解决单元教学重点"斜传直插二过一战术配合的时机把握",运用多媒体技术演示战术配合的方法,帮助学生理解配合时机,激发学生的学习兴趣,提高课堂教学实效。

表 6-4-5　高二年级足球斜传直插二过一单元教学资源设计

目标指向	资源设计		资源应用	解决问题
单元学习目标 1、2、3	媒体资源	1. 信息技术资源:二过一战术配合动画 2. 平板电脑	1. 在斜传直插二过一战术配合教学过程中,教师将动作技术的完整过程制作成动画,供学生在课上反复观看,加强动作的表象 2. 学生在分组练习过程中利用平板电脑对同伴的练习情况进行录像与视频回放 3. 在课堂展示与交流环节中,利用平板电脑对学生的练习情况进行录像与点评	1. 利用动画演示,让学生直观了解技术动作的要点 2. 利用视频慢放功能,清晰地呈现给学生正确的技术动作 3. 纠正错误动作
单元学习目标 1、2、3	自制教具	跑动路线指示条	1. 在足球场地贴入跑动路线指示条,激发学生学习兴趣 2. 在初期学习斜传直插二过一战术配合时,利用跑动路线指示条,帮助学生明确跑动的路线	1. 明确跑动路线,减少失误 2. 提高教学效率

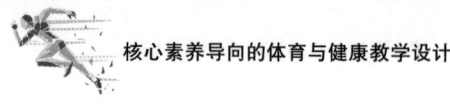

二、课时教学计划的设计

（一）课的设计

挑战自我　协作无间

——高二年级足球斜传直插二过一(4-2)课的设计

1. 指导思想

本课以新课程标准为依据，发挥教师主导作用的同时，确立学生的主体地位，以激发学生对体育运动的兴趣为前提，全面提高学生的身体、心理素质和技战术水平，重视提高学生自主、合作、探究能力，指导学生学会自评、互评，营造轻松、愉悦、开放的运动环境，让学生能够将所学到的技战术能力运用到比赛当中，培养学生的运动爱好和专长，促进学生自觉参与体育锻炼。

2. 相关分析

教材分析：斜传直插二过一是高中足球教学内容之一，是两名进攻队员通过二次连续传球越过一名防守队员的传球配合。本单元共分为4课时，本节课为第2课次。本课围绕重难点，重点解决传、接球时机的把握，根据学生的掌握情况，从易到难，从有标志物到消极防守再到积极防守，最后分小组比赛，并通过自制教具和信息技术的运用，使学生逐渐掌握斜传直插二过一战术配合，为下节课将斜传直插二过一战术配合很好地运用到比赛中打下坚实的基础。

学情分析：本课的授课对象是高二年级的30名男生，本班学生乐学好动，思维敏捷，善于观察动脑、分析解决问题，并且学习行为习惯良好，主动参与性强，能够与同伴、教师很好地配合，非常喜欢足球这个项目，高一上半学期已经学习了脚内侧与脚背正面踢停球，脚背外侧直线运球，脚背内侧曲线运球，接控球，脚内侧射门及传、停、运、射等组合技术，但绝大多数学生接触足球运动时间不长，对球的控制能力差，脚下的步伐移动比较慢，传球时触球瞬间的爆发力和移动中运控球、传接球的能力都较差。

3. 主要教学策略

（1）路线指示条辅助教学

在斜传直插二过一战术配合教学过程中，运用路线指示条让学生清楚明白跑动时的路线，使学生在跑动时更具有准确性，学生在分组学练过程中更加有效，每个小组可以自己调整跑动的路线，更加灵活地运用斜传直插二过一战术配合。

（2）信息技术促进教学

本节课教师在讲授斜传直插二过一战术配合时，运用足球视频让学生对斜传直插二过一战术形成动作表象。接下来通过观看视频学习具体的动作技术，分解动作的慢放让学生更加清楚动作的要求。另外，在教学过程中教师利用平板电脑了解学生的练习情况，学生利用平板电脑向同伴反馈练习实况，使学生在合作探究中提高。

（3）多元评价融入教学

在消极防守的斜传直插二过一战术配合中，学生从传球的方向、接球的时机、启动的时机三个方面进行互评与他评。在教学比赛和体能练习中对动作技能、配合默契、遵守规则、学习态度、运动负荷五个方面进行综合自评。

4. 问题的预设与对策

预设1：传球的方向不对。

对策：通过路线指示条，帮助学生解决球的方向不对的问题。

预设2：传球后启动慢。

对策：通过语言提示并利用平板电脑拍摄视频，帮助学生解决传球后启动慢的问题。

（二）课时计划

表6-4-6 高二年级足球斜传直插二过一(4-2)课时计划

年级	高二	人数	30	日期		执教			
班级		组班形式	男合班	周次		课次			
内容主题	1. 斜传直插二过一(4-2) 2. 相关体能			重点	摆脱防守队员后传球和插入的时机和方向				
				难点	传球后插入时机的把握				
学习目标	1. 知道斜传直插二过一战术配合的方法和动作要领，掌握传球和插入的时机，能够在2对2攻防比赛中有意识地利用斜传直插二过一战术配合得分 2. 能坚持完成技术学练、比赛和体能训练，掌握提高身体素质的方法，增强足球比赛中的对抗能力 3. 学练过程中能相互指导与评价，比赛场上能积极呼应、相互鼓励，表现出良好的合作意识和能力								
流程 (时间)	教学内容		活动设计		组织与队形		运动负荷		
							次数	时间	强度
准备部分 (8′)	1. 课堂常规内容 2. 热身跑(音伴) 3. 热身操(音伴) （1）左、右侧滑步 （2）行进间正踢腿 （3）行进间侧踢腿 （4）行进间髋外展 （5）行进间后踢腿 （6）快速前进和后移		1. 活动情境 用动感音乐创设运动情境 2. 活动任务 在音伴下模仿教师热身动作，按照规定路线进行热身 3. 活动评价 动作舒展、到位，热身操动作规范		☆ 图1 ●代表教师 ☆代表学生 10米 图2		1	3′	中
							1	3′	中

（续表）

流程 （时间）	教学内容	活动设计	组织与队形	运动负荷		
				次数	时间	强度
准备部分 (28′)	设计说明： 1. 结合背景音乐《怒放的生命》和场地指示线，在教师口令指挥下，进行慢跑和热身操练习，让学生在音乐情境中活跃身心，调动学生的运动乐趣，使学生由相对静止状态逐步进入运动状态 2. 学生分组自主学练，提高自理、自学能力，培养自主学习的素养					
	1. 有标志物的斜传直插二过一	1. 活动情境 运用多媒体演示练习场景，借助贴在地上的跑动路线指示条创设学练情境，利用语言创设问题情境：如何把握传球后插入的时机 2. 活动任务 练习过程中使用平板电脑拍摄视频，小组讨论总结传球后插入的时机，并积极尝试 3. 活动评价 认真听讲，积极参与练习；传球后插入时机准确，可以合理地接住同伴的传球；乐于展示，主动交流	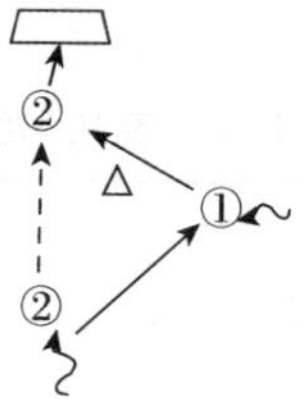 图 3	15—20	2′30″	中
	设计说明： 1. 教师利用足球比赛视频和亲自示范讲解，使学生能清楚明白斜传直插二过一战术配合的完整动作过程、跑动路线和动作要求 2. 教师借助跑动路线指示条，使学生更加清楚跑动的路线及动作，提高教学效率 3. 问题的设置有利于激发学生的思维能力，提高学生的自主学习能力 4. 教师利用多媒体演示，使学生直观了解练习的内容和要求；利用标志物代替防守者模拟情境，使学生更能明确跑动的位置和路线，调动学生参与的欲望					
	2. 消极防守的斜传直插二过一	1. 活动情境 教师示范讲解，演示练习场景 2. 活动任务 练习过程中使用平板电脑拍摄同伴的学练情况，相互指导与评价，积极尝试 3. 活动评价 勇于尝试，给予同伴及时的反馈	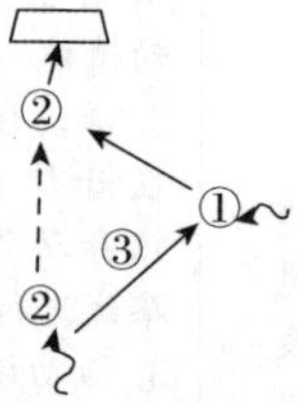 图 4	15—20	2′30″	中

（续表）

流程 (时间)	教学内容	活动设计	组织与队形	运动负荷		
				次数	时间	强度
准备 部分 (28′)	设计说明： 1. 学生利用平板电脑拍摄同伴的练习情况，相互交流与评价，共同提高 2. 本课的重点是传球后插入时机的把握，对于学生来说是有一定的难度，因此在消极防守的斜传直插二过一战术配合中，教师和同伴要及时给予语言提示，让学生明确其传球后插入的时机					
	3. 2对2半场攻防比赛	1. 活动情境 2对2半场攻防比赛，等待轮换上场的队伍做裁判 2. 活动任务 在半场2对2比赛中主动运用斜传直插二过一战术 3. 活动评价 队员间默契配合，积极呼应；传球到位，插入时机正确	 ☆☆　　☆☆ 　　● ☆☆　　☆☆ 图5		6′	中
	设计说明： 1. 为了使学生更好地理解斜传直插二过一战术配合，采用比赛情境，设计了2对2攻防比赛，将斜传直插二过一战术运用在足球比赛中，学生在比赛过程中进行自我解析，发现问题、思考问题、解决问题，使技战术运用水平得到进一步提升 2. 在比赛过程中通过不断尝试，提高学生勇于挑战自我的精神，培养学生的合作意识					
	4. 专项体能（音伴） (1) 俄罗斯转体(20个) (2) 俯卧撑(20个) (3) 两头起(20个) (4) 50米跑(2组)	1. 活动情境 利用音乐和场地布置创设训练情境 2. 活动任务 在小组长带领下进行菜单式循环体能练习 3. 活动评价 认真训练、动作到位、不畏困难、敢于挑战自我	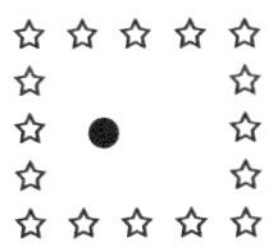 ☆ ☆ ☆ ☆ ☆　　　☆ ☆　●　☆ ☆　　　☆ ☆ ☆ ☆ ☆ 图6	2	5′	大

（续表）

流程 (时间)	教学内容	活动设计	组织与队形	运动负荷		
				次数	时间	强度
准备部分 (28′)	设计说明： 1. 在足球比赛中，体能是技能、战术、心理、智能的基础，良好的体能是在比赛中获得优异成绩的重要保证；斜传直插二过一战术对核心力量有一定要求，本课体能练习采用菜单式循环模式，给学生更多的空间和时间，不断激励学生的内动力和学练激情，提高学生主动参与体育活动的兴趣 2. 充分发挥每一位学生的主观能动性，在练习内容的安排上包括上肢、核心、下肢的力量练习，保证一定的强度和密度，使学生的身体素质得到全面的发展					
结束部分 (4′)	1. 放松练习：拉伸（音伴） 2. 小结与点评 3. 归还器材 4. 师生再见	1. 活动情境 利用音乐创设放松氛围，利用语言创设宽松的讲评氛围 2. 活动任务 拉伸放松，在教师引导下自评、互评 3. 活动评价 身心放松、精神愉悦、善于表达	☆ ● 图 7	1	1′30″	小

场地器材	展板 1 块、足球 30 个、移动球门 4 个、标志盘 12 个、音箱 1 只、指示条若干、平板电脑 10 台	安全保障	1. 课前检查场地与器材 2. 做好准备活动，活动各关节 3. 教学比赛注意安全		
		预计	练习密度		负荷强度
			全课	内容主题	中等
			58.7%	57.1%	
课后反思					

* 本教学设计的作者为上海交通大学附属中学教师樊三明，系校级公开展示课，后由樊三明老师根据编写组要求再次设计。

第五节　排球：正面双手垫球教学设计

本设计为小学三年级的正面双手垫球，主题为"游戏激趣　文化渗透"，旨在通过情境化、问题化的学习，发展学生垫球的能力，增强身体协调性。

一、单元教学计划的设计

(一) 指导思想

本单元坚持"以学生发展为本"的理念，采用信息化、情境化、问题化、结构化等教学策略，开展排球正面双手垫球教学。通过模仿、挑战、合作、评价等活动，让学生体验到排球的乐趣，逐渐提高排球运动能力。

(二) 相关分析

1. 教材分析

表6-5-1　三年级排球正面双手垫球教材分析

运动认知	动作结构	相关体能	相关知识
认知：排球的正面双手垫球可以为后排防守、组织进攻和发起战术打下基础，是排球的基本技术之一。价值：学习正面双手垫球对学生的柔韧、灵敏、力量及身体协调能力具有重要作用，同时在学习的过程中，对建立学生学习自信心、培养学生积极进取、团结协作、互帮互助等优秀品质具有深刻意义	动作过程：采用半蹲或稍蹲，面向来球方向，两脚开立稍宽于肩，上体前倾，重心降低；垫球时，双手互靠，手腕下压，两前臂成一个平面；迎球时，两臂夹紧前伸、插入球下，同时配合蹬地、压腕、抬臂等全身协调动作迎向来球，身体重心随着击球动作上移。 动作要点：上肢做到插、夹、提，下肢做到蹬、跟、移，上、下肢协调发力 关键环节：控制垫球方向和力度，用正确的部位垫球	准备姿势和垫球动作要求有一定的上、下肢力量；垫球时，身体要灵敏，同时要具有一定的空间位置感、上、下肢协调配合能力和平衡能力 1. 灵敏：36米折返跑、快速反应训练 2. 协调：动作模仿、追赶训练、垫球跑动训练 3. 力量：俯卧撑、立卧撑、两头起	垫球时手臂夹紧伸直，将两前臂外翻成一个平面，而垫球部位在前臂手腕关节10厘米左右的两小臂形成的平面，这个部位最平整且具有一定的弹性；当迎接来球时，及时插于球下，两臂夹紧伸直，根据作用力与反作用力原理击球的下部，同时蹬地、抬臂，身体重心上移，将球向上垫起

2. 学情分析

表 6-5-2 学情分析

教学对象	认知水平	身心特点	能力水平
三年级学生	对于排球运动有简单的了解，但对于垫球技术动作尚未接触，概念模糊	学生有一定的模仿能力、学习能力和较强的竞争意识，对球类运动较感兴趣，但注意力持续时间不长，特别在活动时往往会忽视安全的重要性	虽然绝大部分学生已具有一定的球性，但有些学生会对球击打手臂产生抗拒心理，个别学生的空间位置感以及对球的控制力有所欠缺

3. 教法分析

本单元根据排球教材内容的特点、动作技能形成的规律、学情、教学条件等因素，首先采用直观法、讲解法、示范法，帮助学生建立正面双手垫球的完整概念。随后遵循由易到难、由简单到复杂、循序渐进的教学原则，让学生真正理解、掌握和运用正面双手垫球的相关知识和技术要领。

坚持问题导向，为学生搭建合作探究的平台，让学生在解决一系列实际问题的学习活动中逐渐掌握正面双手垫球，有利于激发学生的思维能力和合作探究意识。

为学生创造多种复杂的情境，让学生在不同情境下进行练习，并不断穿插各种小游戏，提高学生学练兴趣。比如，在第一课时，创设"小小模仿秀"的情境，通过"超级模仿秀""本领大考验"等环节，让学生学会垫球的准备姿势和手形，同时提高身体协调能力。第二课时，创设"为小排球过生日"的情境，通过"球球不落地""球球空中飞""球球大作战"等环节，引导学生逐渐学会正面双手垫球技术动作。

教学中充分利用多媒体视频回放、慢放、定格等功能，并借助图示等教具让学生体会正确的垫球部位、正确的击球点，掌握正确的动作要领和关键点。

4. 问题链设计

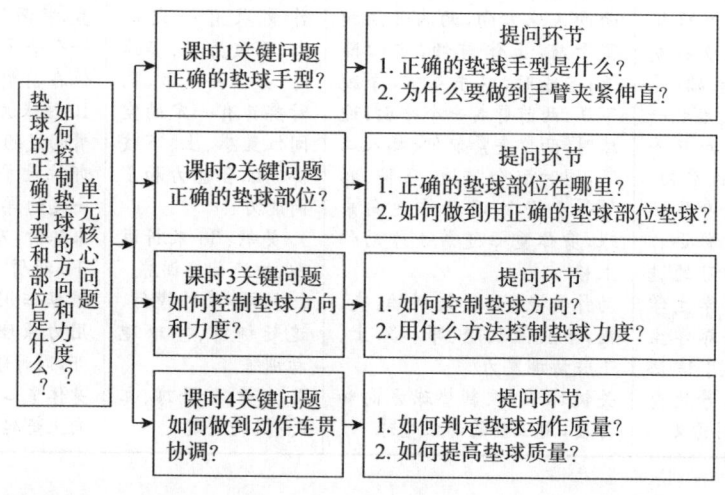

(三) 教学流程

表 6-5-3　三年级排球正面双手垫球单元教学流程

年级	三		学期		课次	4	执教	
单元学习目标	1. 了解正面双手垫球的运用时机和作用,明确正面双手垫球的动作要领和关键环节,能较规范地完成垫球考核,做到垫球部位正确,全身协调用力 2. 乐于参与"超级模仿秀""球球空中飞""球球大作战""排球小将"等活动,体验正面双手向上垫球的方法,发展协调及灵敏等身体素质,提高运动能力 3. 积极参与各项排球练习,养成主动学习、勇于挑战的好习惯,能对伙伴做出简单评价,培养团结互助的良好品德,体验排球运动的快乐				教学重点	1. 正确的手型及垫球部位 2. 全身协调用力		
课次	教学内容		学习目标		重点、难点	教学策略与评价		
1	1. 我能"叠、靠、夹"(垫球手形) 2. "超级模仿秀"(准备姿势和垫球动作) 3. "本领大考验"		1. 知道准备姿势和垫球手型的技术动作,初步建立动作概念,理解自评与互评的方法与标准,能够运用正面双手垫球的准备姿势和垫球手型进行课堂学练 2. 积极参与准备姿势和垫球手型的练习,体验各种辅助练习方法,提高身体协调能力 3. 通过模仿、参与垫球的练习,享受排球运动的乐趣,养成勇于挑战的品质		重点:正确的垫球手型 难点:手臂夹紧伸直	教学关注: 1. 正确的垫球手型 2. 为什么要做到手臂夹紧伸直 3. 如何做到用正确的垫球部位垫球 4. 如何判定垫球动作质量 教学策略: 1. 信息化教学,突破重难点 (1) 教师利用电子屏幕展示正面双手向上垫球的手型,示范"叠、靠、夹"的动作方法,学生边说边练,相互纠错 (2) 教师播放准备姿势和徒手垫球姿势视频,引导学生模仿并分组练习,相互评价,相互比拼,比比谁模仿得更逼真 (3) 教师拍照并展示,及时纠正错误,学生继续练习		
2	1. "球球不落地"(垫球动作) 2. "球球空中飞"(自垫球) 3. "球球大作战"(自垫球比多)		1. 了解与学习排球正面双手垫球的动作,能够较规范地使用正确的垫球部位向上垫球 2. 高质量完成垫固定球、悬挂球、自垫球等练习,提高协调、灵敏等身体素质,增强上、下肢力量 3. 积极参与排球活动,在学练中体验合作共进的乐趣,表现出团结合作、挑战自我的意识,关注练习中的安全习惯,提高责任意识		重点:正确的垫球部位 难点:控制垫球方向			

（续表）

课次	教学内容	学习目标	重点、难点	教学策略与评价
3	1."我能我行"（复习自垫球） 2."我行我垫"（自垫反弹球） 3."排球小将"（自垫反弹球比多）	1.知道正面双手垫球的练习方法，明确垫球的技术动作，建立完整的动作概念，能够做到腹前垫球，控制垫球方向和力量 2.积极参与自垫球等课堂练习，增强下肢力量，提高步伐移动能力和空间判断力 3.积极参与学练和评价，养成果断自信、挑战自我的意志品质	重点：控制垫球的方向和力量 难点：步伐移动到位	2.情境化教学，激发学生兴趣教学中为学生创造多种复杂的情境，让学生在不同情境中进行练习，并不断穿插各种小游戏和比赛，提高学生学练兴趣，如组织"本领大考验"游戏和"球球大作战"游戏等 3.问题化教学，开启学生的思维教学中坚持以问题为主导，为学生搭建合作探究的平台，设计单元问题链，让学生在解决一系列实际问题的学习活动中逐渐掌握正面双手垫球
4	1."我行我秀"（自垫球） 2."排球达人秀"（自垫球考核）	1.通过正面双手垫球的复习和考核，理解动作要求和考核的评价标准，提高正面双手垫球的质量 2.能选择合适的辅助练习弥补动作技术的不足，通过参与课堂练习，提高全身协调性和良好的垫球技能 3.在参与考核过程中表现出相互竞争、积极进取的意识	重点：完善动作技术 难点：身体协调用力	如教师提出问题：如何控制垫球方向和力度？学生带着问题自主尝试，互相评价及纠错，教师巡视指导，拍摄学生练习视频并及时纠错 评价要点： 垫球手型和垫球部位正确；学习态度积极；垫球动作连贯协调
安全保障	1.选择平整的场地且器材摆放合理 2.提醒学生自我安全意识，保持安全距离 3.准备活动充分，各关节充分热身 4.注意活动设计的合理与安全		评价与方法	1.终结性评价：等第评价（生评、师评） 2.过程性评价：表现性评价（自评、互评、师评） （详见单元评价设计）
教学资源	软式排球、五彩地垫、各种高度的悬挂球、贴纸、手机、手机App、LED大屏、音响设备			

（四）评价设计

从运动能力、健康行为、体育品德三方面对学生进行单元评价。

第六章 核心素养导向的球类运动教学设计

表6-5-4 三年级排球正面双手垫球单元评价设计

评价维度	评价内容	评价观测点	评价方式
运动能力	运动认知	能说出正面双手垫球的技术要领,知道垫球手型和垫球部位	口头测试
	运动技能	能降低重心,手脚协调配合,连续向上自垫	技术观测
	体能状况	下肢力量和协调素质的发展情况	体能测试
健康行为	情绪调控	课堂中能一直积极进取,面对困难不气馁	行为观察 口头点评
	适应能力	能与同伴主动交流,相互鼓励,合作完成游戏和比赛	行为观察 口头点评
体育品德	体育精神	学练中能勇敢面对困难,自尊自信,不断挑战自我	行为观察 口头点评
	体育品格	课堂中有正确的胜负观,文明礼貌,相互尊重	行为观察 口头评价

（五）资源设计

为有效解决单元教学重点"正确的手型及垫球部位",运用辅助教具、自制教具和多媒体资源,创设各种练习情境,以激发学生的学习兴趣,提高课堂教学实效。

表6-5-5 三年级排球正面双手垫球单元教学资源设计

目标指向	资源设计		资源应用	解决问题
单元学习目标1、3	媒体资源	1. 多媒体课件 2. 手机和手机App	1. 在正面双手向上垫球的教学中,教师将垫球手型、垫球部位等制作成课件,并拍摄完整动作的慢动作视频,供学生在课上直观感受、反复观看 2. 学生在分组练习过程中利用手机和App对学生的练习情况进行录像与回放,在课堂展示与交流环节中,通过观看学生或教师的动作进行点评 3. 将各种游戏方法和规则制作成课件,学生直观了解游戏方法和规则	1. 帮助学生建立正确的完整动作的概念,了解正确的手型和垫球部位 2. 帮助学生纠正错误动作 3. 减少教师讲解示范时间,提高练习密度

（续表）

目标指向	资源设计	资源应用	解决问题
单元学习目标 1、2、3	自制教具	1. 贴纸 2. 不同高度的悬挂球 3. 五彩地垫	1. 将贴纸"小蓝"贴于手腕关节上10厘米处，帮助学生明确垫球部位 2. 自制不同高度的悬挂球进行辅助练习，帮助不同身高的学生巩固正确的垫球部位 3. 利用五彩地垫进行分组，组织学生在地垫附近开展垫球活动，避免学生碰撞，保证课堂安全、有效	1. 帮助学生明确垫球部位，有效解决课堂重点 2. 增加课堂教学的安全性和有效性

二、课时教学计划的设计

（一）课的设计

游戏激趣　文化渗透
——三年级排球正面双手垫球(4-2)课的设计

1. 指导思想

基于上海市小学体育"兴趣化"的教学要求，本课以"排球：正面双手垫球"为主教材，围绕"活化的身体练习，适宜的运动负荷"这个目标，根据三年级学生的身心特点，创设"为小排球过生日"的情境，将排球文化贯穿全课，尝试引入信息化教学，设计各种排球垫球游戏，从而激发学生的排球垫球兴趣，发展学生的身体协调性，培养学生善于观察、勇于拼搏的良好品质，全面达成学习目标。

2. 相关分析

教材分析：排球属于基本内容Ⅱ中的内容，而正面双手垫球是排球运动中的一项基本技术，可以锻炼身体的灵活性，达到锻炼身体、提高体质的目的。本单元共分为4课次，本节课为第2课次。本课围绕重难点，重点解决正确的垫球部位，在第1课次，学生已经基本学会正确的准备姿势和垫球手型。本课次，主要让学生体验完整的正面双手垫球动作，找准正确的垫球部位，控制垫球方向，为后续学习奠定基础。

学情分析：三(2)班共有40名学生，男生18人，女生22人。其中3名为校排球队队员，他们已经熟练掌握排球正面双手垫球动作。本班大部分学生模仿力强，有一定的表现欲望，具有较强的进取心。部分学生协调性差，学习能力以及自控能力较弱，需要别人的帮助。从第一次课的学习情况来看，学生已初步掌握准备姿势和垫球手型，具备了学习基础。因此通过本课的学习，期待学生可以找准垫球部位，提高垫球能力。

3. 主要教学策略

（1）媒体应用，促进教学。播放微视频，学生可以模仿视频中的示范动作，提高学习效率；现场直播环节，教师及时抓拍学生的错误动作并播放，学生及时了解并改正；PPT展示，学生可以快速了解游戏方法和规则，有利于游戏的顺利开展。

（2）排球文化，融贯全课。本节课教师将排球元素融入课的每个环节。热身操"炫舞volleyball"，以排球为道具，在韵律中融入排球礼仪、基本步伐、技术动作和裁判手势；主教材环节，学生不仅玩各种垫球游戏，还学习不服输、敢于挑战、永不放弃的排球精神；综合活动又将排球裁判手势融入其中，学生进一步了解排球，从而更加喜欢排球这项运动。

（3）创设游戏，激发兴趣。

兴趣是学生最好的老师，而游戏是学生最爱的活动。因此，教师根据学生的身心特点，设计多种游戏，激发学生学习兴趣。如"球球不落地"，学生创想垫球动作，简单有趣；"球球大作战"是竞赛游戏，最易激发学生的好胜心；"colour 翻翻乐""rule 连连看"，将网络游戏与体育游戏相结合，深受学生喜爱。

4. 问题预设与对策

预设1：垫球部位不正确。

对策1：在垫球部位贴上贴纸，帮助学生找到正确的垫球部位。

预设2：垫球时球向后飞。

对策2：提醒学生手臂不要抬得太高。

（二）课时计划

表 6-5-6　三年级排球正面双手垫球(4-2)课时计划

年级	三年级	人数	40	日期		执教	
班级		组班形式	男女合班	周次		课次	
内容主题	1. 排球：正面双手垫球(4-2) 2. 相关体能			重点	正确的垫球部位和手型		
				难点	控制垫球方向		
学习目标	乐于参与"超级模仿秀""球球空中飞""球球大作战""排球小将"等活动，体验正面双手向上垫球的方法，发展协调及灵敏等身体素质，提高运动能力						

(续表)

流程 (时间)	教学内容	活动设计	组织与队形	运动负荷		
				次数	时间	强度
准备 部分 (5′)	1. 课堂常规内容 (1) 整理队伍、检查人数 (2) 师生问好、检查服装 (3) 说明本课目标和要求 (4) 安排见习生 2. 热身操 "炫舞 volleyball"	1. 活动情境 用动感音乐创设运动情境,用语言描绘帮排球过生日的情境 2. 活动任务 在音伴下跟随教师进行热身操 3. 活动评价 动作规范,活动充分,快乐参与	○○○○○○○ ○○○○○○○ ★★★★★★★ ★★★★★★★ △ 图1 △代表教师 ★代表女生 ○代表男生		3′	中

设计说明:
1. 教师利用语音创设帮"小排球"完成生日愿望的情境,形象而具体的比拟,激发学生学习的积极性
2. 通过播放视频,在教师的带领下进行热身操,让学生在音乐情境中活跃身心,激发学生的运动乐趣

| 基本
部分
(26′) | 1."球球不落地" | 1. 活动情境
利用语言创设问题情境:正确的垫球部位在哪里
2. 活动任务
自主体验尝试垫球练习,探究垫球部位,使用贴纸"小蓝"标注
3. 活动评价
积极尝试,认真思考,相互讨论,初步探讨正确的垫球部位 | ★ ○ ○ ○ ★
○ ○ ★ ○
★ ○ ○ ○ ★
○ ★ ○ ○
○ ○ ★ ○
★ ○ ○ ○ ★
△
图2 | 3 | 3′ | 中 |

设计说明:
教师创设"球球不落地"的情境,提出探究问题,让学生先进行尝试,鼓励学生积极创设各种垫球动作,并使用贴纸"小蓝"标注出自己垫球最稳的位置,提高学生的创造和探究能力

(续表)

流程 (时间)	教学内容	活动设计	组织与队形	运动负荷		
				次数	时间	强度
基本部分 (26′)	2."球球空中飞" (自垫球) (1)自抛自垫 (2)连续自垫球	1.活动情境 教师利用视频和自己示范,引出正确垫球部位,用语言创设问题情境:如何做到用正确的垫球部位垫球 2.活动任务 积极尝试,模仿垫球练习,将贴纸"小蓝"贴在正确的部位 3.活动评价 找到正确的垫球部位,认真模仿练习	图3	4 4	3′ 3′	中 中
	设计说明: 1.通过播放视频和自抛自垫示范,给学生完整的技术动作,建立直观形象的概念,让学生初步了解垫球的部位,进而在接下来的练习中体会垫球部位,进行模仿练习 2.借助贴纸"小蓝",通过与"小蓝"做朋友的方法使学生明确正确的垫球部位 3.通过拍摄学生的学练情况并上传至大屏幕现场直播,及时反馈给学生,教师与学生发现问题,一起探究改进措施					
	3."球球大作战" (自垫球比赛)	1.活动情境 利用语言创设比赛情境,讲解"球球大作战"的游戏方法与规则 2.活动任务 积极参与比赛,不断超越自我,敢于接受同学的挑战 3.活动评价 遵守游戏规则,积极参与其中	图4	3	3′	中
	设计说明: 1.本班学生有一定的模仿能力、学习能力和较强的竞争意识,因此创设了比赛情境来提高学生学习的积极性,另外,也使学生将所学及所悟应用到实际比赛当中,有利于学生正面双手向上垫球技术动作的掌握 2.教师在学生比赛中可以采用肢体动作或者语言适时鼓励学生,不断激励学生的内动力和学练激情,提高学生的自信心					

(续表)

流程 (时间)	教学内容	活动设计	组织与队形	运动负荷		
				次数	时间	强度
基本 部分 (26′)	4.综合活动： (1)"colour 翻翻乐" (2)"rule 连连看"	1.活动情境 布置场地,创设综合活动,讲解活动规则 2.活动任务 参与综合活动中发展体能;说出教师所出示的裁判手势图片的名称 3.活动评价 积极参与其中,快速说出裁判手势的名称	图 5 图 6	3 2	4′ 2′	大 大
	设计说明： 1.本环节是一个团队协作活动,围绕"超越自我,乐于合作"的目标创设情境,培养学生勇于拼搏的品质,学生在综合活动中能表现出较强的集体荣誉感 2.为了使学生更多地了解排球文化,了解排球的裁判手势,教师利用裁判手势图片,请学生说出名称,并通过教师的引导,让学生关注排球运动,提高学生主动参与排球运动的兴趣					
结束 部分 (4′)	1.放松练习："咔嚓影趣" 2.小结与点评 3.归还器材 4.师生再见	1.活动情境 利用音乐创设放松氛围,利用语言创设宽松的讲评氛围 2.活动任务 拉伸放松,在教师引导下自评、互评 3.活动评价 身心放松、精神愉悦、善于表达	图 7	1	1′30″	小
场地 器材	排球32个、展板1个、护腕33个、平板电脑1个、音响1个	安全 保障	1.课前检查场地与器材 2.做好准备活动,充分活动各关节 3.教学比赛注意安全			
		预计	练习密度		负荷强度	
			全课	内容主题	中大	
			64.2%	51.4%		
课后 反思						

* 本教学设计源自 2017 年上海市中小学青年教师教学评选一等奖课。原作者为金山区朱泾小学教师胡菁菁,后由上海交通大学附属中学教师樊三明根据编写组要求再次设计。

第六节　羽毛球：正手击高远球教学设计

本设计为高一年级的正手击高远球,是高中羽毛球教学中最为基础、最为普遍的教学内容。本教学设计主题为"正手击高远　步法促体能",旨在学习正手击高远球,熟练掌握技术动作,通过复杂情境的学练提高实战运用能力。

一、单元教学计划的设计

(一) 指导思想

坚持"多元情境、合作探究"的指导思想,遵循身体练习与思维活动紧密结合的学科特征,注重学生自主探究、实践体验、合作交流。创设真实的运动情境,通过多样化的练习,引导学生运用结构化的知识与技能,提高实战能力,提高学生学科核心素养,为学生的健康成长打下良好基础。

(二) 相关分析

1. 教材分析

表6-6-1　高一年级羽毛球正手击高远球教材分析

运动认知	动作结构	相关体能	相关知识
认知:羽毛球正手击高远球是指在球场的任一点,以较高的弧度将来球回击到对方底线区域的一种击球方式 价值:学习正手击高远球能帮助学生找到羽毛球对攻的乐趣,提高学习羽毛球技战术的兴趣,还能发展学生上、下肢力量与爆发力	动作过程:侧身迎球,右脚蹬地、转体收腹带动肩关节前摆,击球时,前臂快速内旋带手腕加速向前上方挥动击球,击球后顺势向前下方挥动并收拍至体前 动作要点:选择合适的击球点,拉开动作幅度,加长挥拍距离,同时与步法相结合 关键环节:肘关节上提,前臂后倒,手腕充分伸展	正手击高远球需要较好的力量、灵敏、速度等身体素质 1. 力量练习:挥网球拍、蛙跳等 2. 速度练习:往返跑、绳梯、徒手挥拍等 3. 灵敏练习:左右点球、定点随机一抛一击、对墙击球等 4. 协调练习:结合步法有球或无球练习	整个过程顺序为蹬地、转身、抬肘、挥拍、击球、随前 引拍阶段膝关节微屈,重心下降;右肩、右髋相对于左肩、左髋靠后,成躯干向后的扭转姿态;转身的同时带动肩关节前移,肘关节上提,前臂后倒,由屈曲到伸展,击球时肘关节达到最大伸展,使击球点尽可能保持在高处

2. 学情分析

表 6-6-2　学情分析

教学对象	认知水平	身心特点	能力水平
高一年级男生	学习过挑球，掌握了简单的步法，正手发高远球较稳定，两人连续上手击球能力一般	1. 专项班男生下肢力量较好，拥有较好的步法移动能力，但是上肢力量偏弱。 2. 专项班男生乐观阳光，具有一定的独立思考能力，对羽毛球有一定的兴趣，同伴之间也能表现出相互帮助、团结协作等集体主义精神	50%以上的学生能够连续进行10拍以上的上手击球，学生之间的差异也较大，主要表现在侧身迎球的意识不强；击球时由于肘关节上提不够，击球点过低，导致球的抛物线高度不够；在两人对拉高远球时，随着连续的多拍，握拍和击球方式逐渐变形

3. 教法分析

本单元教学先后采用观察法、讲解法、示范法，帮助学生建立正手击高远球的技术概念，再通过自主探究、小组合作和教学比赛等方法提升学生的专项运动能力，让学生真正理解、掌握，并尝试在实战中运用正手击高远球技术。

教学活动坚持问题导向，通过问题链的设计驱使学生主动探究，让学生在探究的过程中解决击高远球的相关问题，培养学生发现问题、解决问题的能力。

教学活动中设计模拟实战情境，如将步法融合其中的两人轮换击球练习，直线、斜线高远球的切换练习，采用"两标法"，实现自评和互评，突出小组配合，提升实战中击高远球的能力。

教学时采用辅助器材（固定点立柱）和多媒体等教学资源，让学生体会正确的正手击高远球动作要领。利用多媒体视频回放、慢放、定格等功能，帮助学生理解正手击高远球的技术要点和关键环节。

4. 问题链设计

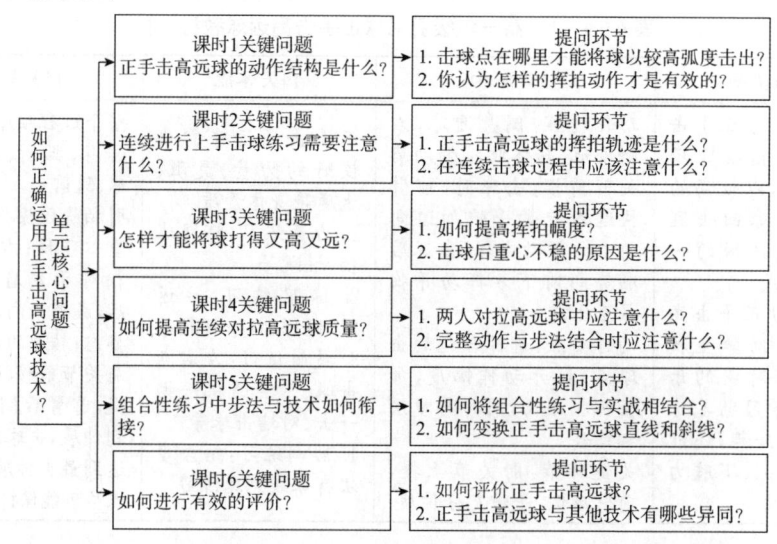

(三) 教学流程

表 6-6-3　高一年级羽毛球正手击高远球单元教学流程

年级	高一	学期	2	课次	8	执教	
单元学习目标	\multicolumn{5}{l}{1. 学习正手击高远球技术,明晰击高远球蹬地—转身—提肘—击球—随前的动作结构,掌握相关动作要领,并能够在比赛中运用击高远球技术 2. 通过单个技术练习、组合性练习、结合步法练习,两人轮换练习等方式,创设更贴近于实战的学练情境,发展灵敏、协调、力量、速度等身体素质 3. 练习过程中能够正确地开展自评和互评,培养自主探究、发现问题和解决问题的能力,培养主动帮助、团结协作的体育精神}					教学重点	1. 肘关节上提,前臂后倒 2. 击球时机和击球点

课次	教学内容	学习目标	重点、难点	教学策略与评价
1	1. 明晰正手击高远球动作结构 2. 不同形式的上手击球练习	1. 了解正手击高远球的技术结构,建立正确的动作概念,60%以上的学生能进行连续击高远球练习 2. 尝试各种形式的双人、多人击球,发展空间感知能力,掌握击球节奏,提高身体的协调性 3. 伴随小组练习和教师引导下的评价,培养自主、互助、互评的合作学习意识	重点:击球时机 难点:连续对拉球时的稳定性	教学关注: 1. 正手移动击球动作 侧身迎球,蹬地转体带动肩关节前摆,击球时,前臂快速内旋带手腕加速向前上方挥动击球,击球后顺势向前下方挥动并收拍至体前 2. 正手移动击球的基本方法与原则 (1) 掌握移动中正手击球的基本方法,通过针对性练习,找到正确的击球方式,击球时肘关节上提,前臂后倒,手腕充分伸展 (2) 选择合适的击球点,拉开动作幅度,加长挥拍距离,同时与步法相结合
2	1. 徒手动作练习 2. 击固定点练习 3. 连续上手击球(有一定高度)	1. 体会正确的击球动作,有70%的学生能够做出侧身迎球、转身提肘动作 2. 从徒手到击固定点再到连续对打上手球等循序渐进的学练方法,提高力量、上、下肢协调等身体素质 3. 两人一组相互配合纠正,提高互助、互学,合作探究的合作学习能力	重点:侧身迎球转身提肘的引拍动作 难点:正确的击球点	

（续表）

课次	教学内容	学习目标	重点、难点	教学策略与评价
3	1. 击固定点 2. 一抛一击练习 3. 完整练习 4. 综合练习	1. 明晰高远球的技术结构，掌握正手击高远球技术，多数能够将球以高、远的弧度击向后场区域 2. 坚持完成学练任务，通过多任务练习发展上、下肢的协调能力 3. 在高远球的练习中两人一组配合指导，提高相互配合与合作探究能力，以及团结协作的精神品质	重点：高远球的高度和远度 难点：步法移动，调整击球点	教学策略： 1. 运用辅助器材进行固定点的自主学练 在固定点击球练习中，运用标准立柱教具固定击球点，让学生利用定点击球的方式练习击球完整动作，建立正确的击球概念 2. 运用多媒体探究动作结构顺序 提出问题：如何提高挥拍幅度引导学生用平板电脑拍摄学练过程，并实时上传至大屏幕，通过对比、分析和交流、讨论，总结出挥拍击球轨迹，培养学生发现问题、解决问题的能力 3. 通过综合练习提升技能与体能发展 在综合练习环节，将体能练习融入技能练习，技能练习主要借助轮换击球和换拍击球两种方式，体能与技能融合既能够巩固所学的技能，又能在技能巩固的过程中强化体能发展
4	1. 一定条件下的两人对拉高远球 2. 在移动中进行正手击高远球练习（击球后起动、回动）	1. 进行正手击高远球的学习，80%以上的学生能够在两人对拉练习中利用步伐调整到最佳击球位置 2. 通过不同条件下的对拉高远球练习，发展快速动作、灵敏协调等身体素质 3. 小组交流学习，了解自身水平，逐步改进提高，为自主练习提高羽毛球兴趣奠定基础	重点：步法调整到最佳击球点 难点：在移动中保持正确的击球动作	
5	1. 结合步法，移动中击球 2. 组合性练习 3. 全场直线、斜线的对拉高远球练习	1. 进行两人对拉高远球，了解高远球的种类，80%以上的学生能进行15回合以上的对拉练习 2. 结合连续的组合性练习，提高高远球在实战中的运用能力，发展灵敏、协调、力量、耐力等身体素质 3. 激发对羽毛球运动的热爱，培养竞争进取、团结合作的优良品质	重点：击球质量和连续多拍 难点：不同形式练习中的击球质量	评价要点： 1. 击球有一定的高度和远度 2. 在组合性练习中及时完成规定动作 3. 在练习过程中通过合作与探究提高技能

(续表)

课次	教学内容	学习目标	重点、难点	教学策略与评价
6	1. 复习正手击高远球 2. 正手击高远球测试	1. 进行正手击高远球动作的技术评定，90%的学生能够以适当高度回击到对方场地 2. 通过对正手高远球的测试，了解自身掌握水平，确定练习方向 3. 在测试过程中，两人一发一击，相互配合，互助提高，正确评价，相互鼓励	重点：击球质量 难点：步法调整	
安全保障	1. 课前认真检查场地和器材 2. 检查服装，做好准备活动 3. 合理安排练习密度，提高练习效率 4. 合理安排场地人员，错开练习 5. 安全教育，防止学生相互挥拍而引发的伤害		评价与方法	1. 终结性评价：等第评价（生评、师评） 2. 过程性评价：表现性评价（自评、互评、师评） （详见单元评价设计）
教学资源	羽毛球100个、羽毛球场地6片、固定点球24个、反馈评价表1张、标志桶12个、胶带1卷、移动黑板1块、平板电脑12个、移动显示屏1个			

（四）评价设计

基于学科核心素养的三个维度，以学生能力发展为目标导向，围绕正手击高远球技能的学练与运用，进行有针对性、可量化的评价设计，评价设计围绕运动能力、健康行为和体育品德展开，重点关注学生关键能力与必备品格的发展。

表6-6-4 高一年级羽毛球正手击高远球单元评价设计

评价维度	评价内容	评价观测点	评价方式
运动能力	运动认知	知道正手击高远球的技术构成，能够说出正手击高远球的动作要点与关键环节	口头测试
	运动技能	知道正确的击球点和击球时机，能够打出既高又远的球	技术观测
	体能状况	知道本单元体能练习发展何种身体素质，尽力完成练习任务，身体表征明显	体能测试

（续表）

评价维度	评价内容	评价观测点	评价方式
健康行为	情绪调控	球打不远或打不高时不抱怨，主动找到问题并纠错，保持情绪稳定	行为观察 口头点评
	适应能力	注意练习中不得串场，羽毛球挥拍需保持一定的安全距离和安全意识	行为观察 口头点评
体育品德	体育精神	在学练和比赛情境中，追求卓越，不服输，表现出必胜的决心	行为观察 口头点评
	体育品格	能主动帮助同学，相互鼓励，听从组长安排，小组轮换有序，积极学练	行为观察 口头评价

（五）资源设计

利用多媒体课件、平板电脑拍摄、标志线、自制击球固定点等教学资源，使学生明晰技术结构，在强化专项能力的同时，量化练习标准，提高练习自信心，激发练习兴趣。

表6-6-5　高一年级羽毛球正手击高远球单元教学资源设计

目标指向	资源设计	资源应用	解决问题
单元学习目标 1、2	标志线设置	场地远度标志线	1. 三条标志线：在距离后场1.5米、2米、2.5米设置三条标志线，用不同的颜色表示，规定击球的落点，提高远度 2. 在练习初期，还未形成连续挥拍时肘关节上提的动作意识，设置抬肘高度线，一面贴住墙后逼迫其肘关节上提向前挥拍	1. 明确击球的远度，了解正手击高远球的正确落点 2. 提高评价的量化标准，为改进提供依据 3. 形成正确的动作轨迹
单元学习目标 1、2、3	多媒体课件	1. 高度动作慢放 2. 平板电脑拍摄纠错	1. 高度动作循环慢放，看清示范的动作结构，解决细节问题，循环播放示范动作与平板电脑拍摄动作相结合，不断模仿纠正，回放练习，共同点评 2. 通过关键词，如侧身迎球、肘关节上提、左下随前等，限定量化练习指标，提供学生之间相互纠错的依据，搭建沟通桥梁	1. 强化技术分析和自主学习能力，提高课堂效率 2. 引导学生相互交流讨论，提高互评能力 3. 提高技术水平，纠正错误动作，正确了解和评价自身水平

(续表)

目标指向	资源设计	资源应用	解决问题
单元目标2、3	自制教具 1. 固定点立柱 2. 评价表	1. 每人一个固定点立柱,根据身高可调节高度,巩固挥拍动作,形成正确动作意识 2. 利用立柱标示出击球高度,为练习标准提供规格 3. 评价表量化练习标准,对练习中情感目标、交流次数等提出量化标准	1. "一物"多用,既能进行击固定点练习,又能标志击球高度 2. 创造教学情境,增强挑战与互助意识 3. 利用评价表规定练习要求

二、课时教学计划的设计

(一) 课的设计

正手击高远　步法促体能
——高一年级羽毛球正手击高远球(8-3)课的设计

1. 指导思想

本课根据"多元情境、合作探究"的指导思想,结合羽毛球运动项目特点,创设不同的学练情境,注重学生的主体性并关注学生的个体差异,紧紧围绕正手击高远球的教材特点,采用循序渐进的教学手段,在教师指导下学与练,采用自主与小组探究的方式,营造和谐、合作的学练氛围,培养学生自主与合作探究能力。

2. 相关分析

(1) 教材分析:正手击高远球是羽毛球后场三大技术之一,它对学生身体素质的发展有积极意义。本课的学练价值是有效地发挥学生的力量、灵敏、协调等身体素质,培养学生对羽毛球项目的练习兴趣。本单元共8个课时,本节课为第3课次,技术学习已从击单个球、连续上手拉球逐渐转向两人对拉高远球,本课将在前两次课的基础上,紧紧围绕击球路线的高度和远度进行学练,进一步提高击球质量。

(2) 学情分析:本课的授课班级是高一年级男生专项班,共24人,他们对羽毛球有较高的积极性,且思维活跃,班级的学习氛围较好,但身体素质及体能状况一般,尤其是结合步法击球的能力和击球之后的协调能力不够。通过前两次课的学习,学生已基本掌握击高远球的技术结构,基本能进行两人连续对打上手球,但击球质量不高,而本课主要针对击高远球的高度和远度进行教学。

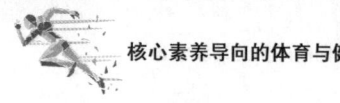

3. 主要教学策略

（1）运用辅助器材进行固定点的自主学练。在固定点击球练习中，运用标准立柱教具固定击球点，让学生通过定点击球的方式练习击球完整动作，建立正确的击球概念。

（2）运用多媒体探究动作结构顺序。提出问题：如何提高挥拍幅度？引导学生用平板电脑拍摄学练过程，并实时上传至大屏幕，通过对比、分析和交流、讨论，总结出挥拍击球的轨迹，进而培养学生发现问题、解决问题的能力。

（3）通过综合练习提升技能与体能发展。在综合练习环节，将体能练习融入技能练习，技能练习主要借助轮换击球和换拍击球两种方式，体能与技能融合既能够巩固所学的技能，又能在技能巩固的过程中强化体能发展。

4. 问题预计和对策

预设1：肘关节上提不够，击球点低。

对策1：击固定点练习，设置适合的高度，反复练习，建立动力定型。靠墙进行挥拍练习，侧身靠前，转身挥拍，使肘关节被动上提，保证肘关节上提，前臂后倒。

预设2：脚步移动不积极主动，找不准击球点。

对策2：一抛一击练习，抛球者尽可能地将球抛到规定区域，击球者先用小碎步调整进行击球，注意侧身迎球，转身跟进。单个练习，一人发球，一人击高远球。

预设3：两人对拉高远球打不起来或练习效果不好。

对策3：选择技术水平较好的学生与相对较弱的学生搭配练习，也可以适时和教师进行练习。两人一组击上手球，先轻打，保证连续、有高度之后慢慢拉开距离。

（二）课时计划

表6-6-6　高一年级羽毛球正手击高远球(8-3)课时计划

年级	高一	人数	24	日期		执教	
班级		组织形式	专项班	周次		课次	
教学内容	1. 羽毛球：正手击高远球 2. 综合练习：比一比			重点	击高远球的高度和远度		
				难点	步法移动，调整击球点		
学习目标	1. 明晰击高远球的技术结构，掌握正手击高远球技术，多数能够将球以高、远的弧度击向后场区域 2. 坚持完成学练任务，通过多任务练习发展上、下肢的协调能力 3. 在击高远球的练习中两人一组配合指导，提高相互配合与合作探究能力，培养团结协作的精神品质						

（续表）

流程 (时间)	教学内容	活动设计	组织与队形	运动负荷		
				次数	时间	强度
准备 部分 (8′)	1. 课堂常规 (1) 整理队伍，检查人数 (2) 师生问好，检查服装 (3) 宣布课的内容 (4) 安排见习生 2. 热身跑 (1) 慢跑 (2) 侧并步 (3) 垫步 (4) 交叉步 3. 热身操（音伴） (1) 正反手腕部运动 (2) 体转运动 (3) 正反手挥拍运动 (4) 转体挥拍运动 (5) 跳跃运动 (6) 交换腿运动	1. 活动情境 用动感音乐创设运动情境 2. 活动任务 在音伴下按照要求进行热身操练习 3. 活动评价 热身动作规范、情绪饱满、节奏感强、动作有力	图 1 图 2 图 3	2—3 4×8	180″ 180″	中小 中

设计说明：
1. 将步法练习与热身活动相结合，并作为羽毛球课的常规练习，利用各种跑的专门性练习，既解决了热身问题，又能提高羽毛球的基本步法，提升身体协调能力
2. 将热身操与羽毛球徒手挥拍相结合，充分活动开正手击高远球练习所需的肌肉和关节，同时提高挥拍的动作节奏

| 基本
部分
(28′) | 1. 复习：两人上手击球
2. 击固定点练习
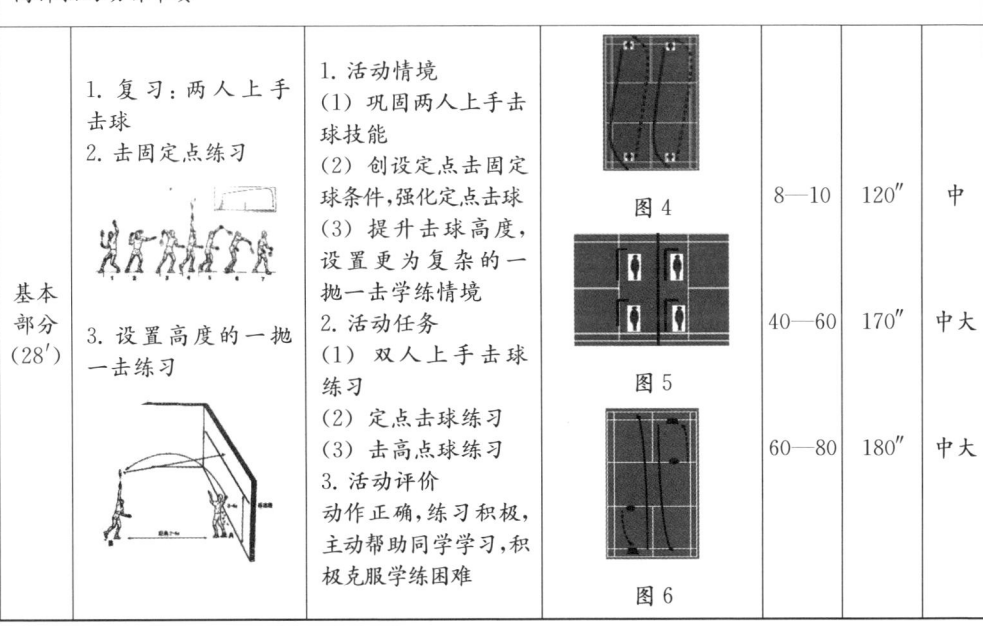
3. 设置高度的一抛一击练习 | 1. 活动情境
(1) 巩固两人上手击球技能
(2) 创设定点击固定球条件，强化定点击球
(3) 提升击球高度，设置更为复杂的一抛一击学练情境
2. 活动任务
(1) 双人上手击球练习
(2) 定点击球练习
(3) 击高点球练习
3. 活动评价
动作正确，练习积极，主动帮助同学学习，积极克服学练困难 | 图 4

图 5

图 6 | 8—10

40—60

60—80 | 120″

170″

180″ | 中

中大

中大 |

（续表）

流程 (时间)	教学内容	活动设计	组织与队形	运动负荷		
				次数	时间	强度
基本部分 (28′)	4.完整动作练习	设计说明： 1.设置标准立柱，上面悬挂一羽毛球球托，立柱的高度可根据自身练习要求进行调整，通过击固定点练习，进一步巩固羽毛球正手击高远球的动作结构，提高动作的连贯性，要求练习过程中通过碎步调整，提高击球过程中调整击球点的能力 2.通过高度标志线和地上的远度标志线，给予学生评价的依据，提高学练效果 1.活动情境 运用多媒体演示练习场景，利用语言创设问题情境：如何提高挥拍弧度并控制重心 2.活动任务 练习过程中用平板电脑拍摄视频，小组讨论技术的正确性，改善动作结构并完成评价表 3.活动评价 积极思考并讨论，能提出建设性意见，技术明显提高	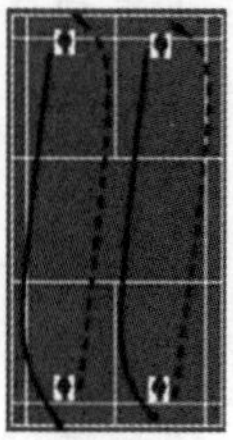 图7 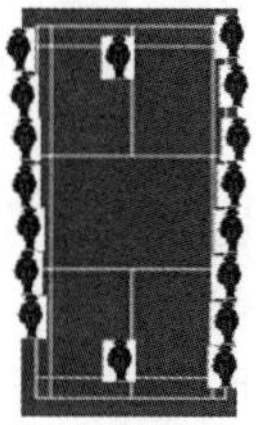 图8	60—80	300″	大
		设计说明： 1.完整动作练习中，在连续进行上手对拉球的基础上，加大动作幅度，加长击球距离，通过高度标识和远度标识，不断提升练习质量 2.对于技术水平掌握的比较好的学生，鼓励他们指导并帮助其他同学，形成良好氛围 3.通过多媒体的循环慢放，使学生能结合视频中的技术动作以及自身练习情况进行相互纠错，共同提高				
	5.综合练习：比一比 (1)轮换击球 (2)换拍击球	1.活动情境 将正手击高远球技术与体能、步法相结合，创设综合场景下的体能活动 2.活动任务 轮换击球和换拍击球 3.活动评价 队员间相互信任、默契配合，轮换快速，换拍及时	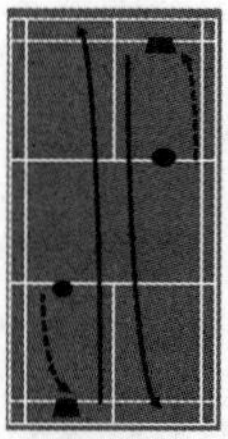 图9	40—60	200″ 200″	大 大

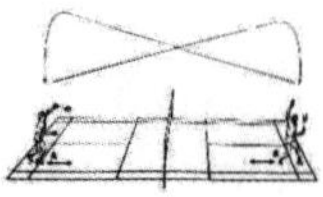

(续表)

流程 (时间)	教学内容	活动设计	组织与队形	运动负荷		
				次数	时间	强度
基本 部分 (28′)	设计说明： 1. 创设游戏情境，改变练习情境，将击高远球练习与体能和步法练习相结合，通过挑战更多的练习次数，提高练习兴趣和挑战欲，活跃课堂气氛的同时达到练习目的 2. 与实战比赛相结合，通过在练习过程中完成一定任务的形式逼迫练习者快速做出反应并击球					
结束 部分 (4′)	1. 放松 (1) 腿部前后拉伸 (2) 肩部放松 2. 小结 3. 归还器材 4. 师生再见	1. 活动情境 利用音乐创设放松氛围，利用语言创设宽松的讲评氛围 2. 活动任务 拉伸放松，在教师引导下自评、互评 3. 活动评价 身心放松、精神愉悦、善于表达	图10	1—3组	60″	小

场地 器材	羽毛球100个、羽毛球场地6片、固定点球24个、反馈评价表1张、标志桶4个、胶带1卷、移动黑板1块	安全 保障	1. 课前检查场地与器材 2. 做好准备活动，充分活动各关节 3. 学练过程注意安全		
		预计	练习密度		负荷强度
			全课	内容主题	中大
			69%左右	51%左右	

课后 反思	

* 本教学设计曾在上海市第五期体育学科德育实训基地进行过教学实践与研讨交流。原作者为上海市曹杨二中教师方超杰，后由上海市晋元高级中学教师苏银伟根据编写组要求进行修改。

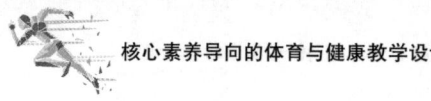

第七节 乒乓球：正手攻球教学设计

本设计为八年级的乒乓球正手攻球，主题为"快乐学习 健康成长"，旨在通过多种情境下的技能学习，提高学生学练兴趣，发展学生的正手攻球能力。此外，借助问题化、信息化等教学要素与手段发展学生体育学科核心素养。

一、单元教学计划的设计

（一）指导思想

坚持"快乐学习"的指导思想，高度重视学科核心素养在课堂中的落实。在强调体能、乒乓球正手攻球技能和乒乓球基础理论知识学习的同时，融合与学生成长相关的健康教育知识与方法，注重学生健康与安全意识的培养以及良好生活方式的形成，重视培养学生积极进取和不畏艰难的体育精神，以及团结协作和主动帮助的体育品德，在技能学练过程中促进学生全面发展。

（二）相关分析

1. 教材分析

表6-7-1 八年级乒乓球正手攻球教材分析

运动认知	动作结构	相关体能	相关知识
认知：正手攻球技术是乒乓球对攻技术中最为重要的一种，由站位、引拍、挥拍击球和随挥组成正确掌握并运用正手攻球技术可以提升击球的有效性，强化对攻能力价值：学习乒乓球正手攻球可以提高学生动作的协调性、快速反应和判断能力，增强上、下肢力量，发展速度、灵敏等身体素质，培养团结协作、勇敢顽强及克服困难的意志品质	动作过程：（右手为例）判断来球，选好站位；重心右移向后下方引拍，拍型前倾，拇指用力压拍；向前上方挥击来球，顺势随挥动作要点：引拍不过大，注意腰转动；击球点在侧前方，主动迎击来球关键环节： 1. 引拍时以肘关节为轴向后引拍 2. 拍面闭合迎击来球 3. 转体带动手臂发力击球	正手攻球需要速度、力量和灵敏等素质 1. 速度素质练习：看手势或听信号进行各种挥拍练习；并步、跨步或交叉步进行左右快速移动，触摸台面端线处 2. 力量素质练习：俯卧撑击掌、平板支撑、深蹲等 3. 灵敏素质练习：专项步法练习，看或听信号进行各种跳绳练习	通过对正手攻球动作的下肢蹬伸、躯干转动、上肢摆动挥拍击球特点的分析，得出蹬地向后引拍是为了获取较大的做功距离，便于力的传递，转体带动手臂击球则是动力链的有序传递，通过动力链的有序传递提升挥拍击球速度

2. 学情分析

表 6-7-2 学情分析

教学对象	认知水平	身心特点	能力水平
八年级男生	对乒乓球运动了解不多,概念较为模糊;正手攻球技术动作不规范,击球失误率高	1. 八年级学生正处于生长发育时期,有好动、好学、兴趣广泛、模仿能力强等特点,肌肉弹性较差,骨骼肌肉以及内脏发育尚不完善 2. 八年级学生学习主动性较强,开始注重教师和同学对自己的态度,想要通过努力来展现自己	能够原地挥拍击球,但动作不完整、不标准,不能把握击球方向,击球速度慢,不能和同伴进行多拍对打

3. 教法分析

本单元教学先后采用讲解法、示范法、观察法对正手攻球技术进行传授,帮助学生建立正手攻球的技术概念。坚持循序渐进的原则,逐步提升认知水平,增加学练难度,让学生在理解与掌握的基础上运用于实战之中。

坚持问题导向,通过问题链的设计驱使学生以个人或小组的形式主动探究,在探究的过程中分析并解决正手移动击球的相关问题,培养学生分析问题和解决问题的能力。

创设活动情境,将国乒训练和比赛情境融入正手攻球技术学练,让学生在学练和比赛中增强学习兴趣,提升国家荣誉感。

活动中采用自制乒乓球立柱、自制乒乓球圆环网兜、发球机等辅助器材和多媒体等教学资源,开展合作性学习和探究性学习,培养学生发现问题、分析问题和解决问题的能力。

4. 问题链设计

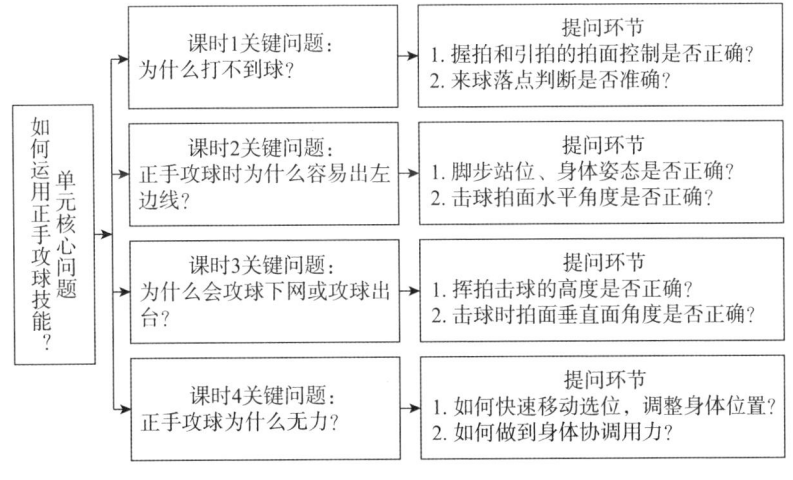

(三) 教学流程

表 6-7-3　八年级乒乓球正手攻球单元教学流程

年级	八	学期		课次	4	执教	
单元学习目标	1. 学习正手攻球技术，基本掌握正手攻球的技术动作要领，进一步提高乒乓球攻球技能 2. 发展肢体肌肉力量、速度、灵敏、耐力等身体素质，养成良好的生活方式，改善身心健康状况 3. 通过合作学习、小组比赛培养积极进取、挑战自我的体育精神，提升遵守规则、尊重他人的道德品质			教学重点	1. 攻球点的选择 2. 攻球时机的把握		

课次	教学内容	学习目标	重点、难点	教学策略与评价
1	1. 正手攻球动作分解练习 2. 专项力量和速度素质练习	1. 学习乒乓球正手攻球完整动作，理解正手攻球技术的力学原理 2. 体验乒乓球运动对身心健康的作用，发展肢体肌肉力量和速度素质 3. 在合作学练过程中主动克服困难，尊重同伴，树立公平竞争意识	重点：正手攻球动作的完整学练 难点：手眼配合，正手攻球技术动作的稳定性	教学关注： 1. 判断来球，选好站位；重心右移向后下方引拍，拍型前倾，拇指用力压拍；向前上方挥击来球，顺势随挥 2. 引拍不过大，注意腰转动；击球点在侧前方，主动迎击球 3. 引拍时以肘关节为轴向后引拍；拍面闭合迎击来球；转体带动手臂发力击球
2	1. 结合步法的正手攻球 2. 不同情境下的攻球练习 3. 专项速度和灵敏素质练习	1. 明晰正手攻球的完整结构，85%的学生能够掌握正确的击球点和击球时机，能有意识地打出直线球，提升击球的稳定性 2. 发展速度和灵敏专项素质，在对练中主动调整学练心态，养成积极的学练行为 3. 学会理解和尊重，培养面对学练困难，知难而上、积极进取的良好体育品德	重点：移动中找准击球点 难点：积极调整步法，挥拍发力正确	教学策略： 1. 递进情境的乒乓球正手攻球基本技术动作学练活动 (1) 结合步伐的无球挥拍练习 (2) 结合步伐的正手攻球挥拍，击打固定乒乓球立柱练习 (3) 两人对练，自抛球正手攻球，挥拍击打弹起乒乓球练习 (4) 两人对练，一人发平奔球，一人正手攻球挥拍击来球练习 (5) 两人对练，一人正手攻球，一人反手推挡球 (6) 两人正手攻球对攻练习 (7) 发球机多球练习

(续表)

课次	教学内容	学习目标	重点、难点	教学策略与评价
3	1. 移动击定点球 2. 两人对攻 3. 教学比赛	1. 巩固正手攻球技术，提升正手攻球质量。在两人对攻练习中，提升实战水平 2. 通过技能学练和比赛，发展肢体肌肉力量、速度、灵敏等身体素质 3. 在学习过程中，体验攻球失误的挫折与改正后成功率提高的喜悦，正确对待比赛的胜负，养成正确的胜负观	重点：提高正手攻球质量与稳定性 难点：结合移动步法的多拍对攻	2. 多种练习道具辅助教学 (1) 正手挥拍击打固定乒乓球立柱 (2) 正手攻球击准，将乒乓球打入固定自制圆环乒乓球网兜 (3) 利用铁制乒乓球拍练习正手攻球挥拍动作，提高乒乓球专项力量 (4) 利用发球机进行多球练习，加强正手攻球技术动作的稳定性和熟练度 3. 运用多媒体技术开展探究性学习 利用平板电脑对同伴的练习情况进行即时录像与视频回放，通过将视频对练习过程中出现的失误进行定格逐帧播放，分析问题所在，明确正确的技术动作要点，在随后的练习中加以改进
4	考核 1. 复习正手攻球 2. 正手攻球考核	1. 复习正手攻球技术，提升正手攻球的稳定性，在考核中检验技能掌握状况 2. 在技能学练中发展专项速度与灵敏素质 3. 学练中真诚帮助、鼓励同伴，正确看待测试结果，养成不怕挫折，追求进步的良好体育品德	重点：实战中的技能展示 难点：稳定心态，正常发挥	评价要点： 1. 蹬地有力、转腰迅速、挥臂流畅；击球点准确，击球时机合理 2. 能连续对攻10个回合及以上 3. 积极学练，并主动配合同伴练习与实战
安全保障	1. 课前检查场地与器材 2. 做好准备活动，充分活动各关节 3. 加强安全教育，明确练习目的		评价与方法	1. 终结性评价：等第评价（生评、师评） 2. 过程性评价：表现性评价（自评、互评、师评） （详见单元评价设计）
教学资源	自制乒乓球立柱32个、乒乓台8个、多媒体演示屏1套、平板电脑8台、乒乓球若干、乒乓球拍32个、铁制乒乓球拍32个、乒乓球发球机1台			

(四) 评价设计

基于学科核心素养的三个维度，在充分了解学生学习基础，深挖教材内涵的基础上，围绕正手攻球技能的学练与应用，进行有针对性、可量化的评价设计，评价设计围绕运动能力、健康行为和体育品德展开，重点关注学生关键能力与必备品格的发展。

表6-7-4　八年级乒乓球正手攻球单元评价设计

评价维度	评价内容	评价观测点	评价方式
运动能力	运动认知	知道正手攻球技术的完整结构,能够说出正手攻球的重点与难点	口头测试
	运动技能	掌握正确的击球点和击球时机,能够有意识地打出直线球	技术观测
	体能状况	在控制好乒乓球的基础上快速跑动,全力完成练习任务	体能测试
健康行为	情绪调控	打不到球或击球挂网时不愤怒,主动稳定情绪,思考并解决问题	行为观察 口头点评
	适应能力	根据对方来球的线路、速度、旋转调整步法,主动迎击球,积极适应	行为观察 口头点评
体育品德	体育精神	在学练过程中多打好球,不刁难同伴,主动帮助同伴,表现出团结协作的意识	行为观察 口头点评
	体育品格	主动承担协助练习、拍摄视频、归集散落乒乓球的任务,有较强的责任意识	行为观察 口头评价

(五) 资源设计

为有效解决单元教学重点"攻球点的选择,攻球时机的把握",教师运用自制教具和多媒体资源,创设练习情境,激发学生兴趣,提高课堂教学实效。

表6-7-5　八年级乒乓球正手攻球单元教学资源设计

目标指向	资源设计	资源应用	解决问题
单元学习目标 1、2、3	媒体资源 1.乒乓球正手攻球视频教学资料 2.平板电脑	1.在单元教学过程中,教师利用多媒体展示屏播放乒乓球正手攻球菜单式视频教学资料,供学生在课上反复观看、探究 2.学生在分组练习过程中利用平板电脑对同伴的练习情况进行录像与视频回放 3.在课堂展示与交流环节中,通过观看练习动作回放进行自评与互评	1.利用视频教学资料,让学生直观了解正手攻球技术要点及练习方法 2.利用视频慢放功能,捕捉学生练习中出现失误时的动作细节,主动观察,积极改正 3.通过视频回放,便于师生对课堂练习情况、学练技术完成度进行自评与互评

(续表)

目标指向	资源设计		资源应用	解决问题
单元学习目标 1、2、3	教具	1. 乒乓球软弹立柱 2. 乒乓球圆环网兜 3. 铁制乒乓球拍 4. 发球机	1. 在初学乒乓球正手攻球技术动作过程中,利用乒乓球软弹立柱,挥拍击打固定目标 2. 利用乒乓球圆环网兜,给出明确目标,引导学生做出正确的击打线路、方向 3. 利用铁制乒乓球拍,进行正手球挥拍动作的专项素质练习 4. 利用发球机进行多球练习	1. 击打固定乒乓球软弹立柱,帮助学生找到正确的击打部位,方便学生形成正确、稳定的技术动作 2. 击向乒乓球圆环网兜,给出目标,减少学生击球方向不稳定的现象 3. 八年级学生上肢力量发育不全,肌肉掌控度不足,用铁制乒乓球拍挥拍练习,可强化力量,弥补不足 4. 发球机多球练习,解决对练失误多、连续性不足问题,有利于正手攻球技术动作的强化与固化

二、课时教学计划的设计

(一) 课的设计

快乐学习 健康成长
——八年级乒乓球正手攻球(4-2)课的设计

1. 指导思想

本课以"快乐学习"为指导思想,课堂教学中积极渗透"情境化""结构化"教学理念,在强调体能和乒乓球正手攻球运动技能的同时,借助多元情境的创设激发学生学练兴趣,让学生体验学练所带来的快乐,鼓励学生自主与合作探究解决学练中出现的问题,借此发展学生解决问题的能力。

2. 相关分析

(1) 教材分析:正手攻球技术是乒乓球对攻技术中最为重要的一种,在对攻中以线路、落点变化相结合,调动对方,伺机扣杀。本单元共分为4课时,本节课为第2课次。本课次重点解决击球点找寻问题。从复习挥拍练习开始,到击打固定球、不同情境下的对打以及实战比赛,坚持由易到难,层层推进的教学策略,使学生逐步掌握正手攻球技术,为后面技能的学习打下坚实的基础。

(2) 学情分析:本课次授课对象为八年级男生选项班,他们在小学已经有一定的乒乓球基础,对乒乓球基本技术有一定的认知,也表现出浓厚的学习兴趣。针对部分运动能力较薄弱的学生,通过小组互助与多媒体教学反馈,不断完善自身技术动作,提高自身学习能力。通过平板电脑拍摄视频与照片对比,让学生自行纠正错误动作,帮助学生完成动作的改进与提高。学生不但要学会技术动作,而且要能在实战中应用。

3. 主要教学策略

(1) 递进情境,逐步提升。在乒乓球正手攻球的学练过程中,通过递进情境的创设,逐步强化正手攻球技术的学练,由一开始无球挥拍、结合步法的击打固定立柱,到自抛球和发球情境下的学练,在巩固上节课学练技能的基础上,通过递进情境的创设与学练解决本节课的重点问题。

(2) 预设问题,促使探究。学练过程中,围绕学练重点进行有效问题预设,为什么打不到球、为什么攻球容易出边线、为什么攻球会下网或出台等几个问题展开,通过提问的方式创造问题化学练氛围,推动学生进行自主或小组探究性学习,发展学生问题分析与解决的能力。

(3) 融入多媒体元素,推动信息化学习。学练过程中融入多媒体要素,提升学练的效果。利用多媒体演示屏结合视频讲解正手攻球技术及应用时机,加强对正手攻球技术的认知。借助平板电脑的录像与回放功能,帮助学生发现并分析自己的错误动作,明晰正确技术动作要点,改善击球动作质量。

4. 问题的预设与对策

预设1:为什么没打到球?

对策1:自我检查,握拍和引拍的拍面控制是否正确,是否正确判断来球的运动轨迹。利用平板电脑视频回看系统,查看、分析失误原因,改正错误动作。

预设2:正手攻球时为什么易出左边线?

对策2:自我检查脚步站位、身体姿态是否正确,击球拍面水平角度是否正确。观看乒乓球正手攻球技术教学视频,领悟正确技术动作要点。

预设3:攻球为什么会下网或攻球出台?

对策3:自我检查挥拍击打来球的高度以及击球时拍面垂直角度是否正确。利用平板电脑视频回看系统,查看、分析失误原因,改正错误动作。

(二) 课时计划

表 6-7-6　八年级乒乓球正手攻球(4-2)课时计划

年级	八	人数	32	日期		执教		
班级		组班形式	选项班	周次		课次		
内容主题	\multicolumn{3}{c}{1. 乒乓球：正手攻球 2. 体能练习："乒乓球大搬家"}	重点	\multicolumn{3}{c}{移动中找准击球点}	
				难点	\multicolumn{3}{c}{积极调整步法，挥拍发力正确}	

学习目标	1. 明晰正手攻球的完整结构，85%的学生能够掌握正确的击球点和击球时机，能有意识地打出直线球，提升击球的稳定性 2. 发展速度和灵敏专项素质，在对练中主动调整学练心态，养成积极的学练行为 3. 学会理解和尊重，面对学练困难，能知难而上、积极进取

流程(时间)	教学内容	活动设计	组织与队形	运动负荷		
				次数	时间	强度
准备部分(8′)	1. 课堂常规 2. 热身操 3. 热身跑 (1) 后踢腿跑 (2) 侧并步跑 (3) 前后交叉步跑	1. 活动情境 创设动感音乐运动情境，跟随音乐的节奏进行热身活动 2. 活动任务 在音伴下按照要求进行热身操练习 3. 活动评价 动作规范、情绪饱满、节奏感强、动作有力	图1 ★形代表教师 ☺代表学生 图2	4×8 1′1′1′	150 60″	小 中
\multicolumn{7}{l}{设计说明： 利用音乐《年轻的战场》渲染课堂，创设情境，进行图形跑和移动步伐练习，让学生在激昂的音乐情境下调动情绪、神经、肌肉、内脏器官由相对静止状态逐步进入运动状态，激起冲上战场的欲望，迸发学练热情}
基本部分(28′)	1. 复习无球挥拍动作 2. 结合步法挥拍击打固定乒乓球立柱	1. 活动情境 运用模拟击打器进行辅助教学，创设模拟击打情境，体验定点挥拍击球 2. 活动任务 原地巩固无球挥拍动作，移动中击打乒乓球立柱 3. 活动评价 挥拍击球动作连贯、步伐移动积极到位、移动线路清晰，练习认真积极	图3 图4	30—40 30—40	2′ 2′	中 中大

(续表)

流程 (时间)	教学内容	活动设计	组织与队形	运动负荷		
				次数	时间	强度
	设计说明： 1. 通过实物(固定乒乓球立柱)辅助教具替代活动的乒乓球，模拟击打情境，便于学生进一步明确正手攻球技术动作，真实体验挥拍击打乒乓球的部位，帮助集中注意力，调动学生的学练积极性 2. 问题化教学引导不同层次的学生认真思考，尝试运用结构化的知识和技能解决问题，提高学生动脑、动手、动口能力					
基本 部分 (28′)	3. 不同情境下的攻球 (1) 自抛球，正手挥拍击打弹起的乒乓球 (2) 一人发奔球，一人正手攻球击打来球 (3) 一人正手攻球，一人反手推挡球 4. 连续推、攻比赛	1. 活动情境 根据循序渐进的原则，结合平板电脑，创设问题情境，带着问题进行自抛攻球、接发攻球、攻球推挡和连续推攻比赛等多种形式的练习，提升正手攻球能力 2. 活动任务 在不同攻球情境下顺利完成攻球动作，提高攻球命中率和质量 3. 活动评价 能够认真思考问题并进行自主或合作探究，攻球动作结构完整，发力顺序正确，积极展示练习成果	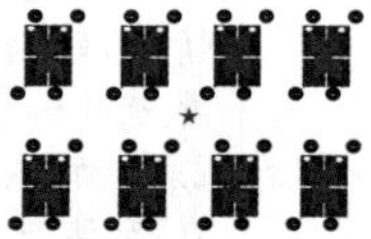 图 5 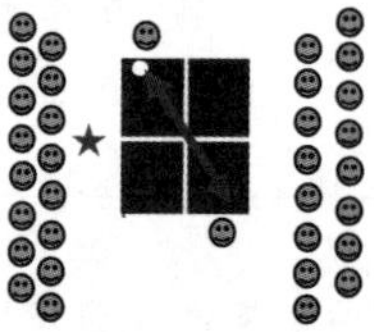 图 6	20 20 20 40	2′ 2′ 2′ 4′	中大 中大 中大 大
	设计说明： 1. 通过视频捕捉与回放分析，使一些自己看不到的技术动作细节在回看中放大、明晰，更加清楚地认识到自身存在的错误，借助小组讨论，提升学生探究能力 2. 通过问题的设置引导学生利用视频捕捉与回放分析动作，提示学生完整的技术动作，促使学生主动思考与交流，进而改进运动技能 3. 创设竞赛情境，采用小组连续推、攻比赛，激发学生积极争胜、相互鼓励、勇于展示					

(续表)

流程 (时间)	教学内容	活动设计	组织与队形	运动负荷		
				次数	时间	强度
基本 部分 (28′)	5. 体能练习:"大搬家"	1. 活动情境 创设乒乓球大搬家练习情境,利用语言营造学练氛围 2. 活动任务 快速跑动中控制乒乓球,发展快速跑能力 3. 活动评价 语言鼓励同伴,主动帮助队友,快速移动,控制好球	图 7	6—10	6′	大
	设计说明: 通过创设小组竞赛情境,激发学生积极争胜的情绪,在快乐、激烈的游戏竞赛中,既锻炼了学生身体,又培养学生遵守比赛规则、正确对待比赛结果的良好体育品德					
结束 部分 (4′)	1. 放松练习:拉伸(音伴) 2. 小结与点评 3. 归还器材 4. 师生再见	1. 活动情境 利用音乐创设放松情境,利用语言创设宽松的讲评氛围 2. 活动任务 拉伸放松,在教师引导下自评、互评 3. 活动评价 身心放松、精神愉悦、善于表达	图 8	1—2 组	2′	小
场地 器材	自制乒乓球立柱 32 个、乒乓台 8 个、多媒体演示屏 1 套、平板电脑 8 台、乒乓球若干、乒乓球拍 32 块	安全保障	1. 课前检查场地与器材 2. 做好准备活动,充分活动各关节 3. 教学比赛注意安全			
		预计	练习密度		负荷强度	
			全课	内容主题	中大	
			64%左右	50%左右		
课后 反思						

＊本教学设计系校级公开展示课。原作者为上海市晋元高级中学教师王雷,后由上海市晋元高级中学教师苏银伟根据编写组要求进行修改。

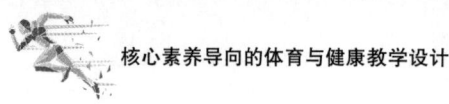

第八节　网球：正手移动击球教学设计

本设计为高二年级的网球正手移动击球，主题为"合作探究　提升素养"，旨在通过合作探究学习，促使学生掌握正手移动击球技能，结合问题引导、多元情境创设，以及信息化手段的辅助运用，发展学生正手击球实战能力，进而培育学生学科核心素养。

一、单元教学计划的设计

（一）指导思想

本单元以"合作探究"为指导思想，通过循序渐进的学练活动提高网球技能，强化实战运用能力。借助单元问题链的方式梳理单元问题结构，在问题的思考与解决中发展学生自主与合作探究能力，以及团结协作、追求卓越的体育精神。通过多样的练习方法与手段，使学生感受到网球运动的乐趣，在情境化的学练活动中提升学科核心素养。

（二）相关分析

1. 教材分析

表 6-8-1　高二年级网球正手移动击球教材分析

运动认知	动作结构	相关体能	相关知识
认知：网球正手移动击球是在对打过程中将脚步移动与正手击球技术相结合的一项底线基本技能，也是使用频率最高的一项技能，高质量的正手击球是底线相持的利器 价值：学习正手移动击球能够使学生了解和掌握技术要领、方法和应用时机等基本内容，能够提高学生快速移动能力和来球判断能力，发展速度、灵敏等身体素质，培养果敢坚毅、勇于突破和机智灵敏的优良品质	动作过程：预判来球的线路、旋转和落点；积极移动，寻找击球点；击球时通过身体转动带动手臂向前上方挥击，顺势随挥 动作要点：积极预判落点，移动迅速，击球转体带动手臂击球 关键环节：来球预判与脚步移动需要有效衔接，击球时力量的传递为下肢—躯干—手臂	正手移动击球需要具备快速移动、下肢力量、速度、灵敏等相关体能 1. 快速移动练习：米字形跑、折返跑、冲刺跑等 2. 下肢力量练习：深蹲、多级蛙跳等 3. 速度练习：短距离的快速跑、负重跑等 4. 灵敏性练习：绳梯练习、喊号反跑等	正手击球时力量的传递是一个完整的动力链，顺序依次为下肢—腰髋—上肢—球拍，最终把能量传到球上 在整个击球过程中腰髋和肩这两个关节与大肌群发挥着不可忽视的作用

2. 学情分析

表 6-8-2　学情分析

教学对象	认知水平	身心特点	能力水平
高二年级男生	学习过原地正手击球，能够进行原地正手击球，知道正手移动击球，但是多数学生不太了解正手移动击球的要领	1. 本班男生下肢力量、速度较好，上肢力量和耐力较差 2. 本班男生自我观念强，喜欢按照自己的方法行事，但具有较强的独立思考能力，善于自我探究与合作学习	能够做出原地正反手击球动作，开始有意识地打出不同的线路，但是速度和旋转控制得不是很好；正手移动击球能力较差，击球点判断不太准确，击球动作错误等问题

3. 教法分析

本单元教学先后采用观察法、讲解法、示范法，帮助学生建立正手移动击球概念，再通过自主探究、合作探究，以及分组对抗等方法提升学生的网球专项运动能力，促使学生真正理解、掌握，并尝试在实战中运用正手移动击球技能。

教学活动坚持问题导向，通过问题链的设计驱使学生以个人和小组的形式主动探究，在探究的过程中分析并解决正手移动击球的相关问题，培养学生分析问题和解决问题的能力。

教学活动中通过不同情境的设计，将技能学习和体能练习进行场景化布局与实施，过程中既能提高正手移动击球技能，还可以加深学科间融合所带来的创新型学习体验。

教学时采用辅助器材（击球固定带）和多媒体等教学资源，利用多媒体的视频回放、慢放、定格等功能使学生对比发现自身与他人的技术差异，主动探究问题所在，并积极解决存有的问题。

4. 问题链设计

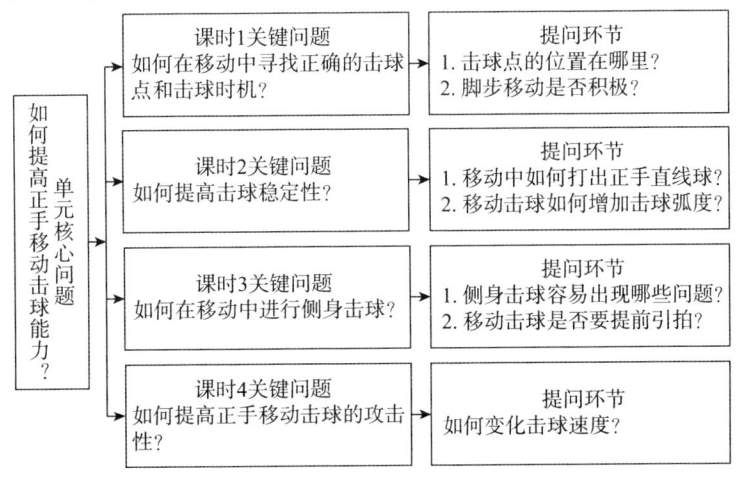

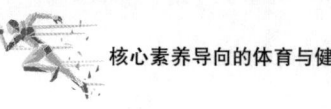

（三）教学流程

表 6-8-3　高二年级网球正手移动击球单元教学流程

年级	高二	学期		课次	4	执教	
单元学习目标	1. 了解并基本掌握正手移动击球的方法、运用时机和关键点，85%的学生能够在移动中进行侧身击球，并能够运用于教学比赛，尝试建立底线相持优势 2. 通过专项技能和体能的学练，发展快速移动能力、下肢力量、速度素质和灵敏性等相关体能 3. 在技能和体能学练中，发展探究与合作能力，培养团结协作精神和积极进取的意志品质			教学重点	1. 来球的预判和击球点的确定 2. 击球时机的把握和击球发力的顺序		

课次	教学内容	学习目标	重点、难点	教学策略与评价
1	1. 徒手接反弹球 2. 小碎步移动击球 3. 专项体能练习	1. 移动中寻找击球点，小碎步调整击球，85%的学生基本掌握正手移动击球技术 2. 通过徒手练习和移动击球练习发展快速移动、下肢力量和灵敏性等身体素质 3. 在与同伴合作的基础上增进协作能力，在反复的练习中突破自我	重点：击球点的寻找 难点：移动与击球的衔接	教学关注： 1. 正手移动击球动作：提前判断来球方向，积极调整步伐，找到最佳击球点，自下而上转体发力击球，击球动作连贯、完整 2. 正手移动击球的基本方法与原则 （1）掌握移动中正手击球的基本方法，通过针对性练习，体验不同击球点所带来的差异，找到正确的击球方式，尝试在对攻中打空当，建立底线击球优势 （2）坚持掌握运动技能的基本规律，寻找击球点—提高击球稳定性—移动中侧身击球—提高击球有效性，在循序渐进的学练中提升运动技能
2	1. 自主探究：如何提高击球稳定性 2. 连续移动击球 3. 小组正手移动击球比赛 4. 体能练习	1. 强化学习移动正手击球，80%的学生基本能够在移动中连续击球 2. 通过复习、连续移动击球和对攻，发展移动速度、灵敏性和下肢力量 3. 在自主探究的过程中发展独立思考问题的意识与能力，在学练中培养团结协作的体育品质，以及积极进取的体育精神	重点：连续移动中寻找击球点 难点：击球动作的连贯性	

（续表）

课次	教学内容	学习目标	重点、难点	教学策略与评价
3	1. 学习侧身移动击球 2. 侧身移动连续击球 3. 小组对抗赛 4. 体能练习	1. 知道正手移动击球的方法和作用，移动中寻找正确的击球点，85%的学生能掌握侧身移动击球技术 2. 合作完成不同情境下的技能和体能练习任务，增强不同线路的移动能力 3. 学练过程中能够主动探究，积极帮助其他同学，表现出良好的团队竞争与合作能力	重点：移动寻找击球点 难点：击球时机的把握	教学策略： 1. 递进情境的移动击球学练活动：(1)小碎步移动击球；(2)固定线路连续移动击球；(3)侧身移动击球；(4)实战对攻击球 2. 技能掌握的探究活动：问题引导学生积极思考，通过平板电脑观看，对比自己击球动作，发现差异，积极改正 3. 比赛情境的技能运用活动：在小碎步移动击球、连续击球以及侧身移动击球的学练活动中融入比赛元素，在实战情境中巩固所学技能，在不断体验中提升学生实战素养
4	1. 复习正手移动击球 2. 考核：固定线路连续击球 3. 分组移动击球对抗	1. 巩固正手移动击球技术，提升击球的稳定性和熟练度，并在考核中大胆运用 2. 通过复习、考核与对抗练习发展灵敏性、移动速度和下肢力量，强化击球时发力顺序 3. 在考核中培养敢于挑战、勇于突破的体育精神，对抗中培养团队协作的意识	重点：移动与击球的衔接 难点：击球时身体发力方式，情绪调控	评价要点： 1. 掌握正手移动击球技术要点 2. 在正手移动击球中能够快速调整步伐，找准击球点，提前做好引拍 3. 能够与同伴展开8次以上的对攻 4. 击球时利用身体发力进行击球，并且能在比赛中加以运用
安全保障	1. 课前检查场地，贴好标志物 2. 做好准备活动，防止运动损伤 3. 练习时提醒到位，避免发生意外		评价与方法	1. 终结性评价：等第评价（互评、师评） 2. 过程性评价：表现性评价（自评、互评、师评） （详见单元评价设计）
教学资源	网球场3片、网球6筐、网球拍24把、击球固定带24个、标志桶12个、捡球器3个			

（四）评价设计

本单元教学评价设计以学科核心素养为出发点和落脚点，在充分了解学生基础情况和熟知教材的基础上，围绕正手移动击球技能的学习与应用，从运动能力、健康行为和体育品德三个维度进行有针对性、可量化的评价设计，重点关注学生关键能力与必备品格的发展。

表 6-8-4　高二年级网球正手移动击球单元评价设计

评价维度	评价内容	评价观测点	评价方式
运动能力	运动认知	知道正手移动击球技术结构,能够说出正手移动击球的重难点及关键环节	口头测试
	运动技能	知道如何在移动中调整步法寻找正确击球点,能够在移动找点后正确发力击球	技术观测
	体能状况	知道本单元体能练习发展何种身体素质,尽力完成练习任务,身体表征明显	体能测试
健康行为	情绪调控	移动后打不到球或击球挂网时不懊恼,主动稳定情绪,思考并解决问题	行为观察 口头点评
	适应能力	观察场上环境,根据对方来球的线路、速度、旋转调整步法,主动迎击球,积极适应	行为观察 口头点评
体育品德	体育精神	在学练过程中主动帮助队友完成任务,表现出团结协作的集体精神	行为观察 口头点评
	体育道德	分组对抗赛与体能练习中遵守比赛规则,公平对待	行为观察 口头评价

（五）资源设计

为有效解决单元教学重点"来球的预判和击球点的确定;击球时机的把握和击球发力的顺序",教师运用自制教具和多媒体资源,创设各种练习情境,以激发学生的学练兴趣,提高课堂教学实效。

表 6-8-5　高二年级网球正手移动击球单元教学资源设计

目标指向	资源设计	资源应用	解决问题
单元学习目标 1、2、3	媒体资源 1. 信息技术资源:正手移动击球视频 2. 平板电脑	1. 在正手移动击球单元教学过程中,播放与分析费德勒击球动作,供学生在课上学习与探究 2. 除了利用平板电脑播放网络视频外,学生还可以录制自己的技术动作进行观看 3. 在课堂展示与交流环节中,通过观看学生的动作进行点评	1. 通过视频播放建构学生对于动作的认知,强化动作概念 2. 帮助学生录制自己的技术动作,便于对比正确动作 3. 纠正错误动作

(续表)

目标指向	资源设计		资源应用	解决问题
单元学习目标 1、2、3	自制教具	击球固定带	1. 在复习正手击球练习中用于固定手臂,形成正确的击球轨迹 2. 在移动击球中辅助身体建立正确的发力顺序,提升击球质量 3. 利用固定带进行力量练习或者放松	1. 帮助学生掌握正确的挥拍轨迹 2. 养成正确的击球发力顺序,提高击球稳定性 3. 一带多用,丰富练习手段

二、课时教学计划的设计

（一）课的设计

合作探究　提升素养

——高二年级网球正手移动击球(4-3)课的设计

1. 指导思想

本节课以"合作探究"为指导思想,强调学生的观察、思考与探究,借此建立对网球正手移动击球的个人与团队理解。通过多样的练习方法与手段,使学生感受到网球运动的乐趣,在满足学生运动技能与知识学习的同时,通过情境化、合作与竞争的体能练习,激发学生的体能学练兴趣,促进团队间的合作与竞争,培养学生良好的心理素质与社会适应能力。

2. 相关分析

（1）教材分析:网球正手移动击球是网球技术中最为重要的组成部分,它是指在步法移动过程中使用正手击球技术完成击球的一种方法,既是对原地正手击球的提升,又是两人或多人对打的基础。本节课是4次课中的第3次课,重点是侧身寻找正确的击球点,这是正手移动击球技术的关键所在,在以后的比赛或者对打中不可或缺,掌握该项技术无论对于简单的对打或者正式的比赛都有着至关重要的作用。

（2）学情分析:本节课授课对象是高二年级网球专项班,该班为男生班,具有一定的网球基础,学生对网球运动充满兴趣,有很高的学习激情与信心,并且在之前的课堂教学中能够较好地完成教师布置的任务,但是有3名学生球感有待培养。正手移动击球技术对于他们而言,既有一定的基础又有新的挑战,这样的一种状态也会刺激他们积极投入该项技术的学习。在学习过程中针对重点问题,采用自主和小组相结合的方式进行探究,在发现问题、分析问题和解决问题的过程中提升学生的学科核心素养。

3. 主要教学策略

（1）创设问题情境进行自主与合作探究。在学习侧身移动击球的环节，通过设置"击球前是否要小碎步调整"这一问题引导学生积极思考并开展自主与合作探究，通过分析问题和解决问题加深对这一问题的理解，引导学生在击球前积极地进行小碎步调整。

（2）运用辅助器材进行正确技术的固定。正手移动过程中经常会出现动作变形问题，从而影响移动击球效果。通过佩戴辅助器材可以固定击球轨迹，提升击球的有效性，同时能够激发学生学练积极性，增强学习信心。

（3）结合分层学练组织分组实战对抗。鉴于学生之间网球基础的差异性，在学习完正手侧身移动击球技术后，为了能够使不同程度的学生均有提升，特进行不同内容的分组学练，之后根据学练情况进行同质分组对抗，水平相当的学生在分组对抗中更能找到比赛的乐趣，也更容易收获学习的快乐。

（4）体育与历史学科交融创新体能练习方式。将体能练习与春秋战国时代背景相结合，用折返跑的方式呈现春秋战国每个时期的特征，加深学生对于学科间融合的认识，创新体能练习新方式，为学生带来新的体能练习体验。

4. 问题的预设与对策

预设1：击球时脚步移动不积极。

对策：强调脚步6次移动后才能击球，适当加大击球距离。

预设2：击球时发力顺序不对。

对策：通过击球固定带来限定击球轨迹，纠正击球时发力顺序。

预设3：击球时没有及时引拍。

对策：击球前进行自我暗示，同伴语言提示快速引拍。

（二）课时计划

表6-8-6　高二年级网球正手移动击球(4-3)课时计划

年级	高二	人数	24	日期		执教	
班级		组班形式	男生班	周次		课次	
内容主题	1. 正手移动击球：侧身击球 2. 体能练习："春秋战国"			重点	移动寻找击球点		
				难点	正确的击球时机		
学习目标	1. 知道正手移动击球的方法和作用，移动中寻找正确的击球点，85%的学生能掌握侧身移动击球技术 2. 合作完成不同情境下的技能和体能练习任务，增强不同线路的移动能力 3. 学练过程中能够主动探究，积极帮助其他同学，表现出良好的团队竞争与合作能力						

（续表）

流程 （时间）	教学内容	活动设计	组织与队形	运动负荷		
				次数	时间	强度
准备 部分 (8′)	1. 课堂常规 2. 三人三球 方法：三人一组，组成等边三角形，三人顺时针同时掷反弹球给下一位同伴，掷球的同时准备接反弹球 3. 移动步法 (1) 垫步 (2) 交叉步 (3) 滑步 (4) 并步	1. 活动情境 语言营造球性和步法练习情境，激发学练积极性 2. 活动任务 连续抛接球，运用步法移动到位 3. 活动评价 注意来球落点、移动积极，主动调整，主动配合	图1 半场发球线和底线上分组进行步法练习 图2 ★代表教师 ▲代表学生	10—20 10—15	3′ 2′	中 中大
设计说明： 1. "三人三球"游戏能够提高学生对接球点的判断、手眼协调能力以及灵敏性，通过营造不同的掷球与接球氛围能够提高课堂的活跃程度，更能服务于本节课的主教材——侧身移动击球 2. "移动步法"的练习为课课练，重点培养学生移动意识，养成场上移动击球的习惯，强化场上移动能力						
基本 部分 (28′)	1. 学习侧身移动击球 方法：击球前通过小碎步调整使身体侧对来球寻找最佳击球点击球，将3片场地平均分成6个小组，每组4人进行练习	1. 活动情境 利用语言创设小碎步击球问题情境，利用平板电脑录制与回放技术动作，激发学生自主和合作探究 2. 活动任务 移动中判断来球落点，并把握击球时机进行有效击球，借助击球固定带改进技术动作 3. 活动评价 碎步调整，侧身击球，认真思考，主动探究	图3	10—20	3′	中
设计说明： 1. 以问题导向的方式引导学生积极思考，复习上节课内容并引入本节课学习内容，利于学生认知结构的建构 2. 利用信息化技术演示费德勒等人的侧身移动击球动作，使学生能清楚地知道侧身移动击球动作，理解如何进行侧身击球，在视频中告知击球要点及运用时机 3. 通过实物(击球固定带)辅助教具固定击球动作，帮助学生在移动击球中利用身体发力击球，纠正手臂发力击球的错误动作						

流程 (时间)	教学内容	活动设计	组织与队形	运动负荷		
				次数	时间	强度
基本 部分 (28′)	2.侧身移动连续击球 方法：在练习1的基础上增加移动击球线路，练习方式不变 3.分层学练 (1)水平一般者小碎步侧身击球 (2)水平较高者连续击球	1.活动情境 创设问题（击球前要快速引拍吗）情境，提示移动击球时快速引拍的重要性 2.活动任务 在连续的移动击球中提前判断落点并积极引拍 3.活动评价 积极预判，快速引拍，主动帮助，敢于自评和互评	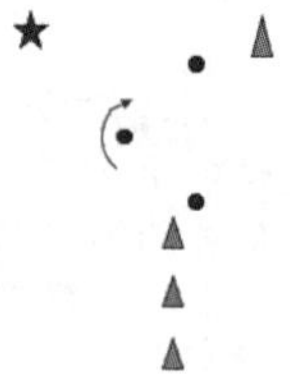 图4 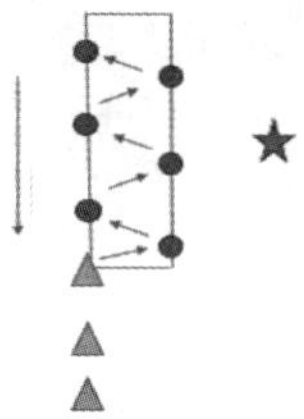 图5	10—20 15—20	3′ 4′	中大 中大
	设计说明： 1.在认知建构的基础上提出问题，引发学生思考，帮助学生掌握连续移动击球前提前引拍的方法，提高击球的及时性和有效性 2.运用预先设定的击球线路组织学生进行连续移动击球练习，每个击球点放置一个击球装置，降低练习难度，重点发展学生移动侧身继续找点的能力 3.设计分层练习，帮助技能一般的学生巩固简单线路移动击球能力，水平较高的学生在复杂线路移动击球中提高自身击球能力，分层练习可以帮助学生体验学习带来的成功与喜悦					
	4.分组对抗赛 方法：在分层练习的基础上同质分成3个小组，每组8个人进行组内对抗	1.活动情境 根据分层练习情况，利用语言创设分组对抗情境，对抗中提升正手移动击球实战能力 2.活动任务 由多拍对拉向变化线路转变，提升正手移动击球的稳定性和攻击性 3.活动评价 击向对方正手位，提示对方自己的意图，主动配合对方完成活动任务，脚步移动积极，击球点和击球时机正确	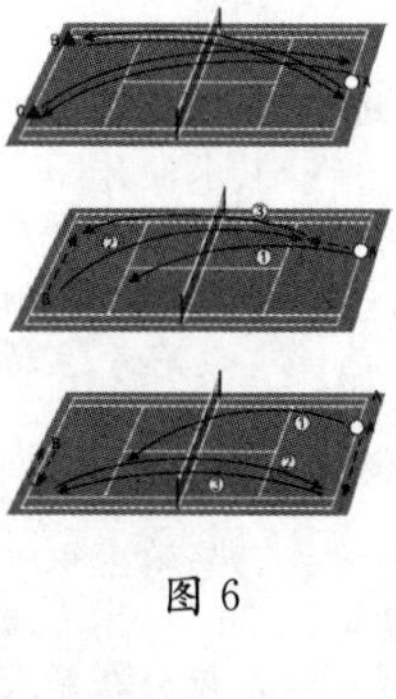 图6	10—20	4′	大

(续表)

流程 (时间)	教学内容	活动设计	组织与队形	运动负荷		
				次数	时间	强度
基本部分 (28′)	设计说明： 1. 采用比赛情境教学策略，既能调动学生学练积极性，又能提高相互协作能力，此外还可以将所学运用至实战当中 2. 采用分层分组的方式进行比赛，既有助于同等技能水平的学生巩固与提升技能，还可以为不同层次的学生带来成功与喜悦的体验					
	5. 体能—折返跑："春秋战国" (1)"休养生息"：限量收放球 (2)"招兵买马"：不限量放球 (3)"战乱年代"：限时互抢球 (4)"天下一统"：竞争与合作抢球	1. 活动情境 利用语言营造"春秋战国"不同的情境，激发学生学练兴趣 2. 活动任务 遵循不同情境的具体要求，积极完成情境任务 3. 活动评价 快速移动，观察场上环境，主动商议，积极联合	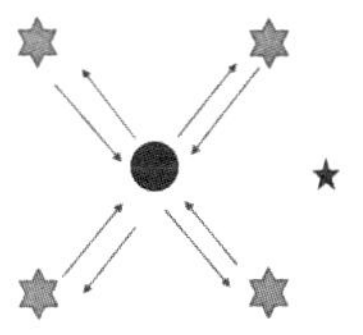 图7 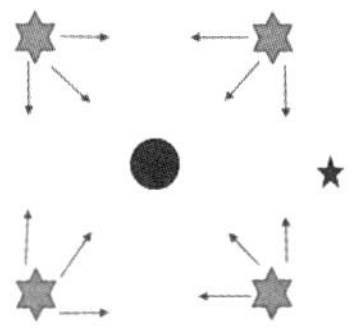 图8	2—4 2—4 3—5 3—5	1′ 1′ 2′ 2′	大 大 大 大
	设计说明： 1. 基于春秋战国的时代背景，将历史学科与体育学科进行融合并以情境的形式呈现，将春秋战国的每个时期特征用折返跑的方式呈现出来，加深学生对于学科间融合的认识，带给学生全新的学练体验 2. 在体能练习的内容安排上遵循由易到难，负荷由低至高的学练顺序，发展学生快速移动能力，在学练中体验组内合作与组间竞争带来的多重体验					
结束部分 (4′)	1. 放松练习 2. 小结与点评 3. 归还器材 4. 师生再见	1. 活动情境 利用音乐创设放松情境，利用语言指导放松练习 2. 活动任务 积极拉伸，主动自评与互评 3. 活动评价 放松身心，拉伸有力，敢于评价	 图9	2—4组	2′	小

(续表)

流程 (时间)	教学内容	活动设计	组织与队形	运动负荷		
				次数	时间	强度
场地 器材	网球场3片、网球拍24个、网球6筐、平板电脑6台、辅助教具24个	安全 保障	1. 课前检查场地与器材 2. 做好准备活动,充分活动各关节 3. 教学比赛注意安全			
		预计	练习密度		负荷强度	
			全课	内容主题	中大	
			65%左右	50%左右		
课后 反思						

* 本教学设计系校级公开展示课。原作者为上海市晋元高级中学教师苏银伟,苏银伟老师根据编写组要求进行修改。

第七章

核心素养导向的其他类项目运动教学设计

本章包括武术与民族民间传统体育运动,水上与冰雪类运动,新兴体育运动等项目,这些项目都是体育与健康课程标准规定的必修选学内容。教学设计中采用结构化、情境化、问题化、信息化等教学策略,激发学生运动兴趣,使学生提高技术水平,增强运用能力,引导学生主动思考、交往与合作,培养学生积极进取的精神,促进其学科核心素养的形成。

第一节　武术：新编长拳教学设计

本设计为高一年级的新编长拳，主题为"乐于挑战自我 培育武术文化"，旨在通过情境化、问题化的学习方式，增强学生的文化自信，发展学生合作探究能力和身体协调性。

一、单元教学计划的设计

（一）指导思想

本单元以培育学生的学科核心素养为出发点，根据教材特点和学生特点，遵循技术动作学习的基本规律，利用多种教学方法，让学生掌握运动技能，得到情感体验，培育武术文化。通过分组学练，锻炼学生自主学习能力，激发学习兴趣，增强动作的规范性，同时关注学生的差异性，让不同层次的学生都有所提高和收获。

（二）相关分析

1. 教材分析

表7-1-1　高一年级武术新编长拳教材分析

运动认知	动作结构	相关体能	相关知识
认知：新编长拳是根据高中学生的身心发展特点，在青年长拳的基础上进行改编的，整套动作简单易学，动作舒展，节奏分明，关节活动范围较大 价值：学习新编长拳，能提高学生关节的灵活性和身体的柔韧性，发展力量、灵敏等素质，促进人体反应能力和爆发力的发展，有利于培养合作学习的意识和武德	动作过程：新编长拳由预备式（并步抱拳），第一、二、三、四段和收势等18个动作组成 动作要点：套路动作的路线正确和结构明晰 关键环节：动作衔接顺畅，力点正确	新编长拳需要一定的力量、灵敏、爆发力等 1. 腿部力量练习：后蹬跑、开合跳、蛙跳等 2. 灵敏性练习：利用绳梯做多种脚步练习等 3. 速度练习：短距离的快速跑、侧向跑、耐力跑等	长拳的特点是在出手或出腿时以放长击远为主，其动作撑长舒展，筋顺骨直，有时在出拳时还配合拧腰顺肩来加长击打点，以发挥"长一寸强一寸"的优势。长拳中也会使用短拳，但整套动作是以长击动作为主

2. 学情分析

表7-1-2 学情分析

教学对象	认知水平	身心特点	能力水平
高一年级男女合班	本班学生学习过五步拳和少年连环拳，对于武术基本的手法、步法和手形有一定的了解，可以短时间内模仿，但没有接触过新编长拳	高一年级学生身体处在发育期，具有一定的力量与速度，下肢力量欠佳，对身体的控制能力差；处于自我意识发展的第二个飞跃期，独立思维能力强，能够在学习过程中自主探索与互助提高	已经基本掌握武术基本的手法、步法和手型，但对于新编长拳动作的了解很少

3. 教法分析

（1）首先采用直观法、讲解法、示范法，帮助学生理解新编长拳套路的节奏与风格，建立新编长拳套路动作的完整概念。随后遵循由易到难、由简单到复杂、循序渐进的教学原则，让学生真正理解武术文化，掌握新编长拳的相关知识和技术要领。

（2）坚持以问题为主导，为学生搭建合作探究的平台，让学生在解决一系列实际问题的学习活动中逐渐掌握新编长拳套路，培养学生发现问题、解决问题的能力。

（3）利用图示和多媒体等教学资源，让学生明确新编长拳套路动作的路线、技术要点和关键环节。另外，利用辅助器材（脚靶、标志桶等）帮助学生解决不易掌握的动作，提高技术动作的质量。

（4）创设攻防情境，在教学过程中讲解动作的攻防含义，并鼓励学生加以体验，将新编长拳动作与实际生活相联系，激发学练兴趣。

4. 问题链设计

单元核心问题：如何学会新编长拳？

关键问题	提问环节
课时1关键问题：如何学习武术？	武术有哪些手法、手型、步法？
课时2关键问题：如何提高大跃步推掌动作质量？	如何提高大跃步的高度与远度？
课时3关键问题：如何改进腾空飞脚动作质量？	如何掌握腾空击拍的时机？
课时4关键问题：如何表现弓步顶肘的力量美？	如何掌握弓步顶肘的力度？
课时5关键问题：如何学会提膝仆步穿掌？	如何增强提膝仆步穿掌动作的稳定性？
课时6关键问题：如何学会震脚弓步劈掌？	弓步与手臂如何配合？
课时7关键问题：如何提高里合腿动作的稳定性？	如何提高摆动腿的速度？
课时8关键问题：如何学会转身劈掌？	如何才能做到顺畅转身？
课时9—10关键问题：如何领悟新编长拳套路的韵味和武术文化？	1. 新编长拳套路的风格是什么？ 2. 武术文化中最重要的要素是什么？

（三）教学流程

表 7-1-3 高一年级武术新编长拳单元教学流程

年级	高一年级	学期		课次		执教	
单元学习目标	1. 领悟新编长拳套路的韵味，体验新编长拳的节奏与风格，掌握新编长拳动作方法、要点，能完整、顺畅地完成新编长拳整套动作 2. 通过课堂学练，增强力量、灵敏、协调、柔韧等身体素质 3. 培育中国武术文化，体验长拳风格特点，提高崇尚民族传统文化的自信，形成良好的武德					教学重点	1. 动作舒展、衔接流畅 2. 眼法、步法、身法与拳势相配合

课次	教学内容	学习目标	重点、难点	教学策略与评价
1	1. 武术基本动作练习 （1）手型手法练习 （2）步型练习 （3）步型手法结合练习 2. 新编长拳第一段 1—3 动作 （1）抡臂砸拳 （2）马步冲拳 （3）跃步冲拳	1. 了解博大精深的武术文化，掌握武术的基本动作和要领，能够较快且规范地做出武术的基本动作 2. 坚持不懈地完成基本动作与体能练习，提高下肢力量和协调性、柔韧性，增强身体的稳定性和平衡能力 3. 积极参与多种学练，表现出主动学练的态度，养成善于观察和思考、团结协作的习惯	重点：新编长拳第一段动作结构和路线 难点：跃起高度及落地后的动作衔接	教学关注： 1. 动作规范、舒展、衔接流畅 2. 难度动作跃步推掌和腾空飞脚学练方法 3. 长拳的动作路线和结构，体现武术的精气神
2	1. 大跃步推掌的改进提升练习 2. 新编长拳第一段 4—5 动作 3. 新编长拳第一段串联	1. 明确新编长拳第 1—5 动作的特点与要领，提高跃步推掌动作质量，能够在音乐的伴奏下较顺利无误地完成该组动作 2. 能认真完成技术动作的学习，坚持完成体能练习，掌握提高身体素质的方法，增强身体的协调、灵敏、力量等素质 3. 学练过程中相互指导评价，积极讨论，表现出团结协作、乐于挑战的品质	重点：新编长拳第一段动作结构和路线 难点：跃起高度及落地后的动作衔接	教学策略： 1. 信息化教学，提升课堂效率 借助多媒体、教具帮助学生更准确地理解不易掌握的技术动作，利用录制与回放学生正确与错误动作，使学生更直观地发现自身存在问题，进一步改正、提升技术动作

(续表)

课次	教学内容	学习目标	重点、难点	教学策略与评价
3	1. 新编长拳第二段1—2动作 (1) 歇步十字手侧踹撑掌 (2) 腾空飞脚 2. 腾空飞脚动作的改进与提升练习	1. 明确新编长拳第二段1—2动作的路线、要领,把握腾空飞脚在空中击拍的时机,能顺利完成动作 2. 能坚持完成提升腾空飞脚动作的练习,提高柔韧、协调等素质 3. 认真参与学练,能相互评价与指导,表现出良好的合作意识	重点:腾空飞脚的"空中击拍" 难点:腾空击拍的时机	
4	1. 新编长拳第二段3—4动作 (1) 弓步顶肘 (2) 马步横打 2. 巩固与提高 3. 新编长拳第一、二段动作串联	1. 了解新编长拳第二段3—4动作的攻防含义,能在音乐的伴奏下顺畅地完成新编长拳第一、二段动作 2. 积极完成弓步顶肘、马步横打等练习,增强下肢力量及协调能力 3. 通过课堂学练表现出武术的力量美,能够勇于展示自己	重点:弓步顶肘 难点:顶肘的气势	2. 分层教学,满足差异性需求 在完成基本教学之后,教师设立三个不同层次的小组,让学生自主学练,使不同层次的学生都得到提高 在展示过程中,组长带头,组员配合,提高组长组织能力、学生团队合作意识以及集体荣誉感 在评价过程中,学生能够再一次发现动作中普遍存在的问题,对技术认知与技能促进有着积极的效果,进一步使学生获得满足感,并能加深学生对武术美的理解
5	1. 复习新编长拳第一、二段动作 2. 新编长拳第三段1—3动作 (1) 提膝仆步穿掌 (2) 虚步挑掌 (3) 扣腿冲拳	1. 熟练掌握新编长拳第一、二段动作要领,路线清晰;了解新编长拳第三段1—3动作的动作路线与结构,增强提膝仆步穿掌动作的流畅性、稳定性和观赏性 2. 完成第三段1—3动作的学练,提高肢体协调性 3. 分组学练过程中表现出良好的团队合作意识,自信心十足	重点:提膝仆步穿掌 难点:重心移动与上、下肢动作协调	
6	1. 新编长拳第三段:震脚弓步劈掌 2. 新编长拳第一、二、三段动作串联	1. 基本掌握弓步与手臂挥动路线,动作路线清晰;流畅地打出新编长拳第一、二、三段动作并体现武术的韵律美 2. 认真完成课堂学练,增强下肢力量及柔韧素质 3. 课堂小组的学练与展示活动中,表现出强烈的自信心与勇气	重点:震脚弓步劈掌 难点:弓步与手臂路线	

（续表）

课次	教学内容	学习目标	重点、难点	教学策略与评价
7	1. 复习新编长拳第一、二、三段动作 2. 新编长拳第四段 1—2 动作 （1）里合腿 （2）弓步三冲拳	1. 熟练规范掌握新编长拳第一、二、三段动作，了解攻防内涵；熟练掌握新编长拳第四段第 1—2 个动作，提高里合腿动作的稳定性 2. 坚持完成课堂学练、体能练习，增强肌肉力量及下肢的爆发力 3. 小组合作学习中，表现出对武术学练的兴趣，展现武术的精气神	重点：里合腿 难点：身体重心移动及摆动腿的速度	3. 问题化教学，探究合作学习 本单元始终立足动思，强调学生在学练中勤动脑，每节课都设计了有效问题，为学生提供可以探究、思考和合作的机会，并形成单元系列教学问题链，学生在课堂的学练中，能在教师的指导下与同伴一起探究问题，分析问题，提出自己的建议，这样能对于学生的知识掌握、探究合作能力起到重要的促进作用 评价要点： 1. 动作流畅、规范，没有停顿、遗漏的现象 2. 熟练掌握跃步推掌，跃起有高度、远度，落地后的动作衔接得当；腾空飞脚，腾空有高度，在空中完成击拍 3. 成套练习时做到眼随手动，眼神到位，动作干脆有力、节奏分明，具备武术套路的韵味与气势
8	1. 新编长拳第四段 3—4 动作及收势 （1）转身劈掌 （2）提膝亮掌 收势：弓步插掌并步抱拳 2. 新编长拳完整练习	1. 熟练掌握新编长拳第四段 3—4 动作及收势；初步掌握新编长拳的完整套路 2. 坚持完成新编长拳的练习，增强协调、灵敏等素质 3. 在新编长拳的学练过程中，表现出武术运动中的精气神，感受武术中的节奏美	重点：转身劈掌 难点：蹬地转身稳定有力	
9	复习新编长拳 1. 单个动作改进练习 2. 完整练习 3. 分层挑战	1. 熟练地掌握新编长拳整套动作，增强整套动作的衔接性，提高动作质量 2. 认真完成整套新编长拳的练习，增强协调、灵敏、力量等素质 3. 小组课堂学练中，勇于展现自己，表现出良好的合作意识	重点：动作衔接 难点：眼法、身法与拳势相配合	
10	新编长拳考核	1. 了解新编长拳考核的方法与标准，在音乐的伴奏下流畅完成整套动作，领悟新编长拳套路的韵味，体现新编长拳的节奏与风格 2. 认真完成整套新编长拳的练习，增强协调、灵敏、力量等素质 3. 在考核过程中，表现出自信、勇敢的良好精神面貌，注重武术礼仪	重点：成套动作的结构路线准确 难点：眼法、身法与拳势相配合	

(续表)

课次	教学内容	学习目标	重点、难点	教学策略与评价
安全保障	1. 准备活动充分 2. 安全教育,合理安排练习场地 3. 制订适宜的运动负荷		评价与方法	1. 终结性评价:等第评价(生评、师评) 2. 过程性评价:表现性评价(自评、互评、师评) (详见单元评价设计)
教学资源	音乐、新编长拳图示和视频、平板电脑、地标线标志桶			

(四)评价设计

本单元从体育与健康学科核心素养三个维度"运动能力""健康行为""体育品德"对学生新编长拳的学习进行单元评价,选择有针对性的观测点,根据内容主题评价学生运动能力的表现、合作交流、不断挑战自我等方面的情况,在评价过程中要注意过程性评价和终结性评价相结合。

表7-1-4 高一年级武术新编长拳单元评价设计

评价维度	评价内容	评价观测点	评价方式
运动能力	运动认知	能说出武术基本的手法、手型、步法,知道新编长拳每段的动作名称、技术要领	口头测试
	运动技能	能够做到动作流畅、规范,眼法、步法、身法与拳势相配合,体现新编长拳的节奏与风格	技术观测
	体能状况	腿部力量、协调和平衡的发展情况	体能测试
健康行为	锻炼习惯	喜欢在教师的指导下参加小组学习,有关心自己和他人、积极互助的举动	行为观察 口头点评
	适应能力	能与同伴主动交流,相互鼓励,完成学练与评价	行为观察 口头点评
体育品德	体育精神	在武术学练过程中能严格要求自己,积极进取,动作干脆有力、节奏分明,具备武术套路的韵味与气势	行为观察 口头点评
	体育道德	在课堂中注重武术的礼仪,言行有礼	行为观察 口头评价

（五）资源设计

为有效解决单元教学重点，提高动作流畅程度，运用辅助教具和多媒体资源创设各种练习情境，以激发学生的学习兴趣，提高课堂教学实效。

表 7-1-5 高一年级武术新编长拳单元教学资源设计

目标指向	资源设计		资源应用	解决问题
单元学习目标 1、3	媒体资源	1. 音乐 2. 新编长拳图示和视频 3. 平板电脑	借助背景音乐进行武术操和武术游戏等，激发学生学习乐趣；利用图示和视频帮助学生了解动作要领与路线；利用平板电脑拍摄学生的学练情况，及时与学生一起探究与交流 学生也可以利用平板电脑拍摄同伴的动作，提出有针对性的建议，便于更好地掌握新编长拳动作，实现教学资源为教学目标服务的目的	改变传统体育课的枯燥乏味，提高学生的主动性；将图示和视频有机结合，便于学生观察动作，减少教师讲解和示范的时间；平板电脑的使用有利于学生观察自己的动作并及时纠正，提高动作质量
单元学习目标 1、3	辅助教具	地标线 标志桶	新编长拳共有18个动作，其中有不少是学生不易掌握的技术动作，如大跃步推掌动作，该动作的完成质量主要从手眼相随、有跃起高度、有落地远度三个方面来评价 在教学过程中借助地标线和标志桶等进行了分组提升，学生在小组长的带领下对三个方面进行整体学练，进而使学生规范地完成大跃步推掌动作；在体能练习中也利用教具来发展学生的体能	重点解决学生不易掌握的技术动作，提高动作的质量，增强学生的身体素质

二、课时教学计划的设计

（一）课的设计

乐于挑战自我　培育武术文化
——高一年级武术新编长拳(11-2)教学设计

1．指导思想

依据学生的身心发展特点，以增强学生体质、增进学生健康、培养全面发展的人为最终目的。在教学过程中，注重学生技术的提高与思维活动的紧密结合，使学生的技术和思维得到双重发展，通过在课堂中的分组练习，提高发现问题、解决问题的能力，鼓励学生积极实践，自主锻炼，提高合作交流、自主探究的能力。

2. 相关分析

教材分析：新编长拳是高中学生必修的内容之一，其根据高中学生身心发展特点，在青年长拳的基础上改编而成，动作简洁大方，十分适宜高中生练习。本单元共分为11课时，本节课为第2课次，重点解决新编长拳第一段动作结构和路线，该部分动作内容丰富、形式多样，能够有效提高学生多方面的身体素质。此外，为了掌握大跃步推掌等难点内容，可利用多媒体进行慢动作演示，帮助学生理解动作结构。

学情分析：该班是高一年级武术专项班，选择专项仅一个多月，故对武术的认识很少。但他们对武术的学习很感兴趣，学习态度端正。因为已学习了五步拳和武术操，所以大致掌握武术的手形与步法，但对武术的动作规律与发力点尚不明确，故在教学中要循序渐进，逐渐提高要求。此外，教师在教学过程中运用分组、分层等组织形式，保证学生充分理解与掌握；最后通过展示和评价，检验学生是否真正掌握了该技能。

3. 主要教学策略

（1）背景音乐伴奏，营造乐学氛围。本节课的准备部分，在音乐伴奏下进行武术操和游戏，激发学生的学习乐趣，课堂学练中播放背景音乐，营造乐学氛围。

（2）借助多媒体，探究重点内容。为了使学生有针对性地学练，教师通过讲解示范、小组研究与练习等活动，借助多媒体信息技术手段，利用视频的回放、慢放、定格等功能，让学生在小组互相协作与探究中明晰新编长拳第一段动作结构和路线，准确掌握所学内容。

（3）问题引领，突破难点动作。本课始终立足动思，强调学生要在学练中动脑，提出如何衔接与提高大跃步推掌动作质量的问题，为学生提供可以探究、思考和合作的机会，通过跨跃一定距离的地标线、越过一定高度的橡皮筋等，帮助学生突破难点动作，使学生积极参与，加强学生探究能力，提高学生团队合作意识。

（4）分层学练，小组展示与评价。在完成基本教学之后，教师进行层次分组，使每位学生都得到提高。在展示过程中，培养学生团队合作意识以及集体荣誉感；在评价过程中，学生能再一次发现动作中存在的问题，进一步提高技能水平。此外，学生参与评价还能够使学生获得满足感，并能培养学生对武术美的理解。

4. 问题预设与对策

预设1：大跃步没有腾空的高度。

对策1：越过一定高度的橡皮筋，提高腾空高度。

预设2：大跃步没落地的远度。

对策2：跨跃一定距离的地标线，提升落地远度。

预设3：学生技术动作的掌握情况参差不齐。

对策3：分层教学更加有针对性，提高学习的效率。

（二）课时计划

表7-1-6　高一年级武术新编长拳(11-2)课时计划

年级	高一	人数	30	日期		执教		
班级		组班形式	男女合班	周次		课次		
内容主题		1.武术:新编长拳(11-2) 2.相关体能		重点	新编长拳第一段动作结构和路线			
				难点	跃起高度及落地后的动作衔接			
学习目标		1.明确新编长拳第1—5动作的特点与要领,提高跃步推掌动作质量,能够在音乐的伴奏下较顺利无误地完成该组动作 2.能认真完成技术动作的学习,坚持完成体能练习,掌握提高身体素质的方法,增强协调、灵敏、力量等素质 3.学练过程中相互指导与评价,积极讨论,表现出团结协作、乐于挑战的意识						

课的结构(时间)	教学内容	活动设计	组织与队形	运动负荷		
				次数	时间	强度
准备部分(8′)	1.课堂常规内容 （1）整理队伍,检查人数 （2）师生问好,检查服装 （3）提出目标和要求 （4）安排见习生 2.自编武术操（音伴） 3.热身游戏:"数字太极"与"汉字太极"	1.活动情境 用动感音乐创设运动情境 2.活动任务 在音伴下模仿教师武术操,按照规定进行热身游戏 3.活动评价 武术操动作规范、有精气神,积极进行热身游戏	图1 ●代表教师 ↟代表学生 图2	1 2	2′ 6′	中 中

设计说明:
通过自编的武术热身操,让学生在音乐（中国功夫）的渲染下,身心得到调动,为武术学习做好必要的准备,同时通过"数字太极"与"汉字太极"的热身游戏,体会身体重心变化与身体控制,加深对武术基本动作的理解,激发学生学习的积极性

(续表)

课的结构(时间)	教学内容	活动设计	组织与队形	运动负荷		
				次数	时间	强度
准备部分(28′)	1.提高大跃步推掌动作质量 (1)通过跨跃一定距离的地标线提升学生的落地远度 (2)通过越过一定高度的橡皮筋提高腾空高度 (3)在完成越过一定高度和距离橡皮筋的同时转头面向标志物的位置,保持腾跃上肢动作协调	1.活动情境 运用多媒体演示练习场景,借助标志线与橡皮筋创设不同的运动场景,利用语言创设问题情境:如何提高大跃步的高度与远度 2.活动任务 练习过程中借助标志线与橡皮筋探讨提高大跃步推掌动作质量的方法,并积极改进 3.活动评价 积极思考讨论,自主学练,大跃步推掌动作技术明显提高	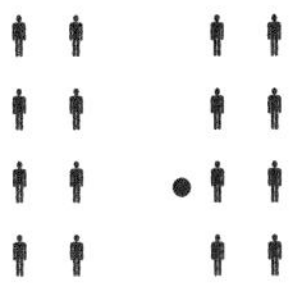 图3	8—10	3′	中
	设计说明: 1.借助多媒体教学与教师示范,可以直观了解大跃步推掌动作的路线轨迹和动作要领,提升练习的效率 2.手眼相随、有跃起高度、有落地远度,作为本节课的教学重点,借助地标线和标志桶等进行整体学练,进而使学生规范地完成大跃步推掌动作 3.充分发挥学生主体地位,在组长的带领下进行自主合作学练,学会自评和他评,培养合作意识、观察与反思能力					
	2.学习新编长拳第一段4—5动作 (1)弹踢冲拳 (2)马步架打	1.活动情境 教师运用多媒体演示练习场景,示范讲解动作路线和轨迹,利用语言创设问题情境:如何针对新编长拳进行防守 2.活动任务 跟随教师学习新技术动作,同伴之间相互帮助与评价,相互思考与配合攻防转化 3.活动评价 认真学练,积极思考,可以总结出防守的动作	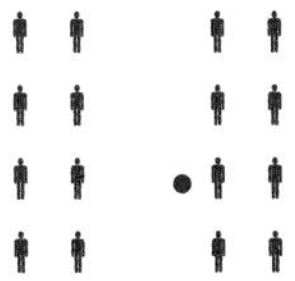 图4		3′	中

（续表）

课的结构（时间）	教学内容	活动设计	组织与队形	运动负荷		
				次数	时间	强度
准备部分（28′）	设计说明： 1. 利用视频演示新编长拳第一段动作，并通过教师的示范，建立动作表象 2. 在分组学练过程中，培养学生的自主合作意识，让学生相互帮助、互相评价，学会自主合作探究学习，同时，要充分发挥小组长在分组合作学习中的作用，培养其责任感和集体主义精神 3. 通过问题化教学引导学生展开实践性活动和探究性活动，让学生在学习新编长拳第一段动作过程中，思考如何进行防守；大胆尝试攻防情境创设，有利于对新编长拳第一段动作的整体理解和掌握，同时，相互协作、相互交流，可以提高和发展交往、沟通、合作的能力					
	3. 新编长拳第一段整套动作的分层学练 （1）基础组 （2）提高组 （3）精英组	1. 活动情境 根据自己的情况自评后进行分层学练，利用信息化手段进行学习反馈 2. 活动任务 分层提高练习，利用平板电脑拍摄同伴的套路动作，提高新编长拳第一段整套动作的规范性 3. 活动评价 可以合理评价自己，或互相评价	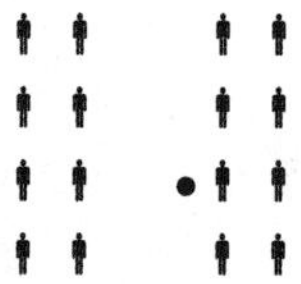 图 5		3′	中
	设计说明： 1. 分层学练让学生都可以得到提升，学会自我评价和自主学习 2. 学生用平板电脑拍摄同伴的套路动作，发现问题，相互交流，及时纠错，可以提高其观察问题、分析问题、解决问题的能力					
	4. 新编长拳第一段动作的展示与评价	1. 活动情境 小组进行第一段动作的展示与评价 2. 活动任务 小组进行展示，其他同学进行自评与他评 3. 活动评价 可以合理客观地评价自己与他人	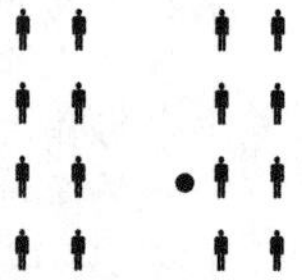 图 6		1′	大

(续表)

课的结构 (时间)	教学内容	活动设计	组织与队形	运动负荷		
				次数	时间	强度
准备部分 (28′)	设计说明： 1.通过全班同学展示，学生对自己以及其他同学的学习情况评价后明确自身学练水平，并要求学生畅谈学习体会或收获，提出下阶段努力的目标 2.在学生进行展示时，多采用肢体动作表扬学生，鼓励学生大胆展示，提高学生的自信心 3.用平板电脑拍摄展示成果，记录学生练习过程，在本单元结束时，通过观看视频，让学生对动作的整体把握有更加深刻的理解，更加有利于形成结构化知识技能					
	5.体能练习 (1) 团队游戏"你来我往" (2) 素质练习 ① 马步双手推掌 ② 弓步探肩移动 ③ 飞猫脚 ④ 折返跑	1.活动情境 利用音乐和场地布置创设体能训练情境 2.活动任务 在教师的引导下进行团队游戏，由小组长带领进行菜单式循环练习 3.活动评价 认真训练、动作到位、不畏困难、敢于挑战自我	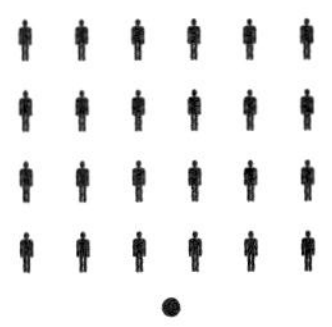 图 7	1 2	2′ 3′	大 大
	设计说明： 1.体能练习既有团队协作的游戏，也有个人素质的练习，并结合武术的基本动作，创建学生乐学愉悦的课堂气氛，提高学生参与体育运动的乐趣和积极性 2.通过不断变化学练方式，发展学生的上、下肢力量及速度、协调等身体素质，培养学生的集体荣誉感，树立不怕困难、坚持不懈的体育精神					
结束部分 (4′)	1.放松练习：拉伸（音伴） 2.小结与点评 3.归还器材 4.师生再见	1.活动情境 利用音乐创设放松氛围，利用语言创设宽松的讲评氛围 2.活动任务 拉伸放松，在教师引导下自评、互评 3.活动评价 身心放松、精神愉悦、善于表达	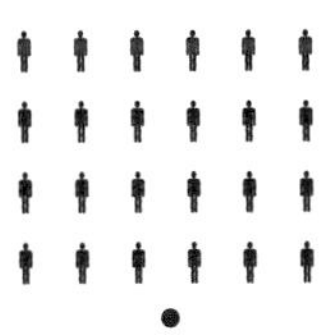 图 8		1′30″	小

（续表）

课的结构（时间）	教学内容	活动设计	组织与队形	运动负荷		
				次数	时间	强度
场地器材	武术场地1片、多媒体设备1套、平板电脑4台、橡皮筋若干、标志桶若干、秒表1块	安全保障	1. 课前检查场地与器材 2. 做好准备活动，充分活动各关节 3. 团队游戏注意安全			
		预计	练习密度		负荷强度	
			全课	内容主题	中大	
			61%	54%		
课后反思						

　　＊本教学设计系校级公开展示课。原作者为上海交通大学附属中学教师孙凯文，后由上海交通大学附属中学教师樊三明根据编写组要求再次设计。

第二节 游泳：反蛙泳救护教学设计

本设计为高三年级的反蛙泳救护，主题为"收蹬小腿利减阻 拖带实用效果佳"，借助水下摄像机、直播系统等信息化手段加速反蛙泳技术学习，在此基础上通过反蛙泳救护的实战演练，强化学生水中救护能力。

一、单元教学计划的设计

（一）指导思想

本单元以"关爱生命，健康发展"为指导思想，结合学校游泳的传统特色，不仅让学生掌握反蛙泳技术，而且引导学生合理运用反蛙泳技术进行施救。培养学生合作学习的意识和能力，增强学生珍爱生命、关爱他人的意识，促进学生身心健康发展。

（二）相关分析

1. 教材分析

表7-2-1 高三年级游泳反蛙泳救护教材分析

运动认知	动作结构	相关体能	相关知识
认知：反蛙泳即蛙式仰泳，是游进时身体仰卧水中，两腿同时向前蹬夹水，两臂在体侧向后划水的一种游泳姿势。价值：学习反蛙泳技术，既能自救，也能救人，还有利于增强上、下肢力量与协调性	动作过程：反蛙泳腿的动作类似蛙泳腿，身体呈仰卧姿势，收腿时，膝关节边收边分向两侧分开，小腿向侧下方收；其余的动作和蛙泳腿完全一样，两臂自然伸直，同时在肩前入水，然后曲肘，掌心向后，使整个臂对准向后的划水方向，同时在体侧划水；划水结束后，两臂自然放松从空中前移臂动作要点：仰面时身体保持水平；空中移臂时两臂直臂，入水后屈臂划水；收腿时脚踝逐步勾紧，向后蹬腿时两脚做弧形蹬夹；脚踝自然放松关键环节：收腿时收小腿	反蛙泳需要较好腰腹肌群和腿部肌群的力量，同时要具有良好的协调性、身体控制能力 1. 力量练习：5×25米专项打腿练习、深蹲练习等 2. 协调性：踩水、水中行走练习等 3. 身体控制：平板支撑、卷腹练习等	身体仰面状态下，头部位置的平稳有助于保持平稳的身体位置，使身体处于最佳流线型，从而能有效地减少身体所带来的形状阻力，还能够最大限度地利用水的浮力；随后两臂直臂移臂入水，尽可能地减少由于手臂的入水所造成的水流中的湍流面积，这是一次减阻的环节，手臂入水后做屈臂划水，第一次为机体提供动能；接下来收小腿蹬水，此时是第二次减阻环节，因为收大腿蹬水既增加了身体的形状阻力，又会造成更大的湍流，这时机体受到的阻力与其制造的湍流区的大小成正比；最后两脚做弧形蹬夹，脚踝自然放松，第二次为机体提供动能

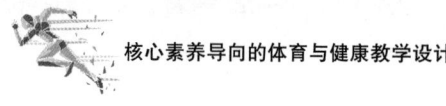

2. 学情分析

表 7-2-2 学情分析

教学对象	认知水平	身心特点	能力水平
高三年级专项班男生	学生具有一定的游泳基础，至少熟练掌握了一项竞技游泳姿势，但是基本没有接触过游泳施救 高三年级男生在力学方面理解能力和思辨能力有利于反蛙泳技术的学习，也为分析反蛙泳中阻力与推动力的相互关系提供了理论支持	游泳专项班学生思维敏捷，活动能力强，对非竞技的实用游泳有着强烈的求知欲望和参与的积极性，在学练中能够与教师、伙伴进行有效的交流互动，采用小组或结伴学习的形式能更好地发挥他们的主体性、合作性、参与性	学生的身体素质参差不齐，体能以及技术掌握等方面还存在着较大的个体差异性；水上运动不同于陆上运动，学生在进行仰式游进时，在水中往往会产生一定的恐惧心理，技术容易发生变形，个体的立体空间感、身体控制能力欠缺

3. 教法分析

（1）在整个单元教学过程中充分利用多媒体现代信息技术，依托无线防水耳机、水下摄像机、水下直播系统等先进的教学手段，学习、演示、纠正反蛙泳学练过程中的技术及拖带方法，以更加直观的视界来提高课堂教学效果，丰富学生的学习方法。

（2）在学习反蛙泳和拖带技术的环节，让学生两人一组或多人一组，通过相互合作、相互纠错来提高反蛙泳技术水平及救护能力。同时让学生思考"如何保持平稳的身体位置，如何才能提高蹬夹水效果"等问题，问题的解决不仅需要小组成员相互交流，还需要相互合作，发挥团队协作的力量。

（3）根据高中学生的力学知识基础，在反蛙泳的教学中设计了一些问题链，如"在反蛙泳中如何减少游进时的阻力"，引导学生在学练中思考，并利用力学原理分析总结反蛙泳的技术要领，充分发挥学生的主观能动性，使学生形成独立思考问题和解决问题的能力。

（4）在练习过程中，设置贴近生活的场景进行教学，利用假人、真人拖带，让学生把所学习的反蛙泳技术运用于生活实践，让学生知其然，知其所以然，提升学生对游泳救护的认识和兴趣。

4. 问题链设计

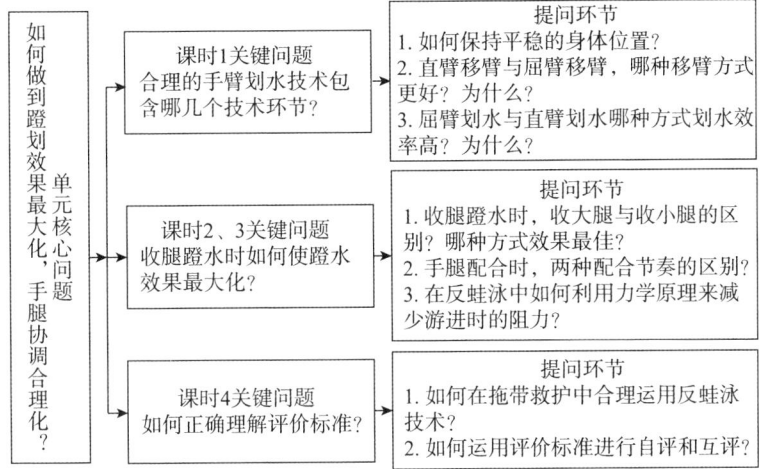

（三）单元教学流程

表 7-2-3 高三年级游泳反蛙泳救护单元教学流程

年级	高三	学期		课次	4	执教	
单元学习目标	1. 知道反蛙泳的相关知识，基本学会仰面保持身体水平位置，掌握反蛙泳的动作要领；90%左右的学生能正确掌握反蛙泳技术，80%左右的学生能够在实战中灵活运用，在练习中树立自我保护的安全意识 2. 参与多样化的学练和专项体能练习，掌握划臂与蹬腿的协调配合，发展力量、速度、耐力、灵敏等体能，提高上、下肢协调配合和快速游进能力 3. 在学练过程中养成合作学习的意识和能力，增强不畏困难、勇于挑战的意志品质，促进健康心理和社会适应能力的提高			教学重点	1. 合理的手臂划水技术 2. 蹬水效果最大化 3. 手臂与腿部的协调配合		

课次	教学内容	学习目标	重点、难点	教学策略与评价
1	反蛙泳手臂技术	1. 学习反蛙泳手臂技术，85%左右的学生能掌握直臂移臂、屈臂划水的动作技术，提高身体稳定的能力以及高效的划水效能 2. 在反蛙泳手臂技术和专项体能的学练中发展力量、速度等体能 3. 有关爱他人的意识，提高交流互动、团队合作的能力	重点：合理的手臂划水技术 难点：直臂移臂、屈臂划水	教学关注： 1. 身体呈仰卧姿势，收腿时，膝关节边收边分向两侧分开，小腿向侧下方收；其余的动作和蛙泳腿完全一样，两臂自然伸直，同时在肩前入水，然后曲肘，掌心向后，使整个手臂对准向后的划水方向，同时在体侧划水；划水结束后，两臂自然放松从空中前移臂 2. 仰面时身体保持水平；空中移臂时两臂直臂，入水后屈臂划水；收腿时脚踝逐步勾紧，向后蹬腿时两脚做弧形蹬夹，脚踝自然放松

（续表）

课次	教学内容	学习目标	重点、难点	教学策略与评价
2、3	1. 反蛙泳腿部技术与完整的手腿配合技术 2. 反蛙泳技术的实践运用：拖带救护	1. 领会反蛙泳腿蹬水效果最大化,体验平稳的身体位置,感悟收小腿蹬水的关键技术；多数能够基本掌握反蛙泳完整技术,并且能够在实战中有效运用,具有自我保护和相互保护的安全意识 2. 通过手臂划水、腿部动作、反蛙泳完整技术,场景模拟练习以及专项体能的学练,发展力量、速度和耐力等体能 3. 积极参与小组的学练和评价,树立珍爱生命的意识,增强团结协作、合作交流的能力,提高安全意识和责任意识	重点：蹬水效果最大化 难点：收小腿蹬水的技术	教学策略： 1. 融入多媒体要素,探究划臂、蹬水收腿问题 利用水下摄像机、直播系统,针对容易出现的"手臂""坐臀"和"膝顶板"的问题,引导学生进行视频分析,将自己的动作与正确动作进行对比,发现存在的问题,通过自主与合作探究的方式解决存在的问题,改进手臂划水和蹬水时收小腿的技术 2. 创设反蛙泳实战救护情境 在学习反蛙泳救护完整技能的基础上,创设假人或者真人（注意安全）急需救护的真实情境,将所学的反蛙泳救护运用到实战救护中,在救护的过程中强调救者首先确保自身安全,同时运用正确的救护方式和技能进行救护 3. 增强腿部力量,改进技术动作 本单元重点借助提升腿部力量来改进反蛙泳技术,以力量对抗为主要手段,在较快速度和较大负荷的刺激下发展学生下肢力量、速度和耐力等体能,在不断激励学生的内动力和学练激情的同时,也能为反蛙泳救护技能的提升储备专项体能 评价要点： 1. 拖带时保持溺水者的呼吸道畅通 2. 溺水者在被救援前积极自救
4	巩固反蛙泳完整技术并评价	1. 90%左右的学生能正确掌握反蛙泳的知识与技能,85%左右的学生能够在实战中灵活运用和客观评价自己或他人掌握反蛙泳技术的水平与应用能力 2. 通过反蛙泳完整技术和专项化的体能练习,发展力量、速度、耐力、灵敏等体能 3. 提高自评和互评能力,以及知识迁移和应用能力	评价标准的掌握与运用	
安全保障	1. 加强对学生安全教育并实时监控 2. 充分做好专项准备活动,为有效的学习做好生理与心理准备 3. 课前检查器材完好无损,辅助器材摆放位置合理		评价与方法	1. 终结性评价：等第评价（生评、师评） 2. 过程性评价：表现性评价（自评、互评、师评） （详见单元评价设计）
教学资源	游泳池16×25米、打水板16块、水下摄像机1台、水下直播系统1套、橡皮拉力带8副、专业游泳脚蹼8副、救生专用假人8个			

(四) 评价设计

本单元教学评价设计以学科核心素养为基础,直指学生关键能力与必备品格的发展,在充分认知学生基本情况和教材意涵的基础上,围绕反蛙泳技能的学习与应用,从运动能力、健康行为和体育品德三个维度进行有针对性、可量化的评价设计,坚持终结性评价与过程性评价相结合,让学生知道自己的学习表现以及反蛙泳动作技能的达成情况,重点关注学生水中救护能力的发展。

表 7-2-4 高三年级游泳反蛙泳救护单元评价设计

评价维度	评价内容	评价观测点	评价方式
运动能力	运动认知	知道反蛙泳救护技术的完整结构,能够说出单元中的关键技术要领	口头测试
	运动技能	知道在何种情况下使用反蛙泳救护技术,能够正确运用反蛙泳技术进行救护	技术观测
	体能状况	知道本单元体能练习发展何种身体素质,尽力完成练习任务,身体表征明显	体能测试
健康行为	情绪调控	面对同伴落水情况不要恐慌,等待被救护时不要害怕,主动调整情绪	行为观察 口头点评
	适应能力	主动适应水下环境,在确保自身安全的情况下,运用正确技术大胆施救	行为观察 口头点评
体育品德	体育精神	在拖带救护练习中,自我选择拖带对象(假人或真人),勇于挑战自我、超越自我	行为观察 口头点评
	体育品格	学练过程中主动协作,不恶意戏耍同伴,认真对待每一次救护,提升救护能力	行为观察 口头评价

(五) 资源设计

本单元需要解决合理的手臂划水技术、蹬水效果最大化、手臂与腿部的协调配合的教学重点,使用浮板、脚蹼、专业假人、无线防水耳机、水下直播系统、水下摄像机等教学资源,不仅能控制反蛙泳过程中收腿的幅度,避免膝盖出水,而且能起到演示动作过程、激发学生的学练兴趣、引导学生练习、辅助学习评价等作用。

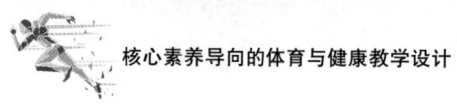

表 7-2-5　高三年级游泳反蛙泳救护单元教学资源设计

目标指向	资源设计	资源应用	解决问题
单元学习目标 1、2、3	媒体资源 1. 自制教学视频 2. 水下直播系统 3. 水下摄像机	1. 教师播放事先拍摄的教学视频，引导学生回忆动作要领、边练边看边，改进错误动作 2. 学生在分组练习过程中利用水下直播系统、水下摄像机，对同伴的练习情况进行直观分析与纠正，师生随时均可对各阶段的学习情况进行自评、互评和师评 3. 在课堂展示与交流环节中，利用水下直播系统观看学生或教师的动作，进行点评	1. 帮助学生建立正确的反蛙泳各阶段技术动作概念 2. 教师或学生水下的游泳轨迹清晰可见，学生明确各技术环节的重难点，师生可随时观看游泳动作的实况，分析动作技术的优劣 3. 纠正错误动作
单元学习目标 1、2、3	教具资源 1. 无线防水耳机 2. 浮板、脚蹼 3. 专业假人	1. 无线防水耳机便于教师及时指导，利于学生随时接收教师的指令、提示个人错误、提示动作要领等，学生可以及时纠正错误，巩固提高游泳技术 2. 在反蛙泳学习过程中限制收腿的幅度，避免膝盖出水 3. 在模拟救护场景的过程中利用专业假人来增强情境的真实感	1. 解决了游泳池空间回音大，池中水噪音大的问题，便于教师将动作要领及时反馈给学生，提高课堂实效性 2. 帮助学生体会蹬腿时收小腿的动作要领 3. 激发学习的兴趣，增加课堂教学的安全性

二、课时教学计划的设计

（一）课的设计

收蹬小腿利减阻　拖带实用效果佳

——高三年级游泳反蛙泳救护（4-2、4-3）课的设计

1. 指导思想

本课坚持"关爱生命，健康发展"的指导思想，结合学校游泳传统的特色，根据学生已有的游泳技术与技能，进行以反蛙泳为主教材的教学。在课堂中依托防水耳机、水下直播系统以及水下摄像机有效提高学生动作技术水平，使学生不仅掌握反蛙泳技术，而且能够运用于生活实践。既培养学生发现问题、分析问题、解决问题的能力，又增强学生珍爱生命、关爱他人的意识。

2. 相关分析

教材分析：本课的教学内容是游泳—反蛙泳技术，反蛙泳技术属于实用游泳技术，实用价值大，蕴含自救与施救的双向价值与功能，对于保护自己、救护他人有着重要的意义。本课是第 2、3 课次，在上次课重点解决直臂移臂、屈臂划水的手臂技术的基础上，本课以蹬水效果最大化为教学重点，以收小腿蹬水的技术为教学难点，进一步加强蹬划的协调配合，并引导学生能够在实战中灵活运用反蛙泳的完整技术。

学情分析：本课的教学对象是高三年级游泳专项 A 班的学生，他们都具有一定的游泳基础，至少熟练掌握一项竞技游泳泳姿，尽管他们的游泳基础还存在一定的差异，但是他们都对实用游泳有着强烈的求知欲望，具备了进一步学习的技术基础与热情，为本课的学习做了良好的铺垫。

3. 主要教学策略

（1）运用多媒体探究蹬水收腿问题。利用水下摄像机、直播系统，针对容易出现的"坐臀"和"膝顶板"的问题，引导学生进行视频分析，将自己的动作与正确动作进行对比，发现存在的问题，通过自主与合作探究的方式解决存在的问题，改进蹬水时收小腿的技术。

（2）组织运用反蛙泳救护的实战演练。在学习反蛙泳救护技能的基础上，创设假人或者真人（注意安全）急需救护的真实情境，将所学的反蛙泳救护运用到实战救护中，在救护的过程中强调救护者首先确保自身安全，同时运用正确的救护方式和技能进行救护。

（3）增强腿部力量的专项体能练习。本课为学生提供了提升腿部力量的专项体能练习，以力量对抗为主要手段，在较快速度和较大负荷的刺激下发展学生下肢力量、速度和耐力等体能，在不断激励学生的内动力和学练激情的同时，也能为反蛙泳救护技能的提升储备专项体能。

4. 问题预设与对策

预设 1：出现"坐臀"和"膝顶板"的问题。

对策：反复练习蹬水时收小腿动作，强化收小腿动作带来的动力。

预设 2：手腿动作不协调，身体不能保持流线型。

对策：通过视频慢放找到问题，在同伴的帮助下进行练习。

预设 3：实战中不能顺利进行救护。

对策：实战前进行陆上救护模拟练习，熟练救护环节，注意救护要点。

(二) 课时计划

表 7-2-6　高三年级游泳反蛙泳救护(4-2、4-3)课时计划

年级	高三	人数	16	日期		执教	
班级		组织形式	男生班	周次		课次	
教学内容	1. 游泳:反蛙泳 2. 体能:腿部力量			重点	蹬水效果最大化		
				难点	收小腿蹬水的技术		
学习目标	1. 领会反蛙泳腿蹬水效果最大化,体验平稳的身体位置,感悟收小腿蹬水的关键技术;多数能够基本掌握反蛙泳完整技术,并且能够在实战中有效运用,具有自我保护和相互保护的安全意识。 2. 通过手臂划水、腿部动作、反蛙泳完整技术、场景模拟练习以及专项体能的学练,发展力量、速度和耐力等体能。 3. 积极参与小组的学练和评价,树立珍爱生命的意识,增强团结协作、合作交流的能力,提高安全意识和责任意识。						

流程 (时间)	教学内容	活动设计	组织与队形	运动负荷		
				次数	时间	强度
准备部分 (8′)	1. 课堂常规内容	1. 活动情境 用动感音乐创设运动情境	××××××××× ××××××××× T 图 1 T 代表教师 X 代表学生			小
	2. 陆上专项徒手操(音伴) (1) 腕部拉伸 (2) 肩袖拉伸 (3) 腰部拉伸 (4) 股四头肌拉伸 (5) 踝部拉伸	2. 活动任务 在音伴下按照要求进行热身操练习,防止抽筋与溺水现象发生	××××××× ××××××× T 图 2 T ××××××××××× 图 3	4×8 4×8 2×8 2×8 2×8 1 组	30″ 30″ 20″ 20″ 20″ 1′	中
	3. 水中热身 (1) 蛙泳踩水练习 (2) 蛙泳技术游	3. 活动评价 热身动作规范、踩水有力、蛙泳动作流畅、情绪饱满	T ↓ 16米 ↕ ↑ ××××××× 图 4	32 米	2′	中

设计说明:
1. 陆上热身与音乐相结合,提升了陆上热身运动的趣味性,能够调动学生快速融入课堂。
2. 水中水性练习与蛙泳技术相结合,既熟悉了水性,又巩固了蛙泳技术动作,提高了学生在水中的感知觉。

（续表）

<table>
<tr><th rowspan="2">流程
（时间）</th><th rowspan="2">教学内容</th><th rowspan="2">活动设计</th><th rowspan="2">组织与队形</th><th colspan="3">运动负荷</th></tr>
<tr><th>次数</th><th>时间</th><th>强度</th></tr>
<tr><td rowspan="4">基本
部分
（28′）</td><td>1. 复习仰面漂浮夹板划手

2. 学习反蛙泳腿部动作
（1）双手扶板蹬反蛙泳腿
（2）徒手蹬反蛙泳腿
（3）仰面蹬反蛙泳腿，手触脚跟
3. 学习反蛙泳的完整技术，两人结伴练习</td><td>1. 活动情境
创设问题情境，用视频引导学生回忆手臂动作要领，借助水下摄像机、直播系统，让学生思考“坐臀”和“膝顶板”的问题，自主或团队探究学习完整的反蛙泳救护动作
2. 活动任务
学习有辅助和无辅助的反蛙泳腿动作，学习反蛙泳完整技术动作
3. 活动评价
练习认真，主动帮助，蹬水时收腿及时，反蛙泳动作结构完整协调</td><td>↓
8米　↑↓
↑
x x x x x x x
T
图 5

T
↓
16米　↓
↑
x x x x x x x
图 6</td><td>2 组

2 组
3—4
1 组

2—3 组</td><td>2′

1′
1′
30″

4′</td><td>小

中

大</td></tr>
<tr><td colspan="6">设计说明：
1. 利用多媒体进行教学，让学生更加直观地感受到自己的反蛙泳技术动作是什么样的，有什么样的问题，打破教师示范与讲解的惯式，利于学生自主与合作探究学习，培养发现问题、分析问题和解决问题的能力
2. 通过问题“反蛙泳中如何减少游进时的阻力”的提出，引导学生在学练中思考，发挥学生的学习主观能动性，激发学生学习兴趣
3. 反蛙泳技术的学习遵循循序渐进的原则，在复习仰面漂浮夹板划手的基础上，学习反蛙泳腿部动作，最终过渡到完整动作的学习，这一学习原则符合学生运动技能学习规律</td></tr>
<tr><td>4. 反蛙泳技术在实战中的运用
（1）假人拖带救护
（2）自主选择假人拖带或真人拖带救护</td><td>1. 活动情境
利用假人、真人创设贴近生活的救护场景
2. 活动任务
运用正确的反蛙泳救护技能进行救护
3. 活动评价
反蛙泳和拖带技术运用正确，救护及时有效</td><td>T
↓
16米　↓
↑
x x x x x x x
图 7
两人结伴练习</td><td>3—4 组</td><td>5′</td><td>大</td></tr>
<tr><td colspan="6">设计说明：
注重学生运动技能在实战中的应用，利用假人、真人拖带创设真实的救护情境，提升学生对游泳救护的认识与兴趣</td></tr>
</table>

（续表）

流程 （时间）	教学内容	活动设计	组织与队形	运动负荷		
				次数	时间	强度
基本部分 （28′）	5.专项体能 （1）拉力橡皮筋牵引蹬腿练习 （2）扶假人自由泳脚蹼打腿对抗练习	1.活动情境 利用橡皮筋和自由泳脚蹼创设蹬腿练习和打腿练习情境，提升打腿速度和耐力 2.活动任务 在规定时间内高质量完成练习 3.活动评价 蹬腿和打腿动作有力，主动克服困难	x→x x→x x→x x→x T 图8 X↓ ↑X T 图9	2组 2组	3′ 3′	大 大
	设计说明： 1.借助辅助教具拉力橡皮筋和自由泳脚蹼进行体能练习，提升专项体能练习效果 2.将体能练习与技能练习相结合，寓体于技，体技结合，既能提高学生技能水平，又能促进专项体能发展					
结束部分 （4′）	1.水中深呼吸放松 2.点评回顾、小结交流 3.师生再见、归还器材	1.活动情境 利用语言营造水中深呼吸放松情境 2.活动任务 拉伸放松，自评、互评 3.活动评价 身心放松、精神愉悦、善于表达	x x x x x x x x x x x x x x T 图10	10—20	1′	小
场地器材	游泳池16米×25米、水下摄像机1台、橡皮拉力带8副、救生专用假人8个、打水板16块、水下直播系统1套、专业游泳脚蹼8副	安全保障	1.检查器材，合理布置场地 2.充分做好热身活动，防止抽筋与溺水现象发生 3.安全提示贯穿全课，强化自律意识			
		预计	练习密度		负荷强度	
			全课	内容主题	中大	
			64%左右	50%左右		
课后反思						

＊本教学设计曾获2017年上海市中青年教师教学评优一等奖。原作者为上海市敬业中学教师赵治国，后由上海市晋元高级中学教师苏银伟根据编写组要求再次设计。

第三节　滑冰：基础直线滑行教学设计

本设计为高一年级滑冰基础直线滑行,主要通过播放多媒体视频、情境化学练、游戏体验等方法提高学生对滑冰运动的认知,使学生掌握基础直线滑行等技术动作,增强学生对体育课的兴趣与喜爱。

一、单元教学计划的设计

(一)指导思想

为推进冰雪运动进校园,响应国家"三亿人上冰雪"的号召,学校开设滑冰课程,发展新兴运动项目,丰富课程内容,激发学生的运动兴趣。基于体育学科核心素养的培养要求和高中学生的身心发展规律,以结构化、情境化、问题化、信息化为导向,运用多种教学方法及手段,加强学生对冰雪项目的认知,提高与滑冰相关的体能素质及运动技能,养成健康的锻炼习惯,通过合作与竞争,培养学生团队意识和拼搏精神。

(二)相关分析

1. 教材分析

表 7-3-1　高一年级滑冰基础直线滑行教材分析

运动认知	动作结构	相关体能	相关知识
认知:基础直线滑行是在平整的冰面上,通过腿部蹬冰,全身协调配合,进行高速移动的一项技术 价值:基础直线滑行是冰上运动最基本的技术,可以有效发展学生的力量、平衡与协调素质,提高学生的运动兴趣,培养学生不怕困难、百折不挠的意志品质	动作过程:"一低,二蹬,移重心",由基本姿势开始,降低重心,身体前倾;一侧腿蹬冰向前移动;同时向对侧转变重心,收腿,保持基本姿势双脚滑行;换另一侧腿蹬冰,重复上述过程 动作要点:时刻保持基本姿势和稳定的身体姿态;注意蹬冰的方向和距离,重心左右移动的时机和位置,抬腿回收后脚落冰的位置与方向 关键环节:保持基本的身体姿势,转移重心蹬冰前行	滑冰运动对平衡、腿部力量、协调性的要求较高,技术动作的难点也是对身体姿势的控制 1. 平衡练习:单腿支撑练习、健身球平衡练习 2. 腿部力量练习:负重蹬冰练习、单腿左右侧向跳练习、负重半蹲练习 3. 协调性练习:绳梯综合性动作练习、组合动作的同时练习	依据:结合运动力学原理分析该动作,滑冰的物理学原理是冰刀与冰之间极小的摩擦力,通过较小的阻力获得较高的速度 滑行时,利用冰刀内刃与冰面的摩擦,使另一侧支撑的腿获得一个向前的速度,蹬冰力度越大,刀刃对冰面压力越大,所获得的速度越快;由于惯性,蹬冰后下肢相对移动更快,上身相对后倒,所以要弯曲膝盖,降低重心,防止摔倒

2. 学情分析

表7-3-2 学情分析

教学对象	认知水平	身心特点	能力水平
高一年级学生	高一年级学生认知较为完善，可以理解抽象的概念、理论化的知识，但对于滑冰这样的新兴项目接触较少，对该运动的技术运作、自我保护知识、锻炼方法缺乏基本的认识，可能会产生一定的心理恐惧	学生正处于身体发育期，其力量增长迅速，但对于协调和平衡感而言，相对有所欠缺，尤其在滑冰运动中重心较高，对身体的控制难度加大；学生处于价值观和性格形成的关键期，独立意识较强，也具备团队合作的能力	已经学习过多种体育运动项目，掌握了体育运动热身与放松的一般方法，具有滑冰运动所需要的腿部及核心力量；学习能力较强，能快速掌握滑冰的相关知识，建立该运动的基本动作概念

3. 教法分析

（1）根据教材内容特点与运动技能形成的规律，本单元教学主要先采用直观法、讲解法、示范法、多媒体展示法、分组教学法、合作学习法、情境游戏法、比赛法进行教学。

（2）根据学练内容设置各种问题，引导学生主动思考，提供探究学习的机会，提高学生在滑冰的各种练习活动中解决实际问题、处理新问题的能力。

（3）为学生创设丰富的运动情境，在真实情境中进行技术练习，在游戏中感受运动的乐趣，将比赛贯穿于整个教学过程，时刻强化学生对所学知识、技能的运用能力。

（4）采取多媒体教学，为学生展示各类冰上运动，介绍相关知识，提高学生兴趣；使学生直观地了解技术动作的完整或分解动作；用多媒体拍摄学生练习时的动作，给予最直接的反馈，有效改进动作技术；通过播放多媒体投影，为学生提供活动组织和练习的形式与方法。

第七章 核心素养导向的其他类项目运动教学设计

4. 问题链设计

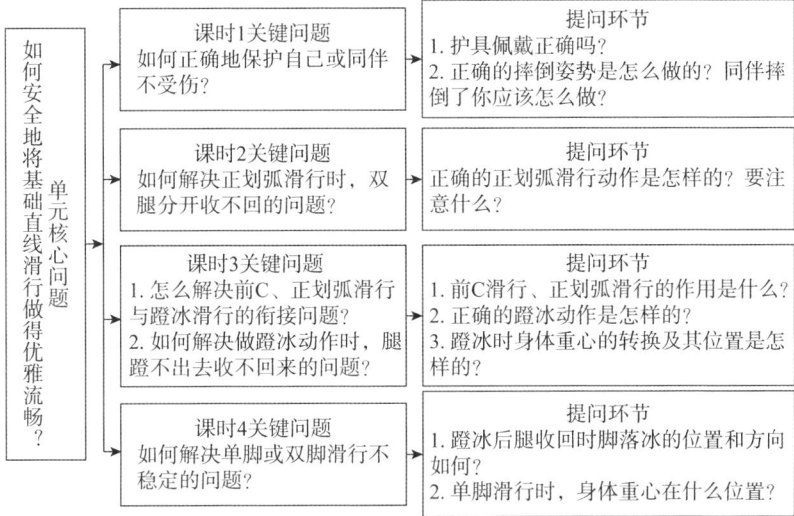

（三）教学流程

表 7-3-3　高一年级滑冰基础直线滑行单元教学流程

年级	高一年级	学期		课次	4	执教	
单元学习目标	1. 90%的学生能初步掌握基础直线滑行动作；了解相关的冰上运动项目及其裁判规则；下肢力量、平衡性、协调性等相关体能得到发展 2. 养成良好的冰上锻炼习惯，学会正确穿戴护具，掌握正确的摔倒动作，提高运动中自我保护的意识与能力；掌握在寒冷环境中运动的方法，增强适应环境的能力 3. 在一次次摔倒中，形成不言放弃、克服困难的体育精神；在比赛中形成良好的规则意识；与同伴互助合作，培养责任感与团结的体育品格			教学重点	1. 正确的摔倒技巧与安全保护意识 2. 保持身体平衡的方法 3. 身体重心的正确转换		
课次	教学内容		学习目标		重点、难点	教学策略与评价	
1	1. 冰上项目介绍 2. 正确的护具装备穿戴与陆地动作练习 3. 冰上摔倒起立练习及自我保护技巧学习 4. 冰上踏步行走 5. 冰上坐姿拔河		1. 初步了解冰上项目分类及历史起源；90%的学生摔倒后可以自己站起，可以进行冰上行走；能完成冰上平衡与腿部力量的体能练习 2. 学会穿戴装备，掌握自我保护的技巧；知道冰上运动如何避免运动损伤 3. 能在摔倒后努力站起，具备不言放弃、越挫越勇的意志		重点：保持冰上的基本姿势；摔倒起立的正确动作 难点：保持平衡，控制身体姿势	教学关注： 1. 滑行时的基本姿势 在冰上时刻保持基本的滑行姿势，脚尖向前，膝关节弯曲成90度，重心降低，含胸抬头，目视前方 2. 技术动作的理解与运用 明白每一技术动作的作用，合理地进行各动作的组合衔接和实际应用	

（续表）

课次	教学内容	学习目标	重点、难点	教学策略与评价
2	1. 介绍速度滑冰项目及简单规则 2. 冰上行走与摔倒游戏比赛 3. 冰上行走接前C滑行 4. 冰上行走接正划弧滑行 5. 连续前C滑行；连续正划弧滑行 6. 冰上体能游戏	1. 进一步了解速滑项目；在游戏中提高"冰感"及知识技能运用能力；90%的学生掌握前C与正划弧的滑冰基础步法；踝关节力量得到发展 2. 在练习中表现出乐观的心态，能保持稳定的情绪 3. 公平公正地对比赛进行评判，具有角色与责任意识；与同伴配合练习，加强人际交往；在比赛中表现出积极进取、遵守规则、公平竞争的行为	重点：冰上走后的接前C、正划弧滑行；滑行中的蹬腿与收腿 难点：身体重心的转换；脚踝的转动	3. 安全与保护意识 掌握正确的摔倒姿势，在滑行中避免碰撞他人，不做危险的动作，表现出自我保护和保护他人的行为 教学策略： 1. 激发学生学习兴趣 通过观看精彩的滑冰表演或冰上比赛，培养学生对滑冰的喜好与热情；提高其对冰上运动的认知 2. 循序渐进的教学 从冰上踏步、行走，到各步法的练习，再到蹬冰技术学习，学习内容层层递进，难度逐渐增加 3. 丰富的教学情境导入 在学习初期，多导入游戏情境，让学生接触冰，感受冰，在玩中培养冰感；学习中期，多导入生活情境，将技术动作的学习融于学生经历过的情境，有利于对技术动作的理解与掌握；学习后期，多导入比赛情境，使学生在复杂的情况下运用技术，提高应用能力
3	1. 观看冬奥速滑比赛 2. 步法滑行的情境游戏 3. 原地蹬冰动作练习 4. 步法滑行接小步蹬冰滑行 5. 蹬冰滑行 6. 滑冰的接力比赛 7. 综合体能训练	1. 提高对滑冰比赛的认知与欣赏能力；85%的学生基本学会正确的蹬冰滑行技术，在游戏比赛中可以应用已学的技术动作，具备独立思考、解决问题能力；大腿内侧肌肉力量得到发展 2. 能主动交往合作，帮助同伴分析动作，相互鼓励 3. 在滑冰接力比赛中表现出顽强拼搏、战胜对手的体育精神；能给予对手尊重，正确看待比赛胜负	重点：步法滑行与蹬冰的衔接；重心左右转换，移动到支撑腿一侧 难点：蹬冰的同时移动身体重心，支撑腿向前滑行	
4	1. 观看冰顿球比赛小视频 2. 单、双脚滑行练习 3. 滑冰比赛与游戏 4. 考核 5. 冰上体能游戏	1. 初步感受到冰球比赛，能分析与速滑的区别；85%的学生可以做到单脚滑行5秒钟，双脚稳定滑行10米；平衡、协调、柔韧、力量等体能得到综合发展 2. 在游戏与比赛中能做到保护与关心同伴，避免危险意外的发生 3. 通过辅助教师进行考核评价，体验不同的角色，形成社会责任感，养成公平公正的体育道德行为	重点：单脚滑行的时间，双脚滑行的稳定性 难点：单腿支撑时对重心的控制	4. 采用分组教学 在学生基本掌握某一技术动作后，采取分组教学，一是提高学习效率与教师指导的针对性，二是培养学生合作交往能力 评价要点： 能时刻保持滑行的基本姿势，能很好地控制身体姿态，重心左右转换流畅，蹬冰快速有力，滑行稳定

(续表)

课次	教学内容	学习目标	重点、难点	教学策略与评价
安全保障	1. 上课前做好场地、装备检查 2. 正确佩戴护具,随时调整护具位置 3. 学会正确的摔倒姿势,加强安全、自我保护意识教育 4. 做好充分的热身运动		评价与方法	1. 终结性评价:等第评价(生评、师评) 2. 过程性评价:表现性评价(自评、互评、师评)(详见单元评价设计)
教学资源	冰场1片(或仿真冰)、滑冰装备30套、大标志桩30个、小标志桩30个、长绳4根、秒表4块、弹力带若干、音响、多媒体设备1套			

(四) 评价设计

本单元从体育与健康学科核心素养三个维度"运动能力""健康行为""体育品德"出发,对学生基础直线滑行学习的过程及结果进行评价,结合单元教学实际,选择有针对性的观测点,从划弧、重心转换、蹬冰等技术掌握情况,体能的提高程度,在学习中摔倒时的安全意识,冰上适应能力的变化,与同伴相互帮助鼓励、克难共进等方面进行评价设计。

表7-3-4 高一年级滑冰基础直线滑行单元评价设计

评价维度	评价内容	评价观测点	评价方式
运动能力	运动认知	能讲出基本的冰上运动项目及规则;懂得欣赏冰上运动比赛	口头测试
	运动技能	前C、正划弧滑行流畅连续;熟练地掌握蹬冰技术,重心左右转换富有节奏感;在学习及比赛过程中能合理地使用所学知识技能	技术观测 行为观察
	体能状况	腿部力量与身体平衡能力提高、腰腹部的核心稳定性增强及体能发展变化程度	体能测试 成长记录
健康行为	锻炼习惯	自觉完成陆地模仿练习;能正确穿戴滑冰装备,并且时刻检查装备的穿戴情况	口头点评 行为观察
	安全意识	能正确运用摔跤姿势,懂得自我保护;不推挤、碰撞其他人	技术观测 行为观察
	适应能力	可以抵御冰场的寒冷,具备适应冰上环境的能力;善于与同伴交流,发展同学友谊	问卷调查 成长记录

（续表）

评价维度	评价内容	评价观测点	评价方式
体育品德	体育精神	不管摔倒多少次，都能勇敢站起来，没有出现畏难情绪和放弃的行为	行为观察 口头点评
	体育道德	在比赛中遵守滑冰规则，公平地进行比赛；能按照要求，完成相应的练习	行为观察 口头点评
	体育品格	在小组合作学习中，承担拍摄、保护与帮助的角色，具有负责任的行为	行为观察 口头点评

（五）资源设计

为有效解决本单元教学重点，教师运用各种教学器材及多媒体设备，设置丰富的课堂情境，使用多种教学手段，激发学生的运动兴趣，提高学生对滑冰的认知与理解。

表 7-3-5　高一年级滑冰基础直线滑行单元教学资源设计

目标指向	资源设计		资源应用	解决问题
单元学习目标1、2、3	媒体资源	1. 多媒体投影资源 2. 滑冰相关视频 3. 平板电脑	1. 用多媒体播放速度滑冰、冰球运动的相关比赛 2. 利用平板电脑拍摄学生的练习动作，让学生反复观看自己的动作，分析其中的问题	1. 提供滑冰视频，使学生更直观地了解滑冰运动；提高学生欣赏冰上运动的能力 2. 观看练习视频，让学生自己分析动作，激发学生思考，纠正错误
单元学习目标1、2、4	运动器材资源	1. 滑冰装备30套 2. 大小标志桩各30个 3. 长绳4根及弹力带若干 4. 秒表4块	1. 用标志桩划分场地，进行教学或游戏比赛 2. 以标志桩为道具进行游戏 3. 利用长绳和弹力带进行体能练习，作为游戏的道具 4. 秒表，比赛或游戏计时	1. 明确场地划分，提高课堂效率 2. 使技能、体能练习多样化 3. 丰富游戏比赛的内容，提高学生兴趣 4. 培养学生组织、裁判能力，担任不同角色，加强责任感

二、课时教学计划的设计

（一）课的设计

体验飞翔刺激　享受无限乐趣
——高一年级滑冰基础直线滑行(4-3)课的设计

1. 指导思想

以"健康第一"为指导思想，促进学生全面发展，尊重学生学习需求。本课根据高中生的相关能力与身心特点，以基础直线滑行技术第3次课为载体，从整体出发，以问题为导向，运用多种教学手段和信息技术，创设丰富的运动情境；围绕运动能力、健康行为、体育品德的培养，促进学生体育学科核心素养的培育。

2. 相关分析

教材分析：本课是基础直线滑行单元教学的第3次课，本节课主要进行蹬冰滑行练习，蹬冰是滑冰中最为重要的技术动作，可以说，没有蹬冰，也就不存在滑行，之前所做的基本姿势也都是为蹬冰动作做准备。练习时要求身体重心移动到一侧，单腿支撑身体，另一侧腿向侧面蹬出，支撑脚向前滑行，蹬冰腿一直到脚尖最后接触冰面，方抬腿收回与支撑脚并列，然后转换重心，另一只腿进行蹬冰、收回，才完成一个完整的蹬冰滑行过程。所以蹬冰技术需要学生具备一定的腿部力量、协调和平衡力。

学情分析：本课教授对象为高一年级学生，经过两节课的滑冰练习，对滑冰运动有了一定了解，知道了一些速度滑冰项目及规则、装备护具及保护知识；85%的学生基本掌握了上节课的前C与正划弧技术，为蹬冰滑行打下了基础；经过体能训练，学生踝关节及腿部力量有所发展，少数学生脚踝力量薄弱，还需针对性训练。练习中，95%的学生摔倒时都能正确保护自己，对于不能正确摔倒起立的学生，其他伙伴也会去给予帮助与关心。所有学生对滑冰都充满热情，不畏惧摔倒，坚定地站起，继续滑行。游戏比赛中，大家相互提醒，避免犯规。对于技能优异者，大家为他鼓掌与喝彩，表现出了良好的体育核心素养。

3. 主要教学策略

（1）问题导向：本节课始终围绕"步法滑行与蹬冰滑行衔接""身体重心左右转换"两大问题进行教学，使学生时刻意识到这两个问题，思考与解决，更有针对性地完成教学任务。

（2）情境比赛：设置丰富的课堂情境，一是激发学生兴趣，二是提高技能的运用能力，如本节课步法滑行比赛"沼泽采蘑菇"情境和"湿滑路面行走"的生活情境，有助于学生对技能的理解、掌握和应用。

(3) 信息化直观教学:利用多媒体技术,为学生呈现滑冰比赛,直观的视觉冲击使学生快速直接形成比赛认知。通过视频拍摄学生动作,使学生清楚地看到自己的动作,强化肌肉记忆,改善动作结构。

(4) 分组合作学练:将学生分为两人一组,一人练习,一人给予帮助提醒,使学生在练习过程中实时接受反馈,加强了学生对动作的理解,提高学生之间的交往合作能力。

4. 问题的预设与对策

预设1:蹬冰时身体重心跟着蹬冰一侧的腿移动。

对策1:支撑腿和身体始终靠着板墙,进行原地蹬冰练习。

预设2:蹬冰时,支撑腿停留在原地,不向前滑行。

对策2.1:教师给予辅助,在学生蹬冰时推动其支撑腿向前滑,感受力的方向。

对策2.2:让学生蹬冰时,稍向侧后方蹬出。

预设3:虽然进行了快速有力的蹬冰,但没有获得滑行速度。

对策3:学生蹬冰时,由教师引导其重心移动,带领学生往前滑。

预设4:学生滑行时容易摔倒,身体姿态控制困难。

对策4:要求学生双手触摸膝盖。

(二) 课时计划

表7-3-6 高一年级滑冰基础直线滑行(4-3)课时计划

年级	高一年级	人数	24	日期		执教	
班级		组班形式	男女混班	周次		课次	
内容主题	1. 滑冰:基础直线滑行(4-3) 2. 相关体能			重点	步法滑行与蹬冰的衔接,重心左右转换,移动到支撑腿一侧		
				难点	蹬冰的同时身体重心移动,支撑腿向前滑行		
学习目标	1. 90%的学生能初步掌握基础直线滑行动作;了解相关的冰上运动项目及其裁判规则;下肢力量、平衡性、协调性等相关体能得到发展 2. 养成良好的冰上锻炼习惯,学会正确穿戴护具,掌握正确的摔倒动作,提高运动中自我保护的意识与能力;掌握在寒冷环境中运动的方法,增强适应环境的能力 3. 在一次次摔倒中,形成不言放弃、克服困难的体育精神;在比赛中形成良好的规则意识;与同伴互助合作,培养责任感与团结的体育品格						

（续表）

流程 (时间)	教学内容	教学活动设计	组织与队形	运动负荷		
				次数	时间	强度
开始部分 (4′)	1.整理队伍,检查人数,师生问好 2.提出目标要求 3.观看平昌冬奥女子3000米速滑接力比赛 4.检查装备穿戴是否正确	1.活动情境 观看平昌冬奥女子3000米短道速滑接力比赛 2.活动任务 欣赏速滑接力比赛及其规则,并表达对比赛的看法 3.活动评价 学生认真观看,主动思考,积极表达自己的观点	****** ****** ****** ****** ● 图1 ●代表教师 *代表学生	1	3′	
准备部分 (3′)	1.基本姿势练习 2.原地深蹲20次 3.坐姿直腿外展(双手触碰一侧脚尖) 4.单腿支撑左右侧向跳	1.活动情境 利用音乐营造课堂氛围,让学生身心活跃起来 2.活动任务 学生随音乐的节奏,进行基本姿势、深蹲、跳跃等动作的准备活动 3.活动评价 动作正确,坚持完成每一个热身动作	****** ** ** ** ● ** ** ** ****** 图2	2 1 1 4×4	40″ 30″ 20″ 60″	中

设计说明:
1.结合信息化、情境化的教学策略,播放2018年平昌冬奥会女子3000米速滑接力比赛视频,在这一比赛中,犯规判罚争议颇大,可以使学生接触紧张激烈的比赛,培养欣赏比赛的能力,强化对规则的理解,从而提高学生的体育认知水平
2.播放《冰雪奇缘》主题曲,创设情境,使学生由平静状态转入兴奋状态;设计动静结合的准备活动,发展学生协调与平衡能力,加强其控制身体姿态的能力

流程 (时间)	教学内容	教学活动设计	组织与队形	次数	时间	强度
基本部分 (29′)	1.步法滑行的情境比赛	1.活动情境 伴随多媒体播放的活动内容,在布置好练习路径的场地上练习与比赛 2.活动任务 学生按照规则分四组进行比赛活动,并做好比赛裁判工作 3.活动评价 在比赛中相互帮助提醒,能公平公正地评判比赛,正确看待比赛	** ** ** ** ** ● ** ** ** ** ** 图3	1	3′	中

(续表)

流程 (时间)	教学内容	教学活动设计	组织与队形	运动负荷		
				次数	时间	强度
	设计说明： 1. 采用比赛的教学策略，设计一系列练习路径，将枯燥无味的步法练习变得有趣，让学生体验实际的场景，既可以辅助学生完成技术动作，又可以保持学生练习的积极性，在比赛中激发他们积极进取的体育精神 2. 融入信息化教学策略，利用多媒体设备循环播放已经录制好的练习视频，为学生提供实时的动作示范，加深学生对正确动作的认知，提高他们技术动作的水平，发展其运动能力					
基本 部分 (29′)	2. 原地蹬冰动作练习	1. 活动情境 利用多媒体设备为学生拍摄练习动作，并让学生处于一种被时刻关注的状态；利用语言创设问题情境，使学生不断地思考并解决问题 2. 活动任务 (1) 学生手扶板墙，左右移动重心，转换支撑腿蹬冰的学练活动	****** ****** ● 图4 靠冰场板墙	20次 /组 2组	2′	中
	3. 步法滑行接小步蹬冰滑行	(2) 进行2次前C或正划弧滑行，1次蹬冰滑行的学练活动，也可以1次步法滑行接1次蹬冰；组内两人进行一人练习、一人观察提醒的合作学习活动 (3) 原地蹬冰3次，感知动作，然后集体绕圈滑行5圈，学生观看自己完成动作的视频，分析问题并改进；两人一组，一人在后面观察同伴动作，时刻反馈，各滑3圈；学会如何评判同伴动作并提出建议，主动进行展示	* * * * * ○ * * * * * ● 绕冰场滑行 图5	2圈 /人	4′	中
	4. 蹬冰滑行	3. 活动评价 与同伴、教师主动交流，积极思考与解决问题；能及时、准确地指出同伴的错误，并提出建议与帮助；具有良好的团队合作意识		11圈 /人	5′	大

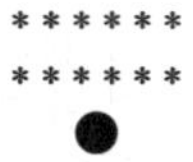

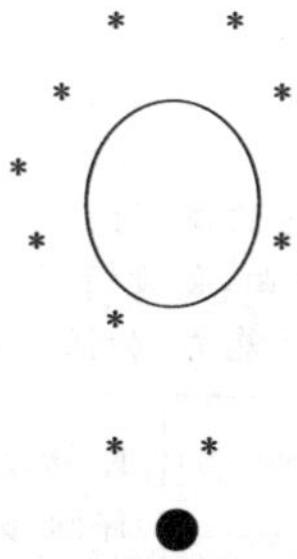

(续表)

流程 (时间)	教学内容	教学活动设计	组织与队形	运动负荷		
				次数	时间	强度
基本 部分 (29′)	设计说明： 1. 采取结构化的教学策略，在蹬冰滑行之前，设计一组步法滑行加小步蹬冰的练习，因为这一部分是学生能否学会滑冰的关键环节，之前所有的步法滑行都是为蹬冰滑行做准备，能否将两者顺利衔接，会直接影响到学习效果，可以让学生体验动作的每一个过程，层层递进，逐步提升，掌握连贯、系统的知识技能 2. 结合信息化技术，利用平板电脑进行视频拍摄，因为学习初期，学生对自己的动作表象并不清晰，运动过程中对肢体所处的位置感知较弱，为学生提供直观的动作反馈可以加强学生肌肉的本体感觉，强化其运动认知，提高运动技术水平					
	5. 滑冰的接力比赛 (分4组，每人滑1圈，与滑行结束的同伴击掌后，下一名学生才能出发，以时间计成绩)	1. 活动情境 以分组的形式进行接力滑行比赛，创设激烈的比赛情境 2. 活动任务 理解比赛的规则及要求；比赛中时刻注意蹬冰的正确动作；提醒同伴注意教师强调的要求，并为队友加油，齐心合力战胜对手 3. 活动评价 严格遵守比赛规则，积极参与比赛，既为胜利努力拼搏，又能正确看待比赛胜负	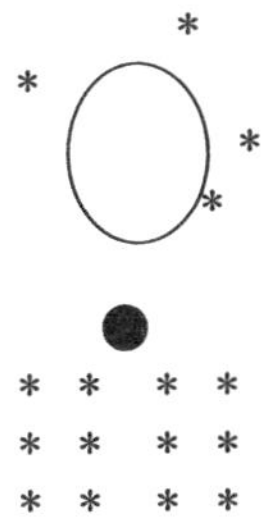 图6	1	3′	大
	设计说明： 采用情境化教学策略，通过比赛让学生将所学的知识技能应用到实际当中，加深对技能、比赛规则的理解，也能激发学生的学习积极性，培养与同伴合作交流的习惯，形成公平公正、遵守规则的体育道德和尊重对手的体育品格					
	6. 综合体能训练 (1) 立卧撑10次 (2) 负重蹬冰20米 (3) 上肢力量训练	1. 活动情境 体能组合练习的游戏与比赛情境 2. 活动任务 学生按性别和运动水平分为4组，每组完成10次立卧撑后，一人拉其他组员滑行20米，然后坐在冰上，拉绳索回到起点(其他组员回起点帮助固定绳索另一端)；全组再进行10次立卧撑，轮换其他组员进行负重蹬冰，依照上述流程，最先完成组获胜 3. 活动评价 与队友沟通协作，相互配合，坚持完成体能练习，动作标准，比赛中竭尽全力	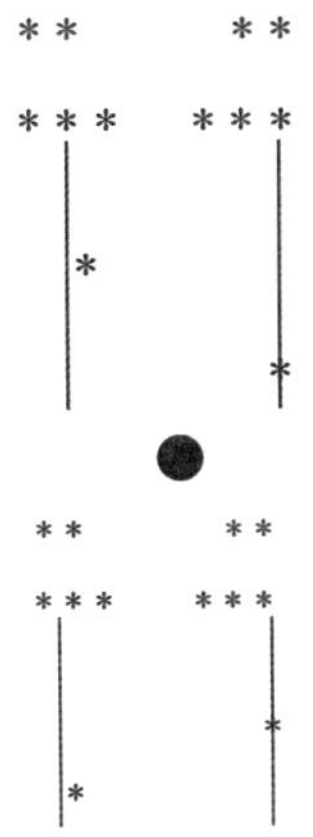 图7	1	6′	大

(续表)

流程 (时间)	教学内容	教学活动设计	组织与队形	运动负荷		
				次数	时间	强度
基本 部分 (29′)	设计说明： 结合结构化、情境化的教学策略，安排核心腰腹、上、下肢力量、平衡的组合式比赛游戏，将枯燥无味的体能练习变得趣味横生；可以发展学生的组织合作能力，也培养其坚持不懈、不服输的体育精神					
结束 部分 (4′)	1. 放松练习 2. 小结与点评 3. 师生再见 4. 归还器材	1. 活动情境 在音乐氛围中舒缓身心，进行放松 2. 活动任务 跟随教师进行拉伸与放松；回顾本节课内容及效果，自评、互评，发表本节课的收获或提出疑问；教师布置课后作业 3. 活动评价 身心得到恢复，能有效反思，积极发言	****** **　　** **　●　** **　　** ****** 图 8	1	3′	小
场地 器材	冰场 1 片、滑冰装备（冰鞋、护具）、大小标志桩、长绳 4 根、弹力带若干、音响 1 个、多媒体投影 1 套、平板电脑 1 台、秒表 4 块	安全 保障	1. 课前装备穿戴检查 2. 热身准备活动充分 3. 自我保护意识培养，安全教育			
		预计	练习密度		负荷强度	
			全课	内容主题	中	
			68%	58%		
课后 反思						

　　* 本教学设计源于上海市人文社科重点研究基地"体育教育教学研究基地"研讨课，由华东师范大学体育与健康学院硕士周硕、杜欣梅设计。

第四节 新兴运动：定向越野教学设计

本设计为高一年级的定向越野，主要采用情境式、游戏化等教学方法和手段，引导学生开展观察、感知和体验等多种活动，充分发掘该主题在培养兴趣、合作互助、遵纪守规和克服困难等方面的教育作用。

一、单元教学计划的设计

（一）指导思想

本单元依据"健身育人"的课程理念，采用问题链的方式，引导学生学习定向越野，让学生在一个个解决问题的活动中，逐渐掌握定向越野跑的知识和技能，发展奔跑能力，培养运动兴趣。教学过程中采用合作学习、探究学习等方式，让学生以小组为单位展开学习和实践，坚持"学—思—练"相结合，让学生逐渐学会观察、学会思考、学会交流，提高分析和解决问题的能力。

（二）相关分析

1. 教材分析

表 7-4-1 高一年级定向越野教材分析

运动认知	动作结构	相关体能	相关知识
认知：定向越野跑是参加者借助地图和指北针按规定顺序寻找若干个标绘在地图上的检查点，并以最短时间跑完全程的运动 价值：定向越野能使学生身体更加强健，可锻炼学生意志，使学生勇敢面对生活中的挑战，提高学生识图和使用地图的能力	动作过程：定向越野跑要求参与者在体力和智力的压力下做出迅速判断，找到地图上标出的检查点 动作要点：边跑边标定地图，图地对照 关键环节：读懂定向地图、选择跑动路线	定向越野跑的体能基础是速度和耐力，参加者需要掌握耐力跑的跑步节奏和呼吸方法，合理的跑步节奏以及正确的呼吸方法有助于以最短的时间跑完全程	定向越野还需要具备一定的地理知识和读图技能，如辨别方向、标定地图、阅读检查点说明表、捕捉检查点、选择跑动路线等

2. 学情分析

表 7-4-2　学情分析

教学对象	认知水平	身心特点	能力水平
高一年级男生	本班学生对定向越野跑接触较少，基础相对薄弱，需要从辨别方向开始学习	学生活泼好动，喜欢参与体育活动，挑战新事物；虽然身体的各个方面发展都较快，但身体素质参差不齐；独立思维能力强，但欠缺合作意识	思维敏捷，对新知识、新技能的接受能力较强，但大多数学生都没接触过定向越野跑，需要激发学生的学习兴趣

3. 教法分析

（1）把定向越野跑的技术要领传授给学生之后，组织学生多进行完整的定向越野跑练习，让学生能够学以致用。

（2）充分贯彻课程标准的基本理念，把学习运动技能与游戏比赛相结合，将运动技能的学习融入游戏和比赛情境，充分体现了活泼、自由、愉快的课堂新模式，力求让学生能在轻松愉快的游戏活动中学习和掌握知识，享受体育锻炼的乐趣。

（3）围绕单元核心问题进行教学，在每节课的教学中，对学生进行提问，让学生带着问题进行学练，从而培养学生解决问题的能力，使学生的核心素养得到发展。注重运用多媒体资源，给学生更好的教学体验，如运用平板电脑拍摄练习视频，传到班级群中，让学生进行交流和学习。

4. 问题链设计

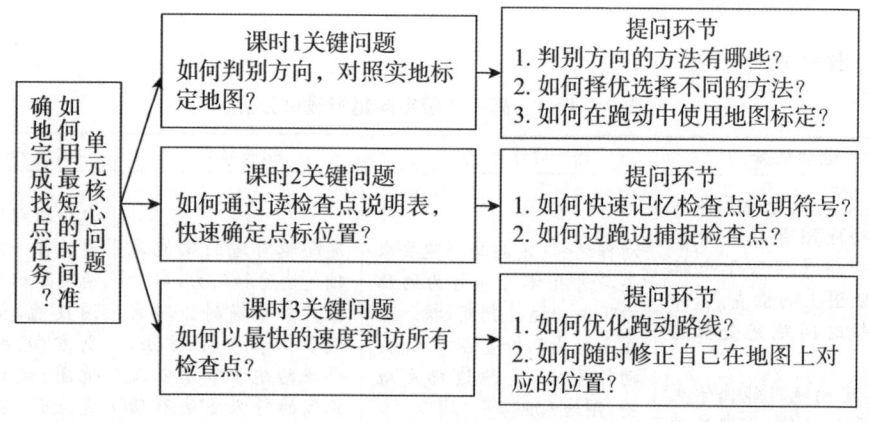

(三) 教学流程

表 7-4-3　高一年级定向越野单元教学流程

年级	高一年级	学期		课次	3	执教	
单元学习目标	1. 知道定向越野跑的特点和价值，掌握辨别方向和标定地图的方法，能够在指导下准确读出地图语言，并能在奔跑的状态下快速完成找点任务 2. 参与多种形式的定向跑练习或比赛，体验在体力和智力的双重压力下，迅速判断和找点的过程，承受中等以上强度的运动负荷，发展奔跑能力和心肺功能 3. 在小组学习过程中积极思考、主动参与协作，表现出良好的交往能力，在定向比赛中表现出果断、自信等优良品质			教学重点	读懂定向地图和检查点说明表，学会辨别方向，明确定向越野跑的跑动路线		

课次	教学内容	学习目标	重点、难点	教学策略与评价
1	1. 定向越野的起源、发展、特点、规则、器材、地图、比例尺、符号 2. 判断方位的方法 3. 标定地图的方法 4. 百米定向比赛	1. 知道定向越野常识，能说出判别方向的方法，会用指北针标定地图，完成简单的百米定向跑 2. 参与百米定向跑练习和体能练习，能够用手测脉搏监控自己的运动强度，发展速度、耐力等体能，能尽力缩短百米定向跑的时间，以最快的速度完成任务 3. 在小组合作学习过程中，表现出共同面对困难、互帮互学的良好品质	重点：方向的判别 难点：标定地图的方法	教学关注： 1. 定向越野跑的知识 提高定向跑的质量，了解定向越野跑的发展、特点及规则等 2. 判断方位及标定地图的方法 (1) 掌握判断方位的基本方法，通过针对性练习，体会不同的位置判断方位的差异，利用太阳、建筑等正确地判断方位 (2) 利用判断方位的方法，学习标定地图，并与同伴们合作，体验合作学习的快乐
2	1. 复习百米定向跑 2. 学读检查点说明表 3. 图地对照找点练习 4. 定向比赛 5. 体能练习	1. 知道百米定向跑的方法，掌握读出检查点说明表的方法，能通过合作正确地找到检查点 2. 能坚持参与定向比赛，感受体力和智力的双重考验，承受中等以上的运动强度，发展奔跑能力和心肺功能 3. 在定向比赛中能主动与同伴交流、相互配合、相互信任，共同完成任务，在找点时表现出果断、自信的心理品质	重点：读懂检查点说明表 难点：图地对照，快速、准确地找到检查点	

(续表)

课次	教学内容	学习目标	重点、难点	教学策略与评价
3	1. 复习定向越野知识 2. 学习规划跑动路线的方法 3. 定向积分赛 4. 体能练习	1. 掌握图地对照和选择路线的方法，能独立完成读图找点的任务，并能将定向知识迁移到生活中 2. 能运用所学的知识和技能参加定向越野比赛，发展奔跑能力和心肺功能，在比赛中表现出对定向越野跑的热情，比赛中做到镇定、果断、自信 3. 在定向越野跑比赛过程中，积极地参与并与同伴合作交流，共同完成定向越野跑任务	重点：合理选择跑动路线 难点：人在实地行，心在图中移	教学策略： 1. 递进情境的定向越野跑学练活动：判断方位、标定地图、百米定向跑、定向越野跑 2. 比赛情境的定向越野跑活动：分组进行定向越野跑比赛，规定比赛的时间和要求 评价要点： 在定向越野跑的过程中，团队成员要分工合作，用最短的时间完成任务，跑完全程
安全保障	1. 课前询问学生身体状况 2. 保证场地平整、布置合理 3. 充分热身，准备活动到位 4. 加强安全教育，提高安全意识		评价与方法	1. 终结性评价：等第评价（生评、师评） 2. 过程性评价：表现性评价（自评、互评、师评） （详见单元评价设计）
教学资源	点标旗 58 个、针式打卡器 40 个、指北针 7 个、定向地图 7 套、检查点纸卡 50 张、小旗子 7 面、贴条 20 套、平板电脑 8 台、多媒体音响设备 1 套、椅子若干			

（四）评价设计

结合体育与健康学科核心素养的三个维度，本单元从学生掌握定向越野方法、有氧运动能力、合作交流、互相信任、配合默契等方面，选择有针对性的观测点，展开全面的评价，注重将终结性评价与过程性评价相结合。

表 7-4-4 高一年级定向越野单元评价设计

评价维度	评价内容	评价观测点	评价方式
运动能力	运动认知	能说出定向越野读图方法、定向符号的示意	口头测试
	运动技能	判定方位准，选择最佳路线，能用最短的时间跑完全程	技术观测
	体能状况	耐力和速度素质的发展情况	体能测试
健康行为	锻炼习惯	积极参与练习和比赛，体验到定向越野跑的乐趣	行为观察 口头评价
	情绪调控	能在练习中信任同伴，同伴之间和谐互助，共同面对挫折，战胜困难	行为观察 口头点评
	适应能力	能主动交流，互动积极，相互激励，较好完成团队之间的配合	行为观察 口头点评
体育品德	体育精神	比赛中能为了小组荣誉而坚持跑完全程	行为观察 口头点评
	体育道德	在比赛中遵守定向越野跑规则，按照要求，完成相应练习	行为观察 口头评价
	体育品格	在比赛中相互尊重，同伴之间相互合作，有集体荣誉感	行为观察 口头评价

（五）资源设计

为有效解决单元教学重点"读懂定向地图"，教师运用自制教具和多媒体资源，创设各种练习情境，以激发学生的学习兴趣，提高课堂教学实效。

表 7-4-5 高一年级新兴运动定向越野单元教学资源设计

目标指向	资源设计		资源应用	解决问题
单元学习目标 1、2、3	定向设备资源	针式打卡器、小旗子、贴条、平板电脑	通过检查点纸卡上的针孔或在小旗子上贴条等方法判断到访的检查点是否正确；利用平板电脑拍照来判断学生的找点顺序，通过拍照留念激发团队合作意识	判断学生找点是否正确，监控学生是否按顺序找点
单元学习目标 1、2、3	多媒体资源	多媒体设备，教学课件	定向越野教学有很多知识性的内容，需要学生理解和记忆，为了帮助学生尽快地掌握知识，需利用PPT课件来讲解定向知识，为学生清晰地呈现定向图，检查点说明表、符号等	运用PPT直观展示定向符号，便于分类、象形记忆

二、课时教学计划的设计

（一）课的设计

精准定位　勇往直前
——高一年级新兴运动定向越野(3-2)课的设计

1. 指导思想

以"活化练习、动感培育"为宗旨，以定向越野跑的学练为载体。通过问题引领、合作学习、比赛实战等教学方法和手段，促使学生掌握定向越野跑的读图和找点技能，充分感受定向越野跑带来的乐趣。运用信息技术记录和共享学生在学习过程中生成的各项数据，引导学生客观评价自我，关注身体健康。

2. 相关分析

教材分析：定向越野跑是高中《体育与健身》教材基本内容Ⅰ中的教学内容，该教材具有很强的知识性、趣味性和挑战性，经常参加该项目不仅能够强健体魄，而且能培养独立思考和解决困难的能力。本课是单元教学的第2次课，主要是让学生能够在辨别方向、会标定地图的基础上，学习读地图上的检查点说明表，能在地图语言的指示下找到检查点。

学情分析：本次课的授课对象是高一年级男生，他们乐于接受挑战。经过上次课学习，该班学生已经初步掌握了图地对照和辨别方向的技能，因此在本次课要通过百米定向比赛进一步强化。该年龄段学生已具备独立思考、分析和判断的能力，因此在学习过程中要为他们提供自主实践的机会，培养其探究学习的能力。

3. 主要教学策略

进行百米定向比赛，复习辨别方向和标定地图的知识技能，以小组为单位进行组间对抗，看哪组又快又准确地跑完全程，运用平板电脑记录比赛时间和跑后的即时心率，介绍通过心率检测运动强度的方法。

运用多媒体讲解如何读检查点说明表，启发学生运用分类、象形的方法记忆定向符号。引导学生小组合作读图，以小组为单位进行找点实践体验，利用教师提供的定向图，找到预先布置好的两个点，并根据布点位置，填写完成检查点说明表，回到终点后参照正确答案修改检查点说明表。随后小组间交换地图，按照图上所示，每组找两个点标，并将点标旗带回终点。

组织学生开展定向越野团队赛，要求每个小组4名同学一起奔跑找点，1名同学负责拿图，1名同学负责拿旗，1名同学负责拿秒表计时，1名同学负责拍照（要求出现3名同伴和检查点卡片），完成比赛后通过脉搏测即时心率，比赛结束后引导学生进行评价和交流。

利用椅子进行体能练习，通过坐位举腿、头低脚高的俯卧撑，在椅子上仰卧平衡和支撑举腿等练习,发展学生腰腹力量和上肢力量,培养学生坚持不懈、永不放弃的意志品质。

4. 问题的预设与对策

预设1:团队中成员的体能差异较大。

对策1:在比赛环节要求有一名同学负责拍照,这样不仅可以使小组成员统一行动,而且可以判断找点顺序是否正确。

预设2:不认真读检查点说明表就直接跑点。

对策2:在设定检查点时要增加难度,在同一地物的不同位置设计多个检查点,让学生通过认真读图找到正确的点标。

(二) 课时计划

表7-4-6 高一年级定向越野(3-2)课时计划

年级	高一年级	人数	28	日期		执教			
班级	篮球专项班	组班形式		周次		课次			
内容主题	跑:定向越野跑(3-2)			重点	读懂定向点标说明表				
				难点	图地对照,快速、准确地找到检查点				
学习目标	1. 经过学习和实地体验,90%以上的学生能够正确读出检查点说明表的示意,并能通过合作找到检查点 2. 参与定向比赛,感受体力和智力的双重考验,承受中等以上的运动强度,发展奔跑能力和心肺功能 3. 在定向比赛过程中能主动与同伴交流、相互配合、相互信任,共同完成任务,在找点时表现出果断、自信的心理品质								
课的结构(时间)	教学内容	活动设计		组织与队形		运动负荷			
						次数	时间	强度	
准备部分(7′)	课堂常规 1. 整队 2. 师生问好 3. 宣布本课内容 4. 安全教育与要求 准备活动 1. 游戏"抢椅子" 2. 椅子拉伸操+跑的专项练习	1. 活动情境 用"抢椅子"热身游戏创设运动情境 2. 活动任务 按教师的口令做反应游戏,完成关节和肌肉拉伸 3. 活动评价 学生积极参与游戏,拉伸操中动作到位、热身充分		图1 △代表教师 ×代表学生 ○代表地点 图2		1 1	2′ 2′	小 小	

（续表）

课的结构（时间）	教学内容	活动设计	组织与队形	运动负荷		
				次数	时间	强度
设计说明： 通过"抢椅子"游戏渲染情境，围绕"找准位置、敢于挑战"创设情境，让学生在游戏情境中活跃身心，使学生的身体器官由相对静止状态逐步进入运动状态，从游戏中产生情感体验，激发学生的学习兴趣						
基本部分（30′）	1. 百米定向跑 （1）辨别方向和标定地图的方法 （2）靶心率的知识 2. 学读检查点说明表 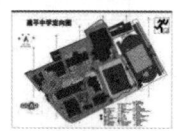 3. 实地找点练习 （1）找点作图练习 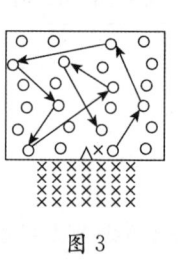 （2）收点表旗练习	1. 活动情境 运用多媒体演示和语言创设问题情境 2. 活动任务 采用分类象形的方法记忆符号的含义，完成作图和找点的任务 3. 活动评价 明确读图要领，练习认真，能准确找到检查点	图 3 图 4	1 1 1	3′ 1.5′ 1′	中 小 中
设计说明： 1. 利用信息化 PPT 演示定向越野跑和靶心率的相关知识，使学生能清楚地知道定向跑练习的跑动路线，提高练习效率 2. 以结构化问题设计推动合作探究能力的提升，如何快速记忆检查点说明符号，问题的设置可以培养学生主动思考的能力 3. 利用地图及实物辅助教具模拟情境，不仅便于学生进一步明确标志点的位置和跑动路线，而且让学生体验定向跑的真实感，这些情境可以激活学生的形象思维，帮助学生集中注意力，调动学生参与的欲望						

（续表）

课的结构（时间）	教学内容	活动设计	组织与队形	运动负荷		
				次数	时间	强度
基本部分（30′）	4. 定向越野比赛 （1）团队比赛：4人一组同时出发，各有分工，1名同学负责拿图，1名同学负责拿旗，1名同学负责用秒表计时，1名同学负责拍照 （2）交流与评价 5. 体能练习 （1）坐位举腿 （2）仰卧平衡 （3）支撑举腿	1. 活动情境 7个小组分工合作进行比赛，按顺序找检查点并将检查点上的贴条粘在本组的小旗子上 2. 活动任务 利用平板电脑记录比赛画面和找点顺序，记录比赛成绩和比赛后的即时心率 3. 活动评价 队员间相互信任、配合，分工明确	校园内散点 图5 图6	1 1	4′ 4′	大 大
	设计说明： 通过定向越野跑比赛，一是激发学生的学习积极性，提高学生间相互合作的程度；二是让学生能够将所学及所悟应用到实际当中，利于未来发展					
结束部分（3′）	放松与小结 1. 舞蹈放松 2. 评价小结 3. 师生告别	1. 活动情境 利用音乐创设放松氛围，利用语言创设宽松的讲评氛围 2. 活动任务 点评学生课堂表现，引导学生相互交流 3. 活动评价 善于表达、积极参与评价、明确努力方向	图7 图8	1	2′	小
场地器材	标旗58个、椅子若干、打卡器24个、检查卡7张、定向地图7套、小旗子7面、贴条20套、平板电脑8台、多媒体音响设备1套		安全保障	1. 课前询问学生身体状况 2. 保证场地平整、布置合理 3. 充分热身，准备活动到位 4. 加强安全教育，提高安全意识		
			预计	练习密度		负荷强度
				全课	内容主题	中大
				50%左右	50%左右	
课后反思						

　　＊本教学设计源自浦东新区的区级公开课，曾获得评课专家的高度好评。原作者为建平中学教师田来，后由华东师范大学体育与健康学院硕士查春艳根据编写组要求再次设计。

第五节　民间传统项目：毽球教学设计

本单元为六年级的毽球教学设计，主题为"踢出一个精彩人生"，通过多种教学方法与手段，激发学生学习兴趣，培养学生对民间传统项目的热爱。

一、单元教学计划的设计

（一）指导思想

本单元从"鞭打技术"原理学习入手，以互动、合作、探究贯穿整个教学过程。为学生最大限度地提供自主学习的时间和空间，激发学生主动参与运动的热情，激活课堂，让学生的体能、技能与个性在合作探究、互帮互学中得到锻炼。

（二）相关分析

1. 教材分析

表 7-5-1　六年级毽球脚内侧控球教材分析

运动认知	动作结构	相关体能	相关知识
认知：控球是毽球技术中最基本的技术之一，主要与传球、接发球、接扣球等技术相结合运用 价值：由于学生活动的时间和空间不被限制，可以在课上学毽球、课间玩毽球、课后练毽球，促进技能的形成和自健习惯的养成，也使学生速度、力量、灵敏等身体素质得到不同程度的提高	动作过程：控球技术是运用正脚背、内脚背、外脚背等不同部位触球，连续不断地踢球，让球按照自己的意图飞行 动作要点：运用脚内侧、脚外侧、正脚背不同部位，按照"鞭打动作"的原理，控制球的飞行轨迹 关键环节：控球技术关键在于控制，人球合一，球随人心	控球技术的体能基础是速度、灵敏、柔韧，学生在学练控球技术的过程中需要掌握合理的用力方法，控制合理的击球面与角度以及移动方法，有助于以最短的时间作出反应： 1. 灵敏性练习 （1）绳梯组合动作跑 （2）短距离多向折返跑 2. 柔韧性练习 （1）主动性压腿及展髋练习 （2）被动伸展练习	控球技术学练需具备一定的物理学知识，如鞭打动作原理、击球面知识、抛物线等知识

2. 学情分析

表 7-5-2 学情分析

教学对象	认知水平	身心特点	能力水平
六年级学生	大多数学生接触较少，基础相对薄弱，需要从基本的脚内侧控球开始学习	本班学生身体的各个方面发育都较快，但他们的身体素质参差不齐；男生力量素质较好，好胜心强，容易激发兴趣，但容易冲动；部分女生存在上、下肢力量不足，个别学生做动作时怕脏、怕累、怕出丑，不敢大胆练习	学生思维敏捷，对新知识、新技能的接受能力较强，虽然小学阶段踢过鸡毛毽，但是大多数学生都没接触过毽球运动，采用小组合作比赛的方式能更好地激发学生的学习兴趣

3. 教法分析

（1）采用多媒体法、讲解法、示范法，帮助学生理解控球的四种技术动作，随后采用循序渐进的练习方法，让学生逐渐掌握控球技能。

（2）坚持以问题为主导，为学生搭建合作学习的平台，让学生在解决一系列实际问题的学习活动中逐渐掌握"鞭打技术""击球面""击球时机"等与控球技术有关的动作要点和动作过程，培养学生发现问题、解决问题的能力。

（3）进行各种形式的控球比赛，为学生创设竞争与合作的情境，激发学生练习的兴趣，引导学生积极参与比赛，提高课前自学能力及合作学习能力。

（4）采用师生、生生互动，充分设计体育教学资源（多媒体、场地器材等），引导学生体会四种控球技术的关键要点。运用课前微视频学习和课上纠错的形式促进学生"双基"落实，同时用信息技术帮助学生判断学习情况，促进形成合作学习和自主学习的习惯。

4. 问题链设计

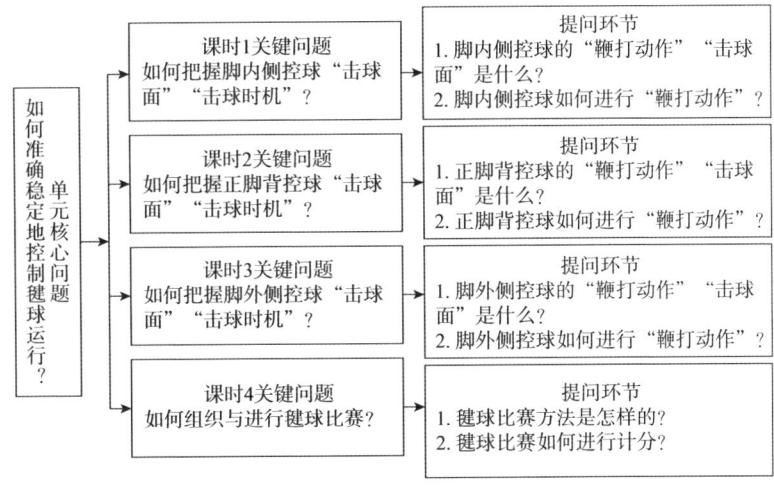

(三) 教学流程

表 7-5-3　六年级毽球脚内侧控球单元教学流程

年级	六年级	学期		课次	4	执教	
单元学习目标	\multicolumn{4}{l}{1. 知道控球技术的特点和价值，理解"鞭打技术""击球点""击球面"的原理，掌握运用基本原理学练技术的方法，能够在指导下稳定地控球，并能在比赛中合理选择控球方式 2. 在比赛中，参与多种形式的控球比赛，体验在体力和智力的双重压力下稳定控制球的过程，承受中等以上强度的运动负荷；在学练中发展灵敏、协调、速度等体能素质 3. 课前通过微视频学习，培养自主学习能力；课中小组合作，积极思考、主动讨论、协作、互帮互助，表现出良好的交往能力；比赛中表现出果断、自信等优良品质			教学重点	\multicolumn{3}{l}{理解"鞭打动作"，掌握正确的击球点和击球面，能够正确完成 3 个控球技术；熟练掌握 4 种控球技术，并能够在合作学习中指导其他同学}		

课次	教学内容	学习目标	重点、难点	教学策略与评价
1	1. 脚内侧控球的"鞭打动作"练习 2. 脚内侧控球练习 3. 体能练习——绳梯练习	1. 知道控球技术的特点和价值，理解"鞭打技术""击球点""击球面"的原理，掌握脚内侧控球技术，能够在指导下稳定地控制球 2. 在学练中发展灵敏、协调、速度等体能素质；在讨论和展示中体验成功 3. 小组合作，积极思考、主动讨论、协作、互帮互助，表现出良好的交往能力	重点：击球点准确 难点：支撑腿弯曲蹬地与摆动腿顺势上摆配合协调	教学关注： 1. 掌握什么是控球技术，控球技术在毽球运动中的价值等相关知识；提高控球技术的质量，理解不同控球技术中"鞭打技术""击球面""击球时机"等知识 2. 如何与队友配合，将球传递到队友接球的最佳位置 3. 有效利用多媒体设备进行学习，并与同学合作探讨，解决问题
2	1. 正脚背控球的"鞭打动作"练习 2. 正脚背控球练习 3. 体能练习——绳梯练习	1. 理解正脚背的"鞭打技术""击球点""击球面"，掌握正脚背控球技术，能够在指导下稳定地控制球 2. 在学练中，发展灵敏、协调、速度等体能素质；体验不同策略运用的过程，承受一定的身心负荷 3. 通过微视频学习，培养自主学习能力；小组合作，积极思考、主动参与讨论、协作、互帮互助，表现出良好的交往能力；比赛中表现出果断、自信等优良品质	重点：击球点准确，击球时机适当 难点：协调发力	

第七章 核心素养导向的其他类项目运动教学设计

（续表）

课次	教学内容	学习目标	重点、难点	教学策略与评价
3	1. 脚外侧控球的"鞭打动作"练习 2. 脚外侧控球练习 3. 体能练习——绳梯练习	1. 了解脚外侧控球技术的特点和价值，理解脚外侧控球的"鞭打技术""击球点""击球面"，掌握脚外侧控球的方法，能够稳定地控制球，并能在比赛中合理地选择控球方式 2. 在学练中，发展灵敏、协调、速度等体能素质；在比赛中，参与多种形式的控球比赛，体验在体力和智力的双重压力下，稳定控制球的过程，承受中等以上强度的运动负荷 3. 通过微视频学习，培养自主学习能力；小组合作，积极思考，主动参与讨论、协作、互帮互助，表现出良好的交往能力；比赛中表现出果断、自信等优良品质	重点：击球点和击球时间的正确把握 难点：身体协调发力	教学策略： 1. 使学生掌握课前自主学习，课中合作学习的方法：通过课前布置的学习任务单，结合微视频学习，逐步掌握控球技术，建立正确的动作技术概念 2. 通过基础练习寻找自己的困惑，课前与同学交流讨论，形成小组问题系列后在课堂上向教师提问 课堂上，教师针对各组的问题一一答疑解惑，学生通过针对性练习，相互展示闪亮点，向同伴提问，帮助同伴答疑，在互帮互助中提升学习品质 3. 学生在比赛中参与多种形式的控球比赛，学会在复杂的情境中使用学过的毽球技术，并体会如何运用学习策略
4	考核： 小组控球比赛（记录全队成绩）	1. 通过小组知识测试，强化控球技术的相关知识 2. 通过参加小组比赛，提高在实战中的个人和团体控球能力，发展灵敏、协调、速度等体能素质，控球数之和争取一次比一次好，体验小组合作的快乐，享受成功的喜悦 3. 在学习评价实践中，通过小组配合及互动交流，增强同伴间的信任，提高合作意识	重点：掌握正确的控球技术，建立良好的合作氛围 难点：掌握自己和自己比的意识	教学评价： 1. 能积极思考教师提出的问题，并与同伴交流讨论，解决问题 2. 知道毽球各技术的重难点，并能够用适当的方法完成学习任务
安全保障	1. 课前询问学生身体状况 2. 保证场地平整、布置合理 3. 充分热身，准备活动到位 4. 加强安全教育，提高安全意识		评价与方法	1. 终结性评价：等第评价（生评、师评） 2. 过程性评价：表现性评价（自评、互评、师评） （详见单元评价设计）
教学资源	毽球若干个、多媒体设备、音响、手机等			

(四)评价设计

本单元根据毽球运动的特点,选择有针对性的观测点,根据内容主题对学生运动技能掌握情况及在比赛中运用知识技能的能力,学生体能发展状况,学生间合作交流、互相信任、配合默契等方面进行单元教学评价。

表 7-5-4　六年级毽球脚内侧控球单元评价设计

评价维度	评价内容	评价观测点	评价方式
运动能力	运动认知	对毽球脚内、外侧,脚背控球重难点的认识;对比赛组织与安排的了解程度	口头测试
	运动技能	正脚背、脚内侧、脚外侧控球技术的掌握及其在比赛中运用所学知识技能的情况;是否积极展示技能	技术观测 行为观察
	体能状况	下肢力量、身体协调性及髋、膝、踝关节柔韧性的发展情况,提高程度	成长记录 体能测试
健康行为	锻炼习惯	积极主动参与学练并能与他人合作,会进行自我评价	行为观察
	情绪调控	在练习中信任同伴,同伴之间和谐互助,共同面对挫折,战胜困难	口头点评 行为观察
	适应能力	在练习中主动交流,互动积极,相互激励,能较好完成团队之间的配合	问卷调查 行为观察
体育品德	积极进取	在合作练习中,掌握不同的控球技术,挑战自我,敢于展示动作,敢于评价	行为观察 口头点评
	遵守规则	在比赛中遵守小组控球比赛的规则、尊重他人;按照要求完成相应练习	行为观察 口头点评
	团队合作	在练习和比赛中主动交流,相互激励,能较好完成团队之间的配合	行为观察 口头点评

(五)资源设计

为有效解决单元教学重点,帮助学生理解控球技术中的"鞭打技术",教师运用自制教具和多媒体资源,创设各种练习情境,以激发学生的学习兴趣,提高课堂教学实效。

表 7-5-5 六年级毽球脚内侧控球单元教学资源设计

目标指向	资源设计	资源应用	解决问题
单元目标 1、2、3	媒体资源	1. 信息技术资源：课前学习微视频、课件 2. 手机	1. 课前，学生利用课前布置的学习任务单，结合微视频学习控球技术，建立正确的动作技术概念，通过基础练习寻找自己的困惑，课前与同学交流讨论，形成小组问题系列后，在课堂上向老师提问 2. 课堂上，在学生分组练习过程中，教师利用手机对学生的练习情况进行录像与视频回放 3. 在课堂展示与交流环节中，通过观察学生的动作进行点评	1. 利用课前学习微视频，学生建立正确的动作技术概念 2. 利用视频慢放功能，清晰地判断学生的技术掌握情况 3. 纠正错误方法
单元目标 1、2、3	创编小组竞赛规则	以小组为单位统计控球总数排名	1. "踢踢乐"的游戏，可以使学生集中注意力，互相鼓励，激发合作学习兴趣 2. 利用"踢踢乐"游戏，促进学生研究控球技术，提升合作学习效果 3. "踢踢乐"帮助学生体会不同比赛策略对获得好成绩的影响，培养学生独立思考，合作讨论，遇事谋定而后动的习惯	1. 激发学生合作学习兴趣 2. 引导学生深度合作学习 3. 培养合作交流、批判性思维和创新思维

二、课时教学计划的设计

（一）课的设计

踢出一个精彩人生

——六年级民族传统项目毽球(4-1)课的设计

1. 指导思想

依据《上海市体育与健身课程标准》的实施要求，遵循"学习迁移"的心理学原理，以"健康第一"为指导思想，以"鞭打技术"的了解、理解、掌握运用为学习程序，选择毽球：脚内侧控球为学练载体。通过课前任务单及微视频的学习，课堂上的问题引领、合作学习、比赛实战等学练活动，促使学生理解击球面与击球时机，掌握"鞭打技术"和脚内侧控球技术，充分感受成功获得技能的乐趣。运用信息技术记录和共享学生在学习过程中生成的各项数据，引导学生客观评价自我，关注身体健康，培养"自主健身"的意识与能力。

2. 相关分析

教材分析：毽球脚内侧控球，击球时，球在支撑腿膝关节以下，膝关节外转，脚内侧内翻，用脚内侧后半部触球来控制踢球方向，利用支撑脚膝关节屈伸的力量将球踢起，击球后，击球腿顺势上摆，将球送向目标区域。该教材具有很强的知识性、趣味性和挑战性，经常参加该项目不仅能够强健体魄，而且能培养独立思考和解决困难的能力。本课是单元教学的第 1 课次，学生课前已经通过任务单和微视频学练建立正确的动作概念，课堂上主要针对学生的共性和个性问题组织学练，促进技术的分化。本课重点：击球点准确；本课难点：支撑腿弯曲蹬地与摆动腿顺势上摆配合协调。

学情分析：本次课的授课对象是六年级学生，他们热爱运动，乐于接受挑战。踢毽子是民间喜闻乐见的体育活动之一，脚内侧控球技术类似于踢毽子的技术，学生已经初步掌握了类似的技能。学生通过课前的微视频和任务单的学练，进一步强化正确的技术动作。此外，该年龄段学生初步具备思考、分析和判断的能力，能够通过观察和实践，小组的合作讨论，总结出"鞭打技术"、击球面和击球时机等相关知识。因此，在学习过程中要为他们提供自主实践的机会，培养其探究学习的能力。

3. 主要教学策略

本课内容围绕校本教材，采用翻转课堂策略，选取游戏创设的方式，通过信息技术与校本课程整合，转变传统教学方式。

（1）开始部分：提前一周布置学生观看学习教师自己制作的微视频，并通过任务卡片完成自主学习任务。

（2）准备部分：微视频动感毽球操。

（3）基本部分：第一，合作学习脚内侧控球技术；组织学生小组比赛，检验课前学习效果，并将成绩记录到表格上→汇总课前提问并进行集中讨论→集体讲解（+集体练习）→分组再练习（手机拍摄优秀同学）→分组比赛，分别记录各组成绩总和计入表格→集中观看被拍摄同学的视频与课前的练习对比。第二，教师提供一个简单的游戏方案并做提示，鼓励自创游戏→各组依次在大屏幕演示游戏并投票→尝试公认组的游戏→集中总结。

（4）结束部分：进行专项柔韧练习；布置回家作业，利用微信群上传作业练习视频，每人必须评价另外三名同学。

4. 问题的预设与对策

预设 1：学生基础薄弱，容易出现畏难情绪。

对策 1.1：采用减难法，降低练习要求。

对策 1.2：多与学生进行交流，鼓励学生。

预设 2：学生对比赛和学习的参与度不高。

对策 2：运动多种练习手段激发学生兴趣，发挥学生主观能动性。

(二) 课时计划

表 7-5-6 六年级毽球脚内侧控球(4-1)课时计划

年级	六年级	人数	40	日期		执教	
班级	3	组班形式	自然班	周次		课次	
内容主题	1.控球(4-1)脚内侧控球 2.游戏创编			重点	击球点准确		
				难点	支撑腿弯曲蹬地与摆动腿顺势上摆配合协调		
学习目标	1.知道控球技术的特点和价值,理解"鞭打技术""击球点""击球面"的原理,掌握脚内侧控球技术,能够在指导下稳定地控制球;灵敏、协调、速度等体能得到发展 2.在学练中,知道如何避免运动损伤;情绪稳定,在讨论和展示中体验成功 3.小组合作,积极思考、主动参讨论、协作、互帮互助,表现出良好的交往能力						

流程 (时间)	教学内容	活动设计	组织与队形	运动负荷		
				次数	时间	强度
准备部分 (6′)	1.课堂常规 (1)师生问好 (2)宣布内容 (3)安排见习生 2.准备活动 动感毽球操	1.活动情境 在微视频播放场景中,学生分小组进行球操练习 2.活动任务 学生思考动作要领,参与其中,展现精神风貌 3.活动评价 注意动作幅度、节奏,保证质量	************ ************ ▲ ************ ************ 图1 ▲代表教师 *代表学生	1	4′	中

设计说明:
利用"动感毽球操"微视频渲染情境,围绕"各种各样的毽球动作"创设情境,学生在游戏情境中活跃身心,使身体器官由相对静止状态逐步进入运动状态,从游戏的感知中产生情感体验,激起丰富的联想和想象,激发学习兴趣

| 基本部分
(29′) | 1.脚内侧控球学习
(1)分组练习 | 1.活动情境
学生分组展示课前学练成果,教师巡视用手机拍摄一部分同学练习成果,以便课中展示和课后对比,帮助形成积极练习的氛围
2.活动任务
学生按合作小组分四组进行脚内侧控球技术练习,根据教师反馈改进动作
3.活动评价
教师利用无线同屏技术展示所拍摄的学生课前学练技术 | ** ** ** **
** ** ** **
▲
** ** ** **
** ** ** **
图2 | 30 | 2′ | 中 |

（续表）

流程 （时间）	教学内容	活动设计	组织与队形	运动负荷		
				次数	时间	强度
基本 部分 (29')		设计说明： 利用手机拍摄课前学练成果，并进行展示，不仅促进对课前学习进行检查，也是激发学生形成积极练习的氛围，为课中展示和课后对比积累资料				
	（2）分组比赛	1.活动情境 创设小组比赛的情境，学生通过练习控球技术由泛化向分化发展 2.活动任务 组长观察、归纳问题；各组学生相互配合协作，一起比赛；同时开始，比分相加，报给教师 3.活动评价 针对是否遵守比赛规则点评，鼓励学生诚信汇报比赛成绩	** ** ** ** ** ** ** ** ▲ ** ** ** ** ** ** ** ** 图3	1	3'	大
	（3）集中讲解与练习	1.活动情境 教师根据各组学生比赛中暴露出的错误动作，做有针对性的讲解，积极思考正确技术动作的概念 2.活动任务 学生集体模仿练习；总结学习中的经验，回答教师提问，就共性问题观看视频，进行针对性练习 3.活动评价 针对击球点进行点评，提醒学生注意击球点，支撑腿弯曲发力	************ ************ ************ ************ ▲ 图4	若干	2'	中
		设计说明： 教师通过设计小组比赛，激发学生好胜心和团队意识，学生在比赛中为了团队的胜利全力以赴时，容易暴露出自身练习薄弱的地方，教师通过组织观看微视频，有针对性地讲解学生易犯的控球错误动作，并介绍纠正的方法，促进学生自主学习和合作讨论意识的形成，保证教学效果				

(续表)

流程(时间)	教学内容	活动设计	组织与队形	次数	时间	强度
基本部分(29′)	(4) 分组再练习	1. 活动情境 创设合作学习的情境 2. 活动任务 学生分组练习,为同伴拍摄练习视频;组长发挥带头作用,组织练习,发动大家比一比、评一评 3. 活动评价 对各个小组的合作学习进行点评,关注小组内营造合作学习氛围	** ** ** ** ** ** ** ** ▲ ** ** ** ** ** ** ** ** 图 5	30	2′	中
	(5) 再次分组比赛	1. 活动情境 创设小组比赛的情境,控球技能分化发展 2. 活动任务 各组学生一起踢,记录成绩,与课前比赛数据对比,同时开始,比分相加,报给老师 3. 活动评价 关注学生控球个数的变化,针对是否遵守比赛规则点评,鼓励学生诚信汇报比赛成绩		1	3′	大
	设计说明: 学生通过教师的手机拍摄,观看视频与正确示范对比,帮助控球技术动作分化,促进正确技术的巩固;通过再次小组比赛,求胜欲和好胜心被再一次激发,在比赛中为了团队的胜利全力以赴,由此统计的控球个数是非常有效的,可以直接证明学生本课的学习效果					
	2. 游戏创编 (1) 创设情境 (2) 分组创设游戏 (3) 集中、推送游戏、投票 (4) 大家一起玩 (5) 集中总结	1. 活动情境 学生运用所掌握的脚内侧控球和场地的器材进行游戏设计,小组合作讨论创设游戏,各小组间可以互相体验;采用集体讨论→组长提炼规则、内容→组织实践形式 2. 活动任务 思考问题:掌握技术以后如何编游戏?提供一个游戏提纲;了解游戏要求;配合教师组织,主动和教师交流方法;用手机拍摄每一组的游戏,依次展示,进行投票,每组一票(不能投给自己),对游戏加以点评 3. 活动评价 积极参与,感受快乐,体验成功,互相感谢;针对各个小组游戏创设的氛围和安全、规则等的情况进行点评	************ ************ ************ ************ ▲ 图 6 ** ** ** ** ** ** ** ** ▲ ** ** ** ** ** ** ** ** 图 7 ************ ************ ************ ▲ ************ 图 8 ************ ************ ▲ ************ ************ 图 9	1 1	2′ 1′	小 中

(续表)

流程 (时间)	教学内容	活动设计	组织与队形	运动负荷		
				次数	时间	强度
基本 部分 (29′)	设计说明: 本环节主要是鼓励学生以小组为单位运用所掌握的脚内侧控球来进行游戏创编,学生在创编游戏的时候,除了运用脚内侧控球技术外,也要注意充分利用场地器材和资源;各个小组互相体验,以拓展思路,反思怎么改进自己组别的游戏,分享自己小组的优势,评选出最新颖的创编游戏					
结束 部分 (5′)	1. 专项柔韧 (1) 横叉 (2) 纵叉 (3) 90度压腿 (4) "蝴蝶"练习 (5) "祝福"练习 (6) 高抬腿 2. 评价小结 3. 布置回家作业 4. 回收器材 5. 师生道别,下课	1. 活动情境 讲解练习方法,以千字文熏陶激励奋发上进(民主、文明、敬业、诚信、友善) 2. 活动任务 学生组织交流,归纳总结;说出各自心理感受、收获;课后共同收拾器材,归还下课 3. 活动评价 声音洪亮,动作有力;注意力集中,动作到位、整齐;放松心情,轻松愉快,互动交流,相互激励	************ ************ ▲ ************ ************ 图10	1次	3′	小
场地 器材	投影仪1台、笔记本电脑1台、音响1台、手机1部、毽球若干		安全 保障	1. 检查器材,合理布置场地,严密组织教学 2. 检查服装,做好准备活动 3. 练习时保持合理距离,传球路线不能有交叉,避免误伤 4. 加强安全教育,强化自律意识		
			预计	练习密度		负荷强度
				全课	内容主题	中
				55%	51%	
课后 反思						

* 本教学设计源于2016年浦东新区骨干教师后备培训展示课,由上海市蔡路中学教师杨哲明设计。

第八章
核心素养导向的健康教育和体能教学设计

本章包含健康教育和体能两个内容，选择日常教学中最常见的内容，如体育活动与情绪调控、健康体适能等内容进行设计。设计中注重学科核心素养的培养，采用结构化、情境化、问题化、信息化等策略，引领学生主动学练，使学生知晓健康知识，掌握体能锻炼的基本原理和方法。

第一节 健康教育教学设计

本设计为高一年级的健康教育,主题为"融入情境 关注健康",旨在通过情境化的学习,提高学生关注自身健康的意识,促进学生养成健康的行为习惯。

一、单元教学计划的设计

(一)指导思想

"健康第一"是学校体育的指导思想,体育与健康课程是落实"健康第一"指导思想的核心课程,健康教育模块的教学对于培养高中生的学科核心素养意义重大。通过本单元的学习,学生能够了解一定的体育与健康知识,学会关注自己的健康和生活,在运动锻炼中学会自我保护。针对相关的理论问题,结合学生在运动过程中发生的实际问题进行讨论,引导学生树立正确的体育观念和良好的体育学习态度,树立正确的健康观。

(二)教学流程

表 8-1-1 高一年级健康教育单元教学流程

年级	高一	学期		课次	6	执教	
单元学习目标	1. 了解健康教育的基本知识和技能,并能在生活中有意识地运用 2. 经历本单元学习之后,基本掌握与健康相关的知识,树立健康意识,形成良好的卫生习惯 3. 健康知识是在一定情境下与同伴交流互动获得的,在此过程中增强同伴间的信任,提高合作意识							
教学重点	1. 掌握基本的体育健康知识和技能 2. 健康意识的树立,卫生习惯、健康行为的形成							

(续表)

课次	教学内容	学习目标	重点、难点	主要教法与手段
1	健康的基本知识	1. 掌握健康的基本知识，增进健康的原则与方法，形成良好的锻炼习惯和健康文明的生活方式 2. 在充分理解体育、锻炼、健康关系的基础上掌握科学锻炼的方法和规律 3. 学会科学的运动与健身方法，进行有规律的体育锻炼	重点：掌握和充分理解与健康相关的知识以及增进健康意识 难点：养成进行科学锻炼的习惯，形成健康文明的生活方式	1. 导入：（向学生展示最新的中国人健康大数据）同学们，看到这组数据，你有什么感受？ 2. 由健康问题引出体育运动的好处并引导学生自主探索：以学生为主体，让学生结合自己的体育锻炼经历谈体会 3. 引导学生学习新知识，以多媒体展示的方式进行新知识的教学 4. 师生共同总结，并让学生在课后对新知识进行实践，下节课开课前谈体会
2	合理健康的饮食	1. 掌握健康饮食金字塔的概念，懂得合理膳食、平衡膳食的要求 2. 认识不良饮食习惯对身体的危害 3. 在掌握与健康相关的饮食和营养的基础之上，使学生养成科学健康的饮食习惯	重点：掌握健康饮食金字塔的概念，懂得合理膳食、平衡膳食的要求；认识不良饮食习惯对身体的危害 难点：在日常生活中养成健康的饮食习惯	1. 课前让学生准备方便携带的自己喜欢吃的一种食物，并要求学生通过网络平台了解该食物，写出食用该食物的好处和危害 2. 以案例与图片的形式展示不良饮食习惯的危害 3. 提供相关信息，根据饮食金字塔，引导学生为自己搭配切实可行的一日三餐食谱 4. 与同伴交流配好的三餐，选择优秀的配餐方法进行班级展示
3	关注健康远离疾病	1. 掌握传染性疾病，如艾滋病、性病、结核病等的传播途径和预防措施 2. 掌握非传染性疾病，如肥胖、糖尿病、青少年高血压、青少年抑郁症等的知识和预防措施	重点：掌握传染性疾病和非传染性疾病的相关知识 难点：在日常生活中具有防范疾病的意识	1. 本内容可组织一次"关注健康远离疾病"的主题活动 2. 学生在课上自己选择主题下的宣传内容，并绘制宣传海报 3. 每组自己推选一名小组长负责小组分工和相关工作 4. 学生分成若干小组，利用大课间向全校师生宣传疾病预防的相关知识 5. 鼓励学生积极参加，教师做好相关协调工作

(续表)

课次	教学内容	学习目标	重点、难点	主要教法与手段
4	安全运动预防损伤	1.了解运动损伤发生的原因,在运动中尽可能避免运动损伤的发生 2.通过对体育保健知识的了解,懂得一些自我保护的方法,树立安全防护的意识 3.了解和掌握一些常见的运动损伤的预防、判断、简单急救的措施和处理方法	重点:知道运动场上发生损伤事故的原因及如何预防体育运动中的不安全因素 难点:学会预防运动损伤的发生以及运动损伤的简单处理方法	1.导入:请在运动中受过伤的学生分析受伤的原因 2.观看错误运动的视频片段,让学生对不安全的运动方式产生认知 3.让学生根据之前查找的避免运动损伤发生的做法进行交流讨论 4.选取几种常见的运动损伤形式,运用模型或者志愿者进行现场急救处理示范 5.以小组的形式进行简单急救练习 6.师生共同总结
5	体育活动与心理健康	1.懂得不良情绪对健康的危害,知道体育锻炼对心理健康的重要性 2.了解抑郁、焦虑、恐惧等心理障碍产生的原因和调节方式 3.掌握和学会运用包括体育运动在内的提高心理健康水平的方法	重点:了解心理健康的相关知识 难点:掌握和学会提高心理健康水平的方法,并在实际生活中能够运用	1.导入:以最近频发的抑郁自杀事件为导入,引入不良情绪对健康的危害 2.学生分组讨论,自己曾经的抑郁、焦虑、恐惧等心理障碍经历和给自己带来的影响 3.就学生的经历进行分析,同时引导学生探索解决方法 4.为学生提供包括体育运动在内的多种提高心理健康的方法,并由学生进行课下实践,在一段时间后,学生给予答复 5.在日常的学习生活中对学生做出的正确处理方式给予一定奖励 6.师生共同做课堂总结
6	体育活动与情绪调控	1.了解情绪与健康的关系,学会合理调控情绪的方法,知道体育锻炼对情绪调节的作用 2.了解并掌握几种常见的通过运动调控情绪的方法 3.能保持积极、乐观、向上的情绪状态;尊重他人,关注他人的感受,适时适当地表达个人的情绪,保持良好的心理状态	重点:了解自己平时生活中的情绪状况,知道通过运动调控情绪的方法 难点:理解消极情绪心理过程,掌握和运用通过体育运动调控情绪的方法	1.导入:利用多媒体手段导入新课,内容最好来自学生的日常生活,熟悉的人和事,能很快地激起学生的学习兴趣,为后续学习做铺垫;教师在多媒体中展示QQ或微信表情,让学生观察后分别说出各表情所代表的情绪 2.设置问题,引发思考:以老太太女儿卖草帽,二女儿卖雨伞故事提问: (1)如果你是老太太的邻居,你会怎么开导她呢 (2)这个故事反映了什么,你所认为的情绪具有什么性质呢 3.自我了解,小组讨论,借助评价量表进行评价 4.师生进行课堂总结

二、课时教学计划的设计

（一）课的设计

<h3 style="text-align:center">融入情境　关注健康</h3>
——高一年级健康教育(6-6)"体育活动与情绪调控"课的设计

1. 指导思想

本课设计思路紧扣"健康第一"的指导思想。以学生发展为中心,从课程设计到学习内容的各个环节,始终把学生的主动、全面发展放在主要地位,力求帮助学生正确认知自己在平时生活中的情绪状况,能主动利用各种体育锻炼调节情绪,从而促进学生的健康发展。

2. 相关分析

教材分析:从学生心理健康入手,介绍高中生养成合理调控情绪习惯的重要性,着重对调控情绪的方法进行介绍,可以较好地引导学生了解情绪与健康的关系。

学情分析:高中生的情绪、情感具有明显的冲动性。表现在行为上,容易激动、感情用事。比如,在体育比赛过程中,他们可能会因为一些肢体接触大打出手,有时甚至出现成人难以理解的荒唐行为。他们之所以这样,是因为正处于青春发育的高峰期,性腺开始剧烈活动,此时,中枢神经系统中主管性腺活动和主管情绪的皮下中枢的活动强烈,致使大脑皮层对其控制的力量减弱,这样必然出现情绪脱离理智控制的现象,再加上他们的意志力发展相对不足,所以就很容易冲动,不能较好地控制自己的情绪。

3. 主要教学策略

（1）设问激疑。为吸引学习的注意力,采用学生日常生活中常见的例子,并通过"设疑引思""利用多媒体"等方法引出"情绪"一词,切入新课,吸引学生学习兴趣,激发学生的参与热情。

（2）故事引入。案例讲解分析法:利用多媒体展示一则寓言故事,引发学生思考。通过讨论,各抒己见,共同探讨,加深对所学知识的理解,培养学生分析问题、解决问题的能力。

（3）自我评价:通过学生的自我测试,了解自己的情绪状态,激发学生学习兴趣。

(二) 课时计划

体育活动与情绪调控
——健康教育(6-6)课的设计

1. 教学内容

体育锻炼对情绪调控的作用以及调控情绪的方法。

2. 学习目标

(1) 了解情绪与健康的关系,学会合理调控情绪的方法,知道体育锻炼对情绪调节的作用。

(2) 了解并掌握几种常见的通过运动调控情绪的方法。

(3) 能保持积极、乐观、向上的情绪状态;尊重他人,关注他人的感受,适时适当地表达个人情绪,保持良好的心理状态。

3. 重难点

重点:了解自己平时生活中的情绪状况,知道通过运动调控情绪的方法。

难点:理解消极情绪心理过程,掌握和运用通过体育运动调控情绪的方法。

4. 教学过程

第一阶段:课堂导入(大约7分钟)

教师利用多媒体手段导入新课,内容最好来自学生的日常生活、熟悉的人和事,能很快地激起学生的学习兴趣,为后续学习做铺垫。教师在多媒体中展示QQ或微信表情,让学生观察后分别说出各表情所代表的情绪。

教师根据学生回答进行总结,有四大基本情绪:快乐、愤怒、恐惧、悲哀。

第二阶段:设疑引思(大约28分钟)

第一环节:设疑引思、探究新知

案例导入:一位老太太有两个女儿,大女儿卖草帽,二女儿卖雨伞,老太太成天愁眉苦脸的。一位邻居问她:"老人家,你每天都在为什么而发愁呢?"老太太说:"唉,一到下雨天,我担心大女儿的遮阳草帽卖不出去;等天晴了,我又担心二女儿的雨伞卖不出去,你说我能不发愁吗?"

思考与讨论:

(1) 如果你是老太太的邻居,你会怎么开导她呢?

(2) 这个故事反映了什么呢? 你所认为的情绪具有什么性质呢?

教师总结:情绪能反映客观现实与个体需要之间的关系,情绪是可以调节的。

提出问题:谈谈积极情绪和消极情绪分别有什么作用,情绪健康者有哪些特点。

教师提问:

(1) 情绪变化对身体健康、认知发展、个性发展、人际关系等方面有什么影响？举出一些生活中相关的事例。

(2) 情绪健康的人有什么特点？

表8-1-2 积极情绪和消极情绪的不同影响

方面	积极情绪	消极情绪
身体健康	促进机体正常活动,提高免疫力,增进身体健康	引起机体功能紊乱,导致免疫系统功能障碍,长期的消极情绪还会致病
认知发展	有利于集中注意力,感知清晰,记忆牢固,思维敏捷等	使注意力难以集中,对事物的感知不深,记忆力不牢,思维僵化等
个性发展	有利于形成良好的行为方式、性格特点和发展特长	易形成不良的行为方式和性格特点
人际关系	积极情绪的表情,如欣赏的微笑、认可的点头等,有利于与他人建立和谐、友好的关系	消极情绪的表情,如冷漠的表情、不良的身体语言等,不利于人际沟通,会使同伴之间关系疏远

躯体健康与情绪健康是紧密相关的,负性情绪可诱发身体疾病,而良性情绪有助于改善躯体的健康状况。

情绪健康的人的特点:能够完成大量的工作,能够关心别人,能妥善地处理各种压力,能够理解和适应现实并用建设性的态度面对现实。

情绪健康不是静止的,而是一个动态的过程。情绪健康者常处于情绪良好的状态,当然,也会出现情绪不良的时候,但情绪健康者能够以积极的态度去处理和调适负性情绪,避免产生挫折感,避免走向极端。因而情绪健康能保证人们以饱满的情绪享受生活的快乐。

第二环节:自我了解、小组讨论

1. 布置任务

你的情绪稳定吗？想知道结果,请进行自我测试。

(1) 我有能力克服各种困难

　A. 是的　　　　　　　B. 不一定　　　　　　　C. 不是的

(2) 猛兽即使被关在铁笼里,我见了也会惴惴不安

　A. 是的　　　　　　　B. 不一定　　　　　　　C. 不是的

(3) 如果到一个新环境,我能把生活安排得

　A. 和从前不一样　　　B. 不确定　　　　　　　C. 和从前相仿

(4) 整个一生中,我一直觉得我能达到所预期的目标

　A. 是的　　　　　　　B. 不一定　　　　　　　C. 不是的

(5) 我在小学时敬佩的老师,到现在仍然令我敬佩
A. 是的　　　　　　　　B. 不一定　　　　　　　　C. 不是的
(6) 不知为什么,有些人总是回避我或冷淡我
A. 是的　　　　　　　　B. 不一定　　　　　　　　C. 不是的
(7) 我虽善意待人,却常常得不到好报
A. 是的　　　　　　　　B. 不一定　　　　　　　　C. 不是的
(8) 在大街上,我常常避开我不愿意打招呼的人
A. 极少如此　　　　　　B. 偶尔如此　　　　　　　C. 有时如此
(9) 当我聚精会神地欣赏音乐时,如果有人在旁高谈阔论,我会:
A. 我仍能专心听音乐　　B. 介于A与C之间　　　　C. 不能专心并感到恼怒
(10) 我不论到什么地方,都能清楚地辨别方向
A. 是的　　　　　　　　B. 不一定　　　　　　　　C. 不是的
(11) 我热爱我所学的知识
A. 是的　　　　　　　　B. 不一定　　　　　　　　C. 不是的
(12) 生动的梦境常常干扰我的睡眠
A. 经常如此　　　　　　B. 偶尔如此　　　　　　　C. 从不如此
(13) 季节气候的变化一般不影响我的情绪
A. 是的　　　　　　　　B. 介于A与C之间　　　　C. 不是的

表8-1-3　健康情绪自我心理测试计分表

序号	得分	总分	结论与建议
1	A.2 B.1 C.0	17—26分	你的情绪稳定,性格成熟,能面对现实,通常能以沉着的态度应付现实中出现的各种问题,行动充满魅力,有勇气,有维护正义的精神
2	A.0 B.1 C.2		
3	A.0 B.1 C.2		
4	A.2 B.1 C.0	13—16分	你的情绪有变化,但不大,能沉着应付现实中出现的一般性问题,然而在大事面前,有时会急躁不安,不免受环境影响
5	A.2 B.1 C.0		
6	A.0 B.1 C.2		
7	A.0 B.1 C.2		
8	A.2 B.1 C.0	0—12分	你情绪较易激动,容易产生烦恼,不容易应付生活中遇到的各种阻挠和挫折,容易受环境支配而心神动摇,不能面对现实,常常急躁不安,身心疲乏,甚至失眠等;要注意控制和调节自己的心境,使自己的情绪保持稳定
9	A.2 B.1 C.0		
10	A.2 B.1 C.0		
11	A.2 B.1 C.0		
12	A.0 B.1 C.2		
13	A.2 B.1 C.0		

2. 讨论交流

（1）如何调节自己的情绪？请举例说明。

（2）体育锻炼对情绪调控有什么作用及通过体育锻炼调控情绪的方法。

3. 教师总结

情绪调控的作用：

（1）转移注意状态。由于学业竞争和身心的发展，高中生经常会产生烦恼和忧愁，而体育活动具有使人忘却这些不愉快的事情的功能以及分散对忧虑和挫折的注意，从消极的体验中摆脱出来的作用。例如，健美操、健身舞等项目，可以使锻炼者进入自由联想状态，从中体验愉快感和满足感；太极拳、长跑、乒乓球、羽毛球等项目可以调节神经系统，增强自我调控能力，使注意状态发生转移，从而稳定情绪。

（2）宣泄消极情绪。日常学习和生活中难免会产生各种不良情绪，如果不采取适当的方法加以宣泄，就会对身心产生消极的影响。体育活动具有替代作用，是释放消极情绪的安全通道，通过适当的运动，可以释放内心的郁闷，减弱或消除不愉快的情绪，降低由于应激生活事件所导致的内心紧张状态，保持心理平衡。例如，采用短距离冲刺跑、排球的扣球、足球的快速运球射门、连续快速的俯卧撑或仰卧起坐等练习，拳击或脚踢沙袋、长跑、成套的武术演练、登山等，均可宣泄情绪，但不要进行与同学有直接身体对抗的项目以及攀岩等危险项目的练习。

（3）提高自我效能。体育活动可以使学生获得控制感、竞争感、成功感，从而提高自我效能感，诱发积极的思维和情感，对抑郁、焦虑和其他消极情绪具有积极作用。选择动作易于掌握、运动量易于控制的体育活动，如健美操、武术、游泳、长跑等项目，有助于学生获得成功感，提高自我效能感，从而改善情绪。

（4）增强活动胜任感。学生成功地完成任务后，就会产生"我能行"的自信心、积极的情绪体验和再次尝试的欲望。因此，进行自己感兴趣、擅长的运动项目的练习，可以产生积极的情绪体验，从而改善情绪状态。

（5）促进社会交往。在体育活动和赛场上，人们通常会情不自禁地通过拥抱、拍肩膀、击掌、握手、欣赏的眼神来表达友好。例如，在足球、篮球、排球等集体性项目的锻炼中，通过多种方式表达友好之情，从而增进同学间的交往，增进相互间的友谊。因此，积极参与集体性项目的锻炼，可以调节人际关系，从而达到改善情绪状态的作用。

调控情绪的方法：

（1）自我鼓励法。用生活的哲理或明智的思想来安慰自己，鼓励自己同痛苦和逆境进行斗争，就会感到有力量，就能在痛苦中振作起来。

（2）语言调节法。利用语言影响情绪。如在床边写上"制怒""冷静"等条幅，也可用自我命令、自我暗示等方法抑制情绪反应。

（3）注意转移法。把注意力从消极的情绪转移到有意义的方面，最好倾心于学习和工作,以取得的成就来冲淡苦闷与烦恼,或参加文体活动,转移自己的注意力,并使自己的精神有所寄托。

(4) 能量发泄法。通过适当途径排遣和宣泄不良情绪,以释放积聚的能量,调整机体平衡。许多人在痛哭一场以后就减少了许多痛苦和悲伤。

(5) 环境调节法。遇不良情绪时离开所在环境到大自然中去,能旷达胸怀,愉悦身心,对调节心理活动有很好的效果。

每个人在一生中都会遇到各种不良情绪的刺激和伤害,积极的做法是及时消除和克服不良情绪。我们可以对不良情绪进行控制,既不损害他人,也不损害自己,做到了这点,快乐就掌握在你的手中。

第三阶段:知识小结(大约5分钟)

通过本节课的学习,你们学到了哪些知识?掌握了什么本领?在今后的体育运动中应注意哪些问题?

布置课后作业,巩固所学知识。

1. 说出情绪的性质。

2. 说出自己的情绪状况。

3. 说出体育锻炼对情绪调控有什么作用,通过体育锻炼调控情绪的方法。

4. 简单叙述调控情绪的其他方法。

＊本教学设计由华东师范大学体育与健康学院硕士杨彤、杨海梦设计。

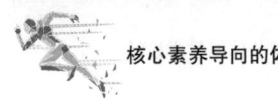

第二节 体能:健康体适能教学设计

本设计为九年级的健康体适能,主题为"基于课标,活化学练",旨在以问题为导向,通过创设有趣的情境、活用各种教学器材,来发展学生的体能,培养其锻炼习惯。

一、单元教学计划的设计

(一) 指导思想

坚持以"健康第一"为指导思想,着重发展学生的核心素养。根据九年级学生的身心发展特点和规律,结合学校实际情况,选择学生感兴趣的内容来发展学生的体能。在单元教学设计中,结合游戏和比赛、音乐和韵律运动来提高学生参与健康体适能练习的积极性。在实施过程中,注重对学生进行因材施教、区别对待。尤其要创设有利于学生积极练习的活动情境,使学生体验运动的成功感,增强学练的自信心,提高自身的体能水平。

(二) 相关分析

1. 教材分析

体能模块是初中体育与健康课程的必修必学部分。良好的体能是人体健康的基础,也是学生进行运动技能学习的必备条件。在本章的健康体适能单元设计中,包括四个部分内容:分别是使学生掌握各种体能发展的基本原理和练习方法、促进学生体能的全面协调发展、使学生掌握制订体能锻炼计划的程序与方法,以及让学生学会有效控制体重与改善体形的方法,在教学中,要灵活运用各种教学器材,营造新颖有趣的练习场景,让学生爱上体能锻炼。

2. 学情分析

表 8-2-1 学情分析

教学对象	认知水平	身心特点	能力水平
九年级学生	九年级学生已经具备一定的文化知识结构，对于体能的相关知识及其重要性有了一定的了解，但对于发展体能的原理和方法缺乏相应的认识	1.大部分学生进入了生长发育的高峰期，身体素质有了明显的提高，能够承受一定的练习强度 2.初中学生的奋斗意识、竞争意识较好，但合作意识与团队意识较为薄弱	1.本班学生的速度、灵敏、柔韧等身体素质较好，但肌肉耐力、上肢力量、心肺耐力等体能水平较差 2.本班学生习惯接受式学习，课堂中比较依赖教师传授知识，自主学习能力较差 3.本班学生还没有掌握独立自主制订锻炼计划的能力，同时缺乏坚持体育锻炼的毅力

3. 教法分析

（1）利用多种练习方法和手段以及教学内容的不同组合，使学生的体能得到更全面的发展。

（2）注意运用多媒体资源分享有关体能训练的相关网站，同时利用视频回放的功能让学生知道练习存在的不足，改进其练习动作。

（3）设置不同主题的情境，如运动会情境、长征情境等，吸引学生参与学练，获得学习体验。

（4）围绕单元核心问题进行设计，每节课的准备部分向学生进行提问，让学生带着问题练习，注重培养学生的探究能力及反思精神。

4. 问题链设计

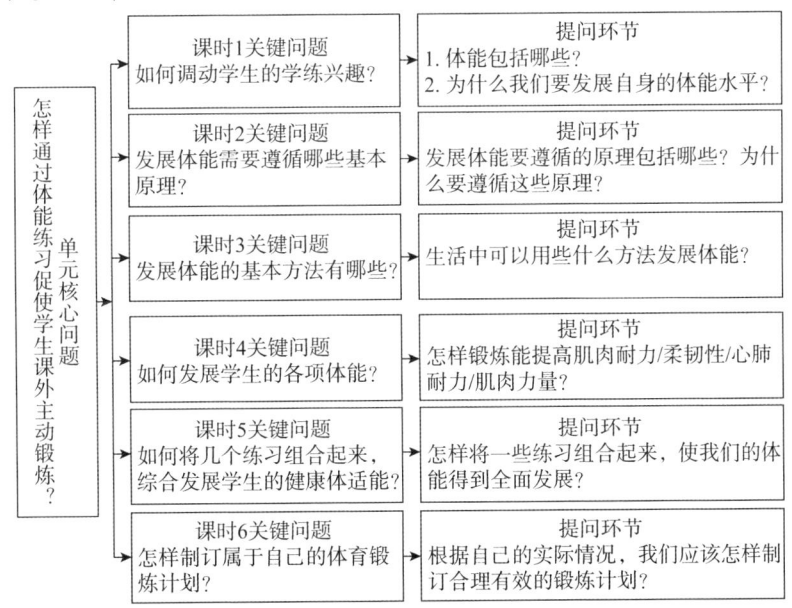

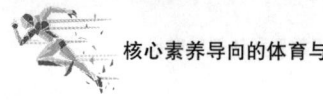

(三）教学流程

表 8-2-2　九年级体能单元教学流程

年级	九年级	学期		课次	6	执教	
单元学习目标	1. 了解体能发展的基本原理与方法 2. 掌握测量与评价体能水平的方法，掌握有效控制体重和改善体形的方法 3. 能根据自己的体能和健康状况制订体育锻炼计划			教学重点	体能发展的基本原理与方法		

课次	教学内容	学习目标	重点、难点	活动与评价
1	1. 测量学生的体能水平 2. 体能发展的基本原理和方法 3. 发展学生的心肺耐力 4. 发展学生的柔韧性	1. 知道测评自身体质健康的方法和作用，能够坚持完成教师布置的练习任务，产生对体能锻炼的兴趣 2. 心肺耐力和柔韧性得到发展，能在课堂中主动探究学习 3. 能够互相帮助，团队合作意识得到提高	重点：体能基本原理和方法；发展学生心肺耐力、柔韧性的方法 难点：引导学生积极学练	教学关注： 1. 在进行体能锻炼时，学生是否达到运动强度，运动持续时间是否足够 如果这两个条件没有达到，学生的体能水平就很难提升上去；如果没有心率检测器，可以通过观察学生出汗的情况来估计运动量 2. 很多九年级学生对于体能锻炼比较反感，这就需要教师在课前精心设计体能锻炼内容；在健康体适能单元的六个课时中设置相应的情境，使学生兴致勃勃地进行学练 3. 关注培养学生课余锻炼的习惯，一方面教师要教学生一些体能发展的基本原理和方法，并且让学生掌握如何根据自己的情况，制订适合自己的体能锻炼计划
2	1. 体能发展的基本原理和方法 2. 发展学生的肌肉力量 3. 发展学生的柔韧性	1. 掌握并运用发展肌肉力量和柔韧性的基本原理以及多种练习方法 2. 在第一节课的体能水平数据上，进一步提高自身的体能水平 3. 发展合作能力，培养相互协作的意志品质	重点：发展学生的肌肉力量和柔韧性 难点：进一步提高学生的体能水平	
3	1. 体能发展的基本原理和方法 2. 发展学生的肌肉耐力 3. 发展学生的柔韧性	1. 掌握并运用发展肌肉耐力和柔韧性的基本原理以及多种练习方法 2. 肌肉耐力和柔韧性得到发展，发展自身的一些相关体能 3. 态度端正，分工明确，社会意识和合作精神得到进一步的发展	重点：发展学生的肌肉耐力和柔韧性 难点：培养学生的社会意识与合作精神	

（续表）

课次	教学内容	学习目标	重点、难点	活动与评价
4	1. 体能发展的基本原理和方法 2. 发展学生的心肺耐力 3. 发展学生的肌肉力量	1. 掌握并运用发展心肺耐力和肌肉力量的基本原理以及多种练习方法 2. 积极学练，完成课上安排的练习内容，发展自身肌肉力量及相关体能 3. 以问题为导向，充分发挥好奇心，主动探究学习、合作学习	重点：发展学生的心肺耐力和肌肉力量 难点：主动探究，合理运用	教学策略： 1. 除了课上给学生展示的一些体能锻炼的方法之外，还可以上传一些教学资源，与学生分享，或者给学生推荐国内外权威的、有关体能锻炼的网站，使学生学习更多的发展体能的方法 2. 传统的耐力跑、负重深蹲等练习已经很难引起学生的练习兴趣，体育教师可以结合学校的实际情况，在现有器材的基础上，设计出更多新颖的练习，让学生积极参与 3. 近几年兴起的街舞、攀岩、越野跑、轮滑等一些项目在中小学十分受欢迎，教师可以根据自己学校的情况，引入一些新兴运动项目
5	1. 体能发展的基本原理和方法 2. 发展学生的健康体能	1. 知道发展体能（健康体适能）的基本原理，能够运用多种练习方法发展自身体能 2. 能积极融入情境练习，提高自身的体能水平 3. 能够与同伴进行很好的沟通，互帮互助，建立正确的胜负观，培养良好的竞争意识和团队协作能力	重点：发展学生健康体适能，培养学生的爱国情怀 难点：教会学生处理好竞争与合作的关系	
6	1. 有效控制体重与改善体形的方法 2. 进行体能测试 3. 制订体能锻炼计划的程序与方法	1. 知道改善身体成分的基本原理和多种练习方法 2. 了解制订体能锻炼计划的程序与方法，结合自己的实际情况制订相应的锻炼计划 3. 进行体能测试，发挥自己应有的水平，敢于挑战自己、突破自己	重点：体能测试，掌握控制体重的方法 难点：让学生制订课余锻炼计划，培养终身锻炼的习惯	评价要点： 从体能、体能认识、健康行为、体育品德四个方面对学生进行评价，既关注学生的运动表现，也关注学生的进步和发展
安全保障	1. 课前检查场地与器材 2. 带领学生做好准备活动，充分活动各关节 3. 加强安全教育，明确练习目的		评价与方法	1. 终结性评价：等第评价（生评、师评） 2. 过程性评价：表现性评价（自评、互评、师评） （详见单元评价设计）
教学资源	田径场1片、体操垫8个、沙包8个、体操轻器械若干、多媒体1套、红旗若干、栏架12个、音响1个、跳绳和弹力带若干等			

（四）评价设计

从体能、体能认识、健康行为、体育品德四个方面对学生进行健康体适能的单元评价，在评价过程中教师要注意过程性评价和终结性评价相结合。

表 8-2-3　九年级体能单元评价设计

类别	项目	单元学习初		单元学习末		进步幅度	单项评分	综评
		成绩	分值	成绩	分值			
体能	50米跑							
	立定跳远							
	800（或1000）米跑							
	……							
类别	项目	单元学习初		单元学习末		发展趋势		综评
		指数	状态	指数	状态			
体能认知	尝试用体重指数（BMI）对自己的身体进行描述，并制订锻炼计划，使自己的体形更加优美					A. 正效 B. 无效 C. 负效		
健康行为	评价重点： 1. 积极参与运动；2. 具有安全防范的表现；3. 情绪稳定……							
体育品德	评价重点： 1. 勇于进取；2. 遵守规则；3. 正确的胜负观……							
总分								
等第								

（五）资源设计

为有效解决本单元的教学重点"体能发展的原理和方法"，教师运用多媒体资源和自制教具创造更加丰富的练习情境，激发学生的学习兴趣，提高课堂教学的效果。

第八章 核心素养导向的健康教育和体能教学设计

表 8-2-4 九年级体能单元教学资源设计

目标指向	资源设计		资源应用	解决问题
单元学习目标 1、2	多媒体资源	1. 信息技术资源：发展健康体适能的相关训练视频 2. 百度云	1. 利用视频教学生采取怎样的训练方法和手段可以有效地发展体能 2. 可以把一些练习体能的方法用视频记录下来，分享给学生，指导他们进行课外体育锻炼 3. 可以利用百度云分享一些训练视频或图片，以及教学中一些比较好的练习视频，指导学生学练	1. 将课内与课外相结合，使学生在课外进行体能练习的同时也能有专业的指导 2. 利用视频的慢放暂停功能，纠正学生练习中存在的错误动作 3. 使学生学会自主学习
单元学习目标 1、2	自制教具	自制沙包、体操轻器械等	1. 丢沙包是一项趣味性很强的游戏，深受学生喜爱，可以自制沙包来锻炼学生的反应能力和速度 2. 可以自制一些体操轻器械来开展更加丰富多样的体能练习	1. 可以开发更多的练习内容，激发学生的学习兴趣 2. 充分发挥器材的多种功能

二、课时教学计划的设计

（一）课的设计

基于课标　活化学练
——健康体适能(6-5)课的设计

1. 指导思想

本课贯彻"健康第一"的指导思想，着重培养学生的体育学科核心素养。结合学校实际情况，立足初中学生的学情特点，关注学生的性别差异和个体差异，充分利用器材的多种功能和作用，创设内容丰富、形式多样的体育课堂，使学生爱上体能课，在练习中相互协作，共同完成教师布置的学习任务，增强学生对体能重要性的认知，提高学生的体能水平和学科核心素养。

2. 相关分析

教材分析：体能是体育与健康课程必修内容之一。本节课主要是发展学生的健康体适能，包括心肺耐力、速度、肌肉耐力和肌肉力量等，同时在课程标准的指导下，注重培养学生的综合能力，并创设了长征情境来提高学生学练的兴趣，培养学生的爱国情怀。在发展学生体能的同时，也给学生传授一些发展体能的基本原理和方法，引导学生课后自觉、主动地进行锻炼,使学生从学习体育到学会体育。

学情分析:这节课的教学对象是初三年级的 40 名学生,男女混合,体能基础各不相同。因此,在教学设计中要注重学生的个体差异。在经过前几年的体育学习,他们可能会觉得体能课枯燥乏味,体能练习就是在重复单调的练习内容,甚至部分学生会对体能练习产生抵触心理,在这种情况下,教师要特别注意引导学生参与进来,花心思去设计一节节生动有趣、引人入胜的体能课。九年级学生的自我意识较强,缺乏团结协作意识,教师不仅要关注提升学生的体能,还要加强对学生合作能力的培养。

3. 主要教学策略

(1) 在课中融入长征的元素,创设了长征情境。用拉练跑取代了传统的热身跑,使学生从准备部分就进入教师课前精心设计的长征情境。再加上基本部分的四个主要练习都是取用长征途中的故事来命名,在"渡赤水"和"过草地"的过程中,还加入了红旗这一特别的红色元素,既能培养学生的爱国主义情怀,又能让学生"穿越"到长征的历史中,感觉到这节课的趣味所在。

(2) 引入小组合作与分组竞赛的环节。在"渡赤水"和"过草地"的练习中,教师注意激发学生的竞争意识,同时让他们学会与组员合作。只有与组员合作,每个人做好自己负责的练习部分,所在小组才能获胜。在这个环节中,既让学生学会与他人合作,培养他们团结协作的能力,也让他们学会竞争,只有竞争才能成长。

(3) 采用分组循环练习。发展学生的体能水平,需要保证一定的运动强度和运动密度,在本节课的练习内容设置中,采用了分组循环练习的方法,学生在一个练习点练习 6 分钟后进行组与组之间的轮换,减少了排队和等待的时间,使整节课的练习效果更佳。

4. 问题的预设与对策

预设 1:学生没有快速进入长征情境。

对策 1:课前让学生了解一些关于长征的知识,在体能课之前,教师先布置好场地,而后用语言和场景引导学生进入长征情境,达到预设的学习效果。

预设 2:进行组与组的轮换时比较混乱。

对策 2:教师鸣哨让学生进行轮换时,说明轮换方向,使学生快速轮换。

预设 3:"渡赤水""爬雪山"的练习中学生受伤。

对策 3:事先检查场地器材,准备活动充分,强调安全练习。

预设 4:学生竞争意识强,合作意识差。

对策 4:在练习前说明组员合作的重要性,同时设立小组长,在组长的带领下小组成员明确分工、互相鼓励、共同夺取比赛的胜利。

(二) 课时计划

表 8-2-5　九年级健康体适能(6-5)课时计划

年级	九	人数	40	日期		执教	
班级		组班形式	男女合班	周次		课次	

内容主题	1. 主题式情景教学《长征》"越天险"—"渡赤水"—"过草地"—"爬雪山" 2. 发展学生体能,培养学生的合作能力	重点	1. 发展学生健康体适能 2. 培养学生的爱国情怀
		难点	使学生处理好竞争与合作的关系

学习目标	1. 知道发展体能(健康体适能)的一些基本原理,能够运用多种练习方法发展自身体能 2. 能积极融入情境练习,提高自身的体能水平,掌握一些有效的锻炼方法 3. 能够与同伴进行很好的沟通,互帮互助,建立正确的胜负观,培养良好竞争意识和团队协作能力

流程 (时间)	教学内容	活动设计	组织与队形	运动负荷		
				次数	时间	强度
准备部分 (7′)	1. 课堂常规内容 (1) 整队,师生问好 (2) 提出目标 (3) 长征情境导入 (4) 安排见习生 2. 拉练跑(音伴) 分四组进行,在慢跑过程中排头做动作,后面的组员要模仿做动作 3. 徒手操(音伴) (1) 头部运动 (2) 扩胸运动 (3) 体侧运动 (4) 体转运动 (5) 俯背运动 (6) 正、侧压腿	1. 活动情境 用拉练跑和音乐来创设长征情境 2. 活动任务 拉练跑时队列整齐,排头做一些节奏感强的动作,后面的组员跟着做,教师适时语言提醒及巡视指导 3. 活动评价 领会上课主题,积极融入情境,跑动过程中紧跟排头、不超近、不掉队	＊＊＊＊＊＊ ＊＊＊＊＊＊ ＊＊＊＊＊＊ ＊＊＊＊＊＊ ● 图 1 ●代表教师 ＊代表学生 ◯ ＊＊＊＊＊＊ ＊＊＊＊＊＊ ＊＊＊＊＊＊ ＊＊＊＊＊＊ ● 图 2	1 4×8	2′ 3′	小 中

设计说明: 利用音乐使学生的身体充分活动起来,调动学生学练的兴趣,排头做动作,后面的组员跟着模仿,使原本枯燥的跑步增添了一些趣味;同时徒手操的内容设置使学生身体的各个关节和肌肉都得到了拉伸,这就有效地避免了在体育课堂中可能发生的安全事故;教师在准备部分的过程中慢慢地将学生带入长征情境,为后续课堂教学作铺垫

（续表）

流程 (时间)	教学内容	活动设计	组织与队形	运动负荷		
				次数	时间	强度
基本 部分 (26′)	1. 讲解示范本节课的练习内容 (1) 带领学生依次到达各个练习点,为学生讲解示范各个任务点的练习要点及要求 (2) 每组设立一个排长,排长带领组员到各练习点开始做练习	1. 活动情境 "团长"给"士兵"们演示练习任务的要点 2. 活动任务 认真听讲,细心体会练习要点,不懂的要及时提出来 3. 活动评价 态度认真,积极思考,勇于提出问题	爬雪山 越天险 图 3			
	设计说明： 1. 课前准备：本次课前,教师运用问题化教学策略——长征历史知多少,让学生查阅课本或利用网络了解一些关于长征的历史,为学生进入长征情境奠定了基础 2. 教师带领学生到达各个练习点,分别讲解和示范各个练习点的练习,使学生建立正确的动作概念 3. 教师通过设置排长,创设更逼真的长征情境,同时发挥学生的主观能动性,将教师的组织管理与学生之间的自我管理有机结合起来 4. 四个练习点中的两个练习点都设立了竞赛环节,充分调动学生练习的激情,为他们提供展示自我的平台					
	2."越天险"(音伴) (1) 方法：学生排队快速跨跃 8 个栏架,顺利完成之后回到队伍最后面,接着重复练习 (2) 规则：第一名学生跨过第二个栏架后,后一名学生跟上	1. 活动情境 天险是长征路上的一道险关,教师对学生进行提问：为什么有的同学能快速越过"天险" 2. 活动任务 敢于跨跃"天险",掌握跨跃"天险"的节奏和技巧 3. 活动评价 积极学练,学会反思,对老师的问题提出自己的见解	 越天险 图 4	若干	4′	大

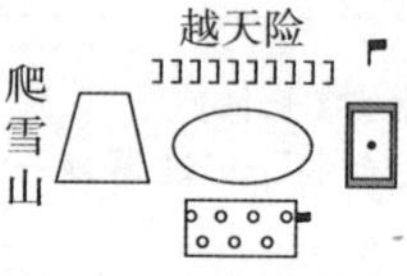

（续表）

流程 (时间)	教学内容	活动设计	组织与队形	运动负荷		
				次数	时间	强度
基本部分 (26′)	3."渡赤水"(音伴) (1)方法:分成两组,每组5人,其中4人用"船"(体操垫子)将一名"士兵"运送到"河"的对面(20米远),然后拿到红旗运输回到起点 (2)比一比:看5分钟内哪组拿到的红旗多	1.活动情境 红军长征时曾四渡赤水,今天我们来进行比赛,看看哪一组能重现红军当年的神勇 2.活动任务 在规则允许的范围内,团队合作进行"渡过赤水",拿到红旗,得红旗多者为胜 3.活动评价 看各组得到的红旗数量,同时关注学生的团队合作能力以及在团队中的表现	分组进行比赛 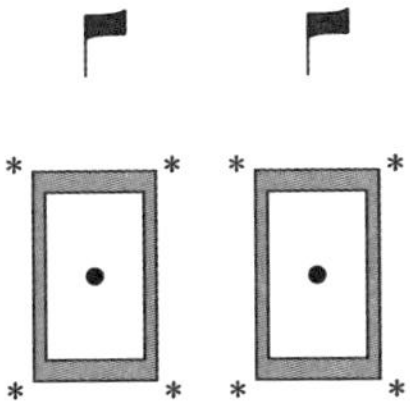 图5	若干	4′	大
	4."过草地"(音伴) (1)方法:分成两组,每组5人,学生必须踩在小圆圈上,快速跑到安全区域(30米处),拿到红旗跑回起点 (2)规则:学生若踩在空地上为"陷入沼泽",需返回起点重新开始"过草地" (3)比一比:看5分钟内哪组得到的红旗多	1.活动情境 在长征路上的草地上有很多隐秘的沼泽,在"过草地"的过程中注意不要陷入沼泽 2.活动任务 敢于挑战自己的极限,与队友合作,在5分钟内取得更多的红旗 3.活动评价 取得红旗多者组为胜,同时考查学生遵守规则、公平竞争、尊重对手等方面的表现	分组进行比赛 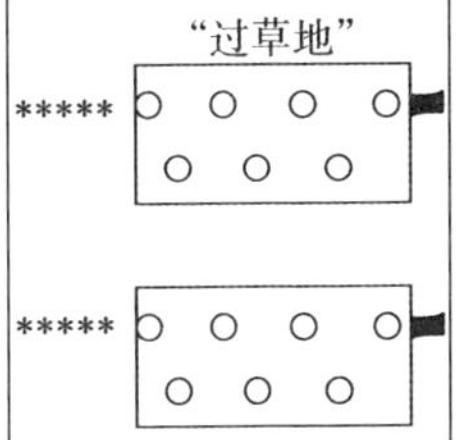 "过草地" 图6	若干	4′	大
	5."爬雪山"(音伴) (1)方法:10名学生分成两列队伍,两人保护,其余学生依次爬过障碍物,然后到队伍最后面 (2)规则:每做完一轮练习,保护的学生进行轮换	1.活动情境 雪山是红军长征路上的一道难关,要稳健、迅速地通过这道难关 2.活动任务 "爬雪山"时要稳、快、有节奏,负责保护的学生要全神贯注,对同伴的安全负责 3.活动评价 是否稳而快地"爬过雪山";与队友相互支持、鼓励,做好安全保护工作	分两组,两边都能进行"爬雪山"的练习 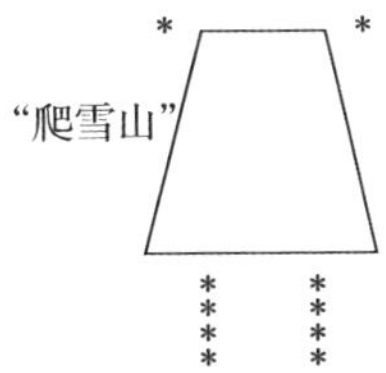 "爬雪山" 图7	若干	4′	大

（续表）

流程 (时间)	教学内容	活动设计	组织与队形	运动负荷		
				次数	时间	强度
基本部分 (26′)	设计意图： 1. 本节课的体能练习采取情境化的教学策略和分组循环练习的方式，使学生在音乐的伴奏下，充分投入练习的环节，发展体能水平 2. 教师每隔6分钟鸣哨，学生进行组与组的轮换，然后继续练习；教师在学生练习的过程中在各个练习点进行巡回指导，使学生的锻炼效果更佳					
结束部分 (5′)	1. 教师整队，进行放松练习：利用太极中的意念方法，设置情境使学生放松（音伴） 2. 小结和评价 3. 归还器材 4. 师生再见	1. 活动情境 利用音乐和太极的元素创设自然轻松的情境 2. 活动任务 学生进行拉伸和放松，听取教师的讲评 3. 活动评价 身心放松、认真听讲，善于思考，敢于表达	＊＊＊＊＊＊ ＊＊＊＊＊＊ ＊＊＊＊＊＊ ＊＊＊＊＊＊ ● 图8	1	3′	小

场地器材	田径场1片、栏架8个、体操垫2块、粉笔若干（画小圆圈）、红旗若干（可用羽毛球或网球等物品代替）、高障碍物	安全保障	1. 课前检查场地与器材 2. 做好准备活动，使学生充分活动起来 3. 教学比赛要注意安全		
		预计	练习密度		负荷强度
			全课	内容主题	大
			60%左右	61%左右	

课后反思	学生对体能练习的兴致不高，需要结合游戏和竞赛来吸引学生参与，在之后的教学中，要进一步培养学生的合作意识

＊本教学设计是在编写组的指导下，由华东师范大学体育与健康学院硕士钟键、闫竞业设计而成。

后　　记

《核心素养导向的体育与健康教学设计》一书终于付梓。在过去一年多的时间里，从酝酿思考、组建编写团队、召开启动会议、线上线下研讨、反复修改，到多方请教专家进一步完善，编写组每位成员都一丝不苟地全力投入书稿的拟定和修改，一次次高强度的研讨，反反复复的磨稿，已成为最美好的记忆。在前期酝酿筹备阶段，福建师范大学党林秀博士、山东师范大学刁玉翠博士、上海应用技术大学杨秋颖博士积极参与讨论，并建言献策；在后期修改过程中，河南许昌高中郭丽红教授、武汉市体育教研员顾静、安阳市体育教研员房松分别提出了宝贵意见。最后，在全体编写成员的通力合作和各位领导专家及编辑的大力支持下，《核心素养导向的体育与健康教学设计》得以面世，在此一并表示衷心感谢！

但在此需要说明的是，本书在呈现教学设计结构时，多采用表格形成来表达相关内容，旨在使读者清晰地了解单元和课时教学计划的设计包括哪些内容，知道如何围绕学科核心素养进行各部分内容的设计和撰写，明白其设计意图，等等，而不是给读者提供一个固定不变的模板。因此，教研员或体育教师可以根据当地和本校实际情况，自行设计单元和课时教学计划结构。

全书包括理论与案例两部分，第一至三章为理论部分，第四至八章为案例部分。理论部分的第一章由韩改玲编写；第二章由田来编写；第三章的第一节、第二节由苏银伟编写，第三节、第四节、第五节由吕慧敏编写，第六节由樊三明编写，第七节由杨哲明编写，吕慧敏负责本章统稿。案例部分第四章的第一节由钟键编写，第二节由闫竞业编写，第三节由杜欣梅编写，第四节由张德亮编写，第五节由杨彤编写，第六节由杨海梦编写，田来负责本章统稿；第五章的第一节由周硕编写，第二节、第三节、第五节、第六节由杨清风编写，第四节由王紫云编写，杨清风负责本章统稿；第六章的第一节、第三节、第四节、第五节由樊三明编写，第二节由杨清风编写，第六节、第七节、第八节由苏银伟编写，苏银伟负责本章统稿；第七章的第一节由樊三明编写，第二节由苏银伟编

写,第三节由周硕、杜欣梅编写,第四节由查春艳编写,第五节由杨哲明编写,周硕负责本章统稿;第八章的第一节由杨彤、杨海梦编写,第二节由钟键、闫竞业编写,钟健、杨彤负责本章统稿。

最后,再次向上海教育出版社的领导和编辑、上海市高校人文社会科学重点研究基地体育教育教学研究基地的领导、案例原作者、各位专家及全体编写人员表示衷心感谢。

董翠香　田来　杨清风

2020年5月